U0041246

Naomi
Klein
娜歐蜜·克萊恩
吳國卿、王柏鴻——譯

震撼主義
災難經濟的興起

The Shock Doctrine
The Rise of Disaster Capitalism

各界好評

慷慨激昂，資料豐富，爭議性十足，而且如地獄般驚駭。

——約翰・勒卡雷（John Le Carr），小說家

克萊恩是化身作家的控訴天使。這本拯救蒼生的書以生動活躍的思想為包裝，激動人心卻又帶來冷靜。它揭露了中情局的審問犯人技巧，與世界銀行和國際貨幣基金為了在世界各地推行災難資本主義而使用的勒索技術如出一轍；兩者都藉震撼製造出自我意識的迷失。因此，冷靜是一種反抗的形式。這是一本全世界都該讀的書。

——約翰・柏格（John Berger），《G》與《觀看的方式》（*Ways of Seeing*）作者，布克獎得主

《震撼主義》是掌權者急於想關在歷史囚牢的真相委員會。這是一本界定我們時代的祕本歷史書，它的作者是一位不與多數強權站在一起，而為窮人、遭到酷刑者，以及不計成敗為正義奮鬥者代言的新聞記者。

——傑瑞米・史卡希爾（Jeremy Scahill），《黑水內幕》（*Blackwater: The Rise of the World's Most Powerful Mercenary Army*）作者

她的論點證據充足、合乎邏輯、令人振奮，而且極有說服力。

——珍．斯邁利（Jane Smiley），《千畝園》（*A Thousand Acres*）與《山中十日》（*Ten Days in the Hills*）作者

簡單地說，《震撼主義》是一本無與倫比的書，像史詩一樣引人入勝，每個人都應該聽聽書中傳達的訊息。克萊恩以一位傑出新聞記者的堅持不懈，和學者的精益求精，透過本書體現了深入瞭解政治的新典範。她的書真誠、熱情，而且非讀不可。透過本書滔滔雄辯的筆觸、深刻的分析，和令人讚嘆的開闊眼界，我們見識了妄想一片空白石板，卻一再留下一片焦土的驕傲與狂熱。《震撼主義》是一本必讀的書；只有克萊恩寫得出來。

——安東尼．夏狄德（Anthony Shadid），普立茲獎得主，《華盛頓郵報》伊拉克特派員

克萊恩揭發新自由主義經濟學一定會造成轟動。她剝去「自由貿易」和全球化意識形態的偽裝，暴露出為少數富人發動私有化戰爭、製造災難和攫取公共資產的陰謀……她的書正是我們長期以來欠缺的，剖析我們在社會科學和「自由」的幌子下，被拋回了封建時代。

——恰墨思．強森（Chalmers Johnson），《大反撲》（*Blowback*）作者

這本巨著是慎重而充滿義憤的戰鬥號召。克萊恩是國王面前的安蒂岡妮（Antigone），她為我們不得不接受兇手當我們的經濟決策者而感到無奈時，提出了解藥。她敢於相信正義，並以令人折

服的勇氣，為一種不但崇拜市場、而且靠殺生獲得餵養的意識形態編寫歷史。克萊恩是開路先鋒，她刺激我們不致於加入自殺俱樂部，而讓食人的政商財團主義得逞。一本光榮勝利的書。

——約翰．庫薩克（John Cusack），演員／製片家

這本文筆優美、可讀性極高的書，將改變它以冷靜的語調所記錄下令人憎惡的歷史。

——彼得．凱瑞（Peter Carey），《奧斯卡與露辛達》（*Oscar and Lucinda and Theft: A Love Story*）作者，布克獎得主

克萊恩是史東（I.F. Stone）和辛克萊（Upton Sinclair）的最佳傳承者，一位揭發醜聞者，會在別人視為尋常處深入挖掘。我喜愛她的書——而且我以一個二十世紀的男人，向一位二十一世紀的女性致敬。

——斯塔茲．特克爾（Studs Terkel），歷史學家，《勞動》（*Working*）作者

一本揭露真相的書！以無比的勇氣和清晰的記敘，克萊恩寫下這一代最重要、也非讀不可的書。她在書中揭發說謊者、殺人兇手和竊賊，剝去芝加哥學派經濟政策的虛偽，和它與世界各地的混亂與血腥的關聯。《震撼主義》如此重要和發人深省，它很可能成為一波經濟與社會正義運動的新觸媒、分水嶺和臨界點。

——提姆．羅賓斯（Tim Robbins），演員／製片家

目錄

任何改變都是話題的改變。

——艾拉（César Aira），阿根廷小說家，《誕生》（*Cumpleaños*），二〇〇一年

推薦序
THE SHOCK DOCTRINE

災難資本主義
一種雙重帝國主義

作家 南方朔

前代美國經濟學大家高伯瑞（Galbraith）曾言，經濟學絕非有些人所說的那麼科學與價值中立，而是充斥太多「似是而非習以為常的見解」，以及「無知的詐欺」！

高伯瑞其實還算委婉的。經濟學常和文學相差無幾，它是被修辭包裝起來的意識形態，蘊涵許多自利、恨人類、冷血甚至殘酷的前提。經濟學的論述除了那隻看不見的手，沒有說出來的另一隻手可能更為重要。因此，經濟學注定也是政治經濟學，政治的含量可能更多過經濟！

古典帝國主義鋒芒不再

近年在反「新自由主義」及反「全球化」論題有批判貢獻的娜歐蜜．克萊恩，在《震撼主義：災難經濟的興起》就把當前已被遮蔽的政治與經濟連繫紐帶重新找了回來。克萊恩已成當代政治經濟學新的控訴天使，她創造出一種全新的「災難資本主義」批判論，對帝國主義問題等於打開了新視窗！因此，在進入克萊恩這本著作前，或許我們需要對近代帝國主義問題做出一些提綱挈領的複習思考。

從最原始的角度來複習。我們可以說，任何國家對超出自己領土範圍的國家與人民，做出具有主權性質的活動，如軍事侵略和占領、政治命令和傳達，以及經濟利益的剝削和聚斂，都可稱之為帝國主義。但上述說法畢竟只是概念，因而留下許多爭論空間：

例如有一派自由經濟學家認為從海權擴張時代以來的帝國主義，乃是與資本主義無關的兩碼事。帝國是政治與軍事征服意志的產物，與經濟面的資本主義無關。但另有一派則認為帝國乃是資本主義的另一隻手，當資本主義為了擴張，無論為爭原料、爭市場，為運作造成的利潤率遽減危機，它都必然會且必須走向帝國主義。發展到最後，就是「金融帝國主義」這種最高形式。

除了概念層次的對立與爭論，在戰後國際經濟運作上，資本主義體系的中心國家，為撇掉被指控為帝國主義的嫌疑，操作上也日趨審慎與周密。明目張膽的軍事侵略已告減少。戰後全球市場的擴大，使過去單單為市場即劍拔弩張的情況也趨減少，經濟支配也可透過貸款投資、經濟合作與思想操控等方式達成。這些新的發展，在過去將近半世紀以來，的確使傳統上極有影響力的「帝國主義論」失去昔日光彩。

新自由主義的私有帝國

除了「帝國主義論」鋒芒不再，我們還應注意到，乃是二次大戰後，美歐的經濟放任主義者為搶回被大蕭條後崛起的凱因斯主義奪走的經濟思想論壇，開始重新整合並動員。這是一場思想運動，無論被稱為「新自由主義」、「新保守主義」或「新放任主義」，它所鼓吹的乃是一種「私有神聖化，國家干涉邪惡化」的思想與價值，這派學說以芝加哥學派為代表，精神領袖就是諾貝爾獎得主傅利曼。這派學說認為在將來，國家只需提供軍隊和警察，其他如福利、工程、教育甚至監獄等都應交到私人手中。其終極觀點即是英國首相柴契爾夫人及美國小布希總統所謂的「所有權的社會」（Ownership Society）。

對這派學說，經濟學界早已稱之為「經濟學裡的帝國主義」。可以說，這派思想乃企圖藉「自由」之名消滅其他國家，藉「自由」之名將資本家的地位無限提高，而後美國資本家集團即可穩坐全球金字塔頂端。美國一九八〇年代以來，藉「華盛頓共識」推動全球資本自由流動，對內則無限制的放鬆信用，要以全球資本市場替美國打造出一個「所有權的社會」。這個學派是一種經濟學裡的帝國主義，也就無言而自明了。

芝加哥學派過去三十多年主導了美國的經濟決策，而隨著一九九〇蘇聯的瓦解，它在論述上不再有社會主義的威脅，更加肆無忌憚。例如對卡崔娜颶風造成巨大災難，不但沒有任何人道悲憐之心，反而欣喜於色地認為是老天爺清理出了一片「空白石板」。過去被遮掩掉的資本主義和帝國主義紐帶開始赤裸裸地出現，它甚至還是一個雙重的帝國主義——不只對外是帝國主義，對內也同樣是帝國主義。由是它是在廢墟及災難上建造自己的基礎，因而克萊恩遂提出了「災難資本主義」這樣的新概念。

克萊恩的三個原創貢獻

至此，克萊恩這本新書雖然形同一種現實批判，但它其實有著極大的理論延伸性。綜合而言，本書在下述幾點可謂有相當原創的貢獻：

其一，她由卡崔娜風災及入侵與攻占伊拉克，並在這兩件對內對外的重大災難事件上，找回資本主義和雙重帝國主義間已被人疏忽掉的紐帶。在有了這種體察後，她又進一步追尋，將新自由主義過去二、三十年來在其他國家製造分裂暴亂、顛覆暗殺、政策誤導，要使全球都成為災難廢墟，以供他們製造新的支配與壟斷架構的做法，做了一次回顧。

其二，她所謂的「災難資本主義」，乃是一種具有集中營刑求特性的「震撼主義」做法，一種強勢的、以別人的災難為自己利基的做法，這種震撼的手段，自然包含利用軍事政變的屠殺與刑求（如智利），對不服從國家的鎮壓與刑求（如伊拉克），誤導別的國家使其造成經濟災難（如對俄國）；以強制性的國際機構如國際貨幣基金等為施壓機器造成驚恐與膽怯（如亞洲金融風暴）……等。俾使對方心智停頓和失去抗力。當震撼懾服的因素加入，災難資本主義的邪惡性也就更加清晰。

其三，乃是本書對傅利曼這一家經濟思想做出極為深入的反省。美國前總統艾森豪在任滿離職的告別演說曾警告其國民，一個「軍產複合體」（Military-Industry complex）的體制已在美國出現，它會培養出侵略好戰以及毀滅民主的趨勢；而克萊恩則在本書指出比前者更嚴峻的「災難資本主義複合體」（Disaster Capitalism complex）已在形成。有關這部分，其實還可以做出更多延伸討論，如由於金融壟斷加深，壟斷資本主義已將全球作為風險輸出的對象；美國近年來在干涉主義上持續鬆綁，已使得全球軍事及顛覆性的風險日增。如果我們願意追究，當今金融海嘯及全球深度衰退，其實都和災難資本主義有著密不可分的關係。

把別人的災難作為自己的利基，為了擴大利基而去製造更多災難，這是新自由主義經濟學的另一章。新自由主義經濟學表面以一種簡化的自由觀為資本家造勢，並以彌賽亞的姿態宣稱它可讓人們成為「自由人」，但事實上這派學說裡有著太多詭辯修辭的成分，它其實是替人類開闢了一條「到奴役之路」啊！克萊恩這本著作儘管使用「災難資本主義」的新說法，事實上只是把古典的「帝國主義論」做了翻新，因此，當我們讀了此書後，或許已有必要重新去省思古典「帝國主義論」相關的問題了！

推薦序
THE SHOCK DOCTRINE

全球化運動就是這麼嚇大的

胡晴舫
作家

娜歐蜜．克萊恩是反全球化的全球化明星。

反全球化知名品牌

如此定位她，是為了指出全球化運動與反全球化運動其實是一對背靠背成長的孿生子。一九九九年冬季世界貿易組織在西雅圖開會，大批反全球化運動群眾聚集抗議，發生嚴重警民衝突，卻非正式開啟了反全球化運動的序幕。之後，全球化運動即被濃縮為幾個國際機構的代號，世界銀行、國際貨幣基金、世界經濟論壇、世界貿易組織，以及由G8八國峰會擴充而成的G20二十國峰會。每當這些代表了全球化符號的機構聚集開會，就會看見反全球化的民眾從全球各地飛來，以另一種全球化運作的組織方式，對抗主流全球化運動。

隔年一月，與西雅圖反全球化示威的同一個冬季，住在加拿大多倫多市的克萊恩出版《No Logo》，這本書很快地成為反全球化運動的基本教科書之一。透過全球化有效率的商業行銷結構，她的著作被翻譯成二十七國語文，擺在各國機場以及世界各大連鎖書店明顯位置販售，這位反對品牌市場學並因此盡心寫了一整本書去揭發該系統之邪惡的作者，傾刻，成了一個反全球化的世界知名品牌。日後，寫了《新世界藍圖》一書以論述全球化經濟重要性的金融時報首席經濟學家馬丁・沃夫評論，「娜歐蜜・克萊恩是名人」，雖然語氣很酸，卻一語精準道出克萊恩在反全球化運動裡幾近教母地位的超人氣。

然而，多年來，反全球化論述如同柏林圍牆倒塌之後的左派理論，面對全球化運動的蓬勃發展與顯而易見的經濟利益與個體自由，雖然力陳自由經濟體制諸多缺失，自身卻無法舉出一套嶄新的經濟理論，將之完全取代，使得反全球化論述始終只能跟著全球化論述的步伐走，零零碎碎地在後追打。這解釋了為何克萊恩的《震撼主義》一出版，隨即獲得全世界反全球化運動者的熱烈歡迎。

在《震撼主義》這本書裡，克萊恩想要做的已經不僅是解構資本主義的體制，藉此指陳全球化運動的弊端，而是完全站到自由經濟的對立面，重新闡述過去五十年的世界經濟史。

五十年世界經濟史

對克萊恩來說，自由經濟在二十世紀末期得到蓬勃發展，進而完熟為今日我們所認識的全球化運動，並不是因為法蘭西斯・福山所說的歷史終結——冷戰時期共產實驗失敗，大多數社會決定全面擁抱市場自由；而是因為她稱之為「災難資本主義」這種專以剝削人類災難的獨門推銷術。

以五〇年代惡名昭彰的電休克療法開場，克萊恩指出，當一個社會發生政變、天災或戰爭，產生文明演進的斷裂，人們過度驚嚇，茫然失措，宛如病患心智遭受強烈電擊，感官失靈，出現生命暫停狀態，此時，自由經濟卻另類看待災難有如天賜良機，因為災難摧毀了既有體制與老舊建設，留給他們一張代表全新市場的白紙，任其恣意塗抹，「就像毛澤東告訴中國人民的，『可以寫下最新和最美的字句』。」如同七〇年代的智利、種族藩離撤除之後的南非、共產體制解體之後的俄國與東歐、金融風暴之後的亞洲，乃至發生自然天災的地區，卡崔娜颶風之後的美國紐奧良、南亞海嘯之後的斯里蘭卡，人民以往信奉的價值體系受到人為或天然的破壞，社會退回孩童化，野心勃勃的政客與他們請來的自由經濟學家於是見獵心喜，視廢墟為刺激的市場空窗，正好讓他們長驅直入，「利用集體創傷的機會，進行激進的社會與經濟改革」，實現「三位一體的政策目標——剷除公共領域，完全解放企業和削減社會支出」。而過於驚恐的人們因為無助，因為害怕，將無力反抗這些自由經濟的極端改革，只能眼睜睜看著生米煮成熟飯。

「只有在這種可怕的時刻，當我們心理上無所依靠時，這些敢於大冒險的藝術家，便開始他們重造世界的工作。」「他們」，那些自稱經濟醫生、幫助政客對本國經濟進行「震撼治療」的人，對克萊恩來說有張明確的臉孔，那就是二〇〇六年以九十四歲高齡過世的諾貝爾經濟學獎得主米爾頓·傅利曼與以他為首是瞻的美國芝加哥經濟學派。在一些國家轉型或受苦之際，這些「芝加哥男孩們」往往適時出現，挾帶美國政府與西方資本社會的金援，拿自由經濟作解藥，並保證一時陣痛將會換來長期的繁榮。

聽取一個警世聲音

在她眼中，這些解藥不但苦口，不是良藥，根本就是毒藥，因為那是美國政府與芝加哥學派的自由經濟陣營塗寫世界版圖的惡劣手段。克萊恩在此提出她對「芝加哥男孩們」最凌厲的攻擊，她指控傅利曼這位老派自由經濟學者夢想著一種純粹的基本教義派資本主義，「這種意識形態渴望不可能的空白石板，只能靠某種大動亂來達成，因此是危險的意識形態。」

克萊恩認為，因為自由經濟喜歡靠震撼治療達到改革社會的目的，為了取得這種社會空白，以順利推動經濟改革，政府甚至不惜發兵開戰，英國柴契爾夫人當首相時發動福克蘭群島戰爭，小布希總統侵略伊拉克，對她來說都是為了自由經濟需要一塊白板重新開始。若出現反對聲音，政府就採取殘酷鎮壓，克萊恩舉例，一九八九年鄧小平把坦克開進天安門廣場，智利總統皮諾契大規模捕殺國內左派分子，都是為了不擇手段推動自由經濟，因為傅利曼的經濟模式在民主政治下實施不全，「極權政治」才是「它發揮到淋漓盡致的必要條件」。

可以想見自由經濟分子對她這番幾近全球陰謀論的歷史觀感到憤怒，斥之荒謬可笑，學院派對她簡化經濟原理而感到不安，替她捏把冷汗；反全球化分子與左派當然歡欣鼓舞，直稱她指出了全球歷史的底層真相。然而，依我個人閱讀克萊恩的經驗，從來不是為了期待她丟出一個大論述，而是聽取一個警世的聲音。我以為自十七世紀開始正式成形的全球化經濟早已難以逆轉，就連克萊恩本人其實都是棲身其中的受益分子，可以說沒有全球化經濟，就沒有娜歐蜜·克萊恩這個人。但，面對一個以轟雷之姿隆隆運轉的龐大機制，就算螳臂擋車，世人仍應時時反思，盡力修正，使之盡量完美，至少讓此刻落在全球化漩渦之外的那群人將來也能納入經濟圈子內。

自由經濟巨輪推動了整個時代的進步，也同時碾過了不少無辜犧牲者。在《震撼主義》，記者出身的克萊恩走訪各地，第一手紀錄了那些生活在自由經濟巨輪陰影之下的眾生圖像，例如海嘯之後的斯里蘭卡漁民無法回到原先居住的海灘，只因政府以重整經濟之名，鎖定發展高級觀光業，決定把最美沙灘外包給大型企業建造奢華旅館，而忽略了真正需要照顧的弱者。這些提醒，是真實的，也是必要的。又如，她寫到國家進行民營化，若缺乏了民主的監管，將使整個經濟改革過程失焦，造成政商財團主義（corporatism）現象，獨厚特殊階級，公共財富未經監督大規模轉移到私人手中，不斷擴大巨富與赤貧間的鴻溝，蘇聯解體後的俄國、現階段的中國都處處可見她所描述的社會徵兆。

就像夏日享受冷氣機的人工清涼，不能忘記地球暖化正在瓦解我們所認知的物質環境，在追逐無邊界的移動自由之餘，也需要擔負身為人類一分子的社群責任。生活在全球化年代裡，進行這些社會思考，已經成為當代人不可缺少的公民要件。無須等到人類整體文明的下一個驚嚇時刻。

推薦序
THE SHOCK DOCTRINE

災難資本主義
掀開新自由主義的反民主積累假面

徐進鈺
臺大地理環境資源學系
特聘教授

一個好的新聞工作者在闡述社會現實時，往往可以比一個受過良好訓練的政治經濟學者更加清晰有力。娜歐蜜．克萊恩這本有關災難、震撼、刑求與資本主義發展，或者她稱之為「災難資本主義」興起的書，閱讀起來確實比學院中有關新自由主義與威權主義共謀再多的論證都來得吸引人，來得更令人震撼。繼《No Logo》（二〇〇〇年出版）一書批判品牌背後的血淚以及訴諸政治運動反抗之後，克萊恩二〇〇七年出版的這本《震撼主義》更進一步揭露了當前資本主義亮麗發展背後的政商權力邏輯。

災難的資本主義？資本主義的災難？

什麼是災難資本主義？克萊恩指出，就是那種趁著災難對公共領域進行精心策劃的掠奪，以及看待災難有如刺激的市場機會的模式，藉此在災難之後進行包括私有化、解除管制以及縮減政府支出的財團計畫。這包括二〇〇五年卡崔娜颶風侵襲紐奧良之後的整個重建更新計畫、二〇〇四年南亞海嘯之後的沿岸觀光區開發計畫、二〇〇三年美國入侵伊拉克之後的重建計畫、一九八九年天安門事件後的中國經濟改革計畫，以及一九八〇年代中期之後東歐與蘇聯等社會主義國家轉型所經歷的「震撼療法」（shock therapy）等，但最早的經驗則是一九七〇年代中期的智利左翼政權被軍事政變推翻之後一連串自由化政策。在這些「天然的」（？）與人為的災難之後，一切既有的反抗發展的力量被一掃而空，留下來的反而是如同紐奧良最富有的地產開發商坎尼查洛所說：「我想我們有了一片可以重新開始的空白石板。有了這片空白石板，我們會有龐大的商機。」這種清空重建的主角不再是以公共利益為考量的政府計畫，相反的，是由一群包括政府官員、利益財團以及更重要的來自大學研究機構的智庫學者專家所組成的一種政商財團主義，進行以私人資本積累為核心的計畫，或者用著名馬克思主義地理學者大衛・哈維（David Harvey）的話來講，這是一種經常帶著威權鎮壓式的原始資本積累形態，所進行的階級復辟（restoration of class）。這樣計畫經常被稱為「新自由主義」，可以追溯到一九七〇年代以米爾頓・傅利曼（Milton Friedman）為核心的芝加哥學派。

通往威權震撼的自由市場之路

新自由主義基本上是對於從一九三〇到六〇年代在歐美國家主要奉行的凱因斯主義以及發展主義的反撲，而凱因斯主義（或者所謂福利國家模型）是一九二九年經濟大蕭條後產生危機的主要政策回應，而締造了戰後在歐美先進主義國家中的一九五〇至六〇年代黃金時期。這樣的榮景到一九七〇年代初期開始面臨經濟循環的危機，加上石油問題加深了危機的惡化，這使得包括英國的柴契爾夫人與美國的雷根開始在政策上轉向以減稅、解除管制、私有化、縮減福利支出，以及鼓吹企業精神為主的新自由主義經濟體系。但這樣圖利特定私人資本的經濟計畫，遭遇來自內部工會以及依賴福利生活的弱勢團體的抗爭，而英美的保守政權也毫不留情地加以鎮壓與分化；對外，為了市場擴張，以自由民主為名發動許多侵略戰爭，形成哈維所稱的新帝國主義。

乍看之下，災難資本主義的說法與長期以來討論資本主義發展過程所使用的熊彼得「創造性毀滅」說法一致，也就是辯證地看待災難與重建的關係，但是克萊恩有更重要的企圖，她要說明在這些災難重建背後所運作的政治權力的邏輯，是一個由利益集團所創造、同時也是一個反民主的積累策略，而不只是資本主義經濟循環的自然過程。她呼應了哈維階級復辟的說法，看到了新自由主義的霸權並非如那些專家學者與智庫所宣稱是市場邏輯的必然，相反的，是藉由統治集團所進行的鎮壓、威嚇乃至刑求等反民主、反人道手段所達成的歷史性計畫。從智利的左翼政權被推翻以致數萬人不明失蹤到伊拉克戰爭中百姓塗炭，都在在說明震撼威嚇的威權主義與新自由主義密不可分的關係，這與許多相信市場邏輯與民主生活必然正向相關的陳腔濫調恰恰相反，自由市場並沒有同時帶來自由的人。誠如克萊恩所說的：「把公共財富大規模轉移到私人手中，通常伴隨著國家債務激增，巨富與赤貧間的鴻溝不斷擴大，還有以狂熱的民族主義合理化無止境增加的安全支出。對身處這種由體制創造的巨大財富泡沫內的人而言，沒有比這種架構社會的方式更有利可圖了。但因為絕大多數人被排拒在泡沫之外，往往包括嚴密的監視、大規模監禁、限縮人民自由，以及不必然有、但很常見的酷刑。」

新自由主義化的臺灣

臺灣的新自由主義化大抵追溯到舊國民黨政權在一九九〇年代中期提出的「亞太營運中心」的計畫，儘管發展型干預式國家的遺緒還保留，但無疑的，政商關係在這階段有了戲劇性轉變。基本上，從一九八〇年代中期以來臺灣的政經結構產生很大危機，包括政治上接班危機以及經濟上投資減弱、大陸經濟的磁吸等等挑戰，也就給予政商集團一個新的資本積累的空間。與歐美經驗不同的是，臺灣並沒有經歷福利國家的發展模型，而是以黨國資本為主發展模式，因此，這一波的新自由主義化得到包括地方派系以及反對黨，乃至學院中的經濟學者的支持。從此私有化、自由化、公私部門伙伴關係（例如ＢＯＴ），以及管制鬆綁等政策耳熟能詳，也經常被視為政策主流，往往政府的介入就招致批評為扭曲市場，換言之市場是先驗存在的，是最自然的（儘管從來沒有真正純然自由放任市場出現過），而任何的國家干預行動都將破壞這種市場的純潔。而這樣的計畫在民進黨執政後並沒有減弱，反而更加強化，藉以建立新的政商關係。

但這種發展結果帶來的是原本由國家提供的基礎設施與公共服務大量削減，包括運輸、公共衛生、金融服務以及教育支出都面臨私有化而大幅滑落，取而代之的是以圖利為目的的商業活動。而在私人利益考量下，偏遠地區的客運班次減少或取消、無利可圖的公共衛生被私人醫院的醫療獲利所忽視、金融兼併集團化使得鄉間金融服務水準下降造成金融排除的現象、而教育私有化迫使學費急速上升導致貧戶家庭學子無力就學。這類政策執行下來具體的影響，就是原本在新興工業化國家中社會與空間相對上較為均衡發展的臺灣，面臨社會極化（polarization）、城鄉之間的差距擴大、公衛體系瓦解造成傳染疾病盛行，以及原本作為階級流動主要機制的教育體系逐漸成為階級鞏固的工具。更不要談所帶來的貪腐政商關係。而這一切並沒有隨著第一次或第二次政黨輪替而改變。因此，《震撼主義》的出版將有其重要的現實意義，可以提供一面明鏡，檢驗在當前臺灣由次級房貸危機所掀起的全球金融海嘯災難中，任何紓困政策中的政商結盟。

批判的深化

當然，如前所說，雖然好的新聞工作者的報導會比社會研究者更生動地指出問題，加以揭露釐清；但社會研究工作者也可以彌補新聞工作者報導的深度。除了正統經濟學家（例如著名諾貝爾獎得主史迪格里茲〔Joseph Stiglitz〕）對此以「陰謀論」嗤之以鼻，而非公允地與之對話外，在閱讀《震撼主義》上，有兩個問題可以深化對新自由主義的批判：首先，雖然新自由主義化經常是由政商利益共同體所發動，但卻是在「自由選擇」等口號下進行，而得到民眾的支持。換言之，儘管新自由主義與威權震撼共謀，但在許多民主國家中，是藉由民粹的支持而掌權，因此，僅僅揭露背後的階級復辟企圖並不夠，需要在更多面向上多一些深刻研究，包括解密消費文化霸權，以及揭露新自由主義如何建構這種積極迎合自由選擇想像的主體（neoliberal subject）。例如，以這次的金融海嘯而言，雖然主要原因來自全球金融化（financialization）以及管制鬆綁所造成，但是透過類似次級房貸的制度，提供美國許多中下階級購屋的機會，這樣的政策是一種賦權（empowerment）的過程，很難簡化成威權下的產物。也因此，在進行政策修復時，就應該要注意到不損及這些中下階級的利益，這也是經濟是否民主化的指標。

其次，儘管在書中最後提到反新自由主義運動在前述各個經歷震撼災難的地區陸續展開，無論是紐奧良的社區組織或者拉丁美洲的新一波左翼政權，都展開激烈的反抗，這些社會與政治運動，給我們帶來一些希望的空間，也是扭轉災難資本主義的契機。然而，許多地區的新自由主義化並非使用震撼威嚇方式發動，而經常是以參與的方式來進行，在這個過程中，往往社會組織（例如非政府組織N

GO）會整編進入新自由主義化的計畫中，形成社會參與的表象。但事實是，這些社會組織的建制化逐漸成為社會治理術的重要元素，越來越多政策交由NGO來代為制訂，乃至執行，這在臺灣社會越來越清楚。然而，這些NGO與政商利益集團之間的糾葛往往為人們所忽視，經常造成NGO在執行國家政策時無法問責（accountability）的問題，這是在反省像臺灣這樣沒有經歷大型震撼災難卻進行新自由主義化的案例時，必須嚴肅面對的課題。

推薦序 THE SHOCK DOCTRINE

逆轉三十年論戰的如椽大筆

陳信行
世新大學社會發展研究所副教授

「山也ＢＯＴ，海也ＢＯＴ！」

這或許是二〇〇八年臺灣最夯的臺詞之一吧。《海角七號》裡的恆春鎮代表會主席抱怨著這個明顯的不公與不便。隨著這部臺灣電影少見的票房一路高漲，片中淡薄卻雋永的社會意識讓人一再咀嚼，終至一再引用，成為時代氛圍的一部分。這種感覺也符合了我們的集體經驗。除了風光明媚的墾丁海灘，臺北市的街道停車格、近幾年的世界第一高樓臺北一〇一、負擔日重的社會扶助措施，以及正在累積驚人虧損的臺灣高鐵，各式各樣的公共設施與經濟活動，從一九九〇年代以來逐漸變成財團獲利走人、納稅人付帳接爛攤子的惱人醜聞。ＢＯＴ（建造—營運—轉移）方案只是各種私有化方案之一，公司化、釋股、委外辦理、政府再造、「勞動彈性化」，名堂多著呢。

掠奪的歷史主旋律

然而，海的ＢＯＴ，在二〇〇四年受南亞海嘯摧殘、無數人喪生的國家，不僅僅是惱人，而是駭人的不義。趁居民流離失所、無暇他顧之際，斯里蘭卡、馬爾地夫等國政府將風光明媚的海岸承包（事實上是奉送）給跨國企業開度假村，剝奪數十萬災民的祖居地。面對矛盾衝突的加劇，二〇〇六年，原來宣布片面停火、與政府共同致力海嘯災民安置重建工作的斯里蘭卡坦米爾之虎游擊隊被迫重起戰火，至二〇〇九年五月，該運動被徹底殲滅。數十萬被懷疑支持游擊隊的村民至今還被關在集中營內，承受著天災之後的人禍。

這種毫不講究體面、發災難財的掠奪式官商勾結，竟然是一九七〇年代以來人類歷史的主旋律。天安門的屠殺所保住的中國改革開放、蘇聯災難性垮臺後的飢饉、對伊拉克的侵略戰爭、關達那摩的酷刑逼供、美國紐奧良卡崔娜風災後災民的慘狀，這些，都成了大財團發財的機會。而指導這一系列災難性發展的思想導師，是新古典主義經濟學大師，芝加哥學派掌門人米爾頓·傅利曼！

傅利曼說過：「只有危機會造成實質改變，無論是實際的危機或感覺上像危機。當危機發生時，人所採取的行動決定於周圍可得的想法。我相信這就是我們的基本職責：發展出既有政策的替代方案，讓它們保持活躍而且可得，直到政治上的不可能變成政治上的不可避免。」

天災、戰禍、衝突，這些危機都有助於傅利曼派學者兼官員兼商人大展宏圖。而如果災難沒發生，就製造災難。就像一九七三年九月十一日智利軍閥皮諾契在美國策劃下政變推翻政府、屠殺人民，將全國陷入恐怖之中，隨之傅利曼本人及其學生——「芝加哥男孩們」，就有了實踐其經濟政策的第一個全新機會。這個模式從此在各地複製又複製，到最後傅利曼思想在世界上幾乎成了「經濟學」這個領域的全部，其政策成了「經濟政策」的唯一模型。

娜歐蜜·克萊恩的如椽大筆匯集一件、又一件、再一件令人髮指的當代人類災難，並清楚地將因果線拉到一個一致的經濟思維：當年英國首相柴契爾宣稱「別無出路」的「自由市場」。她的筆鋒雄渾到令對手戰慄。保守派（他們自稱「自由市場派」）智庫卡托研究所（Cato Institute）研究員諾伯格（Johan Norborg）評論《震撼主義》一書時，說：「未來，如果你跟學生或記者講說你支持自由市場，很有可能他們會問你為什麼要支持獨裁、酷刑和圖利財團。」

但是，諾伯格對《震撼主義》能提出的最有力的反駁，也只是傅利曼這些話是出自其書的序言而非本文，所以認為克萊恩是斷章取義。

如果諾伯格的預言命中，《震撼主義》一書對於之後的世界政治所起的作用，會類似當年索忍尼辛揭發蘇聯集中營的《古拉格群島》，嚴重撼動之前看來難以置疑的道德權威，只是作用的方向相反。對臺灣來說，當年《古拉格群島》的出版與宣傳是黨國反共教育機構大力推動的交辦事項，具體目標是合理化當時本地的政治經濟現況，讓所有反對現狀的人似乎都必須回答「難道你支持集中營？」。而通過《震撼主義》一書，或許我們可以開始質疑，正是二次大戰之後迄今的臺灣社會，是否可能有「經濟奇蹟」之外，另一種面向的歷史陳述。

臺灣亦有震撼歷史

《古拉格群島》出版的一九七三年，美國在越戰正節節敗退，臺灣的經濟卻正在起飛。之前二十餘年的白色恐怖震撼，如克萊恩所說，確保沒什麼人會對李國鼎、蔣經國推動的加工出口工業化政策之下，享有無數特權的外國資本，提出任何有效的質疑。

然而，事實是壓不住的。前一年，一九七二年的七月到十一月，美商飛歌電子在淡水竹圍與日商三美電子在高雄前鎮的工廠，爆發年輕女工吸入三氯乙烯中毒，數十名中毒女工不治死亡，死狀甚慘，全身腫脹、起水泡、流膿。各報紙發表數篇報導後，消息嘎然而止，加工出口區管理局宣布死亡與工作無關。雖然之後臺灣政府頒布了《勞工安全衛生法》，同樣使用三氯乙烯的美商桃園ＲＣＡ電子廠依舊持續把明知含三氯乙烯的廢水打入地下水層，並抽出來餵給工人吃，直到一九九二年該廠為規避退休金關廠外移為止。數千位因此罹癌的前ＲＣＡ工人現在還在打著遙遙無期的索賠官司，[1]但李國鼎與ＲＣＡ合作的人才訓練計畫成為後來臺灣高科技電子業領袖的搖籃。

那一年，綠島、岩灣和泰源等監獄的政治犯還有數千人。吳榮源等十九個不滿保釣運動被鎮壓而串連討論的各校大學生正在軍法處看守所受審，被戴上個莫名其妙的「成大共產黨」名號，其中兩位已判了死刑。再過四年，老政治犯陳明忠因為資助之後成為鄉土文學運動堡壘的《夏潮雜誌》創刊而被捕，刑求一百多天。受鄉土文學薰陶而密謀抗議跨國公司的戴華光、賴明烈、劉國基等十餘位大學生於一九七七年被捕、刑求，判刑十餘年。而一九六七年回臺研究跨國企業影響而被捕、被刑求，但幸運被國際組織救援出獄的學者陳玉璽正在夏威夷大學撰寫他的《臺灣的依附型發展》。美麗島事件還等著要發生呢。這些逮捕、監禁、刑求，和《震撼主義》的論點一致，與臺灣「經濟起飛」的歷史可說是一體兩面。

但是至少當年逮捕刑求異議者的特務們還是「國家公務員」。美國在九一一事件的震撼威懾全國之後，布希政府四處投射的武力，包括軍隊和黑牢裡的獄卒和刑求專家，愈來愈多是外包公司、傭兵，享治外法權，殺人免罪。這些「國家安全產業」的大股東們包括副總統錢尼、國防部長倫斯斐等人。倫斯斐，順帶一提，曾任第一個到臺投資的外商電子廠美國通用器材公司董事長，臺北縣新店寶橋路的老廠區還有他的足跡。

克萊恩或許不算是一個法度嚴謹的社會科學家。她的手法不是論證，而是舉證，一件又一件的事實擺出來。被她批評的人也許會不滿地說：這些事情有什麼關連？《震撼主義》呈現的觀點，地理學家哈維（David Harvey）、社會學家華勒斯坦（Immanuel Wallerstein）等都對當代新自由主義經濟提出過理路更清晰、歷史向度更深遠的分析與概念工具。但是她筆鋒的力度是任何學術著作難以比擬的，作為一個不斷在災難最前線親眼見證的記者，她的可信度也是不可取代的。

在「西雅圖戰爭」開啟這一波全球反資本主義社會運動後的三個月，克萊恩的《No Logo》出版了，她結合文化研究與實地調查的恢弘氣勢讓此書成為當代社運的經典之一。《震撼主義》，或許也將標誌著一個時代的分水嶺。從今以後，傅利曼的信徒們再也不能把他們的信仰當成無庸解釋的真理。

1編注：二〇一五年四月十七日，臺北地方法院一審宣判「RCA汙染受害者自救會」勝訴，RCA、湯姆笙公司須賠償新臺幣五億六千四百四十五萬元。

推薦序
THE SHOCK DOCTRINE

不一樣的新聞角度震盪世界

張翠容
香港資深新聞工作者

不少記者的書寫，很容易變成流水帳，就如一個沒有裝上東西的布袋，缺乏分析和角度，便無法站起來。但，加拿大女記者兼作家娜歐蜜．克萊恩卻不同，她不僅發掘了樹木，也為我們展示樹林，且形成一種近乎於有系統的學說，一說出來便令人恍然大悟。它解開了一種現象的密碼，而這現象就是災難資本主義，解開的則是讓世界震盪的密碼。

災難與私有化的共生

新自由主義在上個世紀七、八〇年代興起之後，不少發展中國家的私有化過程都是繼天災人禍而出現的現象，克萊恩質問，為什麼災難與私有化兩者看似毫不相干，卻同時發生？為什麼新自由主義者樂於看見災難，同時也積極製造危機？

她這一問，令她寫成了一本非常不一樣的書——《震撼主義：災難經濟的興起》，當中有你和我身處的情境。

能成為一家之學說絕不容易，但克萊恩做到了，這真是記者的學習榜樣。

克萊恩首先追溯歷史，從四〇年代歐美精神治療師用電擊震撼改造病人說起，這實驗引起美國中情局的興趣，後來更得到財團支持，與芝加哥大學經濟系合作。當時就是由已故諾貝爾經濟學獎得主兼放任經濟鼓吹者傅利曼（Milton Friedman）帶領他的子弟，將電擊震撼原理應用在國民經濟上。第一個成為放任政策實驗品的就是南美洲的智利，而他們採用的手段正是「震撼」，災難正好帶來震撼效果。

智利遂在中情局操弄下經歷戰爭、政變和軍人政權的白色恐怖，人民在震撼中處於極度恐慌，不知所措，無法抗拒當權者所進行的全面私有化。

傅利曼曾說：「只有危機會造成實質改變，無論是實際的危機或感覺上像危機。當危機發生時，人所採取的行動決定於周圍可得的想法。」而他的放任經濟主張便是藉天災人禍出籠，成為人們眼前的理論思想，這深深影響了過去的全球政經發展。

上世紀八、九〇年代東歐經歷了「變天」，自由市場經濟藉機「侵占」了東歐，從東歐到蘇聯，均求助於國際貨幣基金組織和世界銀行，這些機構推銷以傅利曼學說為改革基礎的一系列私有化方案，甚至將這方案也推銷到九七年亞洲金融風暴的重災地區。不過，最詭祕的，還是克萊恩提及到中國八九年的天安門悲劇，如何成為中國日後自由經濟發展的震撼催化劑。

此外，踏入二十一世紀，由「九一一」恐怖襲擊所帶來的兩場重大戰爭：阿富汗和伊拉克之戰，戰後也同樣向跨國企業大開方便之門，兩國經濟全面私有化。接還有南亞海嘯、紐奧良水災等，災難過後私有化項目乘勢而起。

解構當代的自由市場

原來，當代自由市場的歷史是在震撼中形成的。過去三十五年來最不名譽的反人權事件，不單是由非民主政權所製造出來的，所謂民主政權一樣可以通過天災或刻意恫嚇公眾，為激進的自由市場改革鋪路。

可是，新自由主義換來了社會的不公義，例如高經濟增長卻低度發展、財富嚴重分配不均、貧富極度懸殊等。而克萊恩的結論就是：該主義其實無關乎自由與民主，而新自由主義者卻巧妙利用災難來推動他們的隱藏議呈，以獲最大的政經利益，這正是克萊恩所要解構的「災難資本主義」。

克萊恩是多份報章雜誌的專欄作家和評論員，在她出版《震撼主義》之前，我已經常拜讀她的文章，從她的獨特觀點和宏觀分析中獲得很大的裨益，甚至成為我解讀世界的參考架構。

每當我出外採訪，都會這樣想：這次將在採訪中引證她的見解，還是推翻她的看法？從中東地區到拉丁美洲，又從東歐到亞洲，新自由主義是造福當地人民，或是「趁你病、攞你命」（廣東話：意思指趁你病倒之時，來奪取你性命）？

然而，在多個不同的地方，我目睹當地人民有一樣的命運，他們在新自由主義神話面前忍受著極不公平的待遇。到底要自生自滅或是起來反抗？人類歷史在震盪的搖晃中摸索前路。

作為資本主義變身的新自由主義，過去已遭到來自民間社會和學者的不少批判，只有少數既得利益者還豎起大姆指，國家與資本繼續勾結。

在洪水滔滔的抨擊聲浪裡，克萊恩卻能探求出新的理論，令人刮目相看。

對於我們這些曾採訪過災難國家的記者，都深深明白到，跨國企業如何利用災難重新獲得操控當地的經濟發展權，例如伊拉克的石油在戰後重投跨國財團的懷抱。

又如阿富汗，當阿富汗面對乾旱和貧窮時，可口可樂卻在首都喀布爾重開，這對人民可說是百害而無一利，因為一瓶可口可樂需要消耗七瓶水，況且老百姓根本無力消費，但阿富汗總統仍自鳴得意地主持可口可樂的開幕剪綵活動，並表示阿富汗將由此邁向經濟發展新頁，在場記者無不搖頭嘆息，金權政治將在阿富汗扎根。

至於南亞海嘯後的情形，克萊恩在香港一次座談會中告訴我們，從印尼到斯里蘭卡的海嘯災區，跨國資本如何發災難財，怎樣藉機奪取當地土地與資源。當時，我想，這位加拿大記者從老遠的加拿大跑去做了研究，為什麼我們華人記者只懂一窩蜂報導海嘯，寫得多悲慘，但海嘯完結後卻全無跟進報導或深入研究，是否應該覺得慚愧呢？

意見記者的良知驚雷

我們或許不可以逃避天災，但人禍則可制止，至少發出預警。當無辜的老百姓在天災人禍裡感到迷茫，在震撼中無所適從，克萊恩卻以清澈的眼睛看到事件背後的真相，以豐富的人文學養作出宏觀大論述，令我們在無聲之處聽隆然巨響的驚雷。難道我們仍可以袖手旁觀，寧為任人宰割的沉默一群？

當我走在伊拉克滿目瘡痍的土地上，或是去探訪坐在金礦上的南美窮國玻利維亞，再回頭看香港和臺灣在九七金融風暴後，大家仍然擁抱新自由主義神話而熱炒不健康的經濟，當中又有多少受害者的嘆息被聽見？所以，我不僅無法推倒克萊恩對災難資本主義的論述，甚至驚訝於她的洞見。

世界烽煙四起，克萊恩的《震撼主義》帶來震撼也遭到非議、攻擊。有批評者指她是意見記者（opinion journalist），但只要一位記者的立場乃是建基於事實之上，這無礙於他／她的客觀。反之，當一位記者在梳理複雜的新聞事件中，在思考一個個歷史、政治、經濟、文化的難題過程裡，能夠按良知明確表示出他／她起碼的贊成和反對，我的敬意則會油然而生。

克萊恩憑著無比勇氣鑿破災難資本主義的面目，即使論點具爭議，那就讓我們來一場大辯論吧。

《震撼主義：災難經濟的興起》可說是中文讀者的及時雨，好讓我們不至於在紛擾的世界裡，迷失、墮後！

推薦序

THE SHOCK DOCTRINE

擲出手上的石頭

從《No Logo》到《震撼主義》

張鐵志
「報導者」總主筆、
政治與文化評論人

一九九九年，當娜歐蜜．克萊恩完成《No Logo》，在西雅圖街上，正發生一場攫取世人眼光的激烈暴動。這是二十世紀末最終的一場大型人民暴動，卻是反全球化運動的第一場大抗爭。自此，全球化的力量和反全球化的鬥爭構成了二十一世紀前十年的政治主軸。在紛飛的瓦礫煙硝中，新世紀的扉頁向我們開啟。

反全球化的代言人

《No Logo》被視為預示一個新時代的來臨，成為一本超級暢銷書。作者說，當她一九九七年左右開始寫書時，她以為她報導的是一個邊緣性的抗議行動，沒想到在書將完成的一九九九年，卻目睹到一個波瀾壯闊的反抗運動。而那還只是開始。

外表甜美的克萊恩逐漸成為左翼陣營的搖滾明星、青年偶像……不，她甚至是搖滾明星的偶像，如當前世上最重要的樂隊電臺司令（Radiohead）就公開表示是她的粉絲。她比左翼大師杭士基（Noam Chomsky）更受歡迎，因為她更關注青年文化，且瞭解年輕人的語言。前年她出版《震撼主義》英文版，甚至找了曾拍攝《哈利波特》的知名導演艾方索・柯朗（Alfonso Cuarón）幫新書拍攝一部短片。（我也曾在紐約排過長隊等著聽她演講。）

二〇〇一年，美國《時代》雜誌宣稱反全球化運動已經變成新世代的最重要議題，而這個議題的代言人就是克萊恩。二〇〇五年，由英國《展望》雜誌（*Prospect*）和美國《外交政策》期刊（*Foreign Policy*）合辦的全球百大公共知識分子排行中，不到四十歲的她是第十一名，女性最高名次者。

轉向政治經濟批判

不過，在《No Logo》中，克萊恩雖然鼓吹人們用文化干擾（cultural jamming），以及針對勞工權益和人權的抗爭，去對抗企業宰制，然而她卻幾乎沒有提供企業支配力量背後的政治經濟分析。

直到二〇〇七年出版第三本書《震撼主義：災難經濟的興起》，她終於把焦點從針對企業，轉變到背後更大的政治經濟結構。

克萊恩最早開始發展這個概念，是二〇〇四年她去報導戰後的巴格達，發現美國占領軍引進大量私人資本進入伊拉克。然後她看見二〇〇五年南亞海嘯後的斯里蘭卡海岸，大量的海邊高級旅館取代原來漁民的社區；再來是卡崔娜風災摧毀了美國南方美麗城市紐奧良，而自由市場的神聖經濟學家傅利曼（Milton Friedman）建議要趁機用私立學校取代公立學校。

一開始，克萊恩以為這種巨大利益和巨大災難的結合是一種新的市場擴張方式，後來才發現這個形式有深刻的歷史根源。甚至，這種利用危機和災難的模式是傅利曼主義一開始就遵循的，一九七〇年初期智利的皮諾契政府是其最早的典範。然後，過去三十年，新自由主義「已經完善了這種策略：

他們等待重大危機，把國家私有化，而當公民仍然在餘震的驚嚇中，他們就把這些『改革』制度化。」這就是所謂的震撼主義（The Shock Doctrine）。

一部震撼主義歷史

這本書最大膽的論證在於克萊恩認為這個震撼有三個彼此相關的層次：人民先是被戰爭、恐怖攻擊、政變和自然災害所震撼。然後人民又被震撼一次：企業和政客利用第一次震撼造成的恐懼和困惑來推動震撼經濟治療。然後抵抗的這些人會經歷第三次震撼：這一次是由警察、軍人和監獄的偵訊者執行。

基本教義式的極端資本主義，或者說傅利曼鼓吹的那種市場至上資本主義，因為一般人民無法得利，很難獲得公眾支持，所以需要憑藉恐怖和酷刑來推動；需要一場危機，一種強力的「震撼」，公眾才會願意給予統治者更多權力，來推動極端的新自由主義市場改革。例如天安門的血腥鎮壓讓中國可以在九〇年代大力推動市場改革；智利皮諾契將軍的恐怖統治讓傅利曼的激進市場改革得以進行；波蘭和蘇聯在共黨垮臺後的不穩定讓新政府可以推動震撼治療。除了政治和經濟的危機，還包括自然危機：卡崔娜風災後的紐奧良，私人學校取代了公立學校；海嘯後的斯里蘭卡，蓋起了大量度假旅館。還有戰爭：二〇〇三年美國攻打後的伊拉克，各種私人資本大量進入，徹底「占領」伊拉克。

簡言之，「最基本教義的資本主義永遠需要災難來推動」。

這本書依然保有克萊恩最大的長處：精采的報導、資料收集與說故事能力，所以本書讀來真的讓人對那些殘暴、貪婪與黑暗感到「震驚」。但要將眾多歷史事件化約為一個共同理論——震撼主義——

則顯得過於牽強。例如，她把不同災難（天災或者人為政治鎮壓）視為同類已經不太適當，而要進一步以經濟利益或傅利曼式的放任自由主義思想，來解釋這些災難的發生，更讓人懷疑這是最粗糙版本的馬克思主義——用經濟利益解釋一切，政治，或者政治人物對權力的追求都消失了。例如，她強調一九八九年中共鎮壓天安門學運不是為了挽救獨裁政權，而是為了實踐新自由主義。美國之所以要介入柯索沃不是為了阻止種族屠殺，而是為了資本主義：「北大西洋公約組織（NATO）國家一九九九年攻擊貝爾格勒（Belgrade），為這個舊稱南斯拉夫的國家創造了快速私有化的條件——一個戰爭前就已設定的目標。」而俄羅斯的車臣戰爭不是要鎮壓分離主義，而是要保護葉爾辛的經濟政策。而美國攻打伊拉克，純粹是為了經濟原因嗎？基督教右派對布希政府的影響呢？或者新保守主義呢？克萊恩確實提到新保守主義，但她對這個主義有若干誤解，例如新保守主義並非是從九〇年代才出現，也不是以傅利曼的自由經濟理念為核心，更不要說，傅利曼從一開始就是反對伊拉克戰爭的。新自由主義和新保守主義並非同義詞。

同時，當統治者為了強制實行市場制度而實行威權統治時，我們難以知道這是因為統治者的意識形態，或是他們被財團利益綁架，或者如美國的例子，是政治菁英本身就掌握巨大商業利益（這是克萊恩清楚點出的）。企業的貪婪和新自由主義意識形態這兩者固然相關，但在分析上必須區分。

永遠的青年安那其

本書最大的創意，也是最大的問題是，她把三種震撼合併為一：對人體的電擊等震撼、經濟的震撼治療和政治上的震撼（鎮壓、恐怖統治或戰爭）。正如政治理論名家荷姆斯（Stephen Homles）在《倫敦書評》雜誌上所說，認為這三者有同樣邏輯，並不太具有說服力。

另一方面，如果這本書的目的僅是在於「挑戰這個官方故事的核心和最細心呵護的聲言——解除管制的資本主義勝利是從自由中誕生，放任的自由市場能與民主政治攜手而行」，那麼這是完全正確的。博蘭尼（Karl Polanyi）考察十九世紀的市場發展就說過，資本主義的創造必須建立在組織性的暴力上，因為一般人不會接受資本主義帶來的社會破壞。過去二十年經濟新自由主義的全球性擴張，的確有很多是建立在獨裁政權統治上。資本主義並非民主的好友。正如克萊恩對中國的生動比喻：「民主和芝加哥學派經濟學並未攜手前進，他們站在天安門廣場四周路障的不同側。」

不過，雖然她的理論過於簡化，但正如諾貝爾經濟學獎得主史迪格里茲（Joseph Stiglitz）指出，傅利曼和其他經濟學者也都對現實世界過分簡化，對預設完全資訊、完全競爭的市場模型深信不疑，而「由這些模型制定的政策比克萊恩的理論問題更大」。

從《No Logo》揭露企業的偽善與醜惡，到《震撼主義》穿透國家、資本與意識形態的邪惡同盟，克萊恩始終宛如是十年前在西雅圖街頭對著星巴克丟擲石頭的青年安那其——她雖然不在現場，但犀利文字和石頭一樣，或更有破壞力。現在，她把這個石頭擲向國家機器與政商利益共同體。

在《No Logo》，她所看到的美好未來是一群鬆散連結的行動者對抗大企業，是世界社會論壇對抗世界經濟論壇；在《震撼主義》中，她則把焦點放在國家之內的人民力量，及具體的政經制度，例如過去十年拉丁美洲的民主社會主義實踐如何對抗新自由主義，或者中國底層群眾日益激烈的維權反抗。

克萊恩仍然在手中緊握著石頭，而在路障這邊的我們準備好了和她一起拿起石頭，來爭取「另一個世界是可能的」這個夢嗎？

推薦序
THE SHOCK DOCTRINE

市場原教派有一隻殘暴的手

馮建三
政大新聞系教授

「金融風暴」、「金融海嘯」，二〇〇八年入夏以後，人人朗朗上口。但是，我們親身目睹與經歷的這些現象是一種自然而然、必定發生的「風暴或海嘯」嗎？顯然不是，這是人禍。語言很重要，與其言必稱風暴或海嘯，不如採用鄭村祺的建議，使之正名為金融「核爆」。

相同道理，《震撼主義：災難經濟的興起》這本書所揭露的「經濟新自由主義」三十餘年歷史，也是名實不符。「新」與「自由」都是正面的、吸引人的字眼與概念，但《No Logo》作者娜歐蜜·克萊恩信而有徵，讓讀者看到迥異的景象。

放火打劫的經濟自由主義

首先，它完全不同於羅爾斯（John Rawls）強調公平正義之「政治自由主義」；其次，它是對亞當·斯密（Adam Smith）的曲解。斯密在《國富論》雖然戲謔提及市場有隻「看不見的手」，但這句話至少有九或十種意思，不一定是最小政府論。根據後人詳細考察斯密的著作，發現他贊成或鼓吹政府干預的情況至少有三十五種，赫然包括藉助管制以「取代市場來增進效率」、通過「租稅來重分配所得」

與「約束國際貿易」等等。這些構成公權力介入與規範的理由，足以讓今日的經濟新自由主義、市場原教派（market fundamentalism）、以為只有一種市場的人，大驚失色。

最後，它對語意的誤用也同時是對民主的背叛。如同風暴海嘯掩飾了人為的核爆，「自由」則掩飾了這樣的自由其實根源於殘暴不仁，根源於特定的一些偏執所故意製造的血腥。海耶克（Friedrich A. Hayek）與傅利曼（Milton Friedman）是偏執的代表。一九七三年九月十一日皮諾契（Pinochet）在美國總統尼克森及其中央情報局的外應下，發動軍事政變以飛機轟炸智利總統府，推翻民選的阿葉德（Allende），隨後再鎮壓與殺害成千上萬的異端。對此，海耶克大言不慚地說：「我個人寧取自由主義的獨裁，而不是民主政府卻無自由主義色彩……軍事政變後，在皮諾契年代的個人自由，遠比前朝大得多了，我還真無法在智利找到任何一個人會不同意這個說法。」

二〇〇五年美國紐奧良淹大水後，高齡九十多的傅利曼撰文表示，他從「悲劇」中看到「大刀闊斧改革教育體系的機會」。若說這類思維與習慣是「趁火」打劫，還不是完全那麼準確。本書談及的許多案例（特別是伊拉克），更接近於「放火」打劫。經濟新自由主義的信仰者磨刀霍霍、虎視眈眈而積極地等待災難發生或設法催生災難，以便與大權在握的政府大員及其代言的大資本，共同推進「自由市場」的擴大速度。

對強制自由的反抗

實情既然如此，作者以「災難經濟」作為本書的副題就很貼切。另外，克萊恩還有一大貢獻。她清楚地表明，顛覆字義的「經濟新自由主義」並不是起源於一九七九年的英國與一九八〇年的美國。

早從一九六〇年代，它的偏執與宗教一般的熱情就在發酵，到了一九七三年在智利「初試啼聲」，其後才是英美與拉美國家。至一九八五年，通過美國的「廣場協定」（Plaza Accord）之所謂華盛頓共識，英美的經濟新自由主義推向全球，次年起關稅暨貿易總協定的烏拉圭回合談判開始，至一九九三年底暫告完成，象徵「新」的聲勢上揚，簡直可以說是遍地開花。

生活在槍口下的強制自由，很多人不免焦慮、憤怒、不解、無奈、無辜、低迷、氣悶、無力、慶幸與僥倖。然而，這些反應並不窮盡人的動能，生命不停地找尋出口。人固然不能從心所欲，卻秉持信念而行。總有人相信歷史還沒有終結、人類還有另一種未來、另一種生活方式，是以努力構思與行動、結社與串連，永不止息。

一九九四年，墨西哥原住民在北美自由貿易協定生效之日，起而反抗，「蒙面騎士」震驚世界。一九九五年「世界貿易組織」成軍，其後進展無法平順。一九九九年部長會議首次在美國本土舉行，六萬餘社運者群集西雅圖火爆抗爭。其後，反自由貿易而追求公平貿易的力量日有所成，二〇〇一年從巴西開始的「世界社會論壇」水漲船高、年年舉辦而延續反抗聲浪。世貿組織的部長會議在二〇〇八年無法達成協議而停擺，不見得較可喜的、以美國為首的雙邊協定蠢蠢欲動，但以區域為主的協作關係，從一九九二年低於五十項，至二〇〇八年超過了兩百項。其中，受害最早也最深的拉丁美洲一九九八年起由查維茲（Chávez）領軍，大唱反調。他在一九九九年祭出「二十一世紀社會主義」大旗，優先推動區域合作而有「玻利維亞另類美洲組織」反擊自由貿易，「要讓每個國家提供自己最擅長生產的東西，換取自己最需要的東西，不受全球行情左右」。至今年三月，委內瑞拉之外，巴西、烏拉圭、玻利維亞、智利、尼加拉瓜、厄瓜多爾、阿根廷、巴拉圭與薩爾瓦多等九個國家也都由左翼政權主政，再加上古巴五十年國際主義的示範，拉美的動向及其得失成敗，世人不得不矚目。

未卜先知的國際觀察

兩岸三地的動作雖小，倒不能說是缺席。二〇〇五年中國有八萬七千起抗爭事件，參與的工農人數超過四百萬。「六四」二十年，北京出現「二〇〇九北京六四民主運動研討會」，香港則有十五萬人薪火相傳燭光晚會。臺灣雖落後，但不乏有識之士對主流政黨大加撻伐，今年六月六日至九日，更有成大臺灣文學系、浩然基金會與全球和平婦女聯會聯合辦理「反轉思維：重新連結生態與經濟的另類發展」研討會及「另類全球化工作坊」。本地草根工作者數十人之外，海外同道來自古巴、巴西、墨西哥、西班牙、比利時、瑞士、澳洲、蘇丹、印度、印尼、韓國、北京與香港等十三個地方，再為臺灣進步的在地國際串連，留存軌跡。

克萊恩的筆勝於劍，文字生動、邏輯井然而論理有據。她飽覽群書又行萬里路，走訪拉美亞非至中東許多國家。作者的調查鼓舞新聞人，也讓學院工作者景仰，見賢思齊、有為者亦若是的心思冉冉浮現。全書具有歷史縱深，也帶領讀者親臨現場，我們需要的國際觀，就在這裡。英文版二〇〇七年書出之日，適巧是這次金融核爆的引燃點，美國次級房貸敗象已清楚展現；而中譯本則剛好作為歷史見證，「驗收」作者的論述果然是未卜先知。

二〇〇九年六月七日，紀念巧克力猴山——草楠大榕樹行走

引言

THE SHOCK DOCTRINE

空白即是美
三十年的抹除和重造世界

世界在神面前敗壞，地上滿了強暴。神觀看世界、見是敗壞了；凡有血氣的人、在地上都敗壞了行為。神就對挪亞說：「凡有血氣的人，他的盡頭已經來到我面前，因為地上滿了他們的強暴，我要把他們和地一併毀滅。」

——《聖經．創世紀》第六章第十一節（中文和合本）

震撼與威懾（Shock and Awe）就是要製造讓一般大眾、社會中的特定部門，或領導階層所無法理解的恐懼、危險和破壞。以龍捲風、颶風、地震、洪水、失控的大火、饑饉和疾病等形式所展現的自然，就能產生震撼與威懾。

——《震撼與威懾：達成快速掌握》（*Shock and Awe: Achieving Rapid Dominance*），美國在伊拉克戰爭的軍事理論

二〇〇五年九月，我在路易西安那州巴頓魯治（Baton Rouge）的紅十字收容所認識裴利（Jamar Perry）。面帶笑容的年輕山達基教徒正在分配晚餐，他也排在隊伍當中。我剛被逮到未在媒體人員陪同下跟被收容者談話，正在設法混入人群，雖然我是這一大群非裔美國南方人中唯一的加拿大白人。我躲到領食物的隊伍裡，排在裴利後面，好像我們是老朋友那樣要求他跟我談話，而他也和氣地照辦。

他在紐奧良出生和長大，已離開那個被水淹沒的城市一週。他看起來大約十七歲，但他告訴我是二十三歲。他跟家人苦苦等候來載他們撤離的巴士，但巴士始終未出現，他們被迫在炙熱的太陽下步行。最後他們來到這裡，一個寬廣的集會中心，通常用來舉辦醫療用品展，或表演「首府大屠殺：終極鐵籠格鬥」，但現在這裡擠滿了二千頂帆布床，和一大堆憤怒而疲憊的人，由剛從伊拉克返國、暴躁不安的國民警衛隊士兵負責看管。

當天收容所盛傳的消息是，出身該市的知名共和黨國會議員貝克告訴一群遊說者：「我們終於清光了紐奧良的國民住宅。我們無法辦到的事，上帝辦到了。」紐奧良最富有的地產開發商坎尼查洛（Joseph Canizaro）不久前才說出類似的感覺：「我想我們有了一片可以重新開始的空白石板。有了這片空白石板，我們會有龐大的商機。」一週來，巴頓魯治的路易西安那州議會裡遊說者熙來攘往，都在協助促成這些大商機：降低稅率、放寬管制、更低廉的勞工，和一個「較小、較安全的城市」——實際上就是剷平國宅的計畫，以高樓公寓取代它們。聽到這些「重新開始」和「空白石板」的說法，會讓你馬上忘掉就在公路那頭幾英里外，還有一大片廢墟、外溢的化學品，以及人的排泄物混雜的毒水。

在收容所裡的裴利完全聽不進去。「我真的不認為這是把城裡清乾淨。我看到的是城裡有許多人死了，而且死得很冤枉。」

他說得很小聲，但我們前面隊伍裡的一位老人聽到，回過頭來說：「巴頓魯治這些人有什麼毛病？這不是什麼商機，而是該死的悲劇。他們瞎了嗎？」

一名帶著兩個孩子的媽插嘴說：「不對，他們沒有瞎，他們是邪惡。他們認為這樣正好。」

從紐奧良淹大水看到機會的人，有一位叫米爾頓・傅利曼（Milton Friedman），就是那位倡議放任式資本主義、為近代高度流動的全球經濟奠立理論基礎的祖師級經濟學家。九十三歲高齡、健康日漸衰弱的「米叔叔」（Uncle Miltie，他的追隨者這麼稱呼他），在海堤破裂三個月後卻有力氣為《華爾街日報》寫一篇專欄。「大多數紐奧良的學校已成廢墟，」傅利曼寫道：「學童的家也一樣。這些孩子現在分散到全國各地。這是一場悲劇，但同時也是大刀闊斧改革教育體系的機會。」

傅利曼大刀闊斧的想法是，與其把數十億美元重建基金的其中一部分，用在重建和改善紐奧良既有的公立學校體系，政府應該提供消費券給家庭，用來向民間機構購買所需東西，這些民間機構有許多是以營利為目的，而且可獲得政府的補貼。傅利曼強調，這些根本的變革將不是權宜措施，而是「永久性的改革」。

一群右派智庫人士抓住傅利曼的提議，在颶風後降臨這個城市。布希政府支持他們所提的計畫，準備以數千萬美元把紐奧良的學校轉變成「委辦學校」（charter schools），由民間人士根據自訂的規則來經營這些政府資助的機構。委辦學校在美國引發兩極的意見，在紐奧良更是群情激憤，許多非洲裔美國人家長認為這會倒轉民權運動的成果，將危及所有學童接受同等水準教育的權利。不過，對傅利曼來說，整個國營學校體系的概念散發著社會主義的惡臭。根據他的觀點，國家唯一的功能是「保護我們的自由，免於國門外的敵人及我們同胞的侵害：維護法律和秩序，執行私人合約，促進競爭市場」。換句話說，就是供應警察和士兵——其他的一切作為，包括提供免費教育，都是對市場的不公平干預。

與海堤修護和電力網恢復供電的遲緩速度成鮮明對比，紐奧良學校體系的交易進行得有如軍事行動般快速和精確。在十九個月內，當紐奧良大部分的貧困居民仍流浪在外時，這個城市的公立學校體系幾乎已全被私人經營的委辦學校取代。在卡崔娜颶風（Hurricane Katrina）前，教育局管理一百二十三所公立學校，現在只剩四所。在颶風前，紐奧良有七所委辦學校，現在則有三十一所。紐奧良的教育過去由一個強而有力的工會代言，現在工會的合約已被毀棄，四千七百名教師會員全遭解僱。部分年輕教師被委辦學校以較低的薪資重新僱用；大部分人則沒有這麼幸運。

據《紐約時報》報導，紐奧良現在是「美國推廣委辦學校績效卓著的實驗場」，而傅利曼學派的智庫美國企業研究院（American Enterprise Institute）則熱烈讚揚「卡崔娜在一天內成就了……路易西安那州學校改革者多年來無法辦到的事」。在此同時，公立學校的教師只能眼睜睜看著救援大水災民的經費被用來廢除公立學校體系，並以私人學校取代，他們形容傅利曼的計畫為「教育版的強奪土地」。

這種趁著災難對公共領域進行精心策畫的掠奪，以及看待災難有如刺激的市場機會，我稱之為「災難資本主義」（disaster capitalism）。

傅利曼的紐奧良專欄成為他最後一篇公共政策建言；他在不到一年後的二〇〇六年十一月十六日

去逝，享壽九十四歲。一個中型美國城市的學校體系私有化，似乎不像是一位被譽為半世紀來最有影響力的經濟學家應該熱衷的事，尤其是他的信徒包括了數位美國總統、英國首相、俄羅斯獨裁者、波蘭財政部長、第三世界獨裁者、中國共產黨書記、國際貨幣基金（IMF）總經理，以及三位美國聯邦準備理事會（Fed）主席。但他決定利用紐奧良的危機，倡導基本教義版的資本主義，也許是這位精力充沛、身高五英尺二英寸的教授對世人恰如其分的告別，畢竟他曾在聲名最盛時，形容自己是「一個在禮拜日講道的老派傳道者」。

過去三十多年來，傅利曼和他有權有勢的追隨者不斷精益求精的，正是這個策略：等待一個大危機，然後趁著受到震驚的人民仍茫無頭緒時，把國家資產一塊塊變賣給個人，並且迅速讓「改革」永久化。

傅利曼在他一篇最具影響力的文章中，明白闡述當代資本主義的核心策略，也就是我恍然大悟後所稱的震撼主義（shock doctrine）。他發現「只有危機會造成實質改變，無論是實際的危機或感覺上像危機。當危機發生時，人所採取的行動決定於周圍可得的想法。我相信這就是我們的基本職責：發展出既有政策的替代方案，讓它們保持活躍而且可得，直到政治上的不可能變成政治上的不可避免」。有些人囤積罐頭食物和水，以防備發生重大災難；傅利曼則囤積自由市場的想法。一旦發生危機，這位芝加哥大學教授相信就必須迅速行動，在受到危機破壞的社會重新陷入「現況的專制」前，強加快速且無法扭轉的改變。他估計，「一個新統治當局約有六到九個月時間可以達成重大改變；如果在這段期間不抓住機會採取果斷行動，機會將一去不復返。」這是馬基維利忠告應「立即」施加「傷害」的變異版，也是傅利曼留給世人的終極策略之一。

傅利曼第一次學到如何利用大規模的震撼或危機是在七〇年代中期，當時他擔任智利獨裁者皮諾契（Augusto Pinochet）將軍的顧問。在皮諾契的暴力政變後，不僅智利人陷於震撼狀態，整個國家也遭到嚴重惡性通貨膨脹的創傷。傅利曼建議皮諾契採取一連串迅速的經濟變革——降稅、自由貿易、私有化、削減社會支出和解除管制。後來智利人甚至發現，他們的公立學校被公費補助（voucher-funded）的私校所取代。這是史上最極端的資本主義改造計畫，日後更以「芝加哥學派」革命著稱，因為皮諾契的經濟學家中，有許多在芝加哥大學就讀時拜在傅利曼門下。傅利曼預測：迅速、突然和大規模的經濟改變，將激起能「促進調整」的群眾心理反應。他為這個痛苦的技術創造一個名詞：經濟「震撼治療」（shock treatment）。此後數十年，每當政府採取大規模自由市場計畫，這種驟然實施的震撼治療或震撼療法（shock therapy），就一直是首選的方法。

皮契諾也以他自己的震撼治療來促進調整；這些治療在許多酷刑室中進行，施加在被認為最可能阻擋資本主義轉型的人痛苦掙扎的身體上。許多拉丁美洲人認為，造成數百萬人生活貧困的經濟震撼，和對數十萬名信仰不同社會的人濫施酷刑間，有直接的關聯。例如，烏拉圭作家加萊亞諾（Eduardo Galeano）問：「如果不靠電擊的震撼，這種不平等怎麼可能維持？」

這三種不同形式的震撼降臨智利整整三十年後，整套模式又在伊拉克復興，而且暴力程度遠為慘烈。最先是戰爭，根據「震撼與威懾軍事理論」作者群的說法，目的在於「控制敵人的意志、知覺與思想，並實際上造成敵人無力行動或反應」。接著是激進的經濟震撼治療，在國家仍然烽火連天時，由美國行政長官布雷默（Paul Bremer）進行大規模私有化、完全開放自由貿易、實施十五%的單一稅，並大幅縮小政府編制。伊拉克臨時貿易部長亞拉威（Ali Abdul Amir Allawi）當時說，他的同胞「已厭倦於被當成實驗對象。我們的體制已受到太多震撼，所以我們的經濟不需要這種震撼療法」。當伊拉克人反對時，他們被逮捕送進監牢，他們的身體和心智在那裡承受更多震撼，而且這種震撼絕非譬喻。

我從四年前開始研究自由市場如何依賴震撼的力量，當時是占領伊拉克的初期。我從巴格達報導，震撼與威懾之後美國嘗試施行震撼療法遭到挫敗。然後我前往斯里蘭卡，時值二〇〇四年大海嘯後數個月，也目睹不同情況下的相同操縱：外國投資人與國際放款機構聯手利用驚慌的氣氛，把整個美麗的海岸交給創業家，迅速興建大型休閒旅遊中心，阻擋數十萬名漁民在海邊重建他們的村莊。「在命運殘酷的作弄下，大自然給了斯里蘭卡獨特的機會，從這場大悲劇中將誕生一個世界級的旅遊地點。」斯里蘭卡政府宣布說。等到卡崔娜颶風襲擊紐奧良，共和黨政治人物、智庫及土地開發商開始討論「空白石板」和令人振奮的機會時，世人已經可以明顯看出，這是一個達成企業目標的慣用策略：利用集體創傷的機會，進行激進的社會與經濟改革。

大多數逃過大劫難的人想要的不是一片空白石板：他們要的是挽救任何能救回的東西，修復被毀損的東西；他們想重新鞏固與家園的關聯。「當我重建這個城市時，我感覺像在修復自己。」紐奧良受創最重的南九區居民卡珊卓，在清除颶風過後的瓦礫時說。但災難資本主義者對修復舊觀不感興趣。在伊拉克、斯里蘭卡和紐奧良，這個過程被刻意稱為「重建」（reconstruction），第一步是完成災難未完的工作，即掃除公共領域與舊社區殘留的一切東西，然後迅速以一種商業式的新耶路撒冷聖城（New Jerusalem）取而代之——一切都趕在戰爭或自然災害的犧牲者能重新集結、並要回原本屬於他們的東西前完成。

貝托斯（Mike Battles）說得好：「對我們來說，恐懼和混亂提供了大好機會。」這位三十四歲的前中央情報局（CIA）情報員說的是，入侵伊拉克後的混亂幫助他原本沒有名氣且毫無經驗的私人安全公司貝托斯（Custer Battles），從聯邦政府弄到約一億美元的合約。他的話也可以用作當代資本主義的口號——恐懼和混亂是每一次新躍進的觸媒。

當我對大獲利與大災難間的關聯展開研究時，我以為看到的是，世界各地「解放」市場的動力正在發生根本的改變。我曾參與一九九九年首度在西雅圖登上世界舞臺的反企業勢力擴張運動，早就習於類似的親商政策透過脅迫式的世界貿易組織（WTO）高峰會，或以ＩＭＦ貸款附帶條件強加實施。這類作法有三個如同註冊商標的要求：私有化、政府放寬管制，和大幅削減社會支出。這三項要求通常極不受社會大眾歡迎，但這些協議在簽訂的時候，至少有經過各國政府之間的協商同意，也有所謂專家的共識。但現在這些意識形態計畫，卻透過最惡劣的手段強行實施：在入侵後的外國軍事占領下，或緊接在一場大天然災難後。九一一恐怖攻擊似乎提供了華盛頓特權，不必徵詢其他國家是否喜歡美國式的「自由貿易與民主」，就可以藉震撼與威懾的武力強加在他國。

不過，當我愈深入發掘這種市場模式席捲全球的歷史，就愈發現利用危機與災難從一開始就是傅利曼運動的操作手法——這種資本主義的基本教義派形式向來就需要災難來達成。這在規模愈來愈大和愈嚴重的災難中明顯可見，但在伊拉克和紐奧良發生的情況並非九一一之後的新發明。相反的，這些利用危機的大膽實驗，是過去三十年嚴格遵從震撼主義的極致表現。

透過這套主義的透鏡觀看，過去三十五年看起來大不相同。一些最惡名昭彰的侵犯人權事件，和過去被視為反民主政權施行的虐待行為，實際上卻是深思熟慮的作法，目的在於威嚇大眾，或為採用激進的自由市場「改革」預作準備。在七〇年代的阿根廷軍事政權下，有三萬名以左派活動分子為主的人「失蹤」，這與該國實施芝加哥學派政策密不可分，就好像恐怖和智利類似的經濟改革息息相關。在一九八九年的中國，天安門廣場大屠殺的震撼，以及隨後數萬人遭逮捕，讓共產黨能夠放手把許多地方改造成大出口區，並填滿害怕得不敢主張自己權利的工人。在一九九三年的俄羅斯，葉爾欽（Boris Yeltsin）決定派遣坦克對國會大廈開火，囚禁反對黨領袖，以剷除賤價拍賣國產給民間的障礙，扶植了俄羅斯惡名昭彰的經濟寡頭（oligarch）。

一九八二年的福克蘭群島戰爭（Falklands War），讓英國首相柴契爾夫人（Margaret Thatcher）達成類似目的：戰爭帶來的混亂和民族主義激情，讓她得以用強大的武力鎮壓煤礦工人的罷工，並掀起西方民主國家第一波民營化熱潮。北大西洋公約組織（NATO）國家一九九九年攻擊貝爾格勒（Belgrade），為這個舊稱南斯拉夫的國家創造了快速私有化的條件——一個戰爭前就已設定的目標。經濟絕非這些戰爭唯一的動機，但在每一場戰爭中，重大的集體震撼都被利用來為經濟震撼療法鋪路。

這些被用來達成「軟化」作用的創傷手段，不一定都極為暴力。在八〇年代的拉丁美洲和非洲，債務危機迫使國家面對一位前ＩＭＦ官員說的「不私有化就死亡」。惡性通貨膨脹和深陷債務泥淖，使這些國家無法拒絕外國貸款附帶的要求，政府被迫接受保證會解救他們免於更大災難的「震撼治療」。在亞洲，一九九七至九八年的金融危機（嚴重程度幾近大蕭條）讓亞洲小龍為之屈膝而打開市場，進行《紐約時報》形容的「全世界最大的倒店拍賣會」。這些國家有許多是民主政體，但激進的自由市場轉型執行的方式卻一點也不民主。恰好相反：正如傅利曼所熟知的，大規模危機的氣氛提供了推翻選民期望的藉口，而把國家交給經濟「技術官僚」。

當然，在有些例子，採用自由市場政策是出於民主方式——政治人物以強硬的政綱競選並贏得選舉，美國的雷根（Ronald Reagan）是最好的例子，法國的薩科齊（Nicolas Sarkozy）當選則是晚近的事。不過，在這些例子裡，自由市場十字軍面對了大眾壓力，最後免不了被迫修正激進的計畫，接受漸進的改變而捨棄全面轉型。從根本上來說，雖然傅利曼的經濟模式在民主政治下能夠部分實施，但極權政治才是它發揮到淋漓盡致的必要條件。經濟震撼療法若要徹底實行——像七〇年代的智利、八〇年代末的中國、九〇年代的俄羅斯，以及二〇〇一年九月十一日以後的美國——通常需要額外施加某種重大集體創傷，以便暫時停止或完全阻擋民主運作。這種意識形態十字軍出現在南美的獨裁政權，也存在它征服的最大領土——俄羅斯和中國——它一直與冷酷的領導階層相處最融洽，而且創造出最多利潤。

震撼療法班師回朝

傅利曼的芝加哥學派運動從七〇年代以後，征服世界各地許多領土，但直到晚近它在自己的原產國一直未獲得完全的施展。雷根確實跨出第一步，但美國仍然保有福利體系、社會安全計畫，以及父母堅決不肯放棄的公立學校。以傅利曼的話來說，美國仍然「非理性地依附著社會主義體制」。

共和黨一九九五年掌控國會時，歸化美國的加拿大人、日後為小布希（George W. Bush）撰寫講稿的富魯姆（David Frum），與一群所謂新保守主義者（neo-conservatives），呼籲美國應進行震撼療法式的經濟革命。「我想我們應該這麼做。與其漸進地削減——這裡一點、那裡一點——我主張從今年夏季的某一天開始，我們一口氣取消三百個計畫，每個價值十億美元或更少。也許這種削減產生不了很大的影響，但它的意義可大了。而且你馬上可以辦到。」

富魯姆當時無緣體驗這種本土震撼療法，主要是因為沒有國內危機事先舖好路。但二〇〇一年的情況大不相同。九一一攻擊發生時，白宮已擠滿傅利曼的門徒，包括他的好友倫斯斐（Donald Rumsfeld）。布希團隊以驚人的速度，掌握集體暈眩的大好機會——並非布希政府陰謀策畫了危機（像某些人說的那樣），而是因為政府要員都是拉丁美洲和東歐災難資本主義實驗的老手。他們同屬一個運動，而這個運動渴盼危機有如久旱巴望下雨的農民，或者像期待開悟的基督教錫安主義末日派教徒。當等候已久的危機降臨時，他們馬上就知道機會終於到來。

三十多年來，傅利曼和他的追隨者有系統地利用其他國家的震撼時刻——類似九一一的外國事件，最早從皮諾契一九七三年九月十一日的政變開始。二〇〇一年九月十一日發生的是，一個在美國大學孕育並由華盛頓的機構強化的意識形態，終於有機會回到故鄉。

布希政府立即抓住攻擊事件激發的恐懼，不但發動「反恐戰爭」，而且把它變成純粹的營利事業，讓這個新產業為漸露疲態的美國經濟注入新活力。這個新產業可以稱為「災難資本主義複合體」（disaster capitalism complex），其觸角比艾森豪（Dwight Eisenhower）總統任期結束時所警告的軍產複合體還廣：這是一場私人企業發動的全球戰爭，戰役是由公帑來支應，永不停息的任務則是保護美國家園永遠屹立不搖，和消滅外國的一切「邪惡」。在短短幾年內，這個複合體已不斷擴展它的市場觸角，從打擊恐怖主義到國際維安、都市政策，到因應日益頻繁的自然災害等等。位居這個複合體核心的企業財團，其終極目標是把在特殊環境下快速發展的營利政府模式，帶進承平時期和日常的運作中——換句話說，就是把政府私有化。

為了發動這個災難資本主義複合體，布希政府未經公共辯論，就把許多最敏感與核心的政府機能外包給私人公司——從提供醫療給士兵、偵訊囚犯，到蒐集大眾的資訊，並進行「資料採礦」（data mining）。在這場永不停止的戰爭中，政府扮演的角色不是管理各式各樣的承包商，而是一家財力雄厚的創業資本家，不但提供創立複合體的種籽基金，也變成其新服務的最大顧客。這裡只舉出三個顯示這種轉變規模之大的統計數字：在二〇〇三年，美國政府授予三千五百一十二項合約給私人公司，以執行安全機能；到二〇〇六年八月為止的二十二個月期間，國土安全部授予的這類合約已超過十一萬五千項。全球「國土安全業」在二〇〇一年以前還是個小產業——現在年值已達二千億美元。在二〇〇六年，美國政府用於國土安全的支出平均每個家庭要分攤五百四十五美元。

這只是反恐戰爭本土戰場的支出；真正的大錢是花在海外戰場上。除了因為伊拉克戰爭而獲利激增的武器承包商外，美國的軍力維護現在是世界上成長最快的服務業之一。「沒有兩個擁有麥當勞餐廳的國家曾經互相打仗。」《紐約時報》專欄作家佛里曼（Thomas Friedman）一九九六年十二月大膽宣稱。他不但在兩年後被證明說錯話，而且拜營利戰爭的模式所賜，美國軍方還帶著漢堡王（Burger King）和必勝客（Pizza Hut）上戰場，授予它們從伊拉克美軍基地到關達那摩灣（Guantanamo Bay）「迷你市」的專賣經營權。

還有人道救援與重建所需的經費。在伊拉克首創的營利救援與重建已變成全球的新典範，不管是先發制人戰爭造成的破壞，例如以色列二〇〇六年攻擊黎巴嫩，或是颶風帶來的破壞，救援和重建都採營利模式。在資源匱乏和氣候變遷造成新災難持續增加的情況下，因應危機已發展成不容非營利機構獨占的熱門市場——既然美國最大的工程公司之一貝泰（Bechtle）可以做，為什麼要讓給聯合國兒童基金會（UNICEF）？密西西比的難民可以住在嘉年華遊艇上，何必安置於接受補貼的空公寓？既然黑水公司（Blackwater）這類民間安全業者正在尋找新客戶，為什麼要部署聯合國維安部隊在蘇丹達佛（Darfur）？這就是九一一以後的差別：在之前，戰爭和災難只提供商機給經濟中有限的產業——例如戰鬥機製造商，或重建被炸毀橋樑的營造商。然而，以往戰爭的首要經濟角色是打開原本封閉的新市場的手段，藉以創造戰後承平時期的繁榮。現在戰爭和災難應變已完全民營化，它們本身就是新市場；不必等候戰爭結束才有繁榮——媒介本身就是訊息。

這種後現代的作法有一項明顯的優點，以市場術語來說，就是它不會失誤。就像一位市場分析師對能源服務業哈利波頓公司（Halliburton）某一季營運特別好所下的評論：「伊拉克的情況比預期好。」當時是二〇〇六年十月，也是紀錄中戰役最慘烈的月份，有三千七百零九名伊拉克平民死亡。儘管如此，很少股東會對戰爭為這家公司創造二百億美元營收感到不滿。

在武器交易、民間傭兵、營利式重建和國土安全產業欣欣向榮之際，從貼著布希政府品牌的後九一一震撼治療中崛起的，是一種體系完備的新經濟。它在布希時代建立，但現在已獨立存在於任何政府之外，而且將屹立不搖，直到它深層的財團至上意識形態被發現、隔離並遭到質疑和挑戰。這個複合體雖然由美國公司支配，但它具有全球性，由英國公司帶來無所不在的保全攝影機技術，以色列公司興建高科技圍牆的專業，以及加拿大木材業銷售比當地房屋貴好幾倍的組合屋，等等。「我認為以前從來沒有人把災難重建視為真正的房屋市場，」加拿大一家林業集團的執行長貝克說：「這是一套長期多角化經營的策略。」

就規模來說，災難資本主義複合體足以媲美「新興市場」和九〇年代資訊科技業的榮景。事實上，圈內人透露，獲利甚至比網路時代還高，之前的其他泡沫破滅後，「安全泡沫」接著形成。若加上激增的保險業獲利（估計光是在美國二〇〇六年就高達空前的六百億美元），以及石油業的超高獲利（每一次發生新危機就愈高），災難經濟可能救了世界市場，讓它免於九一一之前瀕臨的全面衰退。

這支意識形態十字軍的發展，在激進的戰爭和災難民營化中達到最高點，但在嘗試連貫它的歷史時，卻出現一個問題：這種意識形態會變形，它不斷改變名稱和轉換身分。傅利曼自稱是「自由派」（liberal），但他的美國徒眾認為自由派代表課徵重稅和嬉皮，所以自稱是「保守主義者」（conservatives）、「古典經濟學家」（classical economist）、「自由市場派」（free marketer），和後來的「雷根經濟學」（Reaganomics）與「自由放任主義」（laissez-faire）的追隨者。在全世界大部分地區，這些人的教義稱為「新自由主義」（neoliberalism），但也常稱為「自由貿易」或「全球化」。九〇年代中期以後由右派智庫——與傅利曼有深長的關係，包括傳統基金會（Heritage Foundation）、卡托研究所（Cato Institute）和美國企業研究院（AEI）——領導的知識分子運動，才自稱為「新保守主義者」，是一種挾美國軍事機器的強大力量為財團目標服務的世界觀。

所有這些化身都致力於同一個三位一體的政策目標——剷除公共領域、完全解放企業，以及削減社會支出——但這種意識形態的各種名稱沒有一種聽起來恰當。傅利曼建構他的運動是以解除國家對市場的管制為目標，但當他純正主義的願景在真實世界實踐時，情況卻大不相同。在過去三十年每個採用芝加哥學派政策的國家，都出現一個由少數極大企業和一群大多很富裕的政治人物組成的強大統治聯盟——且兩個集團間的區隔十分模糊而易變。在俄羅斯，這個聯盟的民間富豪參與者叫「寡頭」（Oligarch）；在中國叫「太子黨」（princeling）；在智利叫「食人魚」（piranha）；在美國則是布希—錢尼鼓吹的「先驅」（Pioneer）。這些政治與企業菁英崛起後，非但未解除國家對市場的管制，反而分進合擊，交換和分配原本由國家掌控寶貴資源的權利——從俄羅斯的油田、中國的集體土地權，到在伊拉克未經招標程序的重建工程合約。

若要說明這種剷除大政府與大企業界線的體制，更正確的名詞不是自由主義、保守主義或資本主義，而是政商財團主義（corporatism）。它的主要特徵是，把公共財富大規模轉移到私人手中，通常伴隨著國家債務激增，巨富與赤貧間的鴻溝不斷擴大，還有以狂熱的民族主義合理化無止境增加的安全支出。對身處這種由體制創造的巨大財富泡沫內的人而言，沒有比這種架構社會的方式更有利可圖了。但因為絕大多數人被排拒在泡沫之外，政商財團主義國家的其他特徵往往包括嚴密的監視（同樣的，政府和大企業交換恩惠與合約）、大規模監禁、限縮人民自由，以及不必然有、但很常見的酷刑。

酷刑的隱喻

從智利、中國到伊拉克，酷刑一直是全球自由市場十字軍的沉默夥伴。但嚴刑拷打不只是對反抗者強加不受歡迎政策的工具，也是震撼主義基本邏輯的隱喻。

酷刑或中情局所說的「強制性審問」，是一套用來使犯人深陷迷失與震驚，以便迫使他們意志屈服的技巧。其指導原則詳述於兩本九〇年代末期解密的中情局手冊。手冊解釋說，打破「抗拒來源」的方法是，創造犯人與他們理解周遭世界能力間的激烈斷裂。首先，感官被剝奪所有的輸入（用頭巾、耳塞、手銬腳鐐、完全隔離），然後身體被超過負荷的刺激轟炸（閃光燈、高分貝的音樂、毆打、電擊）。

這個「軟化」階段的目的是在心智激起某種颶風：犯人心理退化，並害怕到他們無法以理智思考或保護自己的利益。就是在這種震撼狀況下，大多數囚犯提供審訊者想要的任何東西——資訊、自白、放棄以前的信仰。中情局的手冊提供一種特別簡潔的解釋：「會產生片刻的生命暫停（suspended animation）——時間可能極短暫——這是一種心理震撼或麻痺。它由創傷或次創傷經驗所引起，會徹底破壞對象熟悉的世界，和世界中的自我形象。有經驗的審問者看到這種效應時會認得，知道這時候抗拒來源比震撼之前更容易接受暗示，更可能聽話。」

震撼主義完全仿效這種過程，嘗試以極大的規模達成酷刑在審訊室對個人達成的事。最明顯的例子是九一一的震撼，造成數百萬人「熟悉的世界」爆炸，打開一段深陷迷失與退化的時期，而布希政府則熟練地善加利用這樣的情況。突然我們發現自己生活在全新的紀元，我們熟知的一切事物現在都可以被斥為「九一一前的思維」。我們的歷史知識從未有過這般強烈的印象，北美洲已變成「一片空白石板」，就像毛澤東告訴中國人民的，「可以寫下最新和最美的字句。」一群新專家立即出現，在我們創傷後空白的意識畫布刻下新而美麗的字句：「文明衝突」、「邪惡軸心」、「伊斯蘭－法西斯主義」、「國土安全」。趁著所有人專注在攸關生死的新文化戰爭，布希政府終於可以進行九一一之前只能夢想的事：在海外發動私有化戰爭，在國內建立一個私人企業國土安全複合體。

這就是震撼主義運作的方式：最初的災難——政變、恐怖攻擊、市場崩盤、戰爭、海嘯、颶風——使全國人口陷於集體震撼中。墜落的炸彈、迸發的恐怖、狂飆的暴風軟化了整個社會，就像酷刑室裡震耳欲聾的音樂和毆打軟化了囚犯。就像被震懾的囚犯供出同志的名字和背棄他的信心，受震撼的社會往往也放棄平時捍衛的東西。裴利和他在巴頓魯治收容所的難民同伴，應該放棄他們的住宅計畫和公立學校。在海嘯肆虐後，斯里蘭卡的漁民應該放棄他們寶貴的海濱土地，交給旅館開發商。如果一切依照計畫進行，伊拉克人應該震驚和威懾到放棄他們的原油儲藏、國營企業和主權，交給美國軍隊和國際聯軍。

自由人的大謊言

在無數歌頌傅利曼的文章中，幾乎沒有人提到震撼與危機在宣揚他的世界觀中扮演的角色。不過經濟學家的疏漏反而提供了機會，讓我們可以重述他宣揚的激進資本主義，如何在幾乎全世界每個角落都變成政府正統思想的官方版說法。這是一段童話故事版的歷史，洗淨了與這支十字軍緊密交織的所有暴力和壓制，它也代表過去三十年來最成功的宣傳手法。這個故事大致是這麼說的：

傅利曼奉獻一生在打一場和平的理想之戰，對抗那些相信政府有責任干預市場以減少傷害的人。他相信當政治人物開始聽從新政與現代福利國家理論的建構者凱因斯（John Maynard Keynes）時，歷史便「走上錯誤的軌道」。一九二九年的市場崩盤創造了一股無可阻擋的共識，認為放任主義已經失敗，政府必須干預經濟以重新分配財富和規範企業。在放任主義黯淡無光的時期，共產黨征服東方，福利國被西方擁抱，經濟民族主義在後殖民時代的南方生根，傅利曼和他的導師海耶克（Friedrich Hayek）耐心保護著純正資本主義的火苗，不受凱因斯信徒嘗試聚積集體財富以建立正義社會的汙染。

「以我所見，最大的錯誤是，」傅利曼一九七五年寫信給皮諾契說：「以為可以用別人的錢來行善。」可惜很少人聽進去，大多數人仍然堅持政府可以而且應該行善。一九六九年的《時代》雜誌貶抑傅利曼為「小丑或寄生蟲」，只有少數人尊崇他是先知。

最後，當他在知識界的荒野走過數十年後，八〇年代終於出現了柴契爾（她稱傅利曼為「思想自由的鬥士」）和雷根（他在總統競選所到之處都帶著一本傅利曼的宣言《資本主義與自由》（*Capitalism and Freedom*））。終於有政治領袖敢於在現實世界中，實施解脫枷鎖的自由市場。根據這則官方版的故事，在雷根和柴契爾和平而民主地解放兩國的市場後，隨之而來的自由與繁榮是如此受到歡迎，以致於當從馬尼拉到柏林的獨裁體制開始崩解時，人民無不想要大麥克漢堡（Big Mac）和實施雷根經濟政策。

蘇聯終於崩潰時，「邪惡帝國」的人民也急切地加入傅利曼式的革命，就像中國的共產主義者皈依資本主義一樣。這表示邁向真正全球自由市場的路上已不再有任何阻礙，解放的私人企業不僅在自己的國家獲得自由，而且將暢行無阻地跨越國界，把繁榮散播到全世界。全球對如何管理社會形成兩個共識：政治領袖應由選舉產生，而經濟則應根據傅利曼的原理來運行。正如法蘭西斯．福山（Francis Fukuyama）所說的，這是「歷史的終結」，也就是「人類意識形態演變的終點」。傅利曼死時，《財星》雜誌（*Fortune*）寫道「他帶走了歷史潮流」；美國國會通過一項決議，讚揚他是「人類自由的偉大鬥士，不只在經濟方面，而是在各個領域」；加州州長阿諾史瓦辛格（Arnold Schwarzenegger）宣布，二〇〇七年一月二十九日是加州的傅利曼日，數個城市和鄉鎮也這麼做。《華爾街日報》的標題則濃縮成這樣一句簡潔的頌詞：「自由人」（Freedom Man）。

本書將挑戰這個官方故事的核心和最細心呵護的聲言——解除管制的資本主義勝利是從自由中誕生，放任的自由市場能與民主政治攜手而行。相反的，我將證明這種基本教義派資本主義，總是由最殘暴形式的壓制所接生，施加於國家，也施加在無數個人身上。當代自由市場的歷史——更正確地說是政商財團主義的崛起——是在震撼中寫下的。

這牽涉極高的賭注。政商財團的聯盟正在征服其最後的邊疆：阿拉伯世界封閉的石油經濟體，以及西方經濟體中長期未受營利入侵的部門——包括對災難的因應和建立軍備。他們在國內或國外私有化這些基本機能時，甚至已不再虛偽地徵求公眾同意，因此未來將需要更激烈的暴力和更大的災難，才能達成他們的目標。由於震撼與危機扮演的決定性角色，在自由市場崛起的官方紀錄中被徹底抹除，因而在伊拉克和紐奧良所展現的極端手法，往往被誤解為布希政府特有的無能或親信政治。事實上，布希的事蹟代表的，正是五十年來企業解放運動窮凶惡極的暴力和發展的最高潮。

任何人嘗試以意識形態來解釋他們追隨者的罪行，都必須極其審慎，我們很容易指控意見不同的人不只是錯誤，而且極權專制、法西斯、集體屠殺。但同樣重要的是，一些危害公眾的意識形態我們也必須指認出來。這些封閉、基本教義派的教條無法與其他信仰體系共存；它們的追隨者痛恨多元，並且要求絕對的自由以實行其完美的制度。世界的現況必須加以剷除，讓位給他們純正的創見。這種邏輯源自聖經中洪水與大火的幻想，不可避免地會導向暴力。這種意識形態渴望不可能的空白石板，只能靠某種大動亂來達成，因此是危險的意識形態。

通常只有極端宗教的和激進的理念系統，會想要剷除整個種族和文化，以便達成一個淨化的新世界。但自從蘇聯崩潰後，一股強大的集體力量急於清算以共產主義之名所犯的滔天罪行。當蘇聯的資訊密室被打破後，研究人員清點人為的饑饉、勞改營和暗殺造成的死亡人數。這個過程激起舉世的熱烈辯論，想探究有多少暴行是出於意識形態，有多少則是史達林、希奧塞古（Nicolae Ceausescu，編按：羅馬尼亞獨裁者）、毛澤東和波布（Pol Pot，編按：柬埔寨獨裁者）的信徒扭曲的結果。

「正是共產主義的本質所施加的集體鎮壓，製造出一種國家支持的恐怖統治。」引發廣泛爭議的《共產主義黑皮書》（*Black Book of Communism*）共同作者柯爾特斯（Stephane Courtois）寫道：「意識形態本身就沒有罪責嗎？」當然有。並不是像部分人見獵心喜宣稱的，所有形式的共產主義本來就主張消滅異己，而是一種教條、極權、蔑視多元的共產主義詮釋，才導致史達林整肅異己，以及毛澤東設立勞改營。極權共產主義已經（而且應該）因為這些真實世界的實驗而永遠染上汙點。

但這支想解放世界市場的當代十字軍又如何？為了維護政商財團體制而發動的政變、戰爭和屠殺，從未被視為資本主義的罪行，而是被當成狂熱獨裁者的激進作法、冷戰的局部衝突，和現在的反恐戰爭，所以被輕輕帶過。政商財團主義經濟模式最堅定的反對者，都被有計畫地消滅，不管在七〇年代的阿根廷或今日的伊拉克；鎮壓也被解釋成對抗共產主義或恐怖主義的骯髒戰爭的一部分——從未被視為推動純粹資本主義的鬥爭。

我不是說所有形式的市場體制與生俱來都是暴力的，很可能有一種市場導向的經濟不需要這種暴力，也不要求意識形態的純粹。消費性產品的自由市場能夠和免費公共醫療、公共學校，或者國家擁有的主要經濟部門如國營石油公司共存共榮。同樣可能的是，要求大企業支付合宜的薪資，尊重員工組織工會的權利，以及政府藉課稅和重分配財富，以降低政商財團國家明顯的高度不平等。市場不需要走基本教義路線。

凱因斯在大蕭條後主張的正是這種混合性的管制經濟，那是公共政策的一場革命，造就了新政（New Deal）和遍及世界各國的類似轉變。傅利曼的反革命在一個又一個國家想拆解的，就是這種妥協、查核和制衡的體制。從這個觀點看，芝加哥學派的資本主義，確實與其他危險的意識形態有共同的特質：渴望追求不可能達到的純粹，企盼可以重建社會模型的空白石板。

這種渴望想獲得神造萬物般的力量，就是自由市場意識形態對危機和災難如此感興趣的原因。尋常的現實世界不合他們野心勃勃的口味。過去三十五年來，讓傅利曼的反革命如此生氣勃勃的，就是只有在災難式的改變中才可能得到的自由與可能性——當因循舊習和需索不斷的人都被掃到一旁，當民主政治無法實際運作的時候。

震撼主義的信徒深信，只有大斷裂——一場大洪水、戰爭、恐怖攻擊——才能創造他們渴望中的巨大而乾淨的畫布。只有在這種最有可塑性的時刻，當我們心理上無所依靠時，這些敢於大冒險的藝術家，便開始他們重造世界的工作。

第一篇

兩種醫生的震撼：研發

The Shock Doctrine

PART 1

我們將擠光你，然後以我們注滿你。

——歐威爾（George Orwell），《一九八四》

工業革命這場有史以來最極端和激進的革命，只是刺激各種學派思想的開端，但這些問題只要有無限的物質商品就能解決。

——博蘭尼（Karl Polanyi），《巨變》（*The Great Transformation*）

第一章
THE SHOCK DOCTRINE

酷刑實驗室
卡麥隆、中情局，以及抹除與重造人類心智的瘋狂追求

他們的心智就像一塊空白石版，可以讓我們在上面書寫。

——甘乃迪醫師（Dr. Cyril J. C. Kennedy）及安傑醫師（Dr. David Anchel），一九四八年談及電擊治療的好處

我到屠宰場觀察所謂的「電氣屠宰」，看到那些肉豬在頭的兩側被巨大的鉗子夾住，鉗子則接通電流（一百二十五伏特）。豬隻一被鉗子夾住，立即陷於昏迷、全身僵直，經過幾秒鐘，牠們便不自主地顫抖，和我們實驗用的狗一樣。在失去意識（癲癇昏迷）的片刻，屠夫便可毫無困難地戳刺牠們放血。

——塞德提（Ugo Cerletti），精神病學家，一九五四年時描述他如何「發明」電擊治療

「我已經不接受新聞記者訪問了。」電話那頭那個緊繃的聲音說。然後一扇小窗打開來：「你想要什麼？」

我想我大概只有二十秒鐘可以說明我的目的，這可不容易。我該怎麼向卡絲特納（Gail Kastner）解釋我找上她的整個過程？

如果我照實說，聽起來會很怪異：「我正在寫一本有關震撼的書。有關國家如何遭受戰爭、恐怖攻擊、軍事政變和天災的震撼。還有這些國家如何再次遭到震撼——企業和政治人物如何利用第一次震撼帶來的恐懼與迷失，強行推動經濟震撼療法。必要的話，如果有人敢於抗拒這種震撼政策，就再進行第三次震撼——由警察、軍人和監獄的審問者執行。我想和你談，是因為我猜想你是遭受最多震撼的存活者之一，你是中央情報局電擊震撼，和其他『特殊審問技巧』祕密實驗的少數倖存者。除此之外，我也有理由相信，一九五〇年代在麥吉爾大學（McGill University）對你做的研究，現在被應用在關達那摩灣和阿布格萊布（Abu Ghraib）的囚犯身上。」

不行，我絕對不能這麼說。所以我只好說：「我最近走訪伊拉克，我想瞭解酷刑在那裡扮演的角色。我們聽說刑求是為了蒐集資訊，但我想應該不只如此——我想酷刑也跟想建立一個模型國家有關，目的是想抹除人的想法，然後重新塑造他們。」

經過好長的沉默，回答的是不同的語氣，還是很緊繃，但……是鬆了一口氣？「你剛才說的，就是中情局和卡麥隆（Ewen Cameron）對我做的事。他們想抹除並重造我。不過這套不管用。」

不到二十四小時後，我在蒙特婁敲卡絲特納森冷老舊的公寓門。「門開著。」一個幾乎難以辨認的聲音說。卡絲特納告訴我，她不鎖門是因為她站起來很吃力。她背脊下部的小骨折因為關節炎而愈來愈疼痛。她的背痛總是提醒她，她大腦額葉遭受過六十三次一百五十到二百伏特的電擊，而當她的身體猛烈地在桌上抽搐時，則導致骨折、扭傷、嘴唇流血和牙齒斷裂。

卡絲特納在一張絲絨斜躺椅上接待我，後來我知道它可以調整二十種角度，而且她不斷調整它，像攝影師嘗試尋找焦點一樣。就在這張躺椅上，她日日夜夜尋找舒適的姿勢，嘗試避免睡著和陷入她所稱的「我的電擊夢」。那是她會見「他」的時刻：那位作古多時的卡麥隆醫生，在許多年前對她施以電擊和其他酷刑的精神病醫生。「昨天晚上那位有名的禽獸兩度來看我，」我一走進屋裡，她就說：「我不想讓妳感到自責，但那是因為妳突然打電話來，問了那些問題。」

我馬上想到我的造訪很可能對她不公平。當我掃視公寓並發現自己沒有容身的地方，這種感覺隨之加深。屋裡處處堆滿高疊的紙張和書籍，歪斜欲倒但顯然有某種秩序，書籍都以黃色的紙籤標示。卡絲特納指示我到室內唯一空出來的地方，是一張我沒注意到的木椅，但當我要求放置錄音機的四英寸空間時，她顯然有點驚慌。她躺椅邊那張小茶几絕不可能：上面已放了約二十個空香菸盒，馬汀牌（Matinee）中等濃度的，堆疊成完美的金字塔形。（卡絲特納曾在電話中警告我她是老菸槍：「抱歉，我會抽菸。而且吃東西的習慣很糟。我又肥又抽菸。我希望妳受得了。」）看起來好像卡絲特納把菸盒內面都塗成黑色，但仔細看，我發現那實際上是很密很小的手寫字跡：名字、號碼，幾千個字。

那一整天我們談話的時候，卡絲特納不時傾身在一張紙片或一個香菸盒上寫東西——「寫給我自己的筆記，」她解釋說：「否則我絕對記不住。」對卡絲特納來說，這堆雜亂無章的紙與香菸盒，不只是異於尋常的檔案系統，而是她的記憶。

在她整個成年後的人生，卡絲特納的心智老是不聽使喚；事實很快就忘得精光，如果還有存留的記憶（許多已不復存在），也都像散落各處的殘簡斷篇。有時候她會很清楚記住某件事—她所說的「記憶碎片」——但當問她發生的日期時，誤差可能長達二十年。「在一九六八年，」她會說：「不，是一九八三年。」所以她留下紀錄，保存所有東西，證明她的生活確實發生過。剛開始她會為這種混亂道歉，但後來她說：「是他造成的！這棟公寓就是酷刑的一部分！」

多年來，卡絲特納對自己缺乏記憶和其他特殊的行為感到十分迷惑。例如，她不知道為什麼車庫門控制器的一次小觸電，會引發她失控的驚恐，或為什麼當她拔吹風機插頭時手會顫抖。尤其是她無法瞭解自己可以記住成年生活的大部分事件，但快二十歲時的記憶卻一片空白。當她遇見有人宣稱從小就認識她，她會說：「『我知道你是誰，但我想不起來。』我假裝這麼說。」

卡絲特納猜想那是她整個心智健康出了問題。她二十幾歲和三十幾歲時，曾深受憂鬱和服藥成癮之苦，有時候陷入嚴重的崩潰，不得不進醫院和昏迷不醒。這些事件導致家人與她脫離關係，讓她孤寂而走投無路，只能靠在雜貨店外翻尋垃圾箱勉強度日。

一些跡象也透露，更早之前曾發生更嚴重的創傷。在家人切斷跟她的關係前，卡絲特納的同卵孿生姊妹潔拉（Zella）曾為必須照顧生重病的卡絲特納而彼此爭吵。「妳不知道我吃了多少苦，」潔拉會說：「妳會在客廳地板上尿尿，還會吸吮姆指，說兒語，還會搶我寶寶的奶瓶。我簡直忍無可忍！」卡絲特納完全不知道她姊妹為什麼指控她。在地板上尿尿？搶她外甥的奶瓶？她不記得做過這麼奇怪的事。

在四十幾歲後半段，卡絲特納與一位叫傑柯比的男人發展關係，她形容他是她的靈魂伴侶。傑柯比是猶太人大屠殺（Holocaust）的倖存者，他也對喪失記憶和迷失感到疑惑。對十幾年前去世的傑柯比來說，卡絲特納無法解釋的失落歲月特別讓他感到困擾。「一定有原因，」談到她生命中的空白時，他會說：「這其中一定有原因。」

一九九二年，卡絲特納和傑柯比剛好經過一個賣報攤，看到一行斗大的標題寫著：「洗腦實驗：受害者獲補償。」卡絲特納開始瀏覽文章，幾個詞句立即躍然而出：「兒語」、「記憶喪失」、「大小便失禁」。「我說：『傑柯比，買下這份報紙。』」兩人就坐在附近一家咖啡館，閱讀這篇令人難以置信的報導，內容是一九五〇年代美國中情局如何資助一位蒙特婁的醫生，對他的精神病患進行怪異的實驗，讓他們一連數週睡覺，並加以隔離，然後施以高劑量的電擊和實驗藥物，包括會產生幻覺的麥角酸二乙醯胺（LSD），和俗稱天使塵的苯環利定（PCP）。這些實驗會讓病患退化到會說話前的嬰兒狀態，進行的場所是在麥吉爾大學的亞倫紀念研究所（Allan Memorial Institute），由卡麥隆主持。中情局對卡麥隆的資助在七〇年代末期因為資訊自由法案（Freedom of Information Act）的規定而被揭露，引起美國參議院舉行聽證會。九名卡麥隆的前病患一起控告中情局和加拿大政府，後者也資助卡麥隆的研究。在冗長的審判過程中，病患的律師主張那些實驗違背所有的醫療道德標準。病患因為輕微的精神病症向卡麥隆求助，像是產後憂鬱、焦慮，甚至尋求處理婚姻難題，卻在未獲告知或許可下遭到利用，就像人類版的白老鼠般，以滿足中情局尋找控制人類心智方法的狂熱。到一九八八年，中情局提出和解，給九位原告總共七十五萬美元的損害賠償——在當時是該局歷來金額最高的和解案。四年後，加拿大政府也同意支付每位參與實驗的病患十萬美元賠償。

卡麥隆不但在發展當代美國刑求技巧上扮演核心角色，他的實驗也提供絕無僅有的機會，讓世人一窺災難資本主義的根本邏輯。自由市場經濟學家相信只有大規模災難（一場大毀滅）可以為「改革」

鋪路，卡麥隆和他們一樣，認為藉由對人腦施加一連串震撼，可以摧毀和抹除有缺陷的心智，然後在一片虛幻的空白石板上重建新的人格。

卡絲特納多年來依稀記得一則牽涉中情局和麥吉爾大學的報導，但她並未多加注意，因為她與亞倫紀念研究所從來沒有任何瓜葛。但現在，和傑柯比坐在一起，她專心看那些前病患敘述他們的生活──喪失記憶、心理退化。「當時我意識到這些人一定經歷和我一樣的事。我說：『傑柯比，這其中一定有原因。』」

震撼工廠

卡絲特納寫信給亞倫研究所，要求看她的病歷檔案。起初她被告知他們沒有她的檔案，後來她終於拿到資料，總共一百三十八頁。讓她住院的醫師正是卡麥隆。

卡絲特納病歷裡的信件、筆記與圖表訴說一則辛酸的故事，有關五〇年代一位任人宰割的少女，也有關政府和醫生如何濫用權力。檔案開始是卡麥隆醫生批准卡絲特納入院的評估：她是麥吉爾大學護理系學生，課業成績優異，卡麥隆形容為「一位到目前為止相當平衡的人」。不過，她有焦慮的問題，據卡麥隆的記述，原因是她暴虐的父親，一位「極度激動」的人，對他女兒「不斷施以心理攻擊」。

在初期的記述中，護士似乎很喜歡卡絲特納；她拿所學的護理跟她們攀關係，她們則描述她「愉快」、「有人緣」和「愛乾淨」。但在她斷續受到她們照顧的數個月期間，卡絲特納出現急劇的人格轉變，這一切都巨細靡遺記錄在檔案中：經過幾週後，她「顯露出孩子氣的行為，表達奇怪的念頭，而且顯然有幻覺和破壞性」。筆記中記載，這位聰慧的年輕女性現在只能數到六；然後她也變得「好操縱、充滿敵意、極具侵略性」，然後變得被動和漠不關心，無法辨識她的家人。她最後的診斷是「精神分裂……有明顯的歇斯底里特徵」——遠比她剛住院時的「焦慮」嚴重。

這些轉變無疑跟記錄在卡絲特納病歷上的治療有關：以高劑量的胰島素誘發多重昏迷；怪異的興奮劑與鎮靜劑混用；長期讓她保持在藥物誘發的睡眠狀態；施以八倍於當時標準次數的電擊。

護士常把卡絲特納經常想掙脫醫生記錄為：「嘗試想逃出去……宣稱受到惡劣對待……在注射後拒絕接受電休克療法（ECT）。」這些抱怨一再被當作理由，用來再度送她進卡麥隆的資淺同僚所稱的「震撼工廠」。

追求空白

仔細讀過數次她的病歷後，卡絲特納開始變成挖掘自己過往人生的考古學家，她蒐集並研究一切可能解釋她在醫院遭受待遇的線索。她得知卡麥隆是一位蘇格蘭裔美國人，曾是專業領域的頂尖人物，擔任過加拿大精神醫學協會（CPA）主席，以及世界精神醫學協會（WPA）主席。在一九四五年，他是紐倫堡大審中測試戰犯赫斯（Rudolf Hess）精神狀態的三位美國精神醫學家之一。

卡絲特納展開她的調查時，卡麥隆早已作古，但他留下數十篇學術論文和演講集。幾本已出版的書籍也寫到中情局資助心智控制實驗，其中包括許多卡麥隆與中情局關係的詳情。[1]卡絲特納全都細加研讀，記下有關的章節，編製時間順序，並與她自己病歷上的日期交叉核對。她慢慢發現，到一九五〇年代初期，卡麥隆已拒絕採用「談話治療」這種佛洛伊德派的標準方法，轉而開始嘗試發掘心理疾病的「根本原因」。他的野心不在於修補或治療病患，而是用他發明的所謂「精神驅力」（psychic driving）法來重新創造他們。

根據他當時出版的論文，他認為要教導病患健康新行為，唯一的方法是進入他們的心智，並「打破舊的病態模式」。第一步的「去模式」有一個驚人的目標：讓心智回復到本來的狀態，就像亞里斯多德所說的「一塊寫字板，上面尚未寫上任何東西」，亦即一塊「空白石板」（tabula rasa）。卡麥隆相信，他可以用各種已知可干擾大腦正常功能的方法來攻擊大腦，藉以讓大腦達到這種狀態，而且立即就能達到。這是一種對心智的「震撼與威懾」戰爭。

到一九四〇年代末，電擊愈來愈受歐洲和北美精神醫師歡迎，它造成的永久性傷害比腦前額葉切斷手術小，而且似乎效果不錯：歇斯底里病患經常可以安靜下來，在某些情況下，電擊似乎能讓人頭腦更清晰。但這些都只是觀察，而且即使是發展這種技術的醫生，也無法提供它如何運作的科學解釋。

不過，他們都知道電擊的副作用。ＥＣＴ顯然會導致記憶喪失症，這也是病患最常抱怨的副作用。其他與記憶喪失息息相關、且被廣泛提出的副作用是退化。在數十項臨床研究中，醫生記錄了治療後的立即效應，說病患吸吮自己的姆指，蜷縮成胎兒的姿勢，需要以湯匙餵食，並哭著要找媽媽（經常把醫師和護士誤認為父母）。這些行為通常很快消失，但在某些例子中，在施以高劑量的電擊後，醫師報告說他們的病患出現完全退化，忘記如何走路和說話。經濟學家萊斯（Marilyn Rice）在七〇年代中期，帶領一個反對ＥＣＴ的病患權利運動，她生動描述電擊治療如何抹除她的記憶以及她所受的大部分教育。「現在我知道夏娃的感受了，她以成人的樣子被從某個人的肋骨創造出來，過去的歷史一片空白。我感覺像夏娃一樣空洞。」

對萊斯和其他人來說，這種空洞代表無可補償的喪失。但另一方面，卡麥隆從這個空洞看進去，卻看到別的東西：一張空白石板，沒有任何惡習，可以寫進新模式。對他來說，密集的ＥＣＴ造成的「記憶大量喪失」並非不幸的副作用，而是療程中不可或缺的重點，是把病患帶回發展早期階段的關鍵，回到「精神分裂思想與行為出現之前久遠的時候」。就像支持戰爭的鷹派人士喊著要把一些國家「炸回石器時代」，卡麥隆視震撼療法為將病患轟炸回嬰兒期、讓他們完全退化的手段。在一九六二年的論文，他敘述自己想把卡絲特納這類病患帶回的狀態，他說：「不只是空間與時間的意象喪失，而是所有應該出現的感覺都消失。在這個階段，病患可能展現許多其他現象，例如第二語言的能力或對自己婚姻狀態的瞭解全都喪失。在更進階的狀態中，他可能無法不靠支撐走路或自己進食，他也可能大小便失禁……記憶功能的各方面都嚴重受到干擾。」

為了幫他的病患「去模式」，卡麥隆使用一種相當新的裝置叫「沛吉—盧索」（Page- Russell），可以施予病患連續六次電擊，而非只能一次。他對病患似乎仍緊抱殘餘的人格感到懊惱，於是進一步以興奮劑、鎮靜劑和致幻藥物使他們迷失：氯普麻（chlorpromazine）、巴比妥酸鹽（barbiturates）、安米妥鈉（sodium amytal）、一氧化二氮（nitrous oxide）、甲基苯丙胺（desoxyn）、西康納（Seconal）、寧必妥（Nembutal）、佛羅拿（Veronal）、美力康（Melicone）、索拉辛（Thorazine）、拉加克泰（largactil）和胰島素。卡麥隆在一九五六年的論文裡寫道，這些藥物「可以去除他（病患）的抑制，降低他的防衛」。[2]

一旦「完全去模式」達成後，早期的人格已被抹除得差不多，心理驅力法就能開始進行。方法包括卡麥隆放錄音帶給病患聽，內容類似「妳是一位好母親和好妻子，大家都喜歡跟你在一起」。身為行為學家，他相信如果能讓病患吸收錄音帶上的訊息，他們就會開始產生不同的行為。[3]

等病患被電擊、服藥到近乎植物人的狀態，他們除了聽訊息以外，已毫無抵抗能力——連續數週每天聽十六到二十小時；在一個病例中，卡麥隆連續播放一百零一天的錄音帶。

在五〇年代中期，數名中情局的研究人員對卡麥隆的方法產生興趣。當時正是冷戰狂熱潮的開始，中情局剛開始進行一項祕密計畫，目的是發展「特殊審訊技巧」。一份中情局的機密備忘錄解釋說，這項計畫「檢驗並調查無數不尋常的審訊技巧，包括心理騷擾和『完全隔離』等方法」，以及「使用藥物和化學物質」。計畫代號一開始叫藍鳥計畫（Bluebird），然後改為朝鮮薊計畫（Artichoke），到一九五三年改名為超ＭＫ計畫（MK-Ultra）。在緊接的十年，超ＭＫ將支出二千五百萬美元研究經費，試圖找出新方法，來讓被懷疑是共產黨員和雙面間諜的人招供。有八十個機構參與這個計畫，包括四十四所大學和十二所醫院。

涉入的人員對如何強迫不合作者招供提出各種創意，問題是必須找出測試這些創意的方法。藍鳥計畫和朝鮮薊計畫的頭幾年，有點類似悲喜劇間諜片會有的劇情，劇裡中情局的幹員互相催眠，偷偷把迷幻藥摻進同僚的飲料，想看會發生什麼情況（其中至少有一個例子以自殺收場）——當然也對疑似蘇聯間諜者施以酷刑。

那些測試多半不像嚴肅的研究，反而像要命的大學兄弟會惡作劇，結果並未提供中情局想要的科學實證。要達到這個目標，中情局需要為數眾多的人類測試對象。他們數度想進行這樣的試驗，但風險很高：如果中情局在美國本土測試危險藥物的消息走漏，整個計畫可能遭關閉。這就是中情局對加拿大研究人員感興趣的緣由。這層關係可追溯到一九五一年六月一日，情報局與學術界在蒙特婁的麗池卡登飯店（Ritz-Carlton Hotel）舉行三方國際會議。會議主題是，西方情報圈愈來愈擔心，共產黨似乎已發現如何為戰犯「洗腦」的方法。證據就是在韓國遭俘虜的美國大兵被安排在攝影機前，似乎滿心情願地譴責資本主義和帝國主義。根據解密的紀錄，麗池會議的出席者——加拿大國防研究局局長蘇蘭德（Omond Solandt）、英國國際研究政策委員會主席提薩德（Henry Tizard）爵士，以及中情局的兩位代表——都相信西方強權必須趕快弄清楚，共產黨如何取得那些不尋常的自白。目標既定，第一步是進行「具體案例的臨床研究」，以瞭解洗腦可能運作的方式。這項研究明文的目的不是西方強權應開始對犯人使用心智控制，而是要讓西方士兵作好準備，以因應萬一被俘虜時可能面對的脅迫技巧。

中情局的興趣當然不只如此。然而因為不久前才遭揭露的納粹酷刑引發舉世譴責，所以即使在像麗池這種閉門會議，參與的情報單位也不可能公開承認對發展另類審訊方法感興趣。

麗池會議的參與者之一，是麥吉爾大學心理系主任海柏（Donald Hebb）博士。據解密的紀錄，海柏嘗試解開美國大兵自白的謎團，他猜測共產黨可能把犯人置於密集的隔離，阻絕感官的輸入，藉以操縱他們。情報首長大感興趣，三個月後海柏便取得加拿大國防部的研究經費，用來研究一連串列為機密的感官剝奪實驗。海柏支付六十三名麥吉爾大學的學生每天二十美元，把他們隔離在房間裡，戴上深色護目鏡，用耳機播放白雜訊（white noise），並以厚紙管包覆他們手臂和手掌，以便干擾他們的觸覺。這些學生一連數天飄浮在虛無中，他們的眼睛、耳朵和手無法提供方向感，生活在他們愈來愈鮮明的想像中。為了看這種剝奪是否讓他們更容易接受「洗腦」，海柏接著開始播放談論鬼魂存在或科學騙人的錄音帶——一些在實驗開始前學生表示無法接受的觀念。

海柏的發現記錄在一份機密報告裡，加拿大國防研究局在這份報告的結論上說，感官剝奪顯然會導致受測的學生極度困惑和產生幻覺，以致「在知覺剝奪期間和剛結束時，暫時大幅降低智力」。此外，由於學生渴望刺激，使他們出奇地易於接受錄音帶上播放的觀念，而且有幾位在實驗結束後，對玄祕觀念的興趣仍持續數週之久。似乎感官剝奪造成的困惑抹除了他們心智的一部分，接著感官刺激重寫了他們的心智模式。

海柏的主要研究紀錄有一份拷貝本被送到中情局，另有四十一份送到美國海軍，四十二份給美國陸軍。中情局也透過海柏的學生研究員鮑德溫（Maitland Baldwin）監視研究的發現，他在海柏不知情下向中情局報告。如此熱切的興趣並不令人意外：至少海柏證明了，徹底的隔離會干擾思考能力，使人更易於接受暗示——這對審訊者而言是無價的發現。海柏後來發現他的研究具有龐大的潛力，不只能用於保護被俘虜的士兵避免被「洗腦」，也是某種心理刑求的技術指南。海柏在一九八五年去世前接受的最後一次訪問中說：「在向國防研究局報告時，我們很清楚描述的是可怕的審訊技術。」

海柏的報告指出，四個實驗對象「不約而同表示，處在實驗環境下是一種酷刑」，這意味著強迫他們忍耐超過極限（二至三天）顯然已違背醫療道德。海柏深知實驗受到這方面的限制，他在報告中寫道，無法得出「明確的結果」，因為「不可能強迫實驗對象處在知覺隔離狀態三十到六十天」。

對海柏不可能，但對他在麥吉爾大學的同僚和學界的勁敵卡麥隆，卻完全可能。（海柏後來顧不得學者修養，形容卡麥隆「像罪犯般愚蠢」。）卡麥隆已經說服自己，激烈摧毀病患的心智是通往他們心智健康必要的第一步，因此並不違背希波克拉底（Hippocrates）誓言。至於徵求同意方面，他的病患完全任憑他處置；標準的同意書格式賦予卡麥隆絕對的治療權力，甚至包括施行完全的腦前額葉切開手術。

雖然卡麥隆與中情局已經往來多年，但直到一九五七年他才獲得中情局第一筆經費，是透過一家叫人類生態研究學會的空殼組織支付。當中情局的錢湧進後，亞倫紀念研究所馬上變得不再像一所醫院，反而更像死亡監獄。

第一個改變是電擊劑量大幅提高。發明備受爭議的沛吉—盧索電擊器的兩位精神病醫師，曾建議每位病人治療四次，總共電擊次數為二十四次。卡麥隆開始時讓他的病患每天使用這部機器兩次，連續三十天，電擊總次數達到驚人的每位病患三百六十次——遠超過他早期病人接受的次數，例如卡絲特納。除了已經給病患琳瑯滿目的藥外，他還增加更多實驗性的改變心智藥物，尤其是中情局最感興趣的ＬＳＤ和ＰＣＰ。

他也為抹除心智的彈藥庫增添其他武器：剝奪感覺和延遲睡眠。他宣稱這兩種方法雙管齊下，可以進一步「降低個人防衛」，使病患更容易接受錄音帶中的訊息。中情局的金援一到，卡麥隆就用援款把醫院後面的舊馬房改裝成隔離間。他也精心計畫重修地下室，增闢一間他稱為隔離室的房間。他把房間完全隔音，在裡面播放白雜訊，隔絕光線，讓病患戴上黑色護目鏡和「橡膠耳塞」，並以紙管套住病患的手和手臂，目的就像卡麥隆在一九五六年的論文中說的，「避免他碰觸身體——藉以干擾他的自我印象」。但海柏的學生只忍受數天的知覺剝奪就得以脫困，卡麥隆卻讓他的病患承受數週之久，其中一位被關在隔離間整整三十五天。

卡麥隆進一步在所謂的睡眠室隔絕病患的知覺，他們每天有二十到二十二小時處在藥物所致的睡夢中，護士每兩個小時為他們翻身以避免褥瘡，只在吃東西和上廁所時被弄醒。病患被保持在這種狀態十五到三十天，但卡麥隆報告說：「部分病患曾被施以連續六十五天睡眠治療。」醫院員工受指示不許病患說話，而且不得告訴他們已在房間待多久。為免確保沒有人從這種夢魘脫逃，卡麥隆給一群病患小劑量有癱瘓作用的箭毒素（Curare），實際上等於把他們囚禁在自己身體的牢籠。

卡麥隆在一九六〇年的論文中說，有「兩大因素」能讓人維持「時間感和空間感」——換句話說，讓我知道我們在哪裡和我們是誰。這兩大因素是「⑴我們持續不斷的感官輸入，和⑵我們的記憶」。卡麥隆用電擊來抑制記憶；用隔離間來抑制感官輸入。他決心強迫病患完全喪失他們對時間與空間的感覺。卡麥隆相信有些病患會根據進食來判斷一天的時間，因此下令廚房改變進食的時間和食物，早餐供應湯，晚餐則供應麥片粥。「改變用餐間隔和菜色，使預期的時間產生混淆，我們就能打破這種結構。」卡麥隆得意洋洋地說。然而他發現即使他已想盡辦法，有一位病患仍然與外界世界保持聯繫，方法是注意每天上午九時飛越醫院上空的飛機，發出「極輕微的轟隆聲」。

對熟悉酷刑倖存者證詞的人來說，這些細節聽來令人心痛。當那些囚犯被問及他們如何度過數個月或數年的隔離與殘暴對待時，往往提到聽見遠方教堂的鐘聲，或清真寺呼喚信徒祈禱，或兒童在附近公園嬉戲的聲音。當生活被限縮到只剩囚房的四面牆壁時，這些外界聲響的節奏便成了某種救生索，證明囚犯還是人，而在折磨之外仍有一個世界。「我聽到四次外面的小鳥在日出時的鳴叫，所以我知道過了四天。」一位當年烏拉圭獨裁統治的倖存者，在回憶遭到極為暴虐的刑求時說。亞倫紀念研究所地下室那位身分不明的女士在一片闃暗中，在藥物和電擊的影響下，仍竭力傾聽飛機的引擎聲；她並非醫師照顧下的病患，而是被刻意囚禁以施行酷刑的犯人。

有數項強力的證據，顯示卡麥隆很清楚他在模擬酷刑的情境。身為堅定的反共分子，他樂此不疲地把他的病患當成冷戰的一部分。一九五五年在接受一家流行雜誌的訪問中，他公開比較他的病患和面對審訊的戰俘，說他們「像共產黨的戰俘，往往會抗拒治療，因此必須打破抗拒」。一年後，他寫道，去模式的目的在於「真正『消耗』防衛」，並且指出「這就像瓦解接受持續審問的個人」。到一九六○年，卡麥隆已開始演說他的知覺剝奪研究，不只是對其他精神病學家演說，也對軍方的聽眾演說。在德州布魯克斯空軍基地（Brooks Air Force Base）發表的談話中，他沒有說自己在治療精神分裂症，反而承認知覺剝奪「製造了精神分裂的初期症狀」——幻覺、極度焦慮，還有與現實世界脫節。在這場演說的筆記中，他提到知覺剝奪後施以「輸入超載」（input-overload），指的是他採用的電擊和不斷反覆播放錄音帶——同時也預告了一種即將誕生的審訊技術。

中情局資助卡麥隆的研究直到一九六一年，之後有許多年美國政府如何利用他的研究，外界並不清楚。在七○年代末和八○年代，中情局資助這些實驗的證據終於在參議院的聽證會曝光，病患也對中情局提出史無前例的集體訴訟，但新聞界和國會議員往往傾向接受中情局的說詞：中情局是在進行洗腦技術研究，為的是保護被俘虜的美國士兵。新聞界把大部分注意力放在政府資助迷幻藥經驗的聳動細節。事實上，最大的醜聞是，中情局和卡麥隆輕率而毫無道理地，以他們的實驗撕碎許多人的生活——那些研究似乎一無用處：當時所有人都已知道，洗腦只是冷戰時期的迷思。中情局本身就鼓勵這種說法，寧可被嘲笑是迷信科幻小說的小丑，而不願張揚資助一家聲名卓著的大學進行酷刑實驗——而這種避重就輕確實有用。第一位和卡麥隆搭上線的中情局精神病學家季汀傑（John Gittinger），被迫在參議院聽證會上作證時，說資助卡麥隆是「一個愚蠢的錯誤……一個可怕的錯誤」。當聽證會要超ＭＫ計畫前主持人高力柏（Sidney Gottlieb）解釋，為什麼他下令銷毀這個二千五百萬美元計畫的所有檔案時，他回答「超ＭＫ計畫未能為中情局帶來任何真正有價值的結果」。在八○年代超MK計畫曝光時，主流媒體報導與著作的調查，都一致把這些實驗描述為「心智控制」和「洗腦」。「酷刑」這個詞從未被用過。

恐懼的科學

一九八八年，《紐約時報》對美國涉入宏都拉斯的酷刑與暗殺，展開歷來僅見的調查。宏都拉斯以暴虐而惡名遠播的三一一六營審訊官卡巴利洛（Florencio Caballero）告訴《紐約時報》，他和二十四名同僚被送到德州接受中情局的訓練。「他們教我們心理方法——研究囚犯的恐懼和弱點。讓他站著，不准他睡覺，不讓他穿衣服並隔離他，放老鼠和蟑螂在他的牢房裡，給他很差的食物，要他吃動物屍體，對他潑冷水，改變溫度。」還有一項他未提到的技巧：電擊。一位被卡巴利洛及其同僚審訊的二十四歲囚犯穆莉羅（Ines Murillo）對《紐約時報》說，她被電擊的次數多到她「尖叫，並因為震撼而跌倒。你根本無法控制自己的尖叫」。她說：「我聞到焦味，發現身上的毛髮因為電擊而燃燒。他們說會折磨我到我發瘋。我不相信他們說的，但是接著他們把我的腿張開，把電線插進我的生殖器。」穆莉羅也說，房間裡還有別的人：一位美國人提示她的審訊者問問題，他們稱呼他「麥克先生」。

這些消息的揭露促使參議院特別情報委員會（SCI）舉行聽證會，中情局副局長史托茲（Richard Stolz）在會中證實，「卡巴利洛確曾參加中情局的人力資源發展或審訊課程。」《巴爾的摩太陽報》（*Baltimore Sun*）引用資訊自由法案提出申請，想調閱用來訓練卡巴利洛這些人的課程教材。中情局多年來拒絕提供；最後在控告的威脅下，初次報導九年之後，中情局才拿出一本叫《庫巴克反情報審訊》（*Kubark Counterintelligence Interrogation*）的手冊。據《紐約時報》的報導，手冊名稱的代號「庫巴克」

（Kubark）是化名，前兩個字母「Ku」是隨機選取的字母，「BARK」則是中情局當時為自己取的代號。晚近的報導揣測「Ku」代表「一個國家或一個特定的祕密活動」。這本一百二十八頁的機密手冊內容是「對抗拒來源進行審訊」，主要根據超ＭＫ計畫委託的研究寫成——裡面處處可見卡麥隆與海柏實驗的痕跡。方法涵蓋從知覺剝奪到壓力姿勢（stress position），從覆蓋頭巾到製造疼痛。手冊中一開始就承認這些技術有許多並不合法，並指示審訊者「在下列情況下要事先獲得總部批准：一、如果必須施以身體傷害。二、如果要使用醫療、化學或電氣方法或材料，以使人吐實時」。

手冊是日期是一九六三年，也就是超ＭＫ計畫的最後一年，中情局贊助的卡麥隆實驗結束兩年後。手冊宣稱，如果妥善使用這些技術，它們可以「摧毀抗拒來源的抗拒能力」。結果證明這是超ＭＫ計畫真正的目的：不是研究洗腦（洗腦只是次要的計畫目標），而是要設計一套有科學根據的系統，以便從「抗拒來源」榨取資訊。換句話說，刑求。

手冊第一頁開宗明義說，手冊內容描述「審訊的方法，根據的是廣泛的研究，包括由相關領域專家進行的科學研究」。它代表刑求進入了一個精確、精緻的新時代——不再是西班牙宗教裁判（Spanish Inquisition）以來被視為標準作法的血腥而粗糙的拷打。手冊在類似序言的部分寫著：「情報單位若能運用相關的現代知識來解決問題，將可擁有極大的優勢，凌駕那些採用十八世紀的方法進行祕密活動的單位……關於審訊技術，我們已不可能不提到過去十年進行的心理研究。」接下來的內容就是指導瓦解人格的技術。

手冊包括一節冗長的知覺剝奪，並引述「麥吉爾大學進行的數項實驗」。裡面描述如何建造隔離室，並說「剝奪刺激也能引起退化，因為不讓實驗對象的心智接觸外界世界，會迫使它轉向自己。另一方面，藉由審訊時刻意提供的刺激，往往能讓退化的對象把審訊者視為父親角色。」資訊自由法案也要求中情局提供手冊的更新版本，即一九八三年出版供用於拉丁美洲的版本。手冊上說：「窗戶設在牆壁的位置應該高些，以便阻絕光線。」4

這就是海柏擔心的：把他的知覺剝奪方法用作「可怕的審訊技術」。但庫巴克技術的核心部分採用的是卡麥隆的研究，以及他用來干擾「時間—空間感」的配方。手冊上描述幾種在亞倫紀念研究所地下室用來讓病患去模式的技術：「基本原則是，審訊應該事先規畫，以便干擾來源的時間順序感……持續操縱時間可能使部分被審訊者退化，方法是撥慢或撥快時鐘，和在奇怪的時間供應正餐——上一次供應餐點之後十分鐘或十個小時。混淆白天與晚上。」

最能引發庫巴克作者想像力的（甚於任何個別技術），莫過於卡麥隆對退化的鑽研——即剝奪人對自己是誰，和處在什麼時間與空間的感覺，可以讓成人轉變成依賴的兒童，心智就像白板而容易接受暗示。作者反覆再三回到這個主題。「所有用來穿透審訊障礙的技術，從簡單的隔離到催眠和麻醉等各種手段，都是加速退化過程所不可或缺的方法。當被審訊者從成熟跌回嬰兒狀態，他學習得來或已形成結構的人格特徵，也隨之消失。」這正是囚犯進入「心理震撼」或先前提過的「生命暫停」的狀態——也就是折磨者的甜蜜點（sweet spot），抗拒來源已更加容易接受暗示，更可能屈服。

威斯康辛大學歷史學家麥考伊（Alfred W. McCoy）在他寫的《對刑求的質疑：中情局從冷戰到反恐戰爭以來的審訊》書中，記錄宗教裁判以來刑求技術的演進，並描述庫巴克手冊裡以知覺剝奪和知覺超載引發震撼的方法，是「超過三個世紀以來，殘酷科學第一次真正的革命」。麥考伊指出，若非麥吉爾大學一九五〇年代的實驗，這一切不可能發生。「除了一些詭異的極端作法外，卡麥隆博士的實驗，以及更早海柏博士的突破，為中情局兩階段的心理刑求方法奠立了科學基礎。」

不管庫巴克的方法在哪裡傳授，一些明確的模式已經成形，目的都在引發、加深和維持震撼：就像手冊教導的，囚犯都在最驚嚇和迷惑的狀況下被逮捕，例如在深夜或黎明的突擊。他們也馬上被套上頭巾或眼罩，脫光衣服，遭到毆打，然後安置於某種形式的知覺剝奪下。從瓜地馬拉到宏都拉斯，從越南到伊朗，從菲律賓到智利，使用電擊都已司空見慣。

當然，卡麥隆和超ＭＫ計畫的影響還不只如此。酷刑永遠是即興創作，結合了學來的技術和人類只要不受制裁便會展露出來的殘暴本能。到五〇年代中期，電擊經常被阿爾及利亞的法國士兵用於對付解放戰士，而且往往有精神醫師從旁協助。在那段期間，法國軍方領導人在北卡羅萊納州布拉格堡（Fort Bragg）的「反叛亂」學校舉辦講座，教導阿爾及利亞的學生這些技巧。不過，卡麥隆使用高劑量電擊的特定方法不只是為造成痛苦，而是帶有抹除結構化人格的特定目的，這一點顯然吸引中情局的注意。一九六六年，中情局派三名精神病學家到西貢，帶著卡麥隆偏愛的沛吉—盧索電擊器，並且因為不加節制的使用導致數名囚犯死亡。據麥考伊的記述：「實際上他們是在測試，在現實情況下，卡麥隆在麥吉爾大學發展的『去模式』技術，能否真的改變人類行為。」

對美國情報官員來說，親自執行酷刑很少見。從七〇年代開始，美國情報人員偏愛的角色是指導者或訓練員——不是直接審訊者。七〇和八〇年代中美洲酷刑倖存者的證詞，經常提到神祕的操英語男性進出審訊房，建議審訊的問題和作提示。一九八九年遭綁架並囚禁在瓜地馬拉的美國修女歐提茲（Dianna Ortiz）作證時說，強暴她並用香菸燙她的男人說的西班牙語帶著濃重的美國腔，其他人都稱他為「老闆」。哈伯瑞（Jennifer Harbury）的丈夫被一名由中情局支薪的瓜地馬拉官員折磨致死，她在自己寫的一本重要著作《真理、酷刑與美國之道》（*Truth, Torture and the American Way*）中，記錄了許多這類案例。

雖然華盛頓當局後來已明文禁止，但美國在這些骯髒戰爭（dirty war）中扮演的角色，向來都祕密進行，而且不得不如此。不管是生理或心理的酷刑，都明顯觸犯《日內瓦公約》全面禁止的「任何形式的酷刑或殘暴」，也違反美國陸軍本身的《統一軍事法典》禁止對囚犯施以「殘暴」和「壓迫」。庫巴克手冊在第二頁警告讀者，手冊中的技巧有「遭司法追訴的嚴重風險」，而一九八三年的新版本更直接了當說：「利用武力、心智酷刑、威脅、侮辱，或任何使人暴露於不舒服的形式，或非人道的對待，作為審訊的協助，在國際或國內都是法律禁止的行為。」簡單的說，他們教導的東西原本就是非法、祕密的。如果有人質疑，他們會說，美國情報單位只是在教導開發中國家的學生現代化的專業警察方法——他們不為課堂外發生的「過度行為」負責。

二〇〇一年九月十一日，連這個長期堅持的、似乎言之成理的的否認，也被拋到九霄雲外。恐怖分子攻擊世貿雙塔和五角大廈，是與庫巴克手冊中的想像完全不同的震撼，但它的效應卻非常類似：徹底的迷惑、極端恐懼與焦慮，和集體退化。就像庫巴克審訊者扮演「父親角色」一樣，布希政府很快利用這種恐懼，扮演起保護的全能父親角色，準備藉一切必要手段防衛「國土」及其脆弱的子民。美國政策的改變可以用副總統錢尼對「黑暗面」工作的可恥談話來概括，但這不代表布希政府擁抱的技術是較仁慈的前朝政府所唾棄的（就像許多民主黨人宣稱的。歷史學家威爾斯〔Garry Wills〕稱之為美國的「原無罪」〔original sinlessness〕迷思）；這種大轉變只不過表示，以往由代理人執行、發生在遠方而能輕易否認的事，現在可以直接執行而且公開辯護了。

儘管有這些委外（outsoucing）酷刑的議論，布希政府真正的創新卻是委內（in-sourcing），由美國公民在美國管理的監獄裡刑求犯人，或直接透過「非常規引渡」（extraordinary rendition），以美國飛機運送到第三國。這是讓布希政權與眾不同的地方：九一一攻擊之後，它敢於要求酷刑的權利而不覺得羞恥。這讓布希政府可能面臨刑事追訴——但它靠修改法律來處理這個問題。一連串的事件大家都已知道：當時的國防部長倫斯斐在布希授權下，下令在阿富汗俘虜的犯人不受日內瓦公約保護，因為他們是「敵對戰鬥員」（enemy combatant），而非戰俘；這個觀點也獲得當時白宮顧問岡薩雷斯（Alberto Gonzales）確認（後來他出任美國司法部長）。接著，倫斯斐批准一連串在反恐戰爭中使用的特殊審訊做法，其中包括中情局手冊描述的手段：「使用隔離設施最高達三十天」、「剝奪光線和聲音刺激」、「羈押者在運輸和訊問期間可以用頭巾覆蓋頭部」、「脫去衣服」，和「利用個別羈押者的恐懼心理（例如害怕狗）以製造壓力」。根據白宮的說法，酷刑仍然被禁止，但現在若要符合酷刑的定義，施加的痛苦必須「達到產生像器官衰竭等嚴重生理傷害的程度」。[5]根據這些新規範，美國政府可以自由使用一九五〇年代在層層保密與否認下發展的方法——跟以前不同的是，現在可以公然為之，不必擔心遭追訴。因此在二〇〇六年二月，中情局的顧問單位情報科學委員會（Intelligence Sciences Board），出版一份由國防部資深審訊官寫的報告，公開表示「仔細閱讀庫巴克手冊是所有參與審訊者必做的事」。

這項新命令首當其衝的第一個人，是美國公民兼前幫派成員帕迪拉（Jose Padilla）。二〇〇二年五月，他在芝加哥歐海爾（O'Hare）機場遭逮捕，被控意圖製造一顆「髒彈」（dirty bomb，編按：含有放射性物質的傳統炸彈）。但帕迪拉沒有被起訴，也未經由法院體系處理，而是被歸類為敵對戰鬥員，並遭到剝奪所有權利。帕迪拉說，他被帶到南卡羅來納州查理斯頓海軍基地的監獄後，被注射他認為是ＬＳＤ或ＰＣＰ的藥物，並遭到密集的知覺剝奪：他被關在小房間，窗戶的光線被隔絕，不准有時鐘或日曆。每次離開房間時，他都被腳鐐手銬，眼睛覆蓋黑色護目鏡，並以厚重的耳機阻絕聲音。帕迪拉被留置在這種情況下一千三百零七天，除了他的審問者外，被禁止與任何人接觸。當審問者訊問他時，便以強烈的光線和巨大的聲音轟炸他飢渴的感官。

帕迪拉在二〇〇六年十二月獲准出席法院聽證，雖然導致他被逮捕的髒彈指控已經撤銷。他被指控與恐怖分子連絡，但他已經無法為自己辯護：根據專家證詞，卡麥隆的退化技術已徹底摧毀他成人的部分，這也是這套技術設計的原意。「長期對帕迪拉先生施以刑求已造成他心智與生理的傷害。」他的律師對法庭說：「政府對待帕迪拉的方式已奪走他的人格。」一位評估他的精神病學家作結論說，他「缺少為自己辯護的能力」。不過，布希指派的法官堅持帕迪拉足以接受審判。即使只是能接受公開審判，也讓帕迪拉的例子顯得極為特殊。還有成千上萬被羈押在美國監獄的囚犯——那些和帕迪拉不同，不是美國公民的人——經歷過類似的酷刑對待，卻沒有接受公開審判的權利。

許多人在關達那摩逐漸枯萎。被拘禁在關達那摩灣的澳洲人哈畢柏（Mamdouh Habib）曾說：「關達那摩是一個實驗……他們實驗的是洗腦。」從關達那摩流出的證詞、報告和照片，看起來確實像一九五〇年代的亞倫紀念研究所被搬到古巴。遭拘禁的囚犯先是接受嚴格的知覺剝奪，戴上頭套和阻絕光線的護目鏡，以及阻絕所有聲音的厚耳機。他們被留在隔離室幾個月，被帶出房間只為了用狗吠聲、閃光燈和不斷重覆播放的嬰兒哭聲、吵鬧的音樂及貓叫聲錄音帶，轟炸他們的感官。

對許多囚犯來說，這些技術的效果很像五〇年代亞倫研究所中的效果：完全退化。一位被釋放的英國籍囚犯告訴律師，這所監獄現在已有一整區叫德爾他區（Delta Block），專門用來關「至少五十名」永遠處於意識不清狀態的囚犯。一封聯邦調查局（FBI）寫給五角大廈的信已經解密，裡面描述一位很重要的囚犯「被長期隔離超過三個月」，並「出現符合極度心理創傷跡象的行為（對不存在的人說話、報告聽到聲音、一連數個小時蜷曲在被單中）」。前美國陸軍回教隨軍牧師耶義（James Yee）曾在關達那摩工作，他描述德爾他區的囚犯顯露典型的極度退化。「我會停下來和他們說話，他們會以小孩似的聲音回答我，說的話完全不知所云。許多人會大聲唱兒歌，不斷反覆唱。有些人會站到鐵床架的上面，舉止就像小孩，讓我想起我小時候和我弟玩的山霸王（King of the Mountain）的遊戲。」情況在二〇〇七年一月顯著惡化，有一百六十五名犯人被移往監獄的另一區，即所謂的第六營（Camp Six），那裡的鋼製隔離房禁止任何人接近。代表數名關達那摩囚犯的律師韋列特（Sabin Willett）警告說，如果情勢繼續惡化，「那裡將變成瘋人院。」

人權組織指出，關達那摩儘管駭人聽聞，卻是美國經營的海外審訊監獄中最好的，因為它開放有限度的監督給紅十字會和律師。不知名的囚犯紛紛在世界各地所謂的黑牢（black sites）網絡消失，或被美國情報當局透過非常規引渡運往外國管理的監獄。脫離這些夢魘的囚犯作證說，他們遭到各式各樣的卡麥隆式震撼技術。

義大利神職人員納瑟（Hassan Mustafa Osama Nasr）在米蘭街頭，遭一群中情局密探和義大利祕密警察綁架。「我完全不知道發生什麼事。」他後來寫道：「他們開始打我的肚子和全身各處。他們用寬膠帶纏繞我的整個頭和臉，在我鼻子和臉上挖洞讓我呼吸。」他們把他送往埃及，讓他住在沒有光線的小房間，那裡「蟑螂和老鼠爬過我的身體」，持續十四個月。納瑟直到二〇〇七年二月仍被關在埃及的監牢，但設法私運出一封十一頁的信，記述他遭到虐待。

他寫出自己不斷遭到電擊的酷刑。據《華盛頓郵報》報導，他被「綁在一個綽號叫『新娘』的鐵製拷問臺，然後遭到電擊器攻擊」，又「被綁在地板的濕床墊上，一名審訊者坐在架於囚犯肩膀上的椅子，另一名審訊者則打開一個開關，讓電流通過床墊的鋼圈。據國際特赦組織，他的睪丸也遭電擊」。

我們有理由相信，電擊酷刑用在美國俘虜的犯人身上並非孤立事件，而這個事實在討論美國是否確實有動用酷刑或只是「創造性的審訊」中，幾乎完全被忽略。關達那摩囚犯杜沙利（Jumah al-Dossari）曾試圖自殺十幾次，他被美國羈押在阿富汗堪達哈（Kandahar）時，透過給律師的書面證詞說：「審訊者帶來一個像手機的小裝置，但那是電擊器。他開始電擊我的臉、我的背、我的四肢和我的生殖器。」

來自德國的庫納茲（Murat Kurnaz）在美國管理的堪達哈監獄，也遭到類似的待遇。「那時候一切剛開始，所以完全沒有規則。他們有權做任何事。他們每次都毆打我們。他們使用電擊。他們把我的頭壓到水裡。」

重建失敗

在我們初次見面快結束時，我要求卡絲特納告訴我更多她的「電擊夢」。她說，她經常夢到一排排的病患，飄進和飄出藥物誘發的睡眠。「我聽到有人尖叫、呻吟、哀鳴；有人說，不要，不要，不要。我記得走進那個房間的感覺，我全身冒汗，噁心，反胃——我的頭部還有一種很奇特的感覺，好像一團東西，而不是一個頭。」卡絲特納描述這些時，突然像飄到遙遠之處，頹坐在她的藍色椅子上，呼吸變成咻喘。她眼簾下垂，但我可以看到眼簾下的眼珠快速顫動。她把手放在右太陽穴上，以突然變沉重和恍神的聲音說：「我陷入回憶中，你必須把我帶回來。告訴我伊拉克的情況——告訴我那裡有多糟。」

我思索適合這種怪異情境的戰爭故事，想到綠區（Green Zone）裡的生活中一些相對較親切的事。卡絲特納的臉漸漸放鬆，呼吸慢慢變深。她的藍眼睛再度注視我。「謝謝你，」她說：「我剛才陷入回憶裡。」

「我知道。」

「你怎麼知道？」

「因為你告訴我的。」

她傾身在一張紙片上寫東西。

那天晚上離開卡絲特納後，我不斷想著當她要求我說有關伊拉克的事時，我沒告訴她的事。我想告訴她卻無法啟齒的是，她讓我想到伊拉克的事；我忍不住想到發生在她（一個飽受震撼的人）身上的事，與發生在伊拉克（一個飽受震撼的國家）的事，兩者有著某種聯結，都是同樣可怕的理論的不同展現。

卡麥隆的理論根據是，把他的病患震撼到混亂的退化狀態，可以為他創造「重建」健康模範市民的條件。這讓卡絲特納吃足苦頭，她的脊椎骨折，記憶破碎，但卡麥隆在他的著作裡幻想自己的破壞行為是一種創造，是給幸運病患的禮物，因為這些病患將在他無情的去模式下獲得重生。

卡麥隆在這方面可以說徹底失敗。不管他如何設法讓病患退化，他們從未吸收或接受不斷反覆播放的錄音帶訊息。雖然他是摧毀人的天才，卻無法重建他們。卡麥隆離開亞倫紀念研究所後展開的追蹤研究發現，他的前病患有七五％在接受治療後，病情比住院前更嚴重。他的病患在住院前有全職工作的人，有超過半數無法再全職工作，而且有許多人像卡絲特納那樣，深受許多新的生理與精神病痛之苦。「心理驅力」不管用，連一點效果都沒有，亞倫紀念研究所最後禁止這種療法。

現在回顧已經很明顯，問題出在這整套理論的前提：在療癒發生前，必須抹除既有的一切。卡麥隆相信如果他把病患的習性、模式和記憶完全消滅，就能達到純粹空白石板的狀態。但不管他多固執地電擊、下藥和混淆病患，他從未達到那裡。結果證明適得其反：他愈摧毀，他的病患受創就愈重。他們的心智並非「空白」，反而是一片混亂，他們的記憶斷裂，他們的信任遭出賣。

災難資本主義同樣未能區別破壞與創造、傷害與療癒。這是我在伊拉克緊張地掃視滿目瘡痍的大地、等待下一個爆炸時，經常萌生的感覺。震撼的救贖力量的狂熱信仰者，和美英侵略行動的策畫者，想像他們使用的武力會如此震撼、如此難以抵擋，讓伊拉克人陷入某種生命暫停的狀態，就像庫巴克手冊所描述的那樣。在稍縱即逝的機會，伊拉克的侵略者還會悄悄施加另一種經濟震撼，以便在入侵後的伊拉克空白石板上，創造自由市場民主政治的模範。

但空白石板並不存在，只有廢墟和遭到重創的憤怒人民——當他們抗拒時，就會遭到更多震撼，其中有些震撼根據的就是許多年前在卡絲特納身上進行的實驗。「我們的確很擅長摧毀東西，但直到有一天我開始在這裡花更多時間建設而非戰鬥時，那才是美好的一天。」美國陸軍第一裝甲師指揮官夏雷利（Peter W. Chiarelli）將軍，在戰爭正式結束一年半後說。那一天永遠沒到來。和卡麥隆一樣，伊拉克的震撼醫生懂得摧毀，但他們似乎無法重建。

1 其中包括柯林斯（Anne Collins）贏得總督文學獎的《沉睡房》（*In the Sleep Room*）、馬科斯（John Marks）的《尋找滿洲候選人》（*Search for the Manchurian Candidate*）、薛福林（Alan Scheflin）與歐普辛（Edward Option Jr.）合著的《心智操縱者》（The Mind Manipulators）、波華特（Walter Bowart）的《心智控制行動》（*Operation Mind Control*）、湯瑪斯（Gordon Thomas）的《瘋狂之旅》（*Journey into Madness*），和溫斯登（Harvey Weinstein）的《父、子與CIA》（*A Father, a Son and the CIA*），最後這本書的作者是一名精神科醫師，他的父親是當時卡麥隆的病人。

2 今日的ECT已經改良很多，並納入確保病患安全與舒適的程序，且已變成精神病治療中受推崇和經常有效的方法，但即使如此，仍然會有暫時喪失短期記憶的副作用。一些病患仍然報告，他們的長期記憶也受到影響。

3 如果卡麥隆在他的領域裡影響力小些，他的「心理驅力」錄音帶一定被當作廉價的笑話看待。他的整個概念來自一則「大腦電話」（Cerebrophone）廣告，就是一具床邊留聲機配備了枕頭擴音器，宣稱是「一種在睡覺時學習外國語言的革命性方法」。

4 一九八三年的版本顯然是專供教室內使用，還附上隨堂測驗題和體貼的提示（「每一次審訊永遠要記得換上新電池」）。

5 在眾議院和參議院議員及最高法院的壓力下，布希政府被迫在二〇〇六年國會通過軍事委任法（Military Commissions Act）時軟化其立場。但儘管白宮利用新法案宣稱已禁絕使用刑求，卻仍網開一面，容許中情局和承包商繼續使用庫巴克式的知覺剝奪與超載，以及其他「創造性」的技巧，包括模擬溺水（水刑〔water-boarding〕）。在簽署法案前，布希還附加一份「簽署聲明」，宣稱他有權詮釋日內瓦公約的定義和適用性。《紐約時報》形容這是「片面改寫逾二百年的傳統與法律」。

第二章

THE SHOCK DOCTRINE

另一種醫生的震撼

傅利曼與放任主義實驗室的追尋

經濟技術官僚也許能擬訂較進步的稅務改革方案，提出新社會福利法案，或修改匯率體制的某部分，但他們幾乎不可能從一片空白中開始擘劃，完整地全盤建立起他們偏愛的經濟政策架構。

——哈伯格（Arnold Harberger），芝加哥大學經濟學教授，一九九八年

很少有學術環境像一九五〇年代的芝加哥大學經濟學系那樣被過度神話，那個系自認不是一所學系，而是一個思想學派。它不只是訓練學生，而是在建立和強化芝加哥經濟學派（Chicago School of Economics），一個保守主義學術派閥的發源地，其思想代表一座革命堡壘，對抗當時主流的「國家主義」（statist）思維。從社會科學大樓門口的標語「科學即度量」（Science Is Measurement）底下，走進傳奇的午餐室，學生們在這裡藉挑戰巨人般的教授，磨練他們的智識勇氣。他們追求的絕非

學位這類平庸的東西，吸引他們的是加入一場戰鬥，就像保守派經濟學家兼諾貝爾獎得主貝克（Gary Becker）說的：「我們是跟同行大多數人戰鬥的勇士。」

就像同一時期卡麥隆的麥吉爾大學精神醫學系，芝加哥大學經濟學系受到一個野心勃勃且充滿魅力的人所宰制，他的使命是對他的專業發動一場徹底的革命。這個人就是傅利曼。雖然許多傅利曼的導師和同僚，和他一樣狂熱信仰完全的放任主義，但讓這個學系感染這種革命狂熱的卻是傅利曼的精力。「許多人老愛問我：『為什麼你這麼興奮？你準備出去和美女約會嗎？』」貝克回憶說：「我回答：『不是，我要去上一堂經濟學課！』當傅利曼的學生感覺確實很神奇。」

傅利曼的使命和卡麥隆一樣，建基在一個回到「自然」健康狀態、一切處於平衡、人類的干預尚未製造扭曲模式的夢想。卡麥隆夢想讓人類的心智回到純淨狀態，而傅利曼夢想去模式的社會，讓社會重返純資本主義的狀態，免於一切干擾——政府法規、貿易障礙，和根深柢固的利益。傅利曼也和卡麥隆一樣，相信當經濟高度扭曲時，恢復墮落前狀態的唯一方法是刻意施加痛苦的震撼：只有「苦藥」能剷除阻擋進步之路的扭曲和壞模式。卡麥隆以電擊施加震撼；傅利曼選擇的工具是政策——他對危難國家的大膽政客建議的震撼療法。不過，和卡麥隆不同的是，卡麥隆可以把他的獨門理論立即施加在不知情的病患上，傅利曼卻需要二十年和數個歷史轉折，才有機會把他徹底抹除和創造的夢想，實施在真實世界中。

芝加哥經濟學派的創建者之一奈特（Frank Knight）認為，教授應該「灌輸」學生一個信念，即每一套經濟理論都是「體系神聖的一部分」，而非可辯論的假設。芝加哥經濟學派教導的神聖理論核心，就是供給、需求、通貨膨脹和失業的經濟力量，就像自然力量一樣，是固定且無可改變的。芝加哥學派的課堂和教科書所想像的真正自由市場裡，這些力量以完美的平衡存在，供給與需求此起彼落，有如月球牽引潮汐。如果經濟體發生高通貨膨脹，根據傅利曼嚴格的貨幣主義（monetarism）理論，這一定是因為被誤導的決策者容許太多錢進入體系，而未讓市場找到其平衡。就像生態體系會自我規律、自己保持平衡，市場若聽任其自由發展，就會製造出恰好數量和恰好價格的產品，由領取恰好薪資的工人製造，讓他們也擁有恰好的購買能力——也就是一個充分就業的伊甸園，充滿無限的創造力和零通貨膨脹。

哈佛社會學家貝爾（Daniel Bell）說，熱愛理想化的體系是激進派自由市場經濟學的基本特質。資本主義被視為「有如珍寶的運作」，或「天體運行的規律……一項藝術傑作，令人忍不住聯想到阿派里茲（Apelles，編按：古希臘畫家）著名的繪畫，畫著一串如此寫實的葡萄，以致鳥兒會飛來想啄食它們」。

傅利曼和他的同僚面對的挑戰是，如何證明他們狂熱的想像能在現實世界的市場存活。傅利曼向來自詡於視經濟學為一門科學，就像物理學或化學是科學般一絲不苟。但自然科學家可以用元素的行為來證明他們的理論，傅利曼卻無法舉任何存在的經濟體，證明如果所有「扭曲」都被排除，留下來的就會是一個完全健康與富足的社會，因為世界上沒有一個國家符合完全放任主義的標準。傅利曼和他的同僚無法透過央行和貿易部測試他們的理論，不得不在社會科學大樓地下室的工作間，構思獨特、複雜的數學方程式和電腦模型，以便解釋他們的理論。

對數字和系統的熱愛，把傅利曼引導到經濟學。在他的自傳裡，他說他的頓悟是因為高中的幾何學老師在黑板上寫下畢氏定理，並引述濟慈的〈希臘古甕頌〉來讚嘆它的優美：「美即是真，真即美——這是你在世間所能知，所該知的一切。」傅利曼把對這種涵蓋一切的美妙體系的狂喜，和對單純、優美與精確的追尋，傳承給數個世代的經濟學者。

和所有基本教義派信仰一樣，芝加哥學派的經濟學對其忠貞信仰者來說，是一個封閉的迴圈。一開始的前提是，自由市場是一個完美的科學體系，在其中的個人根據自利的欲望行事，創造出對所有人的最大利益。其次無可避免的是，如果自由市場經濟出了什麼差錯——高通貨膨脹或失業率激升——一定是因為市場並非完全自由。體系中必然有一些干涉、一些扭曲。芝加哥學派的解決之道永遠不變：更嚴格、更徹底地實行基本教義。

傅利曼二〇〇六年去世時，訃聞作家忙著摘記他豐富的遺教。有一則訃聞這麼寫：「傅利曼的自由市場、自由價格、消費者選擇及經濟自由，為世界帶來我們今日享有的繁榮。」這只對了一部分。世界繁榮的性質——誰享有它，誰沒有，它從何處來——當然具有高度爭議。無可爭辯的是，傅利曼的自由市場原則，和他實施原則的獨到策略，確實讓一些人極為繁榮，為他們帶來幾近完全的自由——可以無視國界存在、避開法律規範與稅金，以及蓄積新的財富。

這種思考賺大錢理論的本事，顯然源自傅利曼的童年。他的父母從匈牙利移民到美國，在新澤西州若威市（Rahway）買下一家成衣廠，一家人住的公寓就在工廠同一棟建築。傅利曼後來寫道：「以今日的標準來看，稱得上是血汗工廠。」對血汗工廠老闆來說，那是一個動盪的時代，馬克思主義者和無政府主義者幫移民工人組織工會，要求制訂安全規範和週末休假——還在放工後開會討論工人所有權的理論。身為老闆的兒子，傅利曼無疑聽到許多與這些辯論大不相同的觀點。後來他父親的工廠倒閉，但傅利曼經常在演說和電視節目談到它，並且援引作為放任式資本主義好處的例子——證明即使是最糟、最不受規範的工作，都能提供人們攀上自由與繁榮階梯的第一步。

芝加哥學派經濟學吸引人的主要原因之一是，當主張工人權力的激進左派思想席捲世界各地時，它提供了既得利益者防衛的方法，而且其性質也一樣激進，本身也充滿理想主義。傅利曼自己就說，他的想法不是保護工廠主人支付低薪的權利，而是追求盡可能純粹的「參與式民主」，因為在自由市場，「每個人可以投票決定他喜歡的領帶顏色。」左派人士許諾工人免於老闆宰割、公民免於獨裁統治、國家免於殖民主義壓迫，而傅利曼許諾的是「個人自由」，把個人公民提升到超越任何集體企業之上，使他們能藉由消費者選擇表達絕對的自由。「特別令人振奮的是，它具有跟馬克思主義吸引當代年輕人一樣的特質，」四〇年代在芝加哥大學唸書的經濟學家帕汀金（Don Patinkin）回憶說：「純粹和明顯的邏輯完整性；理想主義結合激進主義。」馬克思主義者有他們的工人烏托邦，而芝加哥學派也有他們的創業家烏托邦，雙方都宣稱如果能實現理想，將為世界帶來完美與平衡。

一個千古不變的問題是，如何從這裡，通達那個神奇的地方。馬克思主義者很清楚：革命——推翻既有的體系，以社會主義取代。對芝加哥學派來說，答案可沒那麼直接。美國雖然已是一個資本主義國家，但對他們來說還不完全是。在美國，以及所有理論上實行資本主義的經濟體，芝加哥學派都處處看到干涉。為了讓產品更負擔得起，政治人物設定價格；為了減少工人被剝削，他們制定最低薪資；為了確保所有人接受教育，他們由國家來掌控教育。這些措施通常看起來是為了幫助人民，但傅利曼和他的同僚相信——而且以他們的模型「證明」——它們對市場的平衡造成難以估計的傷害，也危及市場傳達各種訊息、互相溝通的能力。因此芝加哥學派的使命就是淨化這一切——掃除市場的干擾，讓自由市場大鳴大放。

因為這個理由，芝加哥學派並未把馬克思主義視為真正的敵人。真正的問題來源將是美國的凱因斯學派、歐洲的社會民主主義者，以及當時稱作第三世界的發展主義者（developmentalist）的思想。這些人信仰的不是烏托邦，而是混合式的經濟。這種經濟在芝加哥學派眼中，是混雜了資本主義的消費性產品製造與流通、社會主義的教育、由國家經營水服務等基本民生事業，以及用各種法律來節制極端資本主義的醜八怪。芝加哥學派就像宗教基本教義派一樣，他們不情願地尊敬不同信仰的基本教義派，及公開承認的無神論者，卻鄙視不純粹的信仰者，所以他們向這些拼湊混搭型的經濟學家宣戰。他們想要的其實不是革命，而是資本主義的宗教改革（Reformation）：回到未受汙染的資本主義。

這種純粹主義一大部分來自傅利曼的導師海耶克，他在一九五〇年代也在芝加哥大學教過一陣子書。這位嚴峻的奧地利人曾警告，政府對經濟的任何干涉都將導致社會「走向奴役之路」，必須徹底去除干涉。長期在芝加哥大學擔任教授的哈伯格說，「這些奧地利人」（當時大家如此稱呼這個學派中的學派）極端狂熱，認為任何的國家干涉不僅是錯誤，而且是「邪惡的……就像有一幅漂亮但十分複雜的畫，本身有著完美的合諧，然而卻有一個本來不應存在的斑點，萬分可惜……完美被一點瑕疵玷汙了。」

一九四七年，傅利曼與海耶克在瑞士培勒林山，與一群自由市場經濟學家成立培勒林山學會（Mont Pelerin Society），當時政府應該放任企業統治世界的想法還不被多數人接受。一九二九年市場崩盤及大蕭條的記憶猶新——許多人畢生積蓄一夕間化為烏有、自殺、施粥所、處處可見的難民。

市場創造的災難規模之大，導致迫切需要政府大舉干預。大蕭條並未宣告資本主義死亡，但就像幾年前凱因斯預測的，它宣告了「放任主義的終結」——結束了讓市場規範自己的時代。一九三〇年代到一九五〇年代初，是一段政府大舉干涉的年代：新政的銳意改革之後是全國積極備戰，新的社會計畫紛紛推出，以創造迫切需要的就業，避免更多人轉向激進的左派。在這個時代，左派與右派的妥協不再是骯髒事，而是許多人眼中的高貴行為，就像凱因斯一九三三年寫信給小羅斯福總統說的，這是「正統與革命」被擺到一邊，任它們「自己去爭吵」的時代。在美國傳承凱因斯學說的高伯瑞（John Kenneth Galbraith）描述當時政治人物和經濟學家的首要使命，都是「躲過蕭條和避免失業」。

第二次世界大戰帶來對貧窮宣戰的急迫感。納粹主義在德國生根時正值德國處於民生凋蔽中，原因是第一次大戰後施加的懲罰性戰敗國賠償條款，一九二九年的崩盤更使情勢惡化。凱因斯之前就已警告，如果世界對德國的貧窮採取放任策略，反撲的力量將很猛烈：「我敢預測，復仇將既猛又迅速。」這些話在當時未受重視，但二次大戰後歐洲開始重建時，西方強國已紛紛接受，市場經濟原則必須保證足夠的基本尊嚴，以避免幻滅的人民再嚮往迷人的意識形態，不管是法西斯主義或共產主義。這種務實的態度創造了所有今日我們稱為「正派」（decent）資本主義的東西——美國的社會安全計畫、加拿大的公共醫療保險、英國的社會福利、法國與德國的勞工保障。

一種類似、但較激進的情緒則在開發中世界崛起，通常冠上發展主義（developmentalism）或第三世界民族主義之名。發展主義經濟學家宣稱，他們的國家只有追求對內導向的工業化策略，最終才能擺脫貧窮的循環，而不能依賴把自然資源出口到歐洲和北美，因為當時資源的價格正不斷下跌。他們主張管制，甚至把石油、礦產和其他重要產業國有化，以便把相當比率的收入投入政府推動的發展計畫。

到一九五〇年代，發展主義和富裕國家的凱因斯學派與社會民主黨人一樣，創造出一連串足以誇耀世人的成功故事。發展主義最進步的實驗室是人稱南錐（Southern Cone）的拉丁美洲南端國家：智利、阿根廷、烏拉圭，和巴西部分地區。震央是設於智利聖地牙哥的聯合國拉丁美洲經濟委員會，在一九五〇年到一九六三年間由經濟學家普萊畢許（Raul Prebisch）擔任主席。普萊畢許教導一群經濟學家發展主義理論，並派他們擔任南美洲各國政府的政策顧問。像阿根廷的裴隆（Juan Peron）這類民族主義政治人物，都熱烈推動他們的構想，投入大筆公共資金在基礎建設計畫，如公路和鋼鐵廠，給予國內企業大方的補貼以興建新工廠、生產汽車和洗衣機，並以極高的關稅阻擋外國進口產品。

在這段大刀闊斧的擴張期，南錐國家逐漸比拉丁美洲或第三世界的其他國家更像歐洲和北美。新工廠的工人組織勢力龐大的工會，談判中產階級的薪資，他們的小孩則被送進新蓋的公立大學唸書。這個地區的馬球俱樂部菁英，與廣大的農民大眾間的鴻溝開始拉近。到一九五〇年代，阿根廷已擁有南美洲最大的中產階級，而鄰國的烏拉圭人民識字率高達九五%，且所有國民享有免費醫療。發展主義在這段期間如此成功，使拉丁美洲的南錐變成全世界貧窮國家鮮明的象徵：證明只要有聰明、務實的政策，並積極推動，第一世界與第三世界的分裂確實可以彌合。

這些成功的管理經濟體——北半球的凱因斯學派國家，和南半球的發展主義國家——讓芝加哥大學經濟學系走進一段黑暗期。芝加哥學派在哈佛、耶魯和牛津的死對頭，紛紛被總統和總理延攬，以協助馴服市場怪獸；傅利曼應該放任市場比以前更自由的大膽主張，幾乎沒有人感興趣。不過，仍然有少數人對芝加哥學派的理論感興趣——而且這些人還位高權重。

對美國跨國企業的主管來說，必須與明顯較不友善的開發中世界競爭，又得面對國內勢力強大且要求較多的工會，使得戰後的繁榮年代反而是動盪不安的時期。經濟成長迅速，創造出龐大的財富，但企業主和股東卻被迫透過企業稅和勞工薪資，重新分配一大部分的財富。所有人都過著富足的生活，但如果回到新政前的統治，少數人原本可以過得更好。

凱因斯針對放任主義的革命，讓企業損失慘重，顯然需要一個對抗凱因斯主義的反革命才能收復失土，需要一種恢復到甚至比大蕭條前管制更少的資本主義。這不是華爾街本身可以帶領的十字軍——至少在當時的氣氛下不可能。如果傅利曼的好友、花旗銀行執行長瑞斯頓（Walter Wriston）挺身而出，主張基本薪資和企業稅都應廢除，勢必引來強盜大亨的指控。這就是芝加哥學派上場的時候。當傅利曼這位聰明的數學家和老練的辯論家提出相同的論述時，兩人所展現的質感明顯地截然不同。傅利曼的主張可能被斥為謬誤，但它們被灌注了科學的公正客觀氛圍。讓企業觀點藉由學術或半學術機構滲透帶來的龐大利益，不僅使芝加哥學派獲得充沛的捐款，而且在很短的時間讓右派智庫建立起遍布全球的網絡，用以安插和供養世界各地的反革命傭兵。

一切都歸結到傅利曼單純的訊息：新政一無是處。這是為什麼許多國家，「包括我的母國，誤入歧途的原因」。為了導正政府的方向，傅利曼在他第一本暢銷書《資本主義與自由》中，奠立了日後全球自由市場的遊戲規則，並在美國被新保守主義運動奉為經濟圭臬。

第一，政府必須剷除所有阻礙利潤累積的法律和規範。第二，政府應出售擁有的一切資產，由追求獲利的企業來經營。第三，政府應大幅縮減社會計畫支出。在解除規範、私有化和緊縮支出的三部曲中，傅利曼一一細述各種作法。如果必須課稅，稅率應該很低，且富人和窮人應該課以相同稅率。企業應能自由出售產品到世界任何地方，政府不應採取保護地方產業或地方所有權的作為。包括勞動力在內的所有價格，應該由市場決定，不應該設定基本薪資。對私有化，傅利曼提議應包括醫療、郵政、教育、退休年金，甚至國家公園。換句話說，他臉不紅、氣不喘地呼籲推翻新政——一套在大蕭條之後由國家、企業與勞工三方暫時達成休戰，進而避免了平民暴動的政策。不管勞工爭取到哪些保護，不管國家現在提供何種服務以緩衝市場的傷害，芝加哥學派的反革命都希望討回來。

它要的還不只這些——它要徵收勞工和政府在那幾十年間積極建設的公共工程。傅利曼呼籲政府出售的資產，是多年來投資公帑與技術的結果，沒有這些投資，就無法創造出這些資產的價值。但傅利曼關心的是，就原則來說，所有這些共享的財富都應轉移到私人手中。

傅利曼的觀點雖然總是假藉數學和科學的語言，但它們與跨國企業的利益緊密呼應，而跨國企業生性就渴望廣大而不加規範的新市場。在第一階段的資本主義擴張中，這種肆無忌憚的擴張由殖民主義提供動力——藉由「發現」新領土和不必支付代價即攫取土地，然後無需補償當地住民即從地下開採財富。傅利曼在對「福利國」和「大政府」的戰爭中，許諾一種新形式的快速致富——但這一次不是征服新領土，而是國家本身就是新領土，要以遠低於價值的價格，變賣國家的公共服務和資產。

向發展主義宣戰

在一九五〇年代的美國，私人取得這類財富還得等幾十年後才發生。即使是堅貞的共和黨人如白宮裡的艾森豪，都不可能採取像芝加哥學派主張的激進右傾政策——公共服務和勞工保護仍然大受歡迎，而艾森豪也想尋求連任。雖然他對扭轉國內的凱因斯主義毫無興趣，但對以迅速而激烈的行動打擊海外的發展主義卻十分熱衷。芝加哥大學日後就在這個運動扮演了關鍵角色。

艾森豪一九五三年上任時，伊朗總統摩薩德（Mohammad Mossadegh）是一位發展主義者，印尼也在愈來愈野心勃勃的蘇卡諾手中，他倡言結合所有第三世界的國家主義政府，形成一個超級強權，以便與西方和蘇聯集團分庭抗禮。美國國務院特別關心的是，拉丁美洲南錐的國家主義經濟體愈來愈成功。在全球一大部分國家向史達林主義和毛澤東主義靠攏的年代，發展主義者提議的「進口替代」（import substitution）其實是相當中道的路線。不過，拉丁美洲應該推動自己的新政這個構想，卻招致強力的反對。拉丁美洲的封建地主對舊體系十分滿意，因為他們坐擁豐厚的利潤，並有取之不盡、用之不竭的貧困農民可用於農場和礦坑。他們忿恨地看著獲利被導向發展其他產業，他們的工人要求土地重分配，而政府則壓抑他們的穀物價格以使人人買得起。在拉丁美洲做生意的美國與歐洲企業，開始對他們的政府表達類似的抱怨：他們的產品被阻擋在邊界，工人要求加薪，以及最令他們警覺的是，要求把外國人擁有的礦場、銀行等產業收歸國有，以實現拉丁美洲經濟獨立夢想的呼聲日益高漲。

在這些企業利益的壓力下，美國和英國的外交圈興起一個運動，試圖把發展主義政府拉進冷戰的二分邏輯中。這些鷹派警告，別被溫和、民主的外表愚弄，第三世界國家主義是步上極權共產主義的第一步，應該防患於未然。這套理論的兩位主要倡議者是艾森豪的國務卿杜勒斯（John Foster Dulles）和他的兄弟、擔任剛創立的中情局頭子的艾倫·杜勒斯（Allen Dulles）。在擔任公職前，兩兄弟曾在聲名卓著的蘇利文克倫威爾（Sullivan & Cromwell）法律事務所工作，曾代表許多受發展主義影響最大的公司，如摩根大通（J.P. Morgan）、國際鎳礦公司、古巴蔗糖公司，以及聯合水果公司。

杜勒斯兄弟上臺後立即採取行動：在一九五三年和一九五四年，中情局策動最早的兩次軍事政變，都針對較傾向凱因斯而非史達林的第三世界政府。

第一次是在一九五三年，中情局成功推翻伊朗的摩薩德，以殘暴的國王取代之。第二次是一九五四年中情局贊助的瓜地馬拉政變，是直接應聯合水果公司要求而採取的行動。這家公司因昔日蘇利文克倫威爾的關係而能上達杜勒斯兄弟，而當時瓜地馬拉總統庫茲曼（Jacobo Arbenz Guzman）徵收該公司部分未使用的土地（但給予全額補償），用於改造瓜地馬拉的一部分計畫，因而觸怒該公司。庫茲曼稱他的計畫是為了把瓜地馬拉「從一個封建經濟主宰的落後國家，改造成一個現代資本主義國家」──但顯然這是美國無法接受的目標。庫茲曼遭罷黜後，聯合水果很快又掌控大局

徹底剷除在南錐扎根較深的發展主義，則是遠為艱巨的挑戰。一九五三年兩位美國人在智利聖地牙哥會面討論的主題，就是如何達成這個目標，一位是美國國際合作署（ICA，這個機構後來改制為美國國際發展署〔USAID〕）智利部主任派特森（Albion Patterson），另一位是芝加哥大學經濟學系主任舒茲（Theodore W. Schultz）。派特森愈來愈擔心普萊畢許和其他拉丁美洲的「粉紅」經濟學家。他對一位同僚強調：「我們必須改變這些人造成的影響，導正他們極其惡劣的教育。」這個目標與舒茲的信念一拍即合，他相信美國在與馬克思主義的思想戰上做得不夠。「美國必須整頓在海外的經濟計畫……我們希望（貧窮國家）藉與我們建立關係來達成它們的經濟救贖，並以我們的方式來達成它們的經濟發展。」他說。

兩個人擬出的計畫最後把國家中央式經濟體的溫床聖地牙哥，轉變成完全相反的東西──最先進自由市場的實驗場，帶給傅利曼夢寐以求的東西：一個用來測試他的寶貝理論的國家。原始的計畫很

單純：美國政府將付錢讓智利學生學習經濟學，地點就在當時被視為全世界反「粉紅」最狂熱的學校——芝加哥大學。舒茲和他在大學裡的同僚也獲得經費前往聖地牙哥，主持智利經濟的研究，並以芝加哥學派的基本教義訓練學生與教授。

這個計畫與當時眾多資助拉丁美洲學生的美國訓練計畫，最大不同之處是它毫不遮掩的意識形態性質。美國國務院選擇芝加哥大學訓練智利人，這所學校的教授狂熱地想不顧一切追求近乎無政府體制，如此等於是在對抗發展主義的戰爭中發射一枚炮彈，告訴智利人美國政府已經決定他們的菁英學生應該和不應該學習什麼思想。由於美國已如此赤裸地干涉拉丁美洲事務，所以當派特森找上智利最高學府智利大學的校長，提議出資贊助交換學生計畫時，遭到校長一口拒絕。校長表示，學校必須能參與決定由誰在美國訓練他的學生，他才願意參與計畫。派特森轉而接洽較不知名的智利天主教大學，一所遠為保守且沒有經濟學系的學校。天主教大學立即接受提議，於是華盛頓和芝加哥大學所謂的「智利計畫」就此誕生。

芝加哥大學的舒茲解釋，為什麼這個計畫不對所有智利學生開放，而只提供給經過選擇的少數人，他說：「我們的目的是競爭，而非合作。」這種好戰姿態從一開始就很已明白表達：智利計畫的目標是製造意識形態戰士，以便贏得對抗拉丁美洲「粉紅」經濟學家的思想戰。

計畫在一九五六年正式執行，有一百名智利學生從一九五七年到一九七〇年間，在芝加哥大學攻讀深造學位，由美國納稅人和美國的基金會支付他們的學費和開銷。在一九六五年，這項計畫擴充到接受遍及拉丁美洲的學生，參與人數最多的是阿根廷、巴西和墨西哥。擴充計畫的經費來自福特基金會的贊助，並且促成芝加哥大學成立拉丁美洲經濟研究中心。在這個計畫下，隨時有四十到五十位拉丁美洲人攻讀研究生層級的經濟學——約占該學系學生總數約三分之一。在哈佛或麻省理工學院的同類計畫中，拉丁美洲學生只有四到五名。這是令人驚訝的成就：在短短十年間，極度保守的芝加哥大學，已變成拉丁美洲人海外攻讀經濟學的首選地點，而這也決定了該地區未來數十年的歷史軌跡。

灌輸芝加哥學派正統思想給這批訪問學生，變成了學系急迫的事務。主持計畫並負責讓這些拉丁美洲人賓至如歸的人是哈伯格，一位穿著老式狩獵裝的經濟學家，能說流利的西班牙語，娶了智利人為妻，並形容自己是「極為虔誠的傳道士」。當智利學生紛紛抵達，哈伯格特別設立了一個「智利研討會」，讓芝加哥大學的教授們，針對南美國家的問題提出他們充滿意識形態的診斷——然後提供如何矯正問題的科學處方。

「突然間，智利和它的經濟變成經濟學系每天的話題。」一九五〇年代在傅利曼門下求學、但後來變成世界知名發展主義經濟學家的法蘭克（Andru Gunder Frank）回憶說。智利的所有政策都被放在顯微鏡下尋找缺點：它細密的社會福利網、保護國有產業、貿易障礙，和控制價格等。學生被教導鄙視這些減輕貧窮的作法，其中有許多人的博士論文就是解剖拉丁美洲發展主義的愚昧。法蘭克回憶說，哈伯格在五〇年代和六〇年代經常造訪聖地牙哥，每次回來就會嚴詞抨擊智利的醫療和教育體制——全拉丁美洲最完善的——是「寅吃卯糧的荒謬嘗試」。

在福特基金會裡，有人對資助如此明目張膽的意識形態計畫感到不安。部分人指出，被邀請來向芝加哥大學學生演說的拉丁美洲演講人，都局限於該計畫的校友。「雖然這些努力的品質和影響性不容否認，其狹隘的意識形態卻是嚴重的缺憾。」福特基金會的拉丁美洲專家裴易爾（Jeffrey Puryear）在內部評論中寫道：「只能接觸單一的觀點，不符合開發中國家的利益。」這種檢討未能阻止福特繼續資助該計畫。

當第一批智利人從芝加哥返國時，借用聖地牙哥天主教大學經濟學家薩菲亞圖（Mario Zañartu）的說法：他們「甚至比傅利曼還傅利曼」。[1]許多人在天主教大學經濟學系擔任教授，很快將該學系轉變成位於聖地牙哥市中心的小芝加哥學派——採用同樣的教材、同樣的英文教科書、同樣死硬地宣稱教導的是「純粹」而「科學」的知識。到一九六三年，該學院十三位全職教授中，有十二位是芝加哥大學計畫的畢業生，且第一位畢業生卡斯特洛（Sergio de Castro）被聘為系主任。新的智利學生不需要離鄉背井跑到美國——數百名學生可以在母國接受芝加哥學派的教育。

受過這個計畫洗禮的學生，不管是在芝加哥或聖地牙哥分店，在南美地區都被稱作「芝加哥男孩」。在美國國際發展署加碼資助下，智利的芝加哥男孩變成狂熱的區域大使，宣揚在拉丁美洲被稱為「新自由主義」（neo-liberalism）的思想，奔走於阿根廷和哥倫比亞等國，並設立更多芝加哥大學的分店——借用一位智利畢業生的話——以便「把這種知識散播到拉丁美洲各地，對抗阻礙自由並助長貧窮與落後的意識形態」。

一九九〇年代的智利外交部長華狄斯（Gabriel Valdes），形容以芝加哥學派的正統信仰訓練數百名智利經濟學家，是「有組織地從美國移植意識形態，到一個受其直接影響的國家的鮮明例子……這個一九五〇年代制訂的計畫對智利人施予教育，目的在於影響智利人經濟思想的發展」。他指出：「他們引進智利社會的思想是全新的，是『思想市場』上前所未見的觀念。」

以一種思想帝國主義的形式而言，它稱得上無恥。不過，有一個問題：它不管用。一九五七年芝加哥大學在給國務院資助者的報告上說，「該計畫的核心目的」是訓練一世代的學生，「使他們變成智利經濟事務的思想領導者」。但那些芝加哥男孩並沒有把他們的國家帶向光明——事實上，這些國家落在後面。

在六〇年代初期，南錐的主要經濟辯論並非放任資本主義對抗發展主義，而是如何把發展主義帶向下一階段。馬克思主義者主張大規模國有化和激進的土地改革；溫和派認為關鍵在於拉丁美洲國家間更廣泛的經濟合作，目標是把該地區轉變成強大的貿易集團，與歐洲和北美並立。在南錐的投票所和街上，這些國家迅速靠向左邊。

一九六二年，巴西在古拉特（Joao Goulart）總統帶領下，明確地往這個方向邁進。這位經濟國家主義者致力於土地重分配、提高薪資，並實施一套大膽的計畫，強迫外國跨國公司再投資一定比率的獲利到巴西經濟，而不能帶出巴西並分配給紐約和倫敦的股東。在阿根廷，軍事政府禁止裴隆的政黨競選，企圖封殺類似巴西的要求，但這些作為只有激化年輕一代的裴隆追隨者。

在芝加哥學派實驗的中心點智利，思想戰的挫敗最為明顯。到一九七〇年那次改寫智利歷史的選舉時，這個國家已經向左靠攏到三個主要政黨都支持把該國最大的收入來源收歸國有：由美國大礦業公司控制的銅礦。換句話說，昂貴的智利計畫已徹底失敗。在這場意識形態戰士向左派敵人發動的思想戰爭，芝加哥男孩未能達成任務。不但經濟辯論繼續向左傾，而且芝加哥男孩淪落到十分邊緣，甚至在智利的選舉完全缺席。

事情可能到此結束，智利計畫只是一個無關緊要的歷史注腳，但後來發生的事讓芝加哥男孩終於出頭天：尼克森當選美國總統。尼克森「有一套富於想像力、且大體上有效的外交政策」，傅利曼熱烈推崇他。而他最有想像力的地方莫過於智利。

尼克森給了芝加哥男孩和他們的教授長期以來夢想的東西：一個機會以證明他們的資本主義烏托邦不只是地下室研討會裡的理論——從零開始重新建造一個國家的機會。民主政治在智利對芝加哥男孩並不友善；獨裁統治將證明是更好的搭檔。

阿葉德（Salvador Allende）的人民團結聯盟（Poupular Unity）一九七〇年贏得智利的選舉，他們在競選中承諾政府將接管許多由外國和地方企業經營的產業。阿葉德是拉丁美洲崛起的新類型革命家：和切．格瓦拉（Che Guevara）一樣，他是一位醫生，不同的是，他展現的是自由派的學者風格，而非浪漫的游擊分子。他可以像卡斯楚（Fidel Castro）一樣發表慷慨激昂的演說，但他是堅定的民主主義者，深信智利的社會主義改革必須透過選票達成，而非槍桿子。當尼克森聽說阿葉德當選總統，他對中情局局長赫姆斯（Richard Helms）下達一個後來變成名言的命令：「讓經濟尖叫（make the economy scream）。」智利的選舉在芝加哥大學經濟學系引發熱烈反響。阿葉德勝選時，哈伯格正好在智利。他寫了一封信給美國的同僚，描述這件事是「悲劇」，並告訴他們「軍事政變的想法在極右派圈子裡也偶爾被提起」。

雖然阿葉德保證會協商公平的條件，以補償損失財產與投資的公司，美國跨國公司仍然擔心阿葉德代表一個席捲拉丁美洲的趨勢，而且有許多公司不願接受損失這個占營運比率日益升高的收入來源。到一九六八年，美國的對外投資總額有二〇％在拉丁美洲，美國公司在該地區設有五千四百三十六家子公司。這些投資帶來的利潤相當驚人。礦業公司在之前十五年間投資智利的銅礦業——這是全球最大的銅礦業——就高達十億美元，但他們已匯回美國七十二億美元。

阿葉德一贏得選戰，在他還沒就職前，美國企業就已向他的政府宣戰。活動的核心是總部設在華盛頓的智利特別委員會（Ad Hoc Committee on Chile），由投資智利的美國大礦業公司，及幕後領導該委員會的國際電話電報公司（ITT）所組成；ＩＴＴ持有智利即將被國有化的電話公司七〇％股權。普瑞納（Purina）、美國銀行（Bank of America）和輝瑞化學（Pfizer Chemical）也在不同階段派出代表。

委員會的唯一目的是「用經濟崩潰對抗他」，迫使阿葉德取消國有化。他們提出許多讓阿葉德感受痛楚的構想。根據解密的會議紀錄，這些公司計畫阻攔美國對智利的貸款，並「暗中要求美國民間銀行也這麼做。建議外國銀行也考慮比照辦理。未來六個月延遲向智利採購。動用美國的銅庫存而不向智利購買。在智利製造美元短缺的情況」。考慮的做法還更多。

阿葉德指派他的好友萊特利爾（Orlando Letelier）出任駐華府大使，要他負責和計畫杯葛阿葉德政府的公司談判條件。喜歡熱鬧、性格外向的萊特利爾留著七〇年代典型的鬍髭，天生有一副好嗓子，在外交圈甚受歡迎。他兒子法蘭西斯柯最喜愛的回憶是，聽他父親在華盛頓家中招待友人時彈吉他，同時豪放地唱民歌。但儘管有萊特利爾的魅力和技巧，談判從一開始就毫無成功的機會。

一九七二年三月，萊特利爾正與ＩＴＴ密集協商時，新聞專欄作家安德森（Jack Anderson）發表了一系列爆炸性的文章，披露這家電話公司在兩年前就與中情局和國務院祕密計畫阻止阿葉德就職。面對這些指控，加上阿葉德仍然掌控權力，民主黨占多數的參議院展開調查，並發現一項牽連甚廣的陰謀，其中ＩＴＴ提供一百萬美元賄賂智利反對勢力，並「設法促成中情局進行一項祕密操縱智利總統選舉結果的計畫」。

參議院在一九七三年六月公布的報告也發現，當該計畫失敗而阿葉德取得政權後，ＩＴＴ改用一套新策略，以確保他「無法撐過未來六個月」。參議院最感震驚的是ＩＴＴ的主管與美國政府的關係。證詞和文件都清楚顯示，ＩＴＴ直接參與美國對智利政策最高層級的制訂。一位ＩＴＴ高階主管曾寫信給國家安全顧問季辛吉（Henry Kissinger），建議「在不告知阿葉德總統下，所有已經承諾給智利的美國援款都應該列入『重新檢討』狀態」。這些公司也擅自為尼克森政府擬訂一套十八點策略，裡面明確要求策動軍事政變。「連絡智利軍方的可靠來源，」信中說：「……有計畫地蒐集他們對阿葉德的不滿，藉以建立他下臺的必要性。」

當參議院委員會質詢ＩＴＴ副總裁傑瑞提（Ned Gerrity），問及他厚顏嘗試利用美國政府的力量以顛覆智利憲法程序，只為增進ＩＴＴ自己的經濟利益時，他似乎完全不明白。「照顧自己的利益有什麼不對？」他問。委員會在報告中作出的回應是：「不應容許『自己的利益』在決定美國外交政策中扮演不當角色。」

然而儘管美國使盡各種骯髒技倆——ＩＴＴ只是最受矚目的例子——到一九七三年阿葉德仍然在位。八百萬美元的祕密支出未能削弱他的影響力。該年的期中國會選舉中，阿葉德的政黨獲得的支持甚至超過一九七〇年的初次選舉。顯然採用不同經濟模式的渴望在智利已經生根，而社會主義模式的支持度不斷增長。對從阿葉德一九七〇年大選勝利後就處心積慮想推翻他的反對者來說，這表示他們的問題無法只靠除掉他就解決——必須有一個能取代他的人出現。必須有一套更激進的計畫。

政權改變的教訓：巴西與印尼

有兩套經過仔細研究的「政權改變」模式，被阿葉德的反對者視為可行的方法。一套是巴西，另一套是印尼。當美國支持的巴西軍政府由布蘭科（Humberto Castello Branco）將軍領導，在一九六四年取得權力後，軍方不僅計畫扭轉古拉特的親貧民計畫，而且要打開巴西供外國投資。起初巴西的將領嘗試採取相對較和平的進程——沒有明顯的殘暴，沒有大規模逮捕，雖然後來發現有若干「顛覆分子」在那段期間遭殘酷刑求，人數卻少到（巴西又如此大）他們遭受待遇的傳聞幾乎未散播到監獄外。軍政府也刻意保留部分民主政治的遺跡，包括有限的新聞自由和集會自由——一場所謂的紳士政變。

在六〇年代末期，許多公民決定利用這種有限的自由，表達對巴西貧窮加深的憤怒，他們怪罪軍政府親企業的經濟計畫，而其中許多計畫是由芝加哥大學的畢業生所規畫。到一九六八年，街頭經常擠滿反軍政府的示威群眾，尤其是由學生領導的遊行規模最大，使政權的穩定岌岌可危。想緊抓權力的軍方四面受敵，於是斷然改變策略：全面封殺民主，鎮壓所有公民自由權，刑求變成體制化，而且據巴西後來成立的真相委員會，「國家殺人變成家常便飯」。

印尼一九六五年的政變走的是完全不同的道路。從二次大戰以來，印尼一直由蘇卡諾總統領導，他是那個年代的查維茲（Hugo Chávez，編按：委內瑞拉總統），雖然少了查維茲對選舉的興趣。蘇卡諾因為保護印尼經濟、重分配財富和趕走國際貨幣基金與世界銀行而激怒富裕國家。他指控ＩＭＦ和世銀是西方跨國公司利益的傀儡。雖然蘇卡諾是國家主義者而非共產主義者，不過他與共產黨密切合作，因此印尼有三百萬名活躍的共產黨員。美國和英國政府決心終結蘇卡諾的統治，根據解密的交件顯示，中情局曾接獲高層指示，要「視情勢發展和可得的機會，清除蘇卡諾總統」。

經過數次不成氣候的嘗試後，機會終於在一九六五年十月降臨，由中情局支持的蘇哈托將軍展開奪權和肅清左派的計畫。中情局已暗中列出印尼主要左派分子的名單，這份文件最後落在蘇哈托手中，而五角大廈則以供應更多武器和戰場無線電協助他，讓印尼軍方在群島最偏遠的地方都能通訊。然後蘇哈托派遣他的士兵，追捕被列在中情局「獵殺名單」上的四千到五千名左派分子，並且向美國大使館定期報告進展狀況。每當有新資訊傳來，中情局便劃去名單上的名字，直到中情局對印尼左派已被消滅感到滿意。參與這項行動的人士之一，是在雅加達美國大使館工作的馬廷斯（Robert J. Martens），他在二十五年後告訴新聞記者卡丹妮（Kathy Kadane）：「那對軍方真的幫忙很大。他們可能殺了許多人，我自己的手上可能也沾滿血，但這不見得有那麼壞。有時候你在關鍵時刻必須下毒手。」

獵殺名單列出的是追殺的目標；但蘇哈托更惡名昭彰的屠殺是針對非特定人，其中大部分是假借狂熱派宗教學生之手進行。他們接受軍方的短期訓練，然後派到許多村莊，聽從海軍司令的指示以「掃除」鄉間的共產黨員。有一位記者寫道：「他們興致勃勃地召喚追隨者，把刀子和手槍塞在腰間，肩上扛著棍棒，出發執行他們期待已久的任務。」在短短一個月間，至少有五十萬人遭殺害，甚至多達一百萬人。據《時代》雜誌報導，「成千上萬人遭屠殺」，在東爪哇，「來自那些地區的旅客描述，小河和溪流浮滿死屍；有些地方的河上運輸因而受阻」。

印尼經驗吸引在華府和聖地牙哥密謀推翻阿葉德的人注意，他們感興趣的不只是蘇哈托的殘暴，還有一群曾在柏克萊加州大學受教育的印尼經濟學家扮演的特殊角色，他們被稱為「柏克萊幫」

（Berkeley Mafia）。蘇哈托在剷除左派上成效卓著，但為他擬訂印尼日後經濟藍圖的則是柏克萊幫。

這與芝加哥男孩的相似實在太明顯。柏克萊幫在美國讀書是因為一九五六年開始的一項計畫，贊助者是福特基金會。他們回國也建立一個忠實翻版的西方式經濟學系，地點則是印尼大學。福特派遣美國教授到雅加達建立這所學系，就像芝加哥大學教授在聖地牙哥協助設立經濟學系。福特國際訓練與研究計畫主任霍華德（John Howard）直率地解釋：「福特覺得是在訓練蘇卡諾下臺後可以領導國家的人。」

福特資助的學生變成參與推翻蘇卡諾的校園團體領袖，而柏克萊幫在政變前也與軍方密切合作，負責擬訂萬一政府突然垮臺的「應變計畫」[2]。這些年輕的經濟學家對蘇哈托將軍有極大的影響力，因為蘇哈托對高層次的財政一竅不通。據《財星》雜誌報導，柏克萊幫把經濟課錄在錄音帶上，讓蘇哈托在家裡聽。一位柏克萊幫成員得意地回憶，當他們會面時，「蘇哈托總統不只是聽，還作筆記」。另一位柏克萊畢業生這樣描述他們的關係：我們「對陸軍領導階層——新秩序的關鍵人物——提出處理印尼重大經濟問題的『食譜』或『祕方』。蘇哈托將軍是最高陸軍指揮官，他不但接受這份食譜，還希望食譜的作者擔任他的經濟顧問」。他確實這麼做。蘇哈托的內閣充滿柏克萊幫成員，他把所有主要財政職位交給他們，包括貿易部長和駐華府大使。

這個經濟團隊在一所意識形態較不鮮明的學校受教育，因此不是像芝加哥男孩那種反國家的激進分子。他們相信政府應致力於管理印尼的國內經濟，確保稻米等基本物資的價格人人負擔得起。不過，柏克萊幫對想挖掘印尼豐富的礦產與石油的外國投資人極盡歡迎能事，尼克森因此形容印尼為「東南亞地區最大的獎賞」。[3]他們通過容許外國公司獨資擁有這些資產的法律，授予它們「稅務假期」，以致於在兩年內，印尼的自然資源——銅、鎳、硬木材、橡膠和原油——開始遭到全球各大礦業和能源公司瓜分。

對於在蘇哈托的計畫展開時正策畫推翻阿葉德的人來說，巴西和印尼的經驗是極為有用的對照研究。巴西人很少利用震撼的力量，他們等了數年才展現對殘暴的興趣。這是幾乎致命的錯誤，因為那給了對手重新集結的機會，甚至形成左派的游擊部隊。雖然軍政府設法掃蕩街道，但反對勢力抬頭迫使它減緩經濟計畫。

另一方面，蘇哈托證明，如果及早採用大規模鎮壓，國家將陷入某種震撼狀態，抗拒必須在還沒發生前就加以剷除。他利用恐怖如此無情，甚至遠超過最糟的預期，以致於那些幾週前還集體呼喊國家獨立的人，現在都嚇得把所有掌控權交給蘇哈托和他的心腹。在政變那段期間擔任中情局行動部高階主管的麥克基（Ralph McGehee）說，印尼是「典型的運作手法……你可以追蹤所有重大血腥事件的源頭，從華盛頓一路到蘇哈托上臺。這種手法的成功意味著它可以一再重覆使用。」

印尼的另一重大教訓是，在政變前蘇哈托與柏克萊幫的夥伴關係。由於他們已準備好在新政府擔任高階「技術官僚」，並且已讓蘇哈托接受他們的世界觀，政變所達成的不只是去除國家主義者的威脅，它還把印尼轉變成全世界最歡迎跨國公司的環境。

罷黜阿葉德的勢力開始逐漸累積，聖地牙哥街頭的牆壁開始出現怵目驚心的警告：「雅加達來了。」

阿葉德當選後不久，他在國內的反對者開始以令人毛骨悚然的精確，模仿印尼的手法。芝加哥男孩的大本營天主教會大學，變成製造中情局所謂「政變氣氛」的原爆點。許多學生加入法西斯組織祖國與自由（Patria y Libertad），在街頭踢正步遊行，公然模仿希特勒青年團。一九七一年九月，阿葉德上任一年後，智利的企業領袖在海濱城市比尼亞德爾馬（Vina del Mar）召開緊急會議，擬訂一套共同執行的政權更迭策略。據智利全國製造商協會（中情局提供該協會大筆經費，許多在華盛頓暗中推動同樣計畫的跨國公司也提供資助）主席薩恩茲（Orlando Sáenz）說，會議中決定「阿葉德的政府與智利的自由和民間企業的存在無法相容，要避免被犧牲的唯一方法就是推翻政府」。這些企業人士組成一個「戰時組織」，其中一個部門將與軍方連繫；薩恩茲表示，另一部門將「擬訂具體的替代方案以取代政府計畫，並有系統地移交給陸軍」。

薩恩茲延攬數位重要的芝加哥男孩來設計替代計畫，並為他們在聖地牙哥的總統府附近設立一個新辦公室。這個由芝加哥大學畢業生卡斯特洛（Sergio de Castro）和他在天主教大學的同僚安杜拉加（Sergio Undurraga）領導的團體，開始每週召開祕密會議，擬訂如何根據新自由派的主張以激烈改造智利的詳細提案。據後來美國參議院的調查，這個「反對派研究組織」的資金，「超過七五％」直接來自中情局。

有一陣子，政變規畫朝兩個不同的方向進行：軍方規畫消滅阿葉德和他的支持者，而經濟學教授則規畫消滅他們的思想。在暴力解決方案的勢力逐漸累積的同時，雙方也互通聲息，由與中情局資助的報紙《水星報》（*El Mercurio*）有關的企業人士凱利（Roberto Kelly）扮演中間人。透過凱利，芝加哥男孩把一份五百頁的經濟計畫摘要交給控制大局的海軍將領。海軍點頭後，芝加哥男孩更加緊腳步在政變前為他們的計畫作準備。

他們五百頁的聖經——一本從一開始就指導軍政府執行的詳細經濟計畫——在智利被稱作「磚頭」（The Brick）。據後來成立的美國參議院委員會報告，「中情局的共謀者參與準備一套初期的全面經濟計畫，作為軍政府最重要的經濟決策基礎」。「磚頭」的十位主要撰寫人中，有八位曾在芝加哥大學攻讀經濟學。

雖然推翻阿葉德被外界一致描寫成軍事政變，阿葉德派駐華盛頓的大使萊特利爾認為，軍方與經濟學家各參與一半。萊特利爾寫道：「被智利人稱作『芝加哥男孩』的那些人，說服將領相信他們已準備好填補殘暴的不足。軍方擁有殘暴，而這些知識分子擁有軍方缺乏的資產。」

當智利的政變終於發生，將帶來三種不同的震撼，這套模式日後將在鄰近的國家複製，並且將在三十年後的伊拉克再度出現。政變本身的震撼之後，緊接著是兩種不同形式的震撼。一種是傅利曼的資本主義「震撼治療」，是當時芝加哥大學及其眾多分支機構已訓練的數百名拉丁美洲經濟學家所擁有的技術。另一種則是卡麥隆的電擊、藥物與知覺剝奪研究彙整成的庫巴克手冊酷刑技術，透過中情局提供拉丁美洲警察和軍方的大規模訓練計畫，散播到智利。

這三種震撼形式匯聚在拉丁美洲人的身體，加諸在該地區的政治，製造出一個無法阻擋、不斷交互強化破壞與重建、抹除與創造的颶風。政變的震撼為經濟震撼療法鋪路；酷刑室的震撼嚇壞每個阻擋經濟震撼前進的人。從這個活生生的實驗室興起第一個芝加哥學派國家，製造出它的第一個全球反革命勝利。

1 著名的甘迺迪政府經濟學家海勒（Walter Heller），曾嘲笑傅利曼追隨者的狂熱教派特質，把他們分類為：有一些是傅利曼派，一些是傅利曼化，一些是傅利曼式，一些是傅利曼型，還有一些是傅利曼狂。

2 不是每個該計畫派遣出去的美國教授都喜歡這個角色。被指派擔任福特印尼經濟計畫主持人的柏克萊教授杜伊爾（Len Doyle）說：「我覺得柏克萊大學不應參與基本上已變成叛亂的活動。」這種觀點導致杜伊爾遭撤換並召回加州。

3 有趣的是，哈伯格在一九七五年被蘇哈托的財政部聘為顧問。

第二篇

初次測試：
誕生的陣痛

The Shock
Doctrine

PART 2

傅利曼的理論帶給他諾貝爾獎，卻為智利帶來皮諾契將軍。

——加萊亞諾（Eduardo Galeano），《愛與戰爭》，一九八三年

我認為我從不曾被視為「邪惡」。

——《華爾街日報》引述傅利曼，二〇〇六年七月二十二日

第三章
THE SHOCK DOCTRINE

震撼狀態
反革命血腥的誕生

傷害應一次為之，因感受痛楚較少，冒犯亦較少。

——馬基維利（Niccolo Machiavelli），《君王論》，一五一三年

如果採取這種震撼手段，我認為應極詳細地公開宣布，在極短期內實施。公眾知道得更充分，就更願意採取順應的行動。

——傅利曼給皮諾契將軍的一封信，一九七五年四月二十一日

皮諾契將軍和他的支持者，經常提到一九七三年九月十一日的事件，但不說那是軍事政變，而是「一場戰爭」。聖地牙哥看起來確實像戰區：坦克邊開炮邊隆隆開上林蔭大道，政府建築遭到戰鬥機的空中攻擊。但這場戰爭有一個奇怪之處：它只有一方的軍隊。

從一開始，皮諾契就已完全掌控陸軍、海軍、陸戰隊和警察。另一方面，阿葉德總統拒絕把支持者組織成武裝防衛聯盟，因此他沒有自己的軍隊。唯一的抵抗來自總統府（La Moneda）及其屋頂四周，阿葉德和他的侍衛在那裡奮勇防衛民主政治的象徵。這很難稱作一場公平決鬥，雖然總統府內只有三十六名阿葉德支持者，軍方卻對裡面發射二十四枚火箭。

這場行動的指揮官是虛榮而喜怒無常的皮諾契（身材像他坐的坦克車一樣）。顯然他希望這個事件盡可能戲劇化和造成最大傷害，即使這次政變不是一場戰爭，其設計者也希望看起來像是——這是一場智利版的震撼與威懾。它確實帶給智利人從未體驗過的震撼。和之前四十年經歷六任軍政府統治的鄰國阿根廷不同，智利從未有過這類暴力經驗；智利曾享有一百六十年的和平民主統治，而且過去四十一年民主未曾中斷過。

現在總統府陷入火海，總統的屍體被覆蓋著用擔架抬出來，他貼身的同僚被以步槍指著，臉朝下趴在街上。[1]不久前才從華盛頓返國接任國防部長新職的萊特利爾，那天早上從距離總統府幾分鐘車程的家前往國防部辦公室。他才走進前門就遭遇十二名穿著戰鬥服、埋伏等候的士兵，全都以輕機槍瞄準他。

在政變之前幾年，來自美國（其中許多來自中情局）的教官已激發智利軍方的反共產黨狂熱，讓他們相信社會主義者就是準俄國間諜，是一股與智利社會格格不入的勢力——一群本土的「內敵」。事實上，真正變成內敵的是軍方，他們已準備把槍口轉向宣誓保護的人民。

阿葉德死後，他的內閣遭逮捕，而且未出現明顯的群眾抵抗，軍政府發動的大規模戰爭在當天中午已經結束。萊特利爾和其他「貴賓」囚犯，最後被送往南部麥哲倫海峽冰冷的道森島（Dawson

Island），那裡等於是皮諾契的西伯利亞勞改營。不過，殺戮和關閉政府對智利的新軍政府還不夠，這些將領知道他們要掌控權力必須真正嚇壞智利人，就像印尼人一樣。據一份解密的中情局報告，在往後的日子，有約一萬三千五百名公民遭逮捕，以卡車帶走並遭到監禁。有五千人最後被關在聖地牙哥的兩座大足球體育館。在國家體育館中，死亡取代足球成為公眾表演。士兵巡視露天座位區，押著戴頭套的告密者指認「顛覆分子」；被指名的人遭拖進更衣室，而包廂則被改裝成臨時酷刑室。數百人被處死。死屍開始出現在主要公路邊，或浮屍於汙濁的市區運河。

為確保恐怖蔓延到首都以外的地區，皮諾契派遣他最無情的指揮官史達克（Sergio Arellano Stark）將軍，搭乘直升機到北方省分一連串囚禁「顛覆分子」的監獄。在每個城鎮，史達克和他的流動行刑隊挑出最知名的囚犯，有時一次多達二十六人，逐一處以死刑。四天留下的血跡後來被稱為「死亡蓬車隊」（Caravan of Death）。在很短的時間內，整個國家都接收到這個訊息：抵抗將召來死神。

雖然皮諾契的戰爭只有一邊開戰，其影響卻與任何內戰或外國侵略一樣真實。總計有超過三千二百人失蹤或遭處死，至少有八萬人被監禁，還有二十萬人因政治因素逃離智利。

自由市場的恐怖實驗室

對芝加哥男孩來說，九月十一日是充滿期待和腎上腺素激升的一天。卡斯特洛已不眠不休地和海軍的連絡人合作，逐頁取得「磚塊」最後章節的認可。在政變當天，幾位芝加哥男孩住在右派媒體《水星報》裡。當外面街上傳來槍響時，他們急忙印製這份文件，趕在軍政府接管的第一天完成。《水星報》編輯洪塔尼（Arturo Fontaine）回憶說，印刷機「一刻不停地複印這份長文件」。他們直到最後一刻才印完。「在一九七三年九月十二日星期三中午前，出任政府職位的三軍將領辦公桌上，都擺了這份計畫。」

定稿文件中的提議與傅利曼《資本主義與自由》的觀點出奇類似：私有化、開放管制和削減社會支出——自由市場的鐵三角。受美國訓練的智利經濟學家曾嘗試和平引進這些觀念，採取民主政治辯論方式，但他們遭到全面拒絕。現在芝加哥男孩和他們的計畫捲土重來，而此時的氣氛顯然更有利於推動他們激進的觀點。在這個新時代，除了幾個穿制服的人，他們不必徵得任何人同意。最頑固的政治對手現在不是在牢裡、已經死亡，就是四處逃命；戰鬥機和死亡蓬車隊的展示已讓所有人乖乖就範。

「對我們來說，這是革命。」皮諾契的經濟幕僚拉羅列特（Cristian Larroulet）說。這算是公允的描述。一九七三年九月十一日不只是阿葉德和平的社會主義革命被以暴力終結，也是《經濟學人》雜誌後來形容的一場「反革命」——芝加哥學派運動奪回發展主義與凱因斯主義成果的第一場勝利。阿葉德的局部革命在民主政治拉扯下，處處可見節制與妥協，但現在情勢將大為改觀，以暴力推行的這場反叛可以一路暢行到底。在往後的許多年，「磚塊」擬訂的許多政策將在大規模危機掩護下，施行於數十個別的國家。但智利是這場反革命的發源地——恐怖的發源地。

天主教大學經濟學系校友、自稱芝加哥男孩的畢奈拉（Jose Pinera），政變時正在哈佛寫畢業論文。一聽到好消息，他立即返國「協助創立一個追求自由的新國家，讓它從舊體制的灰燼中升起」。畢奈拉後來出任皮諾契的勞動與礦業部長，他說，這是「真正的革命……一個激進、全面且持續邁向自由市場的行動」。

在政變前，皮諾契以幾近諂媚的服從聞名，永遠逢迎和聽從他的文人上司。變身獨裁者後，皮諾契發現他性格的新面向。對權力的貪戀讓他醜態畢露，他好擺帝王威風，並宣稱「命運」授予他這個職位。不久之後，他策動一場政變中的政變，推翻其他三位他原本同意分享權力的軍事將領，並任命自己為國家最高元首（Supreme Chief of the Nation）兼總統。他沉浸在好大喜功和儀式，只為了證明他的統治權，從不錯過能穿上他的普魯士軍裝、戴上軍帽的機會。為了巡視聖地牙哥，他添置了一隊金色防彈賓士轎車。

皮諾契對獨裁統治有一套獨門功夫，但和蘇哈托一樣，他對經濟學一竅不通。這是個大問題，因為由ＩＴＴ帶頭的企業杯葛運動已經極有效地讓經濟快速墜落，使皮諾契很快面臨一觸即發的危機。從一開始，軍政府內部就發生權力鬥爭，部分人只想恢復阿葉德前的舊狀態，盡快回到民主政治；芝加哥男孩則想進行需要時間推動的徹底自由市場改造。享受新權力的皮諾契極厭惡他的命運只是清掃工作的想法——「恢復秩序」，然後出場。「我們不是掃除馬克思主義的吸塵器，只為了把權力交還給政客。」他說。芝加哥男孩徹底改造整個國家的想法，才與他剛解放的野心不謀而合，因此就像蘇哈托和他的柏克萊幫，皮諾契立即任命幾位芝加哥大學畢業生擔任高階經濟顧問，包括這個運動的準領導人兼「磚塊」主要撰稿人卡斯特洛。他稱呼他們為技術官僚，正好投合芝加哥學派自詡整頓經濟是一門科學、而非主觀的人為抉擇。

即使皮諾契對通貨膨脹和利率所知有限，這些技術官僚使用的也是他瞭解的語言。經濟學對他們來說，代表必須尊敬和服從的自然力量，因為就像畢奈拉解釋的：「違背自然就是反生產和自欺的行為。」皮諾契完全同意，他曾寫道，人必須服從結構，因為「自然展現出基本秩序，階級組織是必要的」。雙方都宣稱接受更高自然法則的秩序，奠定了皮諾契——芝加哥學派聯盟的基礎。

在頭一年半，皮諾契忠實地遵循芝加哥法則：他把部分（不是全部）國營公司私有化，包括數家銀行；他容許新形式的投機金融；他對外國進口打開邊界大門，撤除長期保護智利製造商的障礙；他削減政府支出一〇％，但軍隊支出反而大幅增加。他也取消價格管制——對一個數十年來管制麵包和烹飪油等民生必需品的國家，這是相當激進的措施。

芝加哥男孩曾自信滿滿地向皮諾契保證，如果他一次完全取消政府對這些領域的參與，經濟學的「自然」律會重新發現平衡，而被視為經濟熱病、表示市場出現不健康症狀的通貨膨脹，將神奇地下降。他們錯了。在一九七四年，智利的通貨膨脹高達三七五％，高居世界之冠，而且是阿葉德在位期間最高水準的近兩倍。麵包等民生必需品的價格直上雲霄。在此同時，皮諾契的「自由貿易」實驗使國內充斥廉價進口產品，許多智利人因而失業。本地企業因為無法競爭而關門，失業率創新紀錄，饑饉四處蔓延。芝加哥學派的第一個實驗室徹底失敗。

卡斯特洛和其他芝加哥男孩辯稱（以道地的芝加哥風格），問題並非出在他們的理論，而是執行得不夠嚴格。經濟未能自動矯正並恢復合諧的平衡，是因為經過近半世紀的政府干預，仍然殘留許多「扭曲」。如果實驗要成功，皮諾契必須去除這些扭曲——削減更多支出、進一步私有化，而且更加速執行。

在那一年半期間，許多智利企業菁英吃盡芝加哥男孩的極端資本主義實驗的苦頭。唯一的受益者是外國公司和一小撮被稱為「食人魚」的金融家，這些人從金融投機中大撈一票。曾堅定支持政變的基層製造商全都破產。當初引介芝加哥男孩參與政變陰謀的全國製造商協會主席薩恩茲，宣稱實驗的結果「是我們經濟史上最大的失敗」。製造商排斥阿葉德的社會主義，原本是希望改變成管理式經濟。

「我們不可能讓這種金融混亂繼續主導智利，」薩恩茲說：「必須把龐大的金融資源導引到生產性投資，而不能讓許多連工作都找不到的人，眼睜睜看著那些資源被用於投機炒作。」

芝加哥男孩和食人魚（兩類人之間有不少重疊）的目標現在面臨極大的危險，他們決定該是召來大人物的時候了。一九七五年三月，傅利曼和哈伯格應一家大銀行之邀，搭機前往聖地牙哥協助拯救實驗。

傅利曼受到軍政府控制的媒體像搖滾巨星般的歡迎。他吹噓的每句話都登上頭條，他的學術演講在全國電視上轉播，而且他有一位最重要的聽眾：皮諾契安排和他私下會晤。

在停留期間，傅利曼不斷灌輸一個主題：軍政府已經有好的開始，它必須更放手擁抱自由市場。在演說和訪問中，他使用一個以前從未公開用在現實世界經濟危機的術語：他要求進行「震撼治療」。他說那是「唯一的藥方。絕對是。沒有別的良策。再也沒有別的長期解決方法」。當智利記者指出，連當時的美國總統尼克森也採取控制自由市場的措施時，傅利曼生氣說：「我不贊成那些措施。我相信我們不應該採用它們。我反對政府的經濟干預，不管在我自己的國家或在智利都一樣。」

與皮諾契會面後，傅利曼作了一些個人筆記，並在數十年後寫進他的回憶錄。他觀察到這位將軍「因為認同而被震撼治療的觀念吸引，但顯然對可能引發的短期失業感到苦惱」。皮諾契在這時候已因為下令在足球體育館進行屠殺而惡名傳遍全球；這位獨裁者對震撼治療造成人力損失（human cost）的「苦惱」，原本應該令傅利曼就此作罷。相反的，他在後續的一封信中強調他的論點，他讚許將軍「極富智慧」的決定，但敦促皮諾契進一步削減政府支出，「在六個月內削減二五%……全面性的」，並同時採用一套支持企業的方案，以邁向「完全自由貿易」。傅利曼預測，數十萬個將被國營部門解僱的人，可以很快在民間企業找到新工作，他們將同聲歌頌皮諾契「竭盡全力剷除阻擋民間市場的許多障礙」。

傅利曼向將軍保證，如果聽從這個建議，他將留下創造「經濟奇蹟」的英名；他「可以在數個月內終結通貨膨脹」，失業問題也會同樣「短暫——在幾個月內解決——而緊接而來的復甦將極其迅速」。皮諾契必須採取迅速而果斷的行動，傅利曼不斷強調「震撼」的重要性，三度提到這個詞，並再三凸顯「漸進策略行不通」。

皮諾契已改信傅利曼。在他的回信中，智利的最高元首表達了「我對你最高和最尊崇的敬意」，並向傅利曼保證「此時正在完全實施這套計畫」。傅利曼訪問後，皮諾契立即開除他的經濟部長，把職位交給卡斯特洛，後來又拔擢為財政部長。卡斯特洛在政府中到處安插他同夥的芝加哥男孩，其中之一還擔任中央銀行總裁。反對大規模裁員和關廠的薩恩茲，被從製造商協會主席的職位趕下，換上對震撼較友善的人。「如果有工業界人士因此而抱怨，讓他們下地獄，我不會為他們說話。」新主席宣布說。

剷除反對者後，皮諾契和卡斯特洛展開拆除福利國、建立純資本主義烏托邦的工作。一九七五年，他們一次削除二七%的公共支出——而且繼續削減直到一九八〇年，使支出只剩阿葉德時代的一半。醫療和教育首當其衝，連倡議自由市場的《經濟學人》雜誌，也形容那是「自殘的胡鬧」。卡斯特洛把近五百家國營公司和銀行私有化，且近乎免費奉送，因為重點是盡快讓它們回歸到經濟秩序的正確位置。他對地方公司毫不留情，繼續取消更多貿易障礙；結果是從一九七三年到一九八三年，總共喪失十七萬七千個工業工作。到八〇年代中期，製造業占經濟的比率已經跌到二次大戰以來的最低水準。

震撼治療這個詞貼切地說明了傅利曼的藥方。皮諾契刻意把他的國家送進深沉的衰退裡，根據的是未經測試的理論，希望以突如其來的萎縮把經濟震驚到恢復健康。這種邏輯很像一九四〇年代和一九五〇年代開始大量採用的電休克療法，當時的精神病醫師相信，刻意引發癲癇大發作（grand mal seizure）可以神奇地讓病患的大腦重新開機。

經濟震撼療法的理論一部分要靠預期心理在推升通膨過程扮演的角色。壓抑通膨不只需要改變貨幣政策，也要改變消費者、僱主和勞工的行為。突然採取不協調的政策轉變，目的是快速改變預期心理，向大眾傳達遊戲規則已經大幅轉向——價格不會繼續上揚，薪資也是。根據這套理論，愈快澆熄通膨預期心理，痛苦的衰退和高失業期就愈縮短。然而，特別是在當政者在大眾間已喪失信用的國家，只有靠重大而果斷的政策震撼，才可能「教導」大眾這種痛苦的教訓。[2]

製造衰退或蕭條本身就是殘酷的想法，因為必須製造大規模的貧窮，而這正是截至當時沒有政治領導人願意測試這套理論的原因。誰願意揹上《商業週刊》形容為「刻意製造蕭條的奇愛博士（Dr. Strangelove）」的罪名？

皮諾契仍然一意孤行。在施行傅利曼震撼療法的第一年，智利的經濟萎縮十五%，失業率——在阿葉德時代不到三%——攀升到二〇%，是當時智利聞所未聞的高水準。這個國家確實因為「治療」而震撼不已，但與傅利曼樂觀的預測相反，失業危機持續了好幾年，而非幾個月。軍政府已著迷於傅利曼的疾病譬喻，仍然理直氣壯解釋說：「選擇這條道路是因為，這是直指病根的唯一方法。」傅利曼完全贊同。當記者問到「政策的社會成本是否太高」，他的回應是：「可笑的問題。」他對另一位記者說：「我只關心他們能不能推行得夠久、夠努力。」

有趣的是，對震撼療法最有力的批評來自傅利曼以前的學生法蘭克（Andre Gunder Frank）。來自德國的法蘭克五〇年代在芝加哥大學取得經濟學博士學位時，就已聽到許多有關智利的事，他決定親自到這個他的教授形容為發展主義管理不當造成的反烏托邦（dystopia）。他對自己看到的情況很滿意，並留在智利大學任教，然後出任阿葉德政府的經濟顧問。法蘭克因為是叛離自由市場正統思想的芝加哥男孩，所以對智利經濟冒險抱持獨到的看法。傅利曼開出大震撼的藥方一年後，法蘭克寫了一封難掩激憤的「給哈伯格與傅利曼的一封公開信」，運用他受過的芝加哥學派教育，「檢驗智利病人對你們的治療有什麼反應」。

他計算一個智利家庭如何靠皮諾契宣稱的「生活工資」掙扎求生。約七四％的所得完全用在購買麵包上，迫使家庭不得不節省牛奶和上班搭公車等「奢侈項目」。比較之下，在阿葉德時代，麵包、牛奶和公車票只占一般勞工薪水的十七％。許多兒童在學校也沒有牛奶可喝，因為軍政府最早的措施之一就是取消學校牛奶計畫。這項措施進一步加深家庭的拮据，愈來愈多學生在課堂上昏倒，許多人乾脆停學。法蘭克發現，他的學長施行的殘暴經濟政策，與皮諾契對這個國家施加的暴力間，有著直接關聯。這位忿忿不平的芝加哥男孩寫道，傅利曼的處方是如此扭曲，它們無法「不靠它的孿生兄弟來實施或執行：軍事力量和政治恐怖」。

皮諾契的經濟團隊毫不氣餒地繼續深入實驗之境，引進傅利曼最前衛的政策：以教育券和委辦學校（charter school）取代公立學校，醫療支出改成即收即付（pay-as-you-go）式，把幼稚園和墓園私有化。最激進的是，智利的社會福利制度也被私有化。擬訂這套計畫的畢奈拉說，他從閱讀《資本主義與自由》激發這個構想。小布希政府經常被推崇最先推動「所有權社會」（the ownership society），事實上，三十年前的皮諾契政府才最早實行「所有權人國家」（a nation of owners）。

智利現在已大膽跨入新領域，全世界的自由市場熱愛者過去只能在純學術環境辯論這類政策的優點，現在都密切注意這個國家。「經濟學教科書說，世界應該以這種方式運作，但除了這裡，還有哪些國家施行它？」美國企業雜誌《巴隆週刊》（*Barron's*）驚訝地寫道。《紐約時報》在一篇〈智利，恐怖主義實驗場〉的文章中說：「抱持強烈觀點的大經濟學家，很難得有機會在病危的經濟體測試特定的處方。更難得的是，經濟學家的顧客不是自己的國家。」許多人特地到現場觀察智利實驗室，包括海耶克本人，他前往皮諾契統治下的智利數次，並在一九八一年選擇在比尼亞德爾馬市（策畫政變的城市），舉行反革命智囊團培勒林山學會的區域會議。

智利奇蹟的真相

即使在三十年後，智利仍然被自由市場狂熱分子視為傅利曼理論有效的證明。皮諾契二〇〇六年十二月死時（比傅利曼晚一個月），《紐約時報》讚譽他「把一個破產的經濟轉變成拉丁美洲最繁榮的經濟」，《華盛頓郵報》社論則說，他「引進的自由市場政策創造了智利經濟奇蹟」。「智利奇蹟」背後的事實，至今仍眾說紛紜。

皮諾契掌權十七年，在那段期間，他數度改變政策方向。被視為成功奇蹟證明的那段穩定成長期，要到八〇年代中期才開始——也就是芝加哥男孩執行震撼療法之後足足十年，而且是在皮諾契被迫大幅度調整方向後很久。在一九八二年，雖然智利嚴格遵守芝加哥教條，經濟仍無法倖免於崩潰：債務激增，惡性通貨膨脹復發，失業率飆高到三〇%——是阿葉德時代的十倍。主要原因是食人魚——芝加哥男孩解除所有管制所釋放出來的安隆（Enron）式金融機構——以借貸的錢買光智利的資產，累積高達一百四十億美元的龐大債務。

情勢動盪到皮諾契被迫採取完全與阿葉德一樣的措施：他把許多家這種公司收歸國有。面對市場崩潰，幾乎所有芝加哥男孩都喪失掌控大權的政府職務，包括卡斯特洛。幾個在食人魚金融公司位居高位的芝加哥畢業生遭到詐欺調查，他們以科學中立掩飾的真面目被揭穿，而科學中立曾是如此重要的芝加哥男孩表徵。

唯一保護智利經濟在八〇年代初免於完全崩潰的是，皮諾契從未把被阿葉德收歸國有的銅礦公司私有化。這家公司創造八五%的智利出口收入，這表示當金融泡沫破滅時，國家仍有穩定收入來源。

很清楚的是，智利從來不是歌頌它的人宣稱的「純」自由市場實驗室。相反的，這個國家有一小群菁英在極短時間從有錢躍升為超級富有，憑藉的是一套以舉債和用公帑大量補貼（和紓困）賺取暴利的公式。當奇蹟背後的狂熱與推銷術被揭穿後，大家看到皮諾契和芝加哥男孩統治下的智利，並不是一個以自由市場為特質的資本主義國家，而是政商財團主義（corporatism）國家。Corporatism（統合主義）這個字眼原本指的是墨索里尼的警察國家模式，由社會上的三種主要勢力——政府、企業和工會——結盟而成，它們互相合作以確保以國家民族為名的秩序。智利在皮諾契統治下，實驗的是一種新型態的統合主義：一個警察國家和大企業互相支援的結盟，聯手對第三個勢力——勞工——發動全面戰爭，藉以大幅增加聯盟占有國家財富的比率。

這場戰爭——許多智利人理所當然視為富人對窮人和中產階級的戰爭——才是智利經濟「奇蹟」的真相。到一九八八年，當經濟已穩定且快速成長時，四五%的人口落在貧窮線下。不過，最富裕的一〇%智利人，所得卻增加八三%。即使在二〇〇七年，智利仍然是世界上最不平等的社會——聯合國調查不平等的一百二十三個國家中，智利排名第一一六，也就是排名第八不平等的國家。

如果這種紀錄對芝加哥學派經濟學家算得上奇蹟，也許震撼治療的作用從來就不是為了讓經濟恢復健康。也許它原本就是為了它實際做到的事——把財富吸聚到頂層，並把大部分中產階級震撼到無以為生。

這正是阿葉德的前國防部長萊特利爾的看法。在皮諾契的監獄待了一年後，萊特利爾設法逃離智利，這要感謝國際間積極的遊說奔走。流亡海外並眼看他的祖國迅速凋蔽，萊特利爾一九七六年寫道：「過去三年有數十億美元從薪資所得者的口袋被拿走，放進資本主義者和地主的口袋……財富集中並非偶然，而已成為法則；這並非艱困環境下極端的例子——就像軍政府希望全世界相信的——而是一套社會計畫的基礎；這不是經濟的缺陷，而是暫時的政治成功。」

萊特利爾當時無法得知的是，芝加哥學派統治下的智利提供了未來全球經濟的一瞥。這個模式將一再重覆，從俄羅斯到南非到阿根廷：狂熱投機的泡沫和可疑的會計操作，助長了暴利和瘋狂的消費主義，由空蕩如鬼城的工廠和昔日發展所遺留的破舊基礎建設所圍繞；約半數人口被排除在經濟之外；失控的貪瀆和親信政治；國營中小企業滅絕；大量公共財富流入私人手中，緊接著是大量民間債務轉由政府承擔。在智利，如果你不在財富泡沫中，奇蹟看起來就像大蕭條，但在這個密閉的泡沫裡，獲利流動如此順暢和快速，讓這些震撼治療式「改革」帶來的暴利，變成像此後金融市場施打成癮的高純度古柯鹼。這就是為什麼金融界對智利實驗明顯的矛盾視而不見，不但未重新評估放任主義的基本假設，反而還作出毒癮者的反應：下一針在哪裡？

革命散播，人民消失

有一陣子，下一針來自拉丁美洲南錐的其他國家，芝加哥學派的反革命在那裡快速擴散。巴西已被美國支持的軍政府掌控，幾位傅利曼的巴西學生位居要津。傅利曼一九七三年訪問巴西的時候，正是當地政府使用暴力最高潮的時候，他也宣稱巴西的經濟實驗是「一項奇蹟」。在烏拉圭，軍方一九七三年發動政變，並在次年決定走芝加哥路線。由於烏拉圭的芝加哥大學畢業生太少，將領們邀請「來自芝加哥大學的哈伯格和（經濟學教授）史佳斯達德（Larry Sjaastad）及他們的團隊，其中包括來自阿根廷、智利和巴西的前芝加哥學生，來改革烏拉圭的稅制與商業政策」。烏拉圭過去的平等主義社會立即遭到衝擊：實質薪資銳減二八％，蒙德維的亞（Montevideo，編按：烏拉圭首都）的街上首度出現成群的拾荒者。

緊接著加入實驗的是一九七六年的阿根廷，軍政府從裴隆奪得政權。這表示阿根廷、智利、烏拉圭和巴西——曾經是發展主義櫥窗的國家——現在都由美國支持的軍政府統治，而且是芝加哥學派經濟學的活體實驗室。

據二〇〇七年三月公布的巴西解密文件，在阿根廷將領奪取政權前幾週，他們與皮諾契和巴西軍政府連繫，並「擬訂未來政權將採取的主要步驟」。

儘管有緊密的協調合作，阿根廷軍政府並未像皮諾契那般深入新自由派實驗；例如，它未把該國的石油蘊藏或社會安全私有化（這些都在後來才實行）。不過，在攻擊曾把阿根廷貧民提升到中產階級的政策和機制方面，軍政府都遵循皮諾契的作法，這也要歸功於眾多的阿根廷經濟學家參與芝加哥計畫。

新製造的芝加哥男孩在阿根廷軍政府占據重要的經濟職位——如財政部長、央行總裁、財政部國庫司司長，以及數個較低階的經濟職位。不過，雖然阿根廷的芝加哥男孩熱烈參與軍政府，最高經濟職位卻由狄霍茲（Jose Alfredo Martinez de Hoz）擔任。狄霍茲是隸屬農村社會組織（Sociedad Rural，是長期掌控阿根廷出口經濟的牧牛場協會）的地主階級，這些相當於阿根廷貴族階級的家族寧願維持封建經濟秩序——因為他們唯恐自己的土地被重分配給農民，或肉類的價格受到管制以便人人負擔得起。

狄霍茲承襲他的父親和祖父，長期擔任農村社會組織主席；他也擔任數家跨國企業的董事，包括泛美航空（Pan American Airways）和ITT。當他環顧自己在軍政府的職務時，他確信這場政變代表的是菁英階層的反抗，是對四十年來阿根廷勞工勢力擴張的反革命。

狄霍茲當上經濟部長的第一項措施是禁止罷工，和容許僱主任意裁撤員工。他取消價格管制，導致食物價格飆漲。他也決定再度讓阿根廷變回歡迎外國跨國公司的地方。他取消外資所有權限制，並在初期幾年出售數百家國營企業。這些措施為他贏得許多華盛頓的強力支持者。解密的文件顯示，主管拉丁美洲事務的助理國務卿羅傑斯（William Rogers），在政變後不久告訴他的長官季辛吉：「狄霍茲是個好人。我們一直都保持密切的諮詢關係。」季辛吉大為讚賞，因此在狄霍茲訪問華盛頓時安排了一場盛大的會面，以表達對他的禮遇。季辛吉也表示願意打幾個電話，提供對阿根廷經濟的協助。「我會打電話給大衛·洛克斐勒（David Rockefeller）。」季辛吉告訴軍政府的外交部長，洛克斐勒當時擔任大通銀行總裁。「我也會打電話給他哥哥，美國副總統尼爾森·洛克斐勒（Nelson

Rockefeller）。」

為吸引投資，阿根廷在《商業週刊》刊登三十一頁的廣告增刊，由公關業巨擘博雅公關公司（Burson-Marsteller）製作，在廣告上宣稱「歷史上很少政府如此鼓勵民間投資……我們正進行一場真正的社會革命，我們正尋找夥伴。我們正掙脫國家統治主義的桎梏，並深信民間部門將扮演最重要的角色。」[3]

同樣的，平民大眾遭受的衝擊最為明顯：在一年內，薪資損失四〇％的價值，工廠關閉，貧窮蔓延。在軍政府掌權前，阿根廷的貧民人數比法國或美國少——只有九％——失業率只有四．二％。現在這個國家開始出現被視為落後的發展不足跡象，貧窮的社區沒有水供應，可預防的疾病四處蔓延。

在智利，皮諾契可以不受節制地使用經濟政策壓縮中產階級，憑藉的是他賴以掌權的震撼和恐怖手段。雖然他的戰鬥機和行刑隊在散播恐懼時極有效率，但它們卻帶來公關災難。媒體報導皮諾契的屠殺引發全球的譴責，歐洲和北美行動主義者積極向他們的政府遊說斷絕與智利的貿易——對一個宣稱必須靠開放外資來維繫國家生存的政權來說，這絕對是不利的結果。

近日解密的巴西文件顯示，阿根廷的將軍們籌劃一九七六年的政變時，希望「避免類似反對智利的國際運動」。為達到這個目的，需要的是較不聳人聽聞的鎮壓技巧——較低調的手段，能散播恐怖，但能躲過眾目睽睽的國際媒體。在智利，皮諾契很快訴諸失蹤的手段。士兵不再公然殺戮或追捕獵物，而是綁架他們，帶他們到隱祕的集中營，折磨並動輒殺害他們，然後宣稱毫不知情。屍體被丟進集體墳場。據智利一九九〇年五月成立的真相委員會，祕密警察處理部分受害者的方法是，從直升機上把屍體丟進海中，但「先以刀子切開他們的胃，以避免屍體浮上海面」。除了比較低調外，失蹤還是一種比公開屠殺更能有效散播恐怖的手段。想到國家機器可以用來讓人憑空消失，就會讓社會惶惶不安。

到七〇年代中期，失蹤已成為南錐各國芝加哥學派軍政府的主要執法工具——而最熱切採用這種作法的是盤據阿根廷總統府的將領。到他們統治結束時，估計失蹤的人數已多達三千人，其中有許多跟智利的失蹤者一樣，是從空中被拋進拉普拉塔河（Río de la Plata）混濁的水裡。

阿根廷軍政府擅長於公開與私下製造恐怖雙管齊下——公開進行恰到好處的恐怖，可以讓所有人知道發生什麼事，但同時也隱瞞足夠的祕密，以便可以否認。在掌權初期，軍政府便清楚展現它願意使用致命武力：一個人被從一輛福特獵鷹轎車（一種因為祕密警察使用而惡名昭彰的汽車）推出，然後被綁在布宜諾艾利斯最著名的地標、高六七．五公尺的白色方尖石碑上，在眾目睽睽下被機槍打死。

從此以後，軍政府的殺戮轉入地下，但永遠在進行中。許多人目睹官方否認的失蹤，整個街坊也默默知道發生什麼事。每當有人被列為消滅目標，就會有一隊軍方車輛出現在那個人家門口或工作場所，整個街區被劃為警戒區，經常上空還有一架嗡嗡盤旋的直升機。在大白天和鄰居注視下，警察或士兵撞開大門，拖出受害者，他們在被推進等候的福特獵鷹前，往往大喊自己的名字，希望事件的消息能傳到家人。有些「祕密」行動還更囂張：大家都知道警察會登上擁擠的市公車，抓住乘客的頭髮拖下車；在聖大非市（Santa Fe），一對夫妻結婚當天在教堂的聖壇前，當著滿室的賓客被綁架。

在大眾間展示的恐怖不限於逮捕。一旦遭羈押，阿根廷的囚犯就被送到三百多個遍布全國的酷刑集中營。許多集中營位於人口稠密的住宅區，最惡名遠播的是布宜諾艾利斯鬧區大街一家歇業的運動俱樂部，一個位於中部布蘭卡港（Bahia Blanca）的學校校舍，另一個則在一所營業中的醫院側廂建築。在這些酷刑中心，軍方車輛經常深夜疾駛進出，尖叫聲不時從隔音不佳的牆內傳出；有人目睹身體形狀的怪異包裹被搬進搬出，一切都看在噤若寒蟬的附近居民眼中。

烏拉圭的政權也同樣肆無忌憚：該國的主要酷刑中心之一是一個海軍兵營，毗鄰許多蒙德維的亞市民眾喜歡散步與野餐的海濱區，但在獨裁統治期間，這個美麗的地方空無一人，因為居民不想聽到尖叫聲。

阿根廷軍政府在處理受害者方面特別笨拙。在鄉間散步可能以一場驚嚇收場，因為集體墳場經常掩蓋不全。屍體可能出現在公共垃圾桶，少了手指和牙齒（就像今日在伊拉克的情況），或者可能被沖到海岸和拉普拉塔河岸邊，在軍政府的「死亡飛行」後，經常一次出現半打屍體。它們甚至會從天而降，被直升機丟到農戶的田裡。

所有阿根廷人都曾在不同情況下，目睹他們的同胞慘遭抹除，但大多數人宣稱不知道發生什麼事。阿根廷人用一句話來描述當年內心明白、卻因恐懼而閉上眼睛的矛盾：「我們不知道沒有人能否認的事。」

由於各國軍政府想逮捕的人往往避難到鄰近國家，這裡的政府便藉惡名昭彰的大兀鷹行動（Operation Condor）彼此合作。南錐國家的情報單位在這個行動中分享「顛覆分子」的資訊——靠華盛頓提供的最新式電腦系統幫忙——並且給彼此的情報員自由出入邊界，以方便綁架和刑求。這套制度和中情局今日的「非常規引渡」網絡，相似得令人毛骨悚然。[4]

軍政府也交換如何從囚犯榨取資訊的方法。政變之後數天曾被關在體育館遭受酷刑的一名智利人，出乎意料地描述當時房間裡有巴西士兵，建議如何以最科學的方法施加痛楚。

這段期間南錐國家有許多機會可進行這類交流，有些還透過美國，並牽涉到中情局。一九七五年美國參議院調查美國干預智利，發現中情局訓練皮諾契的軍隊「控制顛覆分子」的方法。美國訓練巴西和烏拉圭警察審訊技術，也出現在許多文件的紀錄。巴西法院的證詞引述一九八五年出版的真相委員會報告《巴西：毋忘教訓》（*Brazil: Never Again*）說，部隊軍官參加陸軍憲兵單位舉辦的正式「刑求課程」，觀賞幻燈片展示各種折磨方法。在這些課程中，囚犯被帶進來作「現場展示」──在多達一百名陸軍士官觀看和學習下，被殘暴地刑求。報告說，「率先把這種作法引進巴西的是美國警官密崔恩（Dan Mitrione）。巴西軍政府掌權初期，他在貝洛奧里藏特（Belo Horizonte）擔任警方教官，經常從街上抓來乞丐在教室折磨，讓當地警察學習如何製造囚犯身體與心理的極度矛盾。密崔恩後來轉到烏拉圭擔任警察教官，一九七〇年被圖帕馬洛（Tupamaro）游擊隊綁架並殺害。圖帕馬洛是極左派革命團體，他們策畫擄殺密崔恩，以揭露他參與酷刑訓練。[5]他的一名學生說，密崔恩就像中情局手冊的作者那樣，堅稱有效的酷刑不是虐待而是科學。他的座右銘是：「正確的痛苦，在正確的地方，產生正確的量。」

酷刑訓練的成果，在這段陰暗期所有南錐的人權報告都斑斑可考。它們再三證實庫巴克手冊上記錄的註冊商標手法：清晨的逮捕、戴頭巾、嚴格的隔離、施藥、強迫裸體、電擊等。而且在每個地方，麥吉爾大學的刻意引發退化實驗，都留下恐怖的痕跡。

從智利國家體育館被釋放的囚犯說，強力照明燈一天二十四小時開著，供應食物的時間似乎刻意不按次序。士兵強迫許多囚犯在頭上覆蓋毯子，讓他們無法清楚地看和聽，這些作法都讓人感到不解，因為所有囚犯都知道他們在體育館裡。囚犯報告說，如此操縱的結果讓他們喪失日夜的感覺，進而大為強化政變與隨後的逮捕帶來的震撼和驚慌。就好像體育館變成一座巨大的實驗室，他們則是一些怪異的感官操縱實驗的對象。

較忠實模仿中情局實驗的版本，可以在智利的格雷莫迪（Villa Grimaldi）監獄看到——木製的隔離室小到囚犯無法跪下或躺下。烏拉圭自由城（Libertad）監獄的囚犯則被送到「小島」：狹小、沒有窗戶的囚房，隨時有一個燈泡亮著。重要的囚犯被完全隔離超過十年。「我們開始以為自己已經死了，我們的囚房不是囚房，而是墳墓，外面的世界並不存在，太陽只是一個神話。」其中一名囚犯羅森考夫（Mauricio Rosencof）回憶說。他在十一年半期間總共看到太陽八個小時。他的知覺在這段期間被剝奪到他「忘記顏色—當時沒有任何顏色」。6

在阿根廷最大的酷刑中心布宜諾艾利斯的海軍機械學校，隔離室被稱作頭罩（capucha）。在頭罩裡待三個月的米蘭達（Juan Miranda）告訴我那個黑暗的地方說：「他們把你套上眼罩和頭罩，手和腿鎖上鍊子，讓你在監獄的頂樓整天躺在泡棉墊子上。我看不到其他囚犯——我跟他們以夾板隔開。守衛帶食物進來時，他們命令我面對牆壁，然後取下頭罩讓我吃東西。這是我唯一被准許坐起來的時候；其他時候我們必須一直躺著。」另有一些阿根廷囚犯被關在棺材大小的囚房（稱作管子），以隔絕他們的知覺。

隔離房裡唯一的安慰是審訊室裡更糟的待遇。南錐地區所有軍政權的酷刑室，最普遍使用的技術是電擊。電流通過囚犯身體的方式有數十種變化：用一般電線、軍方野地電話線、從插入指甲下的針通電；把通電的夾子夾在牙齦、乳頭、生殖器、耳朵、嘴巴、傷口；通電到泡在水裡的身體以強化電流；通電到綁在檯子或巴西式鐵「龍椅」的身體。擁有牛群的阿根廷軍政府對他們獨特的貢獻很自豪——囚犯在一張稱作烤肉架（parrilla）的金屬床上接受電擊，同時用趕牛棒刺他們。

體驗南錐酷刑體制的人數無法精確計算，但約略的數字在十萬人到十五萬人之間，有數以萬計的人遭殺害。

計畫性悲劇

在那個年代身為左派分子註定會被獵殺。那些未逃往海外的人，時時刻刻都必須搶先祕密警察一步，過一種依靠藏匿所、電話密語和假身分勉強度日的生活。靠這種方式活命的阿根廷人之一，是該國傳奇性的調查記者華殊（Rodolfo Walsh）。這位喜愛社交的才子是犯罪小說作家以及得獎的短篇小說作者；他也是超級偵探，能破解軍方密碼，反過來調查周遭窺伺的特務。華殊最成功的調查發生於他在古巴當新聞記者時，他在那裡攔截並破解一份中情局的電報，因而揭發豬羅灣侵略計畫。這個資訊讓卡斯楚能夠防備美國的侵略。

阿根廷的前軍政府禁止裴隆主義並鉗制民主時，華殊決定加入武裝的蒙特內羅（Montonero）運動，擔任他們的情報專家。[7]華殊因此而名列軍政府獵捕名單的榜首，而每次名單上有人被劃掉，他就得更擔心刺牛棒下套出的情報，會引導警察找到他和伴侶費雷拉（Lilia Ferreyra）藏匿在布宜諾艾利斯郊外的小村莊。

華殊從他遍布各地的消息來源，嘗試追蹤軍政府的許多罪行。他編纂死者和失蹤者名單，記錄集體墳場與祕密酷刑中心的地點。他自認對軍方瞭如指掌，但一九七七年阿根廷軍政府加諸同胞的狂暴與殘酷，仍令他大感震驚。在軍事統治的第一年，他的數十名好友和同僚在死亡集中營消失，他二十六歲的女兒維琪也身亡，令華殊痛不欲生。

但在福特獵鷹盤旋下，寧靜的早晨對他而言是奢想。華殊知道他的時間有限，於是想出紀念即將到來的軍政府統治一週年的方法：在官方報紙一片歌功頌德中，他要親自寫下未受檢查的報導，揭發導致他的國家沉淪的種種惡行。這篇文章的標題將是「一位作家給軍政府的一封公開信」。華殊寫道，寫這篇文章「並不指望有人聽，而且確定會遭到迫害，但這是履行我很久以前作的承諾，要為苦難的時代作見證」。

這封信將成為對國家的恐怖手段和它們所服務的經濟制度最強烈的譴責。華殊計畫用過去他散布地下公報的方式，散布他的「公開信」：印製十份，然後從不同的郵箱寄給挑選的連絡人，由他們進一步散布。「我想讓那些混蛋知道，我還在，還活著，而且還能寫。」他告訴費雷拉，並坐到他的奧林匹亞牌打字機前。

信一開始就記敘將領們的恐怖活動，它們使用「沒有止境、精密複雜而且極大量的酷刑」，並由中情局參與訓練阿根廷警察。在詳細列出慘不忍睹的方法和墳場地址後，華殊突然改變語氣：「然而，這些已激發文明世界良心的事件，不是阿根廷人民遭受的最痛，也不是你們對人權最嚴重的侵犯。這個政府的經濟政策才真正讓人發現，它不但解釋了一切罪行，也暴露出藉由計畫性悲劇（planned misery）以懲罰數百萬人的窮凶惡極……只要花幾個小時在大布宜諾艾利斯逛逛，就能看到這種政策多快就把這個城市變成一千萬人口的貧民窟。」

華殊描述的體系正是芝加哥學派的新自由主義，一個即將席捲全世界的經濟模式。隨著它未來數十年在阿根廷生根，最後它將把半數的人口推到貧窮線下。華殊發現它並非偶發事件，而是一個審慎執行的計畫——「計畫性悲劇」。

這封信簽字的日期是一九七七年三月二十四日，正好政變滿一週年。第二天早上，華殊和費雷拉前往布宜諾艾利斯，他們分頭把信投入市區各處的郵箱。幾個小時後，華殊趕赴他與一位失蹤同僚的家人安排的會面。結果這是一個圈套：有人在刑求中招供，十名武裝士兵已在屋外等候，奉命逮捕華殊。「活捉那個雜種，他是我的。」三名軍政府領導人之一的馬塞拉（Emilio Massera）海軍上將據說這樣命令士兵。華殊的名言是：「招供不是罪惡；被捕才是罪惡。」他立即拔出槍，開始射擊。他槍傷一名士兵，逼他們開火；當汽車開到海軍機械學校時，他已氣絕身亡。華殊的屍體被火焚燒，然後丟入河中。

反恐的骯髒戰爭

南錐的軍政府毫不掩飾想改造社會的革命野心，但它們仍精明地公開否認華殊指控的罪行：使用大量暴力以達成經濟目標。然而，這些經濟目標如果不藉助一套恐嚇大眾和剷除障礙的體制，勢必激起公眾的反抗。

國家進行的殺戮逐漸揭露後，軍政府的理由是它們正在進行一場對抗凶險的馬克思主義恐怖分子的戰爭，幕後由蘇聯國家安全委員會（KGB）資助和操控。如果軍政府使用「骯髒」手段，那是因為它們的敵人更凶殘。馬塞拉上將使用今日聽來熟悉得令人感到恐怖的語言，稱呼這是「一場爭取自由和對抗暴政的戰爭……一場由愛生命者對抗愛死亡者的戰爭……我們是在對抗虛無主義者，對抗毀滅的代理人，他們唯一的目的就是毀滅本身，雖然他們以社會十字軍作為掩飾。」

在智利政變策劃期間，中情局資助一項大規模的宣傳攻勢，把阿葉德醜化成偽裝的獨裁者，工於心計的陰謀家，利用憲法體制下的民主奪取權力，但卻準備實施蘇聯式的警察國家，智利人民將無法逃脫被鉗制的命運。在阿根廷和烏拉圭，最大的左派游擊隊組織——蒙特內羅和圖帕馬洛——被指為國家安全的危險威脅，導致將軍別無選擇，只能中止民主政治，出面控制國家，並使用任何必要手段以鎮壓它們。

在每個例子中，威脅都被極度擴大，或完全由軍政府捏造。在眾多揭發的真相裡，美國參議院一九七五年的調查發現，美國政府自己的情報顯示，阿葉德並未威脅到民主政治。至於阿根廷的蒙特內羅和烏拉圭的圖帕馬洛，它們是廣獲支持的武裝組織，有能力對軍隊和企業目標發動猛烈的攻擊。但烏拉圭的圖帕馬洛在軍方取得絕對權力時已完全瓦解，而阿根廷的蒙特內羅在持續長達七年的獨裁政權頭六個月，就已被消滅（這是華殊必須躲藏的原因）。國務院解密的文件證明，阿根廷軍政府的外交部長顧塞提（Cesar Augusto Guzzetti）一九七六年十月七日告訴季辛吉，「恐怖組織已被瓦解」，但軍政府在這個日期之後仍繼續讓成千上萬的市民失蹤。

有很長一段時間，美國國務院也把在南錐的「骯髒戰爭」，描述成軍方與兇惡的游擊隊間的戰爭，偶爾戰鬥會失控，但仍值得提供經濟與軍事援助。愈來愈多證據顯示，華盛頓知道它在阿根廷和智利支持的不是一般的軍事行動。

二〇〇六年三月，華盛頓國家安全檔案資料庫（NSA）公布一份剛解密的國務院會議紀錄，會議日期就在阿根廷軍政府發動一九六七年政變的兩天前。在會議中，主管拉丁美洲事務的助理國務卿羅傑斯告訴季辛吉：「我們必須預期阿根廷不久後會出現大鎮壓，可能流不少血。我想他們必須下手很重，不只對恐怖分子，也對工會和政黨的異議分子。」

他們果然這麼做。南錐恐怖政權的受害者絕大多數不是武裝組織的成員，而是在工廠、農場、貧民窟和大學工作的非暴力行動主義者，他們是經濟學家、藝術家、心理學家和左派政黨的堅貞支持者。他們遭殺害不是因為有武器（大多數人沒有武器），而是因為他們的信念。在誕生當代資本主義的南錐，「反恐戰爭」是一場剷除這個新秩序所有障礙的戰爭。

1 阿葉德被發現時，頭部已炸得支離破碎，至今仍有人議論他究竟是被射進總統府的子彈打死，或他是自殺身亡，不想留給智利人他們的民選總統向叛亂軍人投降的最後印象。後者是較可信的說法。

2 部分芝加哥學派經濟學家宣稱，第一個震撼治療實驗發生在一九四八年六月二十日的西德。當時西德財政部長埃爾哈德（Ludwig Erhard）取消大部分價格管制，並引進新貨幣。這些措施既突然又未事先警告，對德國經濟造成強大震撼，導致廣泛的失業。但類比也僅止於此：埃爾哈德的改革只限於價格和貨幣政策，並未伴隨削減社會計畫或迅速引進自由貿易，而且也採取許多保護大眾免於衝擊的措施，包括提高薪資。甚至在震撼之後，西德仍完全符合傅利曼對準社會主義福利國的定義：西德仍提供住房補貼、政府年金、公共醫療和國營教育體系，政府也經營並補貼從電話公司到製鋁廠等各類企業。推崇埃爾哈德發明震撼療法是很動聽的說法，因為他的實驗發生在西德剛從暴政得到解放。不過，埃爾哈德與今日經濟震撼療法的全面變革截然不同——後者的方法由傅利曼和皮諾契首創，而且發生在剛失去自由的國家。

3 軍政府如此急切地想把國家變賣給投資人，甚至在廣告上說「六十天內動土的土地價格打折一〇%」。

4 這個拉丁美洲的行動模仿自希特勒的「夜與霧」（Night and Fog）。一九四一年，希特勒下令在納粹占領國家俘虜的反抗軍必須帶到德國，並且讓他們「消失在夜與霧」中。由於有數名高階納粹軍官逃到智利和阿根廷，有人揣測他們可能訓練南錐的情報單位使用這些技巧。

5 這段歷史被科斯塔—加夫拉斯（Costa-Gavras）當作藍本，在一九七二年拍成《戒嚴令》（*State of Siege*）這部精彩的電影。

6 自由城的監獄管理當局與行為心理學家密切合作，設計專為個人心理特質訂作的刑求技術——這種方法現在被用在關達那摩灣。

7 蒙特內羅運動的成立是為了對抗前獨裁政權。裴隆主義被禁止後，流亡的裴隆呼籲年輕支持者武裝起來，為恢復民主而戰鬥，而他們也紛紛響應號召。蒙特內羅運動雖然從事武裝攻擊和綁架，但對迫使阿根廷一九七三年舉行有裴隆派候選人參選的民主選舉，貢獻卻很大。不過，裴隆奪回大權後，卻感覺受到蒙特內羅運動廣受支持的威脅，因此鼓勵右派行刑隊搜捕他們，使這個備受爭議的團體到一九七六年政變時，勢力已經大幅削弱。

第四章
THE SHOCK DOCTRINE

清洗石板
恐怖的效用

阿根廷的滅絕行動並非臨時起意，並非偶爾，也非無理性；它是有系統地毀滅阿根廷「一大部分」的全國團體，其目的在改變這些團體，重塑其樣貌、社會關係、命運與未來。

——費爾斯坦（Daniel Feierstein），阿根廷社會學家，二〇〇四年

我只有一個目標——繼續活到明天……但不只是活著，而是知道我還活著。

——維塔尼（Mario Vittani），關在阿根廷酷刑集中營四年的倖存者

一九七六年，萊特利爾重回華盛頓特區，不再是大使的身分，而是進步主義智庫政策研究所（Institute for Policy Studies）的行動主義者。數千名同僚和朋友仍被關在軍政府的集中營面對酷刑，讓萊特利爾魂牽夢繫，他利用重獲的自由致力於揭發皮諾契的罪行，並對抗中情局的宣傳機器，為阿

葉德的事蹟辯護。

他的倡議與奔走證明有效，皮諾契面對了舉世譴責他的人權紀錄。但讓同時兼具經濟學家身分的萊特利爾灰心的是，儘管全世界對監獄裡的處決和電擊大為震驚，大多數人對經濟震撼療法保持緘默；或者就國際銀行給軍政府巨額貸款來說，仍顯得視若無睹，迷惑於皮諾契擁抱「自由市場基本原則」。萊特利爾駁斥經常被引述的說法，說軍政府有兩套截然劃分的計畫——一套是在經濟轉型上的大膽實驗，另一套則是殘暴酷刑與恐怖的邪惡體制。這位前駐美大使堅稱只有一套計畫，而在這套計畫中，恐怖是自由市場轉型的核心工具。

「侵犯人權、體制化的殘暴、嚴密控制和鎮壓任何有影響力的異議分子，這些現象向來被認為，與軍政府實施的正統放任式『自由市場』只有間接關聯，甚至完全沒有關聯。」萊特利爾在《國家》（*The Nation*）雜誌上發表一篇強烈控訴的文章。他指出，「這種特別方便的社會制度觀念，認為『經濟自由』與政治恐怖可以共存而互不干涉，使得這些財政發言人能夠一方面支持他們的『自由』觀念，另一方面又夸夸其談為人權辯護。」

萊特利爾甚至寫到，傅利曼身為「現在管理智利經濟的經濟學家團隊的思想建構者和非正式顧問」，應該為皮諾契的罪行負部分責任。他駁斥傅利曼為自己辯解的說詞，自稱鼓吹震撼治療只是提供「技術」建議。萊特利爾說，「以傅利曼的方式建立的自由『民間經濟』和控制通貨膨脹」，不可能和平達成。「這種經濟計畫必須執行，而在智利的情況下，只有靠殺害成千上萬人、在全國遍設集中營、三年內監禁超過十萬人才能達成……大多數人的退化，和少數特權階級的『經濟自由』，在智利是一體的兩面。」他寫道，「自由市場」與無盡的恐怖間，存在「一種內在的和諧」。

萊特利爾引發爭議的文章在一九七六年八月刊出。不到一個月後的九月二十一日，這位四十四歲的經濟學家在華盛頓特區開車經過大使區中心時，一顆安置在駕駛座下的遙控炸彈爆炸，把汽車炸飛並炸斷他兩條腿。萊特利爾被炸斷的腳留在人行道上，人被緊急送往喬治華盛頓醫院；抵達醫院時他已回天乏術。這位前大使與一位二十五歲的美國同事莫菲特（Ronni Moffit）共乘汽車，她也在攻擊中喪生。這是皮諾契政變以來最令人髮指和最具挑釁意味的罪行。

聯邦調查局的調查發現，炸彈由皮諾契的資深祕密警察湯萊（Michael Townley）製作，他後來被聯邦法院定罪。殺手持假護照進入美國，且中情局知情。

皮諾契二〇〇六年十二月去逝，高齡九十一歲，當時他面臨各界嘗試讓他為在位期間的罪行接受審判，這些罪行包括謀殺、綁架、酷刑、貪瀆到逃稅等。萊特利爾的家人數十年來嘗試讓皮諾契為華府的炸彈攻擊受審，並要求美國開放該事件的檔案。但這位獨裁者壽終正寢，逃過所有審判，並發表一封死後公開信，為政變和使用「最大力量」防止「無產階級獨裁統治」辯護。皮諾契寫道：「我多麼希望根本不需要一九七三年九月十一日的軍事行動！我多麼希望馬克思—列寧意識形態未侵入我們的祖國！」

有些拉丁美洲恐怖年代的罪犯沒有這麼幸運。二〇〇六年九月，阿根廷軍事獨裁統治終結二十三年後，一位重要的恐怖執行者終於被判終身監禁。這位被定罪的人叫艾契柯拉茲（Miguel Osvaldo Etchecolatz），在軍政府年代擔任布宜諾艾利斯省警察局長。

在歷史性的審判期間，關鍵證人羅培茲（Jorge Julio Lopez）卻失蹤。羅培茲在七〇年代曾經失蹤、遭殘暴刑求，然後獲釋放——現在同樣的事再度發生。在阿根廷，羅培茲以第一個「兩度失蹤」者聞名。直到二〇〇七年中，他仍杳無音訊，警方幾已確定他遭綁架是為警告其他可能挺身而出的目擊證人——和恐怖年代一樣的老技倆。

該案的法官是阿根廷聯邦法院五十五歲的羅桑斯基（Carlos Rozanski），他判決艾契柯拉茲犯六項殺人罪、六項非法監禁罪和七項刑求罪。他在宣判時採取一個不尋常的作法，他說，有罪的判決無法懲罰真正的罪行，但為了「建設集體記憶」，他必須再加註，判決是針對「一九七六年到一九八三年間，阿根廷共和國發生的集體大屠殺所犯的所有違反人性的罪行」。

藉由這項判決，法官改寫了阿根廷歷史：七〇年代對左派分子的殺戮不是數十年來官方描述的「骯髒戰爭」，不是兩方衝突且各自進行不同的罪行，失蹤的人也不是瘋狂的獨裁者沉迷於虐待和個人權力的犧牲者。真正發生的是更科學、更駭人聽聞的理性所造成。就像法官說的，那是一個「由國家的統治者執行的滅絕計畫」。

他解釋說，殺戮是體制的一部分，早已計畫好，並在全國各地以一致的方法加以複製，且其明顯的意圖並非攻擊個人，而是摧毀那些人所代表的部分社會。種族屠殺是嘗試謀殺一個群體，而非個人的集合；法官指出，因此那是種族屠殺（Genocide）。

羅桑斯基知道「種族屠殺」的措詞將引發爭議，因此寫了一長篇判決文以佐證他的決定。他指出，聯合國的「防止及懲治滅絕種族罪」（Convention on Genocide）定義這種罪行為「意圖摧毀一個國家、人種、宗教或族群的全部或一部分」；該公約並未包括消滅以政治信念為區分的群體——例如發生在阿根廷的情況——但羅桑斯基說，他認為此種排除並不適法。他舉一段鮮為人知的聯合國歷史，解釋在一九四六年十二月十一日，聯合國大會針對納粹大屠殺一致投票通過一項決議案，禁止「造成種族、宗教、政治和其他族群全部或一部分被毀滅」的種族屠殺行為。兩年後「政治」這個詞被從公約刪除是應史達林的要求。史達林知道，如果毀滅一個「政治群體」算種族屠殺，他的血腥整肅和大批囚禁政治反對者將符合公約的定義。史達林獲得其他領袖的支持，因為他們也想保留剷除政治異己的權利，所以政治這個詞遭刪除。

羅桑斯基寫道，他認為原始的聯合國定義較適法，因為尚未受到這種自利的妥協所干擾。[1]他也舉出西班牙國家法院的一項判決，在一九九八年讓一名惡名昭彰的阿根廷刑求者接受審判。該法院也判決阿根廷軍政府犯下「種族屠殺罪行」。它把軍政府嘗試掃除的群體定義為「壓迫者認為不符合國家建立的新秩序模式的人」。一年後的一九九九年，以發出皮諾契逮捕令聞名的西班牙法官賈松（Baltasar Garzon），也主張阿根廷發生種族屠殺。他也嘗試為被當作滅絕對象的群體下定義。他寫道，軍政府的目標是「建立新秩序，像希特勒希望在德國達成的一樣，而這個秩序容不下某些類型的人」。那些不符合新秩序的人「不符合阿根廷新國家的理想配置」。

當然，七〇年代拉丁美洲政商統合獨裁者的罪行，在規模上無法與納粹和一九九四年盧安達的情況相提並論。如果種族屠殺意指的是納粹那樣的大屠殺，那麼拉丁美洲的罪行不屬於這個範疇。不過，如果種族屠殺是依照這些法院的定義，意指企圖消滅阻礙政治目標的群體，那麼這個過程不只發生在阿根廷，而是發生在所有不同程度上變成芝加哥學派實驗室的許多國家。在這些國家，「阻礙理想」的人是各階層的左派分子：經濟學家、施粥所的員工、工會分子、音樂家、農民組織分子、政治人物。這些群體的所有成員都被一個明確且遍及全區域的策略鎖定，亦即以根除左派為目標的大兀鷹行動。

共產主義崩解後，自由的市場與自由的人民一直被視為單一意識形態的一部分，這個意識形態宣稱可以避免人類重蹈集體墳場、大殺戮和酷刑室的歷史覆轍，而且是唯一且最好的對策。從芝加哥大學地下室脫逃的當代放任式自由市場宗教，最先應用在真實世界的地方是南錐，但它卻未帶來民主；反而它是建基在一個接一個國家被推翻民主政治的情況。它也未帶來和平，反而需要藉助奪取數萬條人命的體制性謀殺，和對十萬到十五萬人施予酷刑。

就像萊特利爾說的，肅清社會的行動與這個計畫的核心意識形態間，有一種「內在和諧」。芝加哥男孩和他們的教授們提供建言，並在南錐軍事政權中占據高位，他們信仰一種純粹本質的資本主義，他們的體制完全建基於對「平衡」和「秩序」的信仰，並且必須依靠去除干預和「扭曲」才能成功。因為有這些特質，一個承諾忠實採用這種理想的政權，便無法接受其他與之競爭或妥協的世界觀。為了達成理想，它必須獨占意識形態；否則，根據其核心理論，經濟訊息就會變扭曲，整個體系將失去平衡。

芝加哥男孩幾乎找不出比一九七〇年代的拉丁美洲南錐更適合的地方，來進行這種絕對主義的實驗。發展主義異軍突起意味這個區域特別刺眼，採用的是芝加哥學派視為扭曲或「反經濟的思想」（uneconomic ideas）的政策。更重要的是，這裡百花齊放的平民與智識運動，都與放任資本主義針鋒相對。這些運動並非居於邊緣地位，而是大多數民眾的想法，且反映在許多國家的多次選舉中。芝加哥學派的轉型想在南錐受到熱烈歡迎的可能性，大概和無產階級革命在比佛利山莊發生的可能性相當。

在恐怖行動降臨阿根廷前，華殊曾寫道：「任何事情都無法阻擋我們，不管是監獄或死亡。因為你無法囚禁或殺死所有人民，因為絕大多數阿根廷人……知道只有人民將拯救人民。」阿葉德在看到坦克開至包圍總統府時，發出的最後一通無線電也充滿同樣的頑強不屈，他說：「我確信我們在成千上萬智利人的良知播下的種籽，絕不可能被根除。」這是他對人民最後的遺言。「他們擁有蠻力；他們可以征服我們，但他們無法藉罪行或武力阻止社會的進程。歷史站在我們這邊，寫歷史的是人民。」

這個區域的軍政府將領和他們的經濟幫兇，對這些真理知之甚詳。幾位阿根廷軍事政變的老兵解釋軍隊的思維：「在一九五五年，我們相信問題是裴隆，所以我們推翻他，但到一九七六年，我們已經知道問題出在勞工階級。」整個區域都是如此：問題既廣且深。這種瞭解意味如果新自由主義革命想要成功，軍政府必須做阿葉德宣稱不可能的事——完全根除拉丁美洲左派高漲時期撒下的種籽。皮諾契獨裁政權在政變後發表的〈原則宣言〉中，形容其使命是一個「改變智利人思想的長期而根本的行動」，呼應二十年前智利計畫之父、美國國際發展署派特森說的：「我們需要做的是改變人的形成。」

但是如何辦到？阿葉德所說的種籽不是單一的想法，也非一個政黨團體或工會。在六〇年代和七〇年代初期，拉丁美洲的左派是主流大眾文化——它是聶魯達（Pablo Neruda）的詩，哈拉（Victor Jara）和索莎（Mercedes Sosa）的民歌，第三世界教士（Third World Priests）的自由神學，波瓦（Augusto Boal）的解放劇場，弗雷勒（Paulo Freire）激進的教育學，加萊亞諾和華殊的革命新聞報導。它是過去和當代從阿蒂加斯（Jose Gervasio Artigas）、波利瓦（Simon Bolivar）到切．格拉瓦等傳奇英雄與殉道者寫下的歷史。當軍政府決心挑戰阿葉德的預言，把社會主義連根拔起時，它是向整個文化宣戰。

這種必要性反映在巴西、智利、烏拉圭和阿根廷軍事政權使用的主要譬喻上：那些法西斯主義者等著清除、洗刷、拔除和治療。在巴西，軍政府對左派分子的搜捕代號為清洗行動（Operation

Cleanup）。在政變當天，皮諾契形容阿葉德和他的內閣為「那些即將毀掉國家的髒人」。一個月後，他保證「剷除智利邪惡的根本」，進行「道德清洗」，以「淨化罪惡」——遙遙呼應《第三帝國》（*The Third Reich*）作者羅森貝格（Alfred Rosenberg）呼籲的「以鐵掃帚無情地清掃」。

文化清洗

在智利、阿根廷和烏拉圭，軍政府進行大規模的意識形態清洗行動，焚燒佛洛伊德、馬克思和聶魯達的書，關閉數百家報社和雜誌社，占領大學，禁止罷工和政治集會。

一些最惡毒的攻擊，則保留給芝加哥男孩在政變前無法打敗的「粉紅」經濟學家。芝加哥男孩大本營天主教大學的死對頭是智利大學，那裡有數百名教授因為「怠忽道德職責」而被開除（包括法蘭克這位曾氣憤地寫信回芝加哥母校給前教授的異議分子）。在政變期間，法蘭克報告說：「六名學生在經濟學系大門口被當場射殺，以對其他人起殺雞儆猴作用。」軍政府在阿根廷奪得政權後，士兵開進布蘭卡港的南方大學，以「教唆顛覆」的罪名囚禁十七名學者；同樣的，這些人大多來自經濟學系。「我們必須摧毀餵養、塑造和灌輸顛覆分子的來源，」一位將軍在記者會上宣布。清洗行動中總共有八千名左派教育者，被以「意識形態嫌犯」整肅。在高中，他們禁止學生作分組報告——因為分組報告被視為潛在的集體精神的跡象，可能危害「個人自由」。

在聖地牙哥，傳奇民歌手哈拉被帶到智利體育館，他受到的待遇充分展現那股想讓文化噤聲的狂暴決心。據智利真相與和解委員會的調查，士兵先打碎他的雙手，讓他無法再彈吉他，然後射殺他四十四次。為了確定他無法在墳墓裡激勵人心，軍政權下令銷毀他偉大的錄音作品。阿根廷音樂家索沙被迫流亡外國，革命戲劇家波拉在飽受酷刑後逃離巴西，加萊亞諾從烏拉圭出走，而華殊則在布宜諾艾利斯街頭遭謀殺。一個文化就此被蓄意滅絕。

在同一時候，另一個消過毒、清洗過的文化取而代之。在智利、阿根廷和烏拉圭獨裁統治之初，唯一被准許的公眾集會是閱兵典禮和足球比賽。在智利，女性穿著寬鬆的長褲就可能被逮捕，男性留長髮也一樣。「全國上下正進行徹底的清洗。」阿根廷一家軍政府控制的報紙在社論中宣稱，並呼籲大規模刷洗左派分子的塗鴉：「很快所有外表將煥然一新，藉肥皂和清水就能解除夢魘。」

在智利，皮諾契決心打破人民走上街頭的習慣。連小規模的集會都被以高壓水槍——皮諾契最愛的群眾控制武器——驅散。軍政府擁有數百輛水槍車，小到可以開上人行道，對成群散發宣傳單的學童噴水；甚至送葬行列如果太喧鬧也遭到殘暴壓制。這些無所不在的水槍車被稱作原駝（guanaco），取其像一種習慣吐口水的美洲駝，它們把群眾當垃圾般清除，讓街頭閃閃發亮、清潔而空虛。

政變之後不久，智利軍政府發出一道命令，要求公民藉報告外國的「極端主義者」和「狂熱信仰的智利人」，「對清洗國土作出貢獻」。

誰被殺害，和為什麼

在突擊中被掃蕩的人大多數不是軍政府宣稱的「恐怖分子」，而是被視為對經濟計畫造成最大障礙的人。有些人是真正的反政府人士，但許多人只是被認為不符合革命的價值觀。

清洗運動呈現的體制性，從人權與真相委員會報告記錄的失蹤日期和時間就可明確驗證。在巴西，軍政府到六〇年代末期才開始大規模鎮壓，但有一個例外：政變一發動後，士兵就立即逮捕工廠和農場的工會領袖。根據《巴西：毋忘教訓》報告，他們被送往監獄，許多人遭到酷刑，「理由只是他們受到當局反對的政治思想激勵」。這份真相委員會的報告引述軍方自己的法庭紀錄說，大型工會聯盟工人指揮總部（CGT）在軍政府的法庭程序中，被當作「無所不在的惡魔，應加以驅除」。該報告直言不諱地下結論說，「一九六四年掌權的當局，對『徹底清除』這個部門特別仔細」，原因是他們「擔心抗拒會從工會蔓延到他們的經濟計畫，而計畫的基礎則是緊縮薪資和把經濟去國有化」。

在智利和阿根廷，軍政府都利用政變初期的混亂，對工會運動展開猛烈攻擊。這些行動顯然都事先經過審慎規畫，從政變的第一天就展開有系統的突擊。在智利，當所有人都注視被包圍的總統府時，其他部隊也被派往「人稱『工業帶』的許多工廠，展開突擊和逮捕」。在接著數天，智利的真相與和解報告指出，又有數家工廠被突擊，「並大規模逮捕人，部分人遭殺害或失蹤」。在一九七六年，八〇％的智利政治犯是工人和農民。

阿根廷的真相委員會報告《永遠不再》（*Nunca Mas*），記錄了同樣對工會有計畫的攻擊：「我們發現一大部分（對工人）的行動，是在政變當天進行，或政變後立即進行。」在攻擊工廠的清單中，有一項證詞特別暴露出，「恐怖主義」被用作搜捕非暴力工人活動分子的藉口。曾被關在珍珠（La Perla）酷刑集中營的政治犯吉尤娜（Graciela Geuna），描述士兵因為一次即將進行的電廠罷工而監視她。這項罷工準備「示範如何抗拒軍事獨裁」，當然不為軍政府所樂見。吉尤娜回憶說：「集中營裡的士兵表示，他們決定把罷工『蒙特內羅化』，讓它變成非法。」（蒙特內羅是已被軍隊完全肅清的游擊隊組織。）罷工者與蒙特內羅毫無關係，但那已無關緊要。「珍珠營的士兵自己印製有『蒙特內羅』簽名的宣傳單——呼籲電廠工人罷工。」然後這些宣傳品就變成必須綁架和殺害工會領袖的「證據」。

企業資助酷刑

對工會領袖的攻擊往往在工廠業主的密切合作下進行，而近幾年向法庭提出的告訴提供了明確的文件證據，顯示外國跨國企業在當地的子公司也直接參與。

在阿根廷政變之前的年代，左派激進分子崛起曾影響到外國公司，包括在經濟和個人方面；從一九七三年到一九七六年，飛雅特（Fiat）汽車公司有五名主管遭暗殺。軍政府取得權力並執行芝加哥學派的政策後，這類公司的命運大幅改觀；現在它們可以把進口產品傾銷到當地市場，支付較低的薪資，任意裁撤員工，而且不受管制地把利潤匯回母國。

數家跨國公司熱烈地表達它們的感激。阿根廷軍事統治後的第一個新年，福特汽車公司刊登一則慶賀的報紙廣告，公開表明支持軍政權的立場：「一九七六年：再一次的，阿根廷迷途知返。一九七七年：對所有懷著善意的阿根廷人帶來信心與希望的新年。阿根廷及其人民的福特汽車公司，將全力投入創造祖國的偉大命運。」外國企業不只是感謝軍政府的貢獻，有些公司還積極參與恐怖運動。在巴西，數家跨國公司通力合作，資助它們自己的民間酷刑隊。一九六九年正當軍政府進入最殘暴的階段，一支不受法律管束的警察部隊成立，取名偵察行動（Operation Bandeirants），簡稱ＯＢＡＮ。據《巴西：毋忘教訓》，這支部隊由軍官組成，靠許多跨國公司的捐款資助，包括福特和通用汽車公司。報告說，由於ＯＢＡＮ不在軍隊和警察的正式編制裡，因此「在使用審訊手段上享有彈性和免受刑責」，並很快以無與倫比的殘暴聲名遠播。

不過，最不避諱參與恐怖行動的跨國企業，是福特汽車的阿根廷分公司。該公司供應車輛給軍方，綠色的福特獵鷹轎車被用在成千上萬次綁架和失蹤的行動。阿根廷心理學家兼劇作家帕夫洛夫斯基（Eduardo Pavlovsky），形容這種車是「恐怖的象徵，是死亡之車」。

福特供應軍方汽車，軍政府則提供福特它擅長的服務——為工廠除掉製造麻煩的工會分子。在政變前，福特被迫對工人作出重出讓步：午餐時間從二十分鐘延長到一小時，每輛汽車銷售的一%用於社會服務計畫。這種情況在政變那天完全改觀，反革命從此展開。福特在布宜諾艾利斯南郊的工廠變成一座武裝軍營；在接下來的數週，工廠聚集了各式軍用交通工具，包括坦克車和天上盤旋的直升機。工人作證說，一個有百名士兵的軍隊長期駐在該工廠。「我們在福特感覺好像在打仗。而軍隊是衝著我們工人來的。」工會代表卓伊安尼（Pedro Troiani）回憶說。

士兵搜尋整個廠房，抓住最活躍的工會成員並將他們戴上頭罩，工廠的工頭則協助指認他們。卓伊安尼是從生產線被拖出的人之一，他記得「在囚禁我之前，他們押我在工廠遊行。他們公然這麼做是想讓所有人看到：福特利用這種手段消滅工廠的工會組織」。最令人驚訝的是接下來發生的事：卓伊安尼並未被送到附近的監獄，據其他人轉述，士兵把他們帶到在工廠大門內設置的羈留所。就在工廠內幾天前他們談判合約的地方，這些工人遭到拳打腳踢，其中有兩個人遭電擊。他們被帶往外面的監獄後，酷刑仍持續數週之久，有些長達數個月。工人的律師指出，至少有二十五位福特工會代表在這段期間遭綁架，其中有半數被拘禁在公司的廠房裡；阿根廷的人權團體現在正在遊說，把福特的工廠正式列入前祕密羈押所的清單。

二〇〇二年，聯邦檢察官代表卓伊安尼和其他十四名工人，對福特阿根廷公司提出刑事控告，指稱該公司應為在其廠房發生的鎮壓負法律責任。「福特（阿根廷）及其主管共謀綁架自己的員工，我想他們應為這件事負責。」卓伊安尼說。賓士（Mercedes-Benz）也正面臨類似的調查，該公司遭指控在一九七〇年代與軍方合作，肅清旗下一座工廠的工會領袖，涉嫌交出十六名工人的姓名和地址，後來他們全部失蹤，其中十四名從此未再尋獲。

據拉丁美洲歷史學家羅伯特（Karen Robert）的調查，到獨裁統治結束時，「幾乎所有工廠代表都已從阿根廷最大的工廠失蹤……例如賓士、克萊斯勒，以及飛雅特協和（Fiat Concord）。福特與賓士都否認它們的主管在鎮壓中扮演任何角色，司法案件仍在進行中。

不只工會分子遭到先發制人的攻擊——任何人若抱著非純粹追求獲利的社會價值觀，都是攻擊對象。在該區域各地最殘暴的攻擊，都是針對曾為土地改革而抗爭的農民。阿根廷農地聯盟（Argentine Agrarian Leagues）的領導者——他們曾散播農民有權利擁有土地的煽動思想——遭到搜捕和酷刑，往往就在他們工作的農場邊，在眾目睽睽下進行。士兵用卡車電池為刺牛棒通電，把這種處處可見的農場工具用在農民身上。在另一方面，軍政府的經濟政策讓地主和牧牛場業主坐享其成。阿根廷的狄霍茲解除牛肉價格管制，使肉價飆漲超過七〇〇％，為業主帶來空前的獲利。

在貧民窟，先發制人的攻擊目標是社區工人，其中有許多是教會工作者，他們組織社會最貧窮的一群人，要求醫療、公共住宅和教育——換句話說，就是芝加哥男孩想解構的「福利國」。「窮人不再有任何福利可以照顧他們！」他們一面這麼告訴阿根廷醫生黎伍斯基（Norberto Liwsky），一面「電擊我的牙齦、乳頭、生殖器、腹部和耳朵」。

一位與軍政府合作的阿根廷傳教士解釋行動的指導原則說：「敵人是馬克思主義。是教會裡和我們祖國裡的馬克思主義——是一個新國家面對的危險。」這種「新國家面對的危險」有助於解釋，為什麼軍政府的許多受害者如此年輕。在阿根廷，三萬名失蹤者中有八一％的年齡介於十六歲到三十歲。「我們現在的工作是為了往後二十年。」一位惡名昭彰的刑求者對他的受害者說。

最年輕的受害者中有一群高中生，他們在一九七六年聯合請願，要求降低公車票價。對軍政府來說，集體行動顯示這些青少年感染了馬克思主義病毒，其反應是屠殺者的憤怒，有六名敢於提出這種顛覆要求的高中生遭到酷刑並殺害。二〇〇六年終於遭到判刑的警察局長艾契柯拉茲，是參與這次攻擊的關鍵人物。

這類失蹤案例的模式很清楚：在震撼治療師嘗試抹去經濟中的集體主義遺毒時，震撼部隊則把那種文化的代表從街頭、大學和工廠掃空。

一些站在經濟轉型最前線的人不防備時會承認，達成他們的目標有賴大規模鎮壓。博雅公關公司（Burson- Marsteller）公關主管艾曼紐（Victor Emmanuel），負責把對企業友好的阿根廷軍政府促銷給世界，他告訴一名研究人員，為了打開阿根廷「受保護的國家主義」經濟，動用暴力有其必要。他說：「但沒有人會投資一個捲入內戰的國家。」然而他承認，死的人不只是游擊隊。「許多無辜者可能也被殺害，」他告訴作家費特羅維茲（Marguerite Feitlowitz）說：「但在那種情況下，需要用到極強大的武力。」

皮諾契的芝加哥男孩經濟部長卡斯特洛負責執行震撼治療，他說，如果沒有皮諾契的鐵腕支持，他不可能辦到。「輿論強烈反對（我們），所以我們需要強人來維繫政策。我們很幸運皮諾契總統瞭解而且擁有能抵擋批評的個性。」他也認為，「獨裁政府」最適合保衛經濟自由，因為可以「不摻雜個人情感」地使用權力。

和大多數國家恐怖一樣，設定目標的殺戮有雙重目的。第一，殺戮去除了計畫的實質障礙——那些最可能反擊的人。第二，讓所有人目睹「麻煩製造者」失蹤，發出不容誤解的警告給可能想抗拒的人，因而去除了未來的障礙。

而這些手段確實有效。「我們既困惑又苦惱，乖乖等著接受命令……許多人開始退化；他們變得更依賴和害怕。」智利精神醫師帕拉（Marco Antonio de la Parra）說。換句話說，他們處在震撼中。因此當經濟震撼造成物價飆漲和工資下跌時，智利、阿根廷和烏拉圭的街上依舊乾淨和平靜。沒有搶糧暴動，沒有大罷工。家庭藉著默默節衣縮食度日，餵他們的嬰兒喝可以抑制飢餓感的傳統飲料馬黛茶（mate），在日出前起床以便走路幾個小時上班，省下公車費；因為營養不良或傷寒死亡的人則被悄悄埋葬。

十年前，南錐國家的工業還突飛猛進，中產階級迅速崛起，醫療與教育體系十分健全，儼然成為開發中國家的希望。現在，富人與窮人被拋進截然不同的經濟世界，富人可以在佛羅里達取得榮譽市民身分，其他人則被推回未開發國家的火坑，而且兩者的鴻溝將隨著後獨裁時代的新自由主義「再造」不斷加深。這些國家不再是激勵人心的楷模，而是對夢想從第三世界升起的貧窮國家的恐怖警告。這種轉變可以與經歷軍政府酷刑營的囚犯相提並論：光是說還不夠——他們被迫放棄最珍視的信念，背叛他們的愛人和孩子。那些屈服的人被稱作「破碎者」。南錐也一樣：這個區域不只被打敗，它被打成碎片。

酷刑「治療」

當政策嘗試把文化中的集體主義切除時，監獄裡的酷刑則嘗試從人的心智和精神將之切除。就像一篇一九七六年阿根廷軍政府的社論說的：「心智也必須清洗，因為那是錯誤誕生的地方。」

許多施酷刑者採取醫師的姿態。好比芝加哥學派經濟學家使用痛苦但必要的震撼治療，這些審訊者想像他們施加的電擊和其他折磨具有療效——他們只是給囚犯某種醫療，而囚犯在集中營則被稱為髒病者（apestosos），被視為骯髒或染病的人。他們將為囚犯治療社會主義或集體主義思想的疾病。[2]他們的「治療」當然會帶來痛苦，甚至可能致命——但這是為病患著想。「如果你的手臂有壞疽，你必須截肢，對不對？」皮諾契在回應外界對他人權紀錄的批評時，不耐煩地反問。

整個區域內各國真相委員會報告的證詞顯示，囚犯都描述一套強迫他們背叛內心最深植信念的系統。對大多數拉丁美洲左派來說，他們最珍視的信念就是阿根廷的激進派歷史學家拜爾（Osvaldo Bayer）所說的，「團結是唯一的超越神學」。施酷刑者也知道團結的重要，而且決心藉震撼來消滅囚犯內在的社會聯結衝動。當然，所有審訊都為了取得有價值的資訊，因此必須強迫囚犯背叛，但許多囚犯報告折磨他們的人對資訊興趣不高，因為他們通常已掌控資訊，反而他們的熱衷是達成背叛。這種作法目的在於對囚犯內在造成無可修復的傷害，這部分的內在原本把協助他人擺在第一位，也是他們參與社會運動的原因，但在傷害之後留下的是羞愧和屈辱。

有時候背叛完全不是囚犯所能控制。例如，阿根廷囚犯韋蘭尼（Mario Villani）被綁架時身上帶著行事曆，裡面記錄與一個朋友約好會面；士兵突擊會面地點，讓失蹤在恐怖機器的運動分子又增加一名。韋蘭尼的酷刑手用這件事折磨他，他說：「他們抓到霍基是因為他準時赴約。他們知道告訴我這件事，對我的折磨會遠超過二百二十伏特。那種懊悔幾乎令我無法承受。」

在這種環境下，終極的反抗是囚犯之間表現的小悲憫，例如照料彼此的傷口，或分享稀少的食物。如果這類關愛的舉動被發現，他們會遭到嚴厲懲罰。囚犯會被刺激成盡可能自私自利，不斷有人提供他們浮士德式的交易，例如選擇自己承受更多折磨，或讓其他囚犯受更多酷刑。在一些案例中，囚犯被徹底瓦解，以致於同意拿刺牛棒對付其他獄友，或上電視公開放棄他們以前的信念。這些囚犯代表折磨者的終極勝利：囚犯不僅放棄團結，而且為了生存而屈服於放任資本主義核心的割喉特質──借用ＩＴＴ主管的話：「追求自利。」[3]

在南錐工作的兩類「醫生」──將軍與經濟學家──都以幾乎完全相同的比喻形容他們的工作。傅利曼描述他在智利的角色像醫生，提供「醫療技術建議給智利政府，以協助終結一場醫療瘟疫」──「通貨膨脹的瘟疫」。芝加哥大學拉丁美洲計畫主持人哈伯格的比喻更直接，他在獨裁統治結束很久後，對一群阿根廷年輕經濟學家發表的演說中說，好經濟學家本身就是治療──他們扮演著「對抗反經濟的思想與政策的抗體」。阿根廷軍政府的外交部長顧塞提說，「當國家的社會身體染上會侵蝕內臟的疾病時，它會產生抗體。這些抗體不能被當作病菌。當政府控制並摧毀游擊隊，抗體的活動才會消失，就像已經發生的情況。那只是生病身體的自然反應。」

這種語言當然與納粹當年的思想架構沒有兩樣，納粹辯駁他們是藉由殺害社會「生病」的分子，以治癒「國家身體」。就像納粹醫生克萊恩（Fritz Klein）宣稱的：「我想挽救生命。而出於對人命的尊敬，我會從一個生病的身體移除壞疽的盲腸。猶太人是人類身體的壞疽盲腸。」赤棉使用相同的語言辯解在高棉的殺戮：「受感染的部分必須切除。」

「正常」父母

最令人不寒而慄的比喻，莫過於阿根廷軍政府如何對待酷刑營裡的小孩。聯合國有反集體屠殺的公約規範，明確的集體大屠殺行為包括「採取意圖阻止群體人口出生的措施」，以及「強迫轉移一個群體的兒童到另一個群體」。

據估計，有五百名嬰兒在阿根廷的酷刑營誕生，這些嬰兒被立即納入一個再造社會和創造新品種模範市民的計畫。經過短暫的哺乳期後，數百名嬰兒被賣給或送給大多與獨裁政權有直接關係的領養夫妻。據辛苦找到數十名這些小孩的人權團體五月廣場的祖母（Abuelas de Plaza de Mayo），領養的夫妻以軍政府認定為「正常」和健康的資本主義與基督教價值，教養這些小孩，而且從未告知他們的出身。嬰兒的父母被視為病勢太重而不值得拯救，幾乎都在酷刑營裡遭殺害。盜竊嬰兒並非出於個人犯行，而是有組織的國家行動。在一樁法庭訴訟中，一九七七年內政部的官方文件被提出當作證據，文件的標題是「對遭羈押或失蹤之政治與工會領袖，處理其未及齡子女的程序指示」。

阿根廷歷史的這一章，與美國、加拿大和澳洲原住民兒童遭大規模盜竊極為相似，這些原住民兒童都被送進社區學校，禁止他們說母語，並被責打成「白人」。在七〇年代的阿根廷，類似的族群至上思維顯然也在運作，其根據並非人種，而是政治信仰、文化和階級。

政治殺戮與自由市場革命最明確的關聯，要到阿根廷獨裁統治結束四年後才被發現。在一九八七年，一隊攝影人員在布宜諾艾利斯市區最豪華的太平洋購物商場（Galerias Pacifico）地下室，驚駭地誤闖一座廢棄的酷刑中心。調查發現，在獨裁統治期間，第一陸軍兵團把部分失蹤者藏匿在商場地下室；地牢牆壁上仍看得到那些早已死去的囚犯的字跡：姓名、日期，和哀求解救。

今日的太平洋商場是布宜諾艾利斯購物區皇冠上的珠寶，是專為吸引國際消費而開設的明證。拱形的屋頂和精緻的壁畫，裝飾了各式各樣的品牌商店，從克麗絲汀迪奧（Christian Dior）、勞夫羅倫（Ralph Lauren）到耐吉（Nike），價格貴到絕大多數本地人買不起，但揀便宜的外國人卻蜂擁而至，享受阿根廷幣貶值的好處。

對瞭解本身歷史的阿根廷人來說，這座商場代表的是可怕的記憶。就像更早的老式資本主義征服建立在該國原住民的大墳場上，拉丁美洲的芝加哥計畫則建立在曾關過成千上萬不同信仰者的酷刑營上。

1 許多國家的刑法禁止種族屠殺行為，包括葡萄牙、祕魯和哥斯大黎加，定義中清楚包括政治群體或「社會群體」。法國法律規範甚至更廣，把種族屠殺定義為，意在摧毀「一個以任何獨斷標準決定的群體」的全部或一部分人。

2 電擊治療因此繞了一圈，回到最早出現時被當作一種驅魔技術。最早的醫療電刑始於十八世紀的一位瑞士醫師，他相信精神疾病是由魔鬼造成，於是讓一名病患抓住一條以靜電機供電的電線，對每一個魔鬼施以電擊一次。這名病患當時被宣告治癒。

3 打碎個性的現代版也出現在美國管理的監獄，在這裡則是伊斯蘭信仰被用於對付穆斯林囚犯。堆積如山的證據從阿布格萊布和關達那摩灣流出，有兩種虐囚方式不斷被提起：裸體和刻意干擾伊斯蘭習俗，包括強迫囚犯剃鬍鬚、踐踏《可蘭經》、用以色列旗幟裹住囚犯、強迫男性擺同性性交姿勢，甚至用假經血塗抹男性。前關達那摩囚犯貝格（Moazzam Begg）說，他經常被迫剃鬚，一名警衛會說：「這是最讓你們穆斯林受不了的，是不是？」伊斯蘭信仰被褻瀆不是因為警衛恨它（雖然有此可能），而是因為囚犯愛它。由於酷刑的目的是再造個性，任何構成囚犯個性的東西都必須去除——從衣服到珍視的信仰。在七〇年代是攻擊社會團結；在今日則是攻擊伊斯蘭信仰。

第五章

THE SHOCK DOCTRINE

「完全無關」

如何清洗意識形態的罪惡

傅利曼是「思想會帶來後果」這個真理的體現。

——倫斯斐，美國國防部長，二〇〇二年五月

人們被關進監牢好讓價格得以自由。

——加萊亞諾，一九九〇年

有一陣子，南錐的罪行似乎真的可能被認定與新自由主義運動有關，使它在擴展到第一個實驗室以外的地區前信譽掃地。傅利曼一九七五年扭轉大勢的智利之旅後，《紐約時報》專欄作家路易斯（Anthony Lewis）提出一個簡單但爆炸性的問題：「如果純粹的芝加哥經濟理論在智利只能以鎮壓的方式施行，它的作者是否應該承擔部分責任？」

萊特利爾慘遭謀殺後，草根運動團體承繼他的呼籲，要求智利經濟革命的「思想建構者」應該為政策的人力損失負責。在那幾年間，傅利曼每次演講都被人用萊特利爾的話打斷，有幾次他在接受表揚的場合被迫走廚房才能進場。

芝加哥大學的學生得知他們的教授與軍政府合作感到十分困擾，因此要求展開學術調查。一些學者支持這些學生，包括一九三〇年代從法西斯歐洲逃到美國的奧地利經濟學家汀特納（Gerhard Tintner）。汀特納比較皮諾契統治下的智利與納粹下的德國，得出的類比是，傅利曼支持皮諾契就像與第三帝國合作的技術官僚。（傅利曼反過來指控他的批評者為「納粹主義」。）

傅利曼和哈伯格都樂於以拉丁美洲芝加哥男孩創造的經濟奇蹟居功。一九八二年傅利曼像驕傲的父親般，在《新聞週刊》上洋洋得意說：「芝加哥男孩……結合了傑出的思想與管理能力、信念帶來的勇氣，以及獻身於實踐的精神。」哈伯格曾說：「我對我的學生感到驕傲，超過我曾寫的任何文章，事實上，拉丁小組帶給我的光榮遠超過我對學術文獻的貢獻。」不過，談到他們學生創造的「奇蹟」造成人力損失時，兩人卻馬上認為與他們無關。

「儘管我強烈反對智利的威權政治體制，」傅利曼在他的《新聞週刊》專欄上寫道：「我不認為一個經濟學家提供技術經濟建議給智利政府稱得上邪惡。」

傅利曼在他的回憶錄宣稱，皮諾契把頭兩年時間花在嘗試自行管理經濟，直到「一九七五年通貨膨脹仍然肆虐，且全球衰退引發智利的蕭條，皮諾契將軍才轉而求助於『芝加哥男孩』」。這是公然竄改歷史——芝加哥男孩在政變發生前就已經與軍方合作，經濟轉型也始於軍政府奪得權力的第一天。在其他方面，傅利曼甚至宣稱皮諾契的整個統治——十七年的獨裁統治和數萬人遭受酷刑——並非對民主政治的暴烈破壞，而是剛好相反。「對智利企業真正重要的是，自由市場確實在實現一個自由社會上作出了貢獻。」傅利曼說。

三週後，萊特利爾遭到暗殺，這個消息打斷了皮諾契的罪行如何反映在芝加哥學派運動的爭論。一九七六年，傅利曼以對通貨膨脹與失業的「原創且重大的」研究，獲得諾貝爾經濟學獎。他利用諾貝爾頒獎演說的機會聲稱，經濟學是嚴格和客觀的科學學門，就像生理學、化學和醫學，依據的是公正檢驗可得的事實。他輕鬆地忽略了他得獎的理論前提，已被排隊領救濟品的人民、傷寒瘟疫和關閉的工廠，活生生證明是錯的；而這一切就發生在殘暴到願意把傅利曼的想法付諸實行的智利政權。

一年後，另一件事重新定義了有關南錐爭論的參考指標：國際特赦組織贏得諾貝爾和平獎，主要因為它揭發智利和阿根廷侵害人權的勇氣和義舉。經濟學獎實際上與和平獎互不干涉，分別由不同的委員會審查，並在不同的城市頒獎。不過，在旁觀者眼中，兩個全世界最受尊崇的評審委員會頒發兩座諾貝爾獎，似乎作出了它們的宣判：酷刑室的震撼應該被強烈譴責，但經濟震撼治療應該獲得掌聲——兩種形式的震撼，借用萊特利爾充滿諷刺的語句來說，是「完全無關」的。

「人權」眼罩

這堵思想防火牆被築起，不只因為芝加哥學派經濟學家拒絕承認他們的政策與使用恐怖有關，部分問題也出在那些恐怖活動被塑造成狹隘的「侵犯人權」，而非具有明確政治與經濟目的的工具。這是因為七〇年代的南錐不只是新經濟模式的實驗場，也是晚進行動主義活動模式的實驗室：草根的國際人權運動。在迫使軍政府停止最惡劣的侵犯人權方面，這個運動無疑扮演重要的角色，然而只專注在罪行而忽視背後的原因，卻使人權運動反而協助芝加哥學派意識形態，幾乎毫髮無損地脫離它的第一個血腥實驗場。

這種兩難可以回溯到現代人權運動誕生的時刻，也就是一九四八年採用聯合國世界人權宣言（Universal Declaration of Human Rights）之時。這份宣言一寫出，很快就變成冷戰雙方各自攻訐的武器，指控對方是希特勒再世。一九六七年的新聞報導揭露，專注於蘇聯侵犯人權的傑出人權團體國際法學家協會（ICJ）並非自稱的公正仲裁者，而是暗中接受中情局的資助。

在這種複雜的背景下，國際特赦組織為自己擬定嚴格的公正原則：其資金將完全來自會員，並嚴格保持「獨立於任何政府、政治黨派、意識形態、經濟利益或宗教信仰之外」。為了證明該組織不會利用人權追求特定政治目標，組織章程明文規定同時「接納」三種良心犯，分別來自「共產國家、西方和第三世界國家」。國際特赦組織是當時整體人權運動的標竿，其立場是：侵犯人權是全球一致認定的罪惡，本身即是錯的，因此無需判定侵犯為什麼發生，只要盡可能詳細和可信地記錄。

此一原則反映在記錄南錐恐怖活動的方式。在祕密警察隨時監視和騷擾下，人權組織派遣代表到阿根廷、烏拉圭和智利，訪問數百名酷刑受害者和他們的家人；他們也想盡辦法進入監獄，因為獨立媒體被禁止進入，且軍政府否認罪行，這些證詞變成了原本沒有機會寫下來的原始歷史文獻。不過這些文獻雖然重要，內容卻有其限制：這些報告只記載了最令人厭惡的鎮壓方法，以及它們違反的聯合國規章。

國際特赦組織一九七六年的阿根廷報告雖然史無前例記錄了軍政府的殘暴，並因此使該組織獲得諾貝爾獎，但卻充分暴露範圍狹隘的問題。儘管報告內容忠實深入，卻未能交代侵犯人權的原因。報告問及，「何種程度的侵犯是必要或可解釋」的，可以用來維護國家「安全」——這些是軍政府對「骯髒戰爭」的官方理由。在檢驗證據後，報告作出結論說，左派游擊隊造成的威脅，絕對與國家採取的鎮壓程度不成比例。

但是還有其他理由讓暴力是「必要和可解釋」的嗎？國際特赦組織未加著墨。事實上，在九十二頁的報告中，該組織未提到軍政府正對國家進行激進的資本主義改造。這份報告並未評論貧窮加深或重分配財富計畫的大幅逆轉，雖然這些是軍政府統治的核心政策。報告仔細列舉軍政府違反公民權利的法律和命令，但不包括降低薪資和提高價格、侵犯食物與居住權利的命令，雖然這些權利也受聯合國規章保護。如果軍政府革命性的經濟計畫曾受到粗淺的檢驗，一定會暴露出為什麼軍政府必須採取額外的鎮壓，正如它也能解釋，為什麼這麼多國際特赦組織良心犯是和平的工會分子和社會工作者。

另一項重大遺漏是，國際特赦組織描述衝突只局限在軍方與左派極端分子。其他參與者完全未被提及——沒有美國政府或中情局；沒有本國地主；沒有跨國企業。在拉丁美洲實施「純」資本主義的大計畫，以及計畫背後勢力龐大的利益團體，都未被檢驗，使這份報告中記錄的殘暴完全不合情理——它們只是隨機發生、不受控制的不幸事件，在政治虛空中飄盪，雖被所有有良心的人所譴責，卻完全無法理解。

這股人權運動的每一面都在高度受限的環境下運作，儘管理由不盡相同。在受影響的國家內部，率先呼籲注意恐怖行動的人是受害者的親友，但他們能做的事極其有限。他們並未談到失蹤背後的政治或經濟目的，因為談論這些會使他們本身面臨失蹤的危險。在這麼危險的環境下挺身而出的人權活動團體，最著名的是「五月廣場的母親」（Madres de Plaza de Mayo），在阿根廷以「母親們」著稱。

她們每週在布宜諾艾利斯的政府建築外面示威時，不敢手持抗議牌——只是捧著失蹤孩子的照片，一旁寫著：「他們在哪裡？」在宗教聚會中，她們默默圍坐，戴著白色頭巾，上頭繡著她們孩子的姓名。許多母親有強烈的政治信念，但她們小心地不表達威脅政權的言論，只呈現母親的悲傷，和急於知道她們無辜的孩子被帶往何處。[1]

在智利，最大的人權團體是和平委員會（Peace Committee），由反對黨政治人物、律師和教會領袖組成。這些終身政治工作者知道，為終止酷刑和釋放政治犯奔走努力，只是一個更大鬥爭的一部分，最終的目標是誰能控制智利的財富。但為了避免成為軍政權的下一個受害者，他們放棄左派過去譴責資產階級的老套，學習使用「普遍人權」（universal human rights）的新語言。此種在北美和歐洲普遍被接受的觀念，擺脫了富人與貧民、弱者與強者、北方和南方的指涉，單純地主張人人都有公平審判和免於殘暴、非人道與悲慘待遇的權利。它不問為什麼，只是主張如此。從充滿法律術語與人類權利的人權論述中，他們發現在監獄的夥伴實際上是良心犯，其思想與言論的自由應該受到〈世界人權宣言〉第十八條和第十九條的保護。

對生活在獨裁統治下的人來說，這種新語言基本上是一種密碼，就像音樂家把政治訊息以隱晦的暗喻藏在歌詞裡，他們也以法律措辭偽裝他們的左派思想——一種不用提到政治而參與政治的方法。[2]

當拉丁美洲的恐怖手段引起迅速擴張的國際人權運動的關注時，那些行動主義者有他們大不相同的理由避免談論政治。

福特對上福特

不把國家恐怖的體制與其奉行的意識形態目標聯結在一起，是這段期間幾乎所有人權文獻的特色。儘管國際特赦組織的保留可以理解為在冷戰的緊張中嘗試保持公正，但對其他許多團體來說，還有另一個影響因素：錢。這類工作最大的資金來源是當時全球最大的慈善組織福特基金會。在六〇年代，該組織只花一小部分預算在人權上；但在七〇和八〇年代，基金會對拉丁美洲人權工作的貢獻高達驚人的三千萬美元。福特基金會以這些錢支持拉丁美洲的團體，例如智利的和平委員會，以及美洲觀察組織（Americas Watch）等總部設在美國的團體。

在軍事政變前，福特基金會在南錐的主要角色是資助訓練學者，大多數在經濟學和農業科學領域，並與美國國務院密切合作。福特基金會國際部副總裁蘇頓（Frank Sutton）解釋該組織的宗旨：「沒有現代化的菁英，就不可能有現代化的國家。」雖然這與扶植革命馬克思主義的替代品的冷戰邏輯完全吻合，福特的大部分學術援助也遵守極右派路線——拉丁美洲的學生被送到各式各樣的美國大學，對拉丁美洲大學的各種研究所也提供資助，包括以左傾聞名的大型公立大學。

但有幾個重要的例外。前面已討論過，福特基金會是芝加哥大學拉丁美洲經濟研究與訓練計畫的最大贊助者，而該計畫製造出數百個拉丁芝加哥男孩。福特也在聖地牙哥天主教大學贊助一個類似的計畫，目的是吸引鄰近國家的大學部經濟系學生，以便在智利的芝加哥男孩門下求學。這使得福特基金會不管是否刻意，成了在拉丁美洲散播芝加哥學派意識形態的主要資金來源，甚至遠超過美國政府的金援。

當芝加哥男孩在皮諾契的槍桿下取得權力後，福特基金會對它的評價並不是特別好。資助芝加哥男孩，是基於該基金會「為促進民主目標的實現而改善經濟研究機構」的宗旨。但福特在芝加哥和聖地牙哥協助建立的經濟研究機構，在推翻智利的民主政治卻扮演核心角色，過去培養的學生現在卻在一個震撼式的殘暴環境中，應用他們受到的美國教育。讓基金會更感棘手的是，這是在短短幾年內第二次它扶持的對象選擇以暴力奪取權力；第一次是蘇哈托的血腥政變後，柏克萊幫的迅速竄紅。

福特曾在印尼大學成立經濟學系，但福特的文件顯示，當蘇哈托掌控大權後，「幾乎所有該計畫培育的經濟學家都被徵召進入政府」。學系裡幾乎沒有人留下來教學生。在一九七四年，印尼發生民族主義暴亂，反對「外國顛覆」印尼經濟；福特基金會變成群眾憤怒的對象——許多人指出，福特基金會訓練蘇哈托的經濟學家，出賣印尼的石油與礦業財富給西方跨國公司。

在智利的芝加哥男孩與印尼的柏克萊幫間，福特得到的是不光彩的名聲：從兩個計畫畢業的學生，掌控的是世界上最惡名昭彰、最殘暴的右派獨裁政權。雖然福特不可能事先知道它訓練的畢業生會執行如此野蠻的暴政，但終究還是有人提出刺耳的質疑：為什麼一個致力於和平與民主的基金會，卻深深涉入獨裁政權和暴力。

不管是出於驚慌、社會良心或兩者兼而有之，福特基金會處理獨裁政權問題的手法堪稱好企業的典型：主動出擊。在七〇年代中期，福特從一家為所謂第三世界提供「技術專業」的製造者，轉型為人權活動的資助者。這種大變身在智利和印尼尤其顯得突兀。這些國家的左派被福特協助扶持的政權消滅後，只有福特資助新一代的人權律師，為釋放成千上萬被同樣政權所囚禁的政治犯而努力。

從福特經常妥協的歷史來看，它一頭栽進人權運動時，把這個領域的定義盡可能窄化並不令人意外。該基金會強烈偏愛那些宣稱以法律手段為「法治」、「透明化」和「優良治理」而奮鬥的團體。就像一位福特基金會的幹部指出的，該基金會在智利的態度是「我們如何做好工作而不涉入政治」。這不只因為福特原本就是保守的機構，習慣於與正式的美國外交政策合作而不悖離[3]，同時也是因為任何以智利鎮壓為目標的嚴肅調查，不可避免會直接溯及福特基金會，以及它將基本教義派經濟理念灌輸給智利統治者所扮演的核心角色。

另一個問題是，該基金會與福特汽車公司無法逃避的複雜關係，尤其是牽涉到工廠的活躍分子。今日，福特基金會已完全脫離汽車公司及其繼承人，但在五〇和六〇年代資助亞洲與拉丁美洲的教育計畫時並非如此。該基金會創立於一九三六年，資金來自三位福特汽車主管的股票捐獻，包括亨利與艾德索．福特（Edsel Ford）。隨著基金會財富增加，它開始獨立運作，但出脫福特汽車股票直到一九七四年才完成，當時是智利政變的次年，且印尼政變已是幾年前的事；福特家族直到一九七六年才退出基金會董事會。

在南錐，這些矛盾看起來十分超現實：一家與恐怖體制最密切來往的公司——被指控在廠房裡設置祕密酷刑設施，參與自己員工的失蹤——所遺留的慈善機構，卻是最好且經常是唯一終結最惡劣人權侵犯的機會。透過資助人權運動人士，福特基金會在那段期間拯救過無數人命。而且美國國會削減對阿根廷和智利的軍事支持，逐漸迫使南錐的軍政府減少使用最殘暴的鎮壓手段，至少有一部分要歸功於該基金會。但當福特伸出援手時，它的努力卻得付出代價，而這種代價——不管是否有自覺——就是人權運動思想上的誠實。該基金會決定參與人權運動但「不涉及政治」，因此製造了一種局限，使它幾乎不可能追問它所記錄的暴力：為什麼發生這種事？誰能獲利？

對於自由市場革命的歷史被傳述的方式，這種局限扮演了破壞的角色，導致它們在極度暴力環境下誕生的汙點大體上被遺漏。就像芝加哥學派經濟學家對酷刑三緘其口（那與他們的專業領域無關），人權團體也很少提及發生在經濟領域的激進轉變（那超出他們狹窄的法律視野）。

鎮壓與經濟實際上是一個不可分割的計畫，這個觀念只反映在這段期間的一項重大報告：《巴西：毋忘教訓》。值得注意的是，它是唯一非由國家或外國基金會發表的真相委員會報告。它根據的是軍方的法庭紀錄，由勇氣過人的律師和教會活動分子，在國家仍處於獨裁統治的情況下，經過多年影印得來。在詳細記述一些最可怕的罪行後，報告的作者提出其他人刻意逃避的核心問題：為什麼？他們平舖直述地回答：「因為經濟政策極度不受人口中最多數群體的歡迎，所以不得不藉暴力來執行。」

在獨裁統治期間深入扎根的激進經濟模式，後來證明比執行它的將軍們還頑強。士兵回到他們的軍營以後很久，拉丁美洲人也已經可以再度選舉他們的政府，芝加哥學派理論的根仍然牢牢抓住這塊土地。

阿根廷新聞記者兼教育家阿庫納（Claudia Acuna）告訴我，在七〇年代和八〇年代很難完全瞭解暴力並非軍政府的目標，而是手段。「他們侵犯人權如此令人髮指，如此不可思議，阻止他們當然是當務之急。但是雖然我們已經能摧毀那些祕密酷刑營，卻無法摧毀軍政府創造的經濟計畫，直到今日仍是如此。」

正如華殊的預測，到最後，「計畫性悲劇」所奪走的人命將多於子彈所奪走。以一個比喻來看，拉丁美洲南錐在七〇年代發生的事被以謀殺現場來看待，但事實上它卻是極度暴力的武裝搶劫現場。

阿庫納告訴我：「那就好像以失蹤者的血跡，來掩飾經濟計畫的代價。」

有關「人權」能否真的與政治和經濟分開的辯論，並非只發生在拉丁美洲；每當國家以酷刑作為政策武器時，這些問題就會浮現。儘管環繞著層層迷霧，加上想以無關政治的脫序行為來看待它的衝動也可以理解，但酷刑並不特別複雜或神祕。我們可以相當準確地預測，每當一國的獨裁者或外國占領者缺乏統治所需的共識時，酷刑這種最殘酷形式的高壓統治工具就會出現：菲律賓的馬可仕、伊拉克的海珊、占領阿爾及利亞的法國、在占領區的以色列人、在伊拉克和阿富汗的美國，例子不勝枚舉。大規模虐待囚犯實際上就是明確的跡象，顯示政治人物嘗試實施一套大多數被統治者反對的體制——不管是政治、宗教或經濟體制。就像生態學家藉特定的植物與鳥類「指標物種」（indicator species）來定義生態系統，酷刑就是一個施行極度反民主計畫的政權的指標，就算這個政權是透過選舉而取得政權也能適用。

作為審訊時取得資訊的手段，酷刑的不可靠已人盡皆知，但用來恐嚇和控制人民，沒有比酷刑更有效的方式。基於這個理由，在五〇年代和六〇年代，法國的自由派對本國士兵用電擊和水刑對付阿爾及利亞解放戰士義憤填膺，卻不設法解決酷刑根本原因的占領，讓許多阿爾及利亞人逐漸失去耐性。一九六二年，法國律師哈理密（Gisele Halimi）為數名遭強暴並在監獄受到酷刑的阿爾及利亞人辯護，他激憤地寫道：「所有空談都是相同的陳腔濫調：從酷刑在阿爾及利亞使用以來，說的是相同的話，表達的是相同的氣憤，公眾抗議是相同的聲調，相同的承諾。這些例行公事並未阻止任何電擊或水刑；對遏阻使用它們的人也絲毫未產生影響。」西蒙．波娃（Simone de Beauvoir）寫到同一主題也表達相同看法：「以道德之名抗議『過當』或『濫用』是錯的，這暗示了積極的共犯。沒有『濫用』

或『過當』，只有一個無所不在的體制。」

她的論點是，占領無法以人道的方式達成；違背人的意志的統治絕非人道。西蒙·波娃寫道，有兩個選擇：接受占領及執行它所需的手段，「否則便是拒絕，不只是拒絕某些具體的作法，而是拒絕容許它們存在，拒絕非得採取這些作法的更大目標」。今日的伊拉克和以色列／巴勒斯坦也面對同樣明顯的選擇，而在七〇年代的南錐，這更是唯一的選擇。就像沒有溫和仁慈的方法可以違背人的意志而占領，要奪走數百萬人尊嚴過活所需的事物——芝加哥男孩決心做的事——也無法以和平方法達成。搶奪，不管是土地或生活方式，就需要動用武力，或至少需要令人相信的威脅；所以強盜會帶槍，並經常使用。酷刑令人厭惡，但往往是達成特定目標的高度理性方式；事實上，它可能是達成那些目標唯一的方法。這引發一個更深刻的問題，一個當時在拉丁美洲許多人無法問的問題。新自由主義原本就是一種暴力的意識形態嗎？它的目標是否有什麼成分，會導致此種暴力的政治整肅，和伴隨而來的人權清洗運動的循環？

這個問題最動人的證詞之一來自托馬塞拉（Sergio Tomasella），他是菸農兼前阿根廷農地聯盟祕書長，曾遭到酷刑和監禁長達五年，並牽連他的妻子和許多朋友及家族成員。[4]一九九〇年五月，托馬塞拉搭乘深夜巴士從布宜諾艾利斯到農業省分柯利安特斯（Corrientes），準備在阿根廷反除罪法庭上發表意見，該法庭當時正聽取獨裁統治期間侵犯人權的證詞。托馬塞拉的證詞與其他人不同，他穿著農場的衣服和工作靴站在都市聽眾前，解釋為什麼他是一場長期戰爭的受害者；這場戰爭一方是想要土地以開闢合作農場的貧窮農民，另一方則是勢力龐大、擁有當地省分一半土地的牧場業主。「戰線是連續不斷的——那些從印地安人手上奪走土地的人，繼續藉他們的封建結構壓迫我們。」

他堅稱自己與農地聯盟的會員同伴所遭受的虐待，不能與毆打他們身體和摧毀他們運動網絡背後的龐大經濟利益切割。因此他不願指出虐待他的士兵姓名，寧可指出那些靠著阿根廷對外的經濟依賴而獲利的本國和外國大企業。「外國獨占公司強迫我們購買穀物和汙染土地的化學品，強迫我們接受科技和意識形態。這些全都透過擁有土地並控制政策的寡頭統治者。但我們必須知道，寡頭統治者也受到這些獨占公司的控制，同樣的福特汽車、孟山都（Monsanto，編按：全球最大的基因改造作物公司）和菲利普莫理斯（Philip Morris，編按：美國菸草公司）。我們必須改變的是結構。這是我來這裡必須譴責的。就是這樣。」

聽眾爆出熱烈的掌聲。托馬塞拉以如下的話總結他的證詞：「我相信，真理與正義經歷許多世代後，終究會獲勝。如果要在這場戰鬥中死去，我甘之如飴，但總有一天我將得勝。同時，我會知道敵人是誰，而敵人也知道我是誰。」

芝加哥男孩七〇年代的第一場冒險，應該被當成是對人類的警告：他們的思想極其險惡。由於這種意識形態在第一個實驗場的罪行就沒有責任承擔，使那些不知悔改的理論家培育出來的次代弟子得以逃過刑責，繼續遊走世界尋找下一次的征服。今日我們再度生活在政商聯手大屠殺的時代，許多國家遭受大規模的軍事暴力，並以審慎計畫的手段改造它們成為「自由市場」經濟體；失蹤和酷刑也捲土重來。同樣的，建立自由市場的目標與使用這種殘暴手段的必要性，仍被視為完全無關。

1 在獨裁統治結束後，「五月廣場的母親」變成阿根廷新經濟秩序最嚴厲的批判者之一，直到今日仍是如此。

2 即使採取這類預防措施，人權行動主義者仍無法免於恐怖迫害。智利的監獄關滿人權律師，而在阿根廷，軍政府派遣一名高階酷刑手滲透到「五月廣場的母親」組織，假扮成悲傷的家屬。在一九七七年十二月，該組織遭突擊；十二位母親永遠失蹤，包括組織領導人達文森提（Azucena de Vicenti）和兩位法國修女。

3 在一九五〇年代，福特基金會經常扮演中情局的門面組織，允許中情局輸送資金給反馬克思主義學者和藝術家，而這些人並不知道錢來自何處，這種做法在桑德斯（Frances Stonor Saunders）寫的《文化冷戰》（*Cultural Cold War*）中斑斑可考。國際特赦組織並未接受福特基金會資助；最激進的拉丁美洲人權捍衛者「五月廣場的母親」也未在資助名單。

4 有關這段記述，我必須感謝費特羅維茲發人深省的書《恐怖辭典》（*A Lexicon of Terror*）。

第三篇

苟延的民主：法律製成的炸彈

The Shock Doctrine

PART 3

國家間的武裝衝突令我們害怕，但經濟戰爭和武裝衝突一樣恐怖。就像外科手術一樣，經濟戰爭是持久的折磨，其破壞力的可怕絲毫不亞於文學作品描述的戰爭。我們完全沒想過另一種戰爭，因為我們已習慣於其致命的影響……反戰的運動聲勢浩大，我祈求它能成功，但我忍不住憂心如焚，害怕如果它未能觸及所有邪惡的根源——人的貪婪——則運動終歸會失敗。

——甘地，〈非暴力——最偉大的力量〉

（Non-Violence — The Greatest Force），一九二六年

第六章

THE SHOCK DOCTRINE

因戰爭而獲救

柴契爾主義與有用的敵人

元首即決定國家進入緊急狀態的人。

——史密特（Cart Schmitt），納粹律師

芝加哥學派的守護聖人海耶克一九八一年訪問智利回國時，他對皮諾契和芝加哥男孩的印象好到讓他坐下來，寫了一封信給他的朋友英國首相柴契爾夫人（Margaret Thatcher）。他敦促她以南美洲國家為模型來轉變英國的凱因斯經濟體制。柴契爾和皮諾契後來建立堅定的友誼，皮諾契面對大屠殺、酷刑和恐怖主義的控訴後，柴契爾還曾親往探視這位遭軟禁的老將軍。

柴契爾很熟悉她所稱的「智利經濟卓越的成功」，並形容它是「令人刮目相看的經濟改革典範，讓我們可以從中學到許多教訓」。但儘管她對皮諾契很推崇，在海耶克首次建議她仿效震撼療法政策時，柴契爾並未信服。一九八二年二月，柴契爾在一封給她的思想導師的私人信函中，坦率解釋問題

所在：「我相信你會同意，在英國我們實施民主體制，並且需要高度的合議，一些在智利採用的方法在這裡相當不可行。我們的改革必須符合我們的傳統和憲法。有時候程序可能顯得緩慢得令人受不了。」

結論是，芝加哥學派的震撼療法在英國這種民主政治就是行不通。柴契爾當時第一任任期已進入第三年，民調數字滑落，因此絕不會甘冒下次選舉慘敗的風險，採取海耶克提議的激進或不得民心的措施。

對海耶克和他所代表的運動，這是令人失望的評估。南錐的實驗已帶來如此可觀的獲利，雖然獲利的只是少數人，但日益全球化的跨國公司對新領土的胃口卻極其飢渴——不僅是對開發中世界，也對西方的富裕國家，在那裡國家掌控的資產還更豐饒，可以轉變成營利的事業：電話、航空、電視頻道、電力公司等。如果有人可以在富裕世界推動這個目標，那就非英國的柴契爾或美國當時的總統雷根（Ronald Reagan）莫屬。

一九八一年，《財星》雜誌刊登一篇文章讚揚「智利的雷根經濟學美麗新世界」，稱許聖地牙哥「閃閃發亮、滿是奢侈品的商店」和「嶄新發亮的日本汽車」，但對遍及各地的鎮壓和貧民窟快速擴展卻視若無睹。文章問：「我們從智利的正統派經濟實驗可以學到什麼？」然後立即提供正確的答案：「如果一個小型未開發國家能藉競爭優勢理論生存，那麼我們資源遠為雄厚的經濟當然也能。」

不過，就像柴契爾給海耶克的信已明白指出的，事情並非如此簡單。民選領導人必須擔心選民對他們工作表現的評價，而這種評價每隔一段時間就會舉行。在八〇年代初，即使雷根和柴契爾掌權，海耶克和傅利曼也扮演有影響力的顧問，在南錐以如此凶殘的暴力實施的激進經濟政策，能不能在英國和美國推動仍是一大問題。

時間往前推移十年，傅利曼和他的運動曾遭到重大挫折，而當時掌權的人是尼克森，這次挫折似乎已證實上述這一點。雖然尼克森曾協助芝加哥男孩在智利取得權力，在國內他卻採取大不相同的路線——傅利曼日後從未原諒他的表裡不一。尼克森一九六九年上任時，傅利曼以為他領導國內反革命對抗新政遺緒的時代終於來臨。傅利曼寫信給尼克森：「很少總統表達的思想，與我的理論如此契合。」兩人定期在橢圓辦公室會面，而且尼克森任命幾位與傅利曼志同道合的友人和同僚擔任重要經濟職務。其中一位是芝加哥大學教授舒茲（George Shultz），由傅利曼協助招攬來為尼克森工作；另一位是當時三十七歲的倫斯斐。在六〇年代，倫斯斐常參加芝加哥大學的座談會，也就是他日後常以虔誠恭敬的語氣描述的聚會。倫斯斐形容傅利曼和他的同僚為「一群天才」，他和其他自稱「小狗」（young pups）的人則「進來趴在他們腳下學習……我感覺自己如此受到恩寵」。有得意門生制訂政策，加上與總統緊密的私人情誼，傅利曼有充分理由相信，他的構想即將在全世界最強大的經濟體付諸實行。

然而在一九七一年，美國經濟陷於不景氣；失業率居高不下，通貨膨脹推升物價飆漲。尼克森知道如果他採行傅利曼的放任主義建議，數百萬憤怒的人民將投票讓他下臺。他決定設定基本民生項目的價格上限，例如房租和石油。傅利曼氣急敗壞：在所有可能的政府「扭曲」中，價格控制絕對是最惡劣的。他形容它們是「能摧毀經濟體系運作能力的癌症」。

更令他顏面掃地的是，這些凱因斯政策的執行者竟是他的弟子：倫斯斐負責薪資與物價控制計畫，並對當時擔任管理與預算局（Office of Management and Budget）局長的舒茲負責。有一次，傅利曼打電話給在白宮的倫斯斐，痛斥他以前的「小狗」。據倫斯斐轉述，傅利曼指示他：「你必須停止正在做的事。」這位新手技術官僚回答說，政策似乎很管用──通貨膨脹逐漸下降，經濟開始成長。傅利曼駁斥那是最不可饒恕的罪惡：「人們會想到是你在做這些……他們會學到錯誤的教訓。」民眾確實如此，而且他們在次年以六〇%的選票讓尼克森連任成功。尼克森在第二任還繼續撕碎更多傅利曼的正統派理論，通過一連串新法以實施更高的產業環保與安全標準。「我們現在都是凱因斯派」已成了尼克森的名言──也是對傅利曼最無情的一刀。這種背叛之痛，深切到讓傅利曼日後形容尼克森為「二十世紀美國最支持社會主義的總統」。

尼克森的任期對傅利曼是慘痛的教訓。這位芝加哥大學的教授已建立一個以資本主義和自由為公式的運動，但自由的人民似乎不願把選票投給採行他的建議的政治人物。更糟的是，只有獨裁統治──自由幾乎蕩然無存的地方──的政府願意實施純自由市場教條。因此在他們為國內的背叛痛心時，芝加哥學派的領導人只能藉著軍政府一路顛躓走過七〇年代。幾乎在每個右派軍事獨裁者掌權的地方，都可以感受到芝加哥大學的存在。哈伯格一九七六年在玻利維亞軍政府擔任顧問，一九七九年接受阿根廷吐庫曼（Tucuman）大學的榮譽學位，當時阿根廷的所有大學已在軍政府控制之下。在更偏遠的田野，他還擔任印尼蘇哈托與柏克萊幫的顧問。高壓統治的中國共產黨決定轉型成市場經濟時，傅利曼曾為它寫過一套經濟自由化計畫。

加州大學堅定的新自由派政治學家哈佳德（Stephen Haggard）承認一個「悲傷的事實」：「開發中世界的一些最廣泛的改革計畫，都緊接在軍事政變之後進行」──這是說，除了南錐和印尼以外。他列舉土耳其、南韓和迦納（Ghana）。其他成功的例子雖未發生在軍事政變後，也都是在一黨獨大的國家，如墨西哥、新加坡、香港和臺灣。與傅利曼的核心主張恰好相反，哈佳德下結論說：「好事——例如民主政治和市場導向的經濟政策——不見得成雙。」在八〇年代初，確實沒有任何多黨民主政治國家轉向全面化的自由市場。

開發中世界的左派分子長期以來宣稱，純正的民主政治——有公平的規範避免企業買票——必然帶來致力於財富重分配的政府。這個邏輯十分簡單：在這類國家，窮人一定遠多於富人。直接重分配土地和提高薪資的政策、而非滴漏式（trickle-down）經濟體，顯然符合貧窮多數人的自我利益。公民有了投票權和合理的公平程序，他們將選出最可能創造就業和分配土地的政治人物，而非更多自由市場的承諾。

基於這些原因，傅利曼花了許多時間思考一個思想的矛盾：身為亞當．斯密（Adam Smith）的傳人，他堅決相信人類是被自利所驅動，而當幾乎所有活動都以自利原則來管理時，社會的運作將臻於完美——除了一種叫投票的小活動之外。由於世界上大多數人在他們的國家不是貧窮就是所得低於平均水準（包括美國人），投票給承諾把經濟頂層的財富重分配給他們的人，勢必最符合他們的短期自利。傅利曼的長期友人梅爾澤（Allan Meltzer）是一位貨幣主義經濟學家，他解釋這個難題說：「選票的分配比所得更平等……所得水準中間或以下的選民，可以從轉移所得給自己而獲利。」梅爾澤將多數人的這種投票結果描述為「民主政府和政治自由的部分成本」，但他說：「傅利曼夫婦（密爾頓和他妻子羅絲）違逆這股強勁的潮流。他們無法阻止或扭轉它，但他們對大眾和政治人物的想法與行為，造成的影響遠超過大多數人。」

在大西洋彼岸，柴契爾藉提倡後來耳熟能詳的「所有權社會」（the ownership society），嘗試建立英國版的傅利曼主義。這些努力著重在英國的公共住宅，或叫公營社區（council estates）。柴契爾提出一套反對國宅的理論，認為國家不應在住宅市場扮演角色。公營社區住滿不會投票給保守黨的典型選民，因為那不符合他們的經濟自利原則；柴契爾相信如果把他們帶進市場，他們會開始認同反對重分配的富人利益。主意打定後，她對公共住宅的居民提供強烈誘因，以降低的價格把房子賣給他們。部分人變成屋主，但其他人卻必須面對幾乎是過去兩倍的房租。這是一套「分而擊之」的策略，而且果然奏效：租屋者繼續反對柴契爾，英國大城市街頭的無家可歸者明顯增加，但民調顯示，超過半數的新屋主改變政黨傾向，轉而支持保守黨。

雖然出售公共住宅為極右派經濟學在民主政治下的發展提供一線希望，柴契爾在第一任任期快結束時，職位仍然岌岌不保。在一九七九年，她以「勞工沒工作」作為競選口號，但到一九八二年，失業人數在她治理期間增加一倍，通貨膨脹也是如此。她嘗試挑戰英國勢力最龐大的煤礦工人工會，但未能成功。在位三年後，柴契爾發現她的支持率跌到只有二五％——比小布希最低時還低，也是有民意調查以來支持度最低的英國首相。對整個柴契爾政府的支持度更跌到只有十八％。隨著大選迫近，柴契爾主義眼看就要提早夭折，距離保守黨達成雄心勃勃的大規模私有化以及和粉碎藍領工會的目標還遙遙無期。就是在這種艱困考驗的情況下，柴契爾寫信給海耶克，禮貌地告訴他，智利式的轉型在英國「相當不可行」。

柴契爾第一任的慘狀似乎進一步證實尼克森時代的教訓：芝加哥學派激進而高獲利的政策，無法在民主體制下存活。顯而易見的是，成功實施經濟震撼治療有賴其他種類的震撼配合——不管是軍事政變，或高壓統治建立的酷刑室。

這對華爾街是特別令人憂心的情景，因為在八〇年代初，世界各地的獨裁政權正紛紛垮臺——伊朗、尼加拉瓜、厄瓜多、祕魯、玻利維亞——而且更多國家將步其後塵，形成保守派政治學家杭廷頓（Samuel Huntington）所稱的「第三波」（third wave）民主化浪潮。這些都是值得憂慮的發展——如何不靠民粹主義政策而能阻止另一個阿葉德崛起、贏得選票和支持？

華府一九七九年目睹了這種場景在伊朗和尼加拉瓜發生。在伊朗，美國支持的國王被左派與伊斯蘭教派分子的聯盟推翻。雖然人質事件和什葉派領袖占據媒體報導，但經濟面的政策也引起華盛頓警覺。伊朗的伊斯蘭政權尚未轉變成完全的獨裁統治，但已把銀行業國有化，並開始實施土地重分配計畫。它也管制進口和出口，逆轉前國王的自由貿易政策。五個月後在尼加拉瓜，美國支持的蘇慕薩（Anastasio Somoza Debayle）獨裁政權遭平民暴動推翻，建立了左派桑定（Sandinista）政府。桑定控制進口，並且和伊朗一樣把銀行業收歸國有。

這對全球自由市場的夢想是一大惡兆。到八〇年代初，傅利曼的追隨者面對的前景是，他們不到十年的革命可能被一波新的民粹主義浪潮淹沒。

戰爭變成救兵

柴契爾寫信給海耶克六週後發生的事，改變了她的主意，也改變了政商財團十字軍的命運：一九八二年四月，阿根廷入侵曾被英國殖民統治的福克蘭群島。福克蘭戰爭，或阿根廷人所稱的馬維納斯（Malvinas）戰爭，在歷史上對英國是一場勝利，但戰役規模相當小。在當時，福克蘭群島沒有戰略上的重要性。這些阿根廷外海的島群距離英國數千英里，防守和維護的成本極高。它對阿根廷用處也不大，雖然在海域之內有一個英國前哨站被認為有辱國家尊嚴。阿根廷傳奇作家波赫士（Jorge

Luis Borges）辛辣地形容這場領土爭端是「兩個禿頭男人爭一把梳子」。

從軍事觀點，這場歷時十一週的戰爭似乎沒有任何歷史重要性。不過，為人忽略的是，戰爭對自由市場計畫的影響卻極其深遠：福克蘭戰爭給了柴契爾所需的政治掩護，讓她得以進行一場在西方自由民主體制首見的激進資本主義轉型。

衝突的雙方都有充分理由想打一場戰爭。在一九八二年，阿根廷的經濟因為不堪外債和貪腐而瀕臨崩潰，且人權運動勢力日益高漲。由格爾蒂埃里（Leopoldo Galtieri）將軍領導的新軍政府判斷，唯一比軍政府持續鎮壓民主所招致的憤怒還要強大的力量，就是反帝國主義情緒，因此格爾蒂埃里在英國拒絕放棄群島時便巧妙地激化反英情緒。不久後，軍政府把阿根廷的藍白國旗插上那些岩石嶙峋的外島上，舉國隨之一片歡騰。

當阿根廷宣稱占領福克蘭群島的消息傳來，柴契爾發現那是扭轉她政治前途的最後希望，並立即進入邱吉爾式的戰鬥模式。在這之前，她只表達過對福克蘭群島增加政府財政負擔頗不以為然。她曾削減對群島的撥款，並宣布大幅縮小海軍編制，包括防衛福克蘭群島的武裝艦隊——這些舉動被阿根廷將領視為顯然英國願意讓出這塊領土。（柴契爾的傳記作者之一描述她的福克蘭政策「無異於邀請阿根廷侵略」。）在備戰期間，政治界全面批評柴契爾想利用軍事行動達成個人政治目的。工黨下議院議員班恩（Tony Benn）說：「看起來愈來愈像唯一攸關的是柴契爾夫人的名聲，而與福克蘭群島毫無關係。」立場保守的《金融時報》（*Financial Times*）則指出：「可悲的是，這個議題正迅速與英國內部本身的政治歧見混淆，而與眼前的事件無關。牽涉其中的不只是阿根廷政府的尊嚴，英國保守黨政府的名聲、甚至存續，也牽連在內。」

然而儘管在備戰時有這些合理的質疑，一旦軍隊部署完成，整個國家立即捲入一項工黨決議文所形容的「侵略主義、軍國主義的心智狀態」，把福克蘭群島視為英國沒落帝國最後的一抹光輝。柴契爾稱許舉國充滿「福克蘭精神」，實際上這表示「甩掉這婊子」的怒罵漸漸平息，而「去你的軍政府！」的T恤銷路卻一路長紅。倫敦和布宜諾艾利斯都未認真嘗試避免攤牌。柴契爾不理會聯合國，就像布希和布萊爾日後在伊拉克戰爭前的反應，他們對制裁或談判都不感興趣，雙方感興趣的都只有光榮勝利的結果。

柴契爾是為她的政治前途而戰——而且她大獲全勝。福克蘭群島的勝利奪去二百五十五名英國士兵和六百五十五名阿根廷士兵的性命，但柴契爾被捧為戰爭英雄，「鐵娘子」的稱號從侮辱轉變成高度推崇。她的民調數字也明顯改變。柴契爾的個人支持率在戰爭過程翻升逾一倍，從初期的二五％到結束時攀至五九％，為她在次年的選舉打下壓倒性勝利的基礎。

英國軍方在福克蘭群島的反侵略代號叫「企業行動」（Operation Corporate），雖然對軍事行動來說有點古怪，但結果證明有先見之明。柴契爾利用勝利為她帶來的強大支持，推動她在戰前告訴海耶克不可能推動的政商財團革命。當煤礦工人一九八四年罷工時，柴契爾把僵局塑造成阿根廷戰爭的延續，呼籲採用類似的嚴厲解決方法。她宣稱：「我們不得不對抗福克蘭群島的外部敵人，現在我們必須對抗內部的敵人，雖然他們更難應付，但對自由的危害卻一樣大。」柴契爾動員所有的國家力量對付罷工者，包括在一場對峙中派遣八千名揮舞警棍的鎮暴警察，其中有許多人騎馬，突擊一道工廠糾察線，造成約七百人受傷。在漫長的罷工期間，受傷者達到數千人。正如《衛報》（*The Guardian*）記者密恩（Seumas Milne）對罷工的完整報導《內部的敵人：柴契爾對抗煤礦工人的祕密戰爭》所述，首相要求情報單位加強對工會的監視，尤其是激進的工會主席史卡吉爾（Arthur Scargill），結果便是「英國有史以來最野心勃勃的反監視行動」。工會遭到許多情報人員和告密者滲透，所有電話遭竊聽，包括工會領導人的住家，甚至經常光顧的炸魚薯條餐廳。一位工會主要幹部在下議院被指控是軍情五處（MI5）派來的特工，想「顛覆和破壞工會」，雖然他否認這項指控。

罷工期間的英國財政大臣勞森（Nigel Lawson）在十年後解釋，當時柴契爾政府視工會為敵人，他說：「就像在一九三〇年代末為面對希特勒的威脅而備戰。我們必須有所準備。」和福克蘭戰爭一樣，柴契爾對談判不感興趣，一心只想打破工會，不管代價多高（每天增派三千名警力的成本確實很高）。站在衝突第一線的代理警佐奈勒形容那是「一場內戰」。

到一九八五年，柴契爾也打贏了這場戰爭：工人因為挨餓而無法持續抗爭；最後有九百六十六人遭解僱。這對英國最強大的工會是毀滅性的挫敗，並對其他人發出明確的訊息：如果柴契爾不惜一切代價打破全國仰賴照明和取暖的煤礦工人工會，生產較不重要產品與服務的弱勢工會膽敢挑戰她的新經濟秩序，將無異於自殺，聰明的話還是接受提供的任何條件。這個訊息和雷根上任幾個月後面對航空管制員罷工所發出的訊息極為相似。雷根說，航管員不肯上工已「喪失他們的工作權利，將被解除職務」。然後他出手一次便解僱了一萬一千四百名美國最重要的員工——美國勞工運動直到今日仍未從這次震撼中完全復原。

在英國，柴契爾把她在福克蘭群島和對煤礦工人的戰果，加碼押在她達成激進經濟目標的大躍進上。從一九八四年到一九八八年，英國政府把英國電信、英國天然氣、英國航空、英國機場管理局和英國鋼鐵等大企業私有化，並出售持有的英國石油股份。

就像二〇〇一年九月十一日的恐怖攻擊，為一位不得民心的總統創造推動大規模私有化的機會一樣（在小布希的例子是安全、戰爭和重建的私有化），柴契爾利用她的戰爭推行西方民主國家首見的私有化大拍賣。這才是有歷史意義的真正「企業行動」。柴契爾成功利用福克蘭戰爭，是無需軍事獨裁統治和酷刑室就能推動芝加哥學派經濟計畫的明證。她證明只要有規模夠大的政治危機可以鼓動，有限版的震撼治療也能在民主政體實行。

不過，柴契爾仍然需要一個敵人來團結國家，一個極端的情勢可以合理化她採取緊急措施和鎮壓手段——一個讓她看起來強悍而果斷、而非殘暴而壓制的危機。戰爭完美地達成她的目的，但福克蘭戰爭在八〇年代只是一個異常事例，一個早期殖民衝突的返祖現象。如果八〇年代是許多人宣稱的和平與民主新紀元的黎明，那麼福克蘭式的衝突將不夠頻繁，不足以形成一股全球政治風潮的基礎。

傅利曼在一九八二年寫下一段影響深遠的話，最適合用來總結震撼主義：「只有危機會造成實質改變，無論是具體的危機或感覺上是危機。當危機發生時，採取的行動決定於周圍可得的想法。我相信這就是我們這些人的基本功用：發展出既有政策的替代方案，讓它們保持活躍而且可得，直到政治上的不可能變成政治上的不可避免。」這些話將變成他的運動在新民主時代的某種咒語。梅爾澤詳細解說這種哲學：「理念是替代方案，等待著危機出現以作為改變的觸媒。傅利曼的影響模式就是讓理念取得正當性，使它們可以忍受，並在機會出現時值得努力實現。」

傅利曼理想中的危機並非軍事危機，而是經濟危機。他瞭解在正常情況下，經濟決策是根據互相競爭的利益之間的推與拉——想要工作與加薪的工人、想要降低稅率和解除管制的僱主，以及必須在這些競爭勢力間取得平衡的政治人物。不過，如果經濟危機發生而且十分嚴重——貨幣崩潰、市場崩盤和大衰退——會把所有秩序打亂，而領導人便能以國家急難之名，採取一切必要措施（或宣稱的必要措施）。從某一方面看，危機就是無民主區（democracy-free zone）——這是承平政治之間的空隙，對合議與共識的需要此時似乎並不適用。

市場崩盤可扮演革命性改變的觸媒這種想法，在極左派有悠久的溯源，最為人熟知的是布爾什維克的理論，認為惡性通貨膨脹因為摧毀了貨幣的價值，把大眾更進一步帶向資本主義本身的毀滅。這種理論解釋了為什麼特定傳承的左派分子，隨時在預測資本主義會在何種情況陷於「危機」，就像福音教派的基督徒永遠在等待開悟的跡象。在八〇年代中期，這種共產主義的想法開始經歷強烈的復甦，由芝加哥學派的經濟學家接手，宣稱就像市場崩盤可以促成左派的革命，它們也可以用來激發右派的反革命。這套理論後來被稱為「危機假說」。

傅利曼對危機的興趣顯然也是想向大蕭條後左派的勝利學習：市場崩潰後，過去在荒野中疾呼的凱因斯及其門徒，已經準備好他們的思想和解決方案——新政。在七〇年代和八〇年代初，傅利曼和他的企業贊助者曾嘗試效法這個過程，準備好他們獨家品牌的災難理論。他們不辭勞苦地建立一個新右派智庫網絡，包括傳統基金會與卡托研究所，並製作了散播傅利曼思想的重要工具，例如美國公共電視網（PBS）十集的《選擇的自由》（*Free to Choose*）電視節目——由一些世界上最大的企業贊助，包括蓋帝石油（Getty Oil）、汎世通輪胎（Firestone）、百事可樂、通用汽車、貝泰（Bechtel）和通用磨坊（General Mills）。當下一個危機發生時，傅利曼決心要讓他的芝加哥男孩都已經準備好理念和解決方案。

在他首度提出危機理論的八〇年代初，美國正陷於經濟衰退，受到高通貨膨脹和失業的雙重打擊。而今日稱作雷根經濟學的芝加哥學派政策，在華盛頓確實勢力龐大。但即使是雷根也不敢實行傅利曼夢想的全面震撼治療，如同他在智利所開出的藥方。

同樣的，拉丁美洲國家將再度成為傅利曼危機理論的試驗場——這一次將不是由芝加哥男孩帶領，而是新一代的震撼醫生，一種較適合新民主時代的震撼醫生。

第七章
THE SHOCK DOCTRINE

新震撼醫生
經濟戰爭取代獨裁統治

玻利維亞的情勢可以很貼切地以罹患癌症的病人來比喻。他知道自己面對最危險和痛苦的手術，因為貨幣穩定措施和幾種別的措施無疑是既危險又痛苦。然而他別無選擇。

——森達格（Cornelius Zondag），
美國駐玻利維亞經濟顧問，一九五六年

在政治論述中使用癌症會鼓勵宿命論，和為「嚴厲的」措施合理化——同時大為強化這種疾病必然會致命的普遍看法。疾病的概念從來就不單純。但值得爭論的是，癌症的隱喻本身就隱含著集體屠殺。

——蘇珊．宋塔（Susan Sontag），《疾病的隱喻》
（*Illness as Metaphor*），一九七七年

一九八五年，玻利維亞置身於席捲開發中世界的民主浪潮。在之前二十一年中有十八年，玻利維亞人生活在某種形式的獨裁統治。現在他們終於有機會在全國大選中選擇自己的總統。

不過，在這個特定時機贏得掌控玻利維亞經濟的大權，看起來像是懲罰而非獎賞：它的債務高到玻利維亞積欠的利息超過國家總預算。在一年前的一九八四年，雷根政府資助一項史無前例的行動，攻擊該國種植可提煉出古柯鹼的古柯農，而把這個國家推過邊緣。這場圍剿把玻利維亞的一大部分變成戰區，不只是斷絕了古柯交易，也切斷約半數的出口收入，引發經濟崩盤。正如《紐約時報》報導：「陸軍在八月開進查帕爾（Chapare），截斷毒品走私資金的路線時，震波立即重創欣欣向榮的美元黑市……占領查帕爾不到一週，政府被迫調降披索的官方匯價超過一半。」幾個月後，通貨膨脹上揚十倍，成千上萬人離開這個國家，前往阿根廷、巴西、西班牙和美國找工作。

就是在這種動盪不安的情況下（通貨膨脹率高達一四〇〇〇％），玻利維亞進入它歷史性的一九八五年全國選舉。玻利維亞人對這場選舉的兩位競爭者都很熟悉——一位是他們的前獨裁者班塞爾（Hugo Banzer），另一位是前民選總統埃斯登索羅（Victor Paz Estenssoro）。得票數極為接近，最後結果將交由玻利維亞國會決定，但班塞爾的政黨相信他們已經獲勝。在結果尚未宣布前，班塞爾的政黨求助於一位籍籍無名的三十歲經濟學家沙克斯（Jeffrey Sachs），請他擬訂一套反通貨膨脹經濟計畫。沙克斯是哈佛經濟學系竄升的明星，曾獲得許多學術獎項，並且是哈佛歷來最年輕的終身職教授。幾個月前，玻利維亞政界的代表團訪問哈佛，沙克斯抓住這個機會；他們對他的虛張聲勢印象深刻——他告訴代表團，他可以一天內扭轉他們的通貨膨脹危機。沙克斯沒有發展經濟學的經驗，但他自己承認，對於通貨膨脹，「我以為我知道需要知道的一切」。

沙克斯曾深受凱因斯的著作影響，尤其是詮釋惡性通膨與法西斯主義在一次大戰後的德國蔓延的關係。德國接受的和平協議帶來嚴重的經濟危機——包括一九二三年高達三百二十五萬個百分點的惡性通膨——接著幾年後又發生大蕭條。在失業率三〇％和舉國瀰漫國際陰謀論的憤怒下，德國變成孕育納粹主義的沃土。

沙克斯喜歡引述凱因斯的警語：「要推翻既有的社會基礎，沒有比讓貨幣貶值更陰險、更容易的方法了。這個過程牽涉所有經濟法則看不見的破壞力量。」他與凱因斯的看法一致，認為盡一切努力壓制這些破壞力量是經濟學家的神聖職責。「我從凱因斯學到的是，」沙克斯說：「世界可能完全脫序這種深沉的悲哀和危機感，還有我們讓德國陷入絕望狀態實在蠢到無以復加。」沙克斯也告訴新聞記者，他認為凱因斯以經濟學家的身分參與政治、周遊列國的生活方式，是他追求事業生涯的典範。

雖然沙克斯認同凱因斯以經濟學的力量對抗貧窮的信念，但他也深受雷根時代的美國影響；在一九八五年，美國正值一波由傅利曼領導、反對一切凱因斯所代表事物的浪潮。芝加哥學派宣揚的至高無上的自由市場，已迅速成為長春藤名校經濟學系理所當然的正統思想，包括哈佛大學，而沙克斯也無可避免地受到影響。他景仰傅利曼「對市場的信心，他永遠堅持良好的貨幣管理」，說它「遠比模糊的結構主義論述，或我們在開發中世界常聽見的偽凱因斯論述正確」。

那些「模糊的」論述，正是十年前在拉丁美洲遭到暴力鎮壓的相同論述——也就是相信為了擺脫貧窮，拉丁美洲必須以土地改革、貿易保護與補貼、自然資源國有化，以及工作場所合作化經營等干涉主義政策，打破殖民時代的所有權結構。沙克斯沒有時間推動這類結構化改革。因此雖然他對玻利維亞及其殖民剝削與鎮壓原住民的悠久歷史，以及一九五二年的革命辛苦得來的成果一無所知，他仍然相信除了惡性通膨外，玻利維亞受到「社會主義浪漫思想」的荼毒——與三十年前美國訓練的經濟學家嘗試在南錐打造發展主義烏托邦一樣。

沙克斯與芝加哥學派正統思想家不同之處是，他相信自由市場政策必須有免除債務和大量援助的配合——對這位年輕的哈佛經濟學家來說，市場看不見的那隻手還不夠。這個歧異最後導致沙克斯與他更放任主義的同僚分道揚鑣，專心一意在援助上。但這個歧異是在多年以後才出現。在玻利維亞，沙克斯的混種意識形態只造成一些奇怪的矛盾。例如，他在拉巴斯（La Paz）下了飛機，第一次呼吸安地斯山稀薄的空氣時，他想像自己是現代的凱因斯降臨，來拯救玻利維亞人民免於通膨帶來的「混亂和失序」。[1]雖然凱因斯主義的核心教義是，嚴重經濟衰退的國家應該花錢刺激經濟，沙克斯卻反其道而行，主張政府在危機中厲行節約和提高價格——與《商業週刊》當年形容智利政權為「刻意製造蕭條的奇愛博士」採用同樣的緊縮藥方。

沙克斯給班塞爾的建議直截了當：只有突然的震撼治療可以治好玻利維亞的惡性通膨危機。他提議提高石油價格十倍，和解除一系列的物價管制，並削減預算。在對玻利維亞美國商會的演說中，沙克斯再度預測他可以在一夕間終結惡性通膨，並報告說：「聽眾感覺很驚訝，並對這種預測很滿意。」和傅利曼一樣，沙克斯堅決相信，在突然的政策震撼下，「經濟可以從絕路重新找到方向，從社會主義的絕路，或嚴重貪腐的絕路，或是中央計畫的絕路，重新走回正常的市場經濟」。

在沙克斯作出這些大膽承諾時，玻利維亞的選舉仍在未定之數。前獨裁者班塞爾對勝選信心滿滿，但他的對手埃斯登索羅仍未放棄。在競選期間，埃斯登索羅並未提出如何克服通膨的具體辦法，但他曾三度擔任玻利維亞的民選總統，最後一任是在一九六四年被一場政變推翻前。埃斯登索羅是玻利維亞發展主義改革的代表，他把大礦場收歸國有，並開始把土地分配給原住民農民，同時爭取讓所有玻利維亞人擁有投票權。和阿根廷的裴隆一樣，埃斯登索羅是一位個性複雜、在政壇上無役不與的人物，經常為了抓住或重新掌控權力而突然改變忠誠。在一九八五年的選舉，老邁的埃斯登索羅宣誓效忠他過去的「國家主義革命」，並對財政方針作出模糊的聲明。他不是社會主義者，但也不是芝加哥學派的新自由主義者——至少玻利維亞人這麼認為。

由於誰將出任總統的最後決定將交給國會，這段期間黨派和國會參眾兩院展開密室談判，進行賭注極高的討價還價。結果一位新當選的參議員桑契斯（Gonzalo Sanchez de Lozada）扮演了關鍵角色。他在美國居住的時間很久，甚至說西班牙語時會夾帶濃重的美國口音。桑契斯返回玻利維亞時成了該國最富有的商人，擁有玻利維亞第二大民間礦場，且不久後將變成第一大。桑契斯在芝加哥大學求學，雖然他不是經濟學家，卻深受傅利曼思想的影響，並且發現這套思想可以為礦業帶來龐大的獲利，而玻利維亞的礦場在當時大部分仍由國家掌控。當沙克斯為班塞爾的團隊擬出震撼計畫時，桑契斯大為欣賞。

密室協商的細節從未披露，但結果卻十分明顯。一九八五年八月六日，埃斯登索羅宣誓就職成為玻利維亞總統。四天後，他指派桑契斯領導一個最高機密的跨黨派緊急經濟小組，負責大幅改造國家經濟。該小組初期採用沙克斯的震撼療法，但後來的作法卻遠超過他的建議。事實上，日後小組提議完全拆解埃斯登索羅數十年前建構的國家中央經濟模式。當時沙克斯已經返回哈佛，但他說他「很高興聽到（班塞爾的）國家民主行動黨（ADN）與新總統及其團隊，達成我們的穩定計畫協議」。

埃斯登索羅的黨不知道黨領袖作了這項密室交易。除了財政部長和計畫部長是機密小組成員外，埃斯登索羅甚至未告訴新組成的內閣有這個緊急經濟小組。

緊急小組連續十七天在桑契斯豪華宅邸的客廳開會。計畫部長貝德雷格（Guillermo Bedregal）在二〇〇五年的訪問中回憶說：「我們躲在那裡，小心謹慎得像在搞祕密活動。」這是第一次有人披露當年的細節。[2]他們密集商討一套激進的國家經濟改革計畫，激進到歷史上沒有一個民主國家曾嘗試過。埃斯登索羅總統相信，計畫成功唯一的希望是採取迅雷不及掩耳的措施，讓玻利維亞以激進聞名的工會和農民組織措手不及，沒有機會採取抵制行動；至少他希望如此。桑契斯後來回憶說，埃斯登索羅「一直說『如果你準備這麼做，現在就動手，我沒有第二次機會』」。埃斯登索羅在選舉後態度一百八十度轉變的原因，至今仍是個謎。他在二〇〇一年去世，從未解釋他是否同意採用班塞爾的震撼治療計畫，以交換坐上總統大位，或者只是他的意識形態出現大轉變。當時的美國駐玻利維亞大使柯爾（Edwin Corr）的說法讓我恍然大悟，他記得曾與所有政黨會面，並表明如果他們採行震撼政策，美國將很快提供援助。

十七天後，計畫部長貝德雷哥已擬出震撼治療計畫草案，內容包括取消食物補貼，解除幾乎一切物價管制，以及提高油價三〇〇％。雖然明知這個極度貧窮的國家生活成本會大幅上升，這套計畫還凍結了原已偏低的公務員薪資一年。此外，計畫也要求大砍政府支出，並開放玻利維亞邊界不設限制地讓外國產品進口，和縮小國營公司規模以為私有化舖路。玻利維亞錯失了七〇年代其他南錐國家的新自由主義革命；現在它將彌補那段失落的時代。

緊急小組完成草擬新法律時，他們還沒準備好告訴玻利維亞的民選代表，當然更不知如何向從未把選票投給這類計畫的選民開口。他們還有一件事要完成。小組成員一起驅車前往國際貨幣基金駐玻利維亞代表的辦公室，把準備做的事告訴他。這位代表的反應是憂喜參半：「這是每一個ＩＭＦ代表夢寐以求的事。但如果它行不通，我很慶幸有外交豁免權可以搭飛機逃走。」

擬訂這套計畫的玻利維亞人沒有這樣的退路，有些人害怕公眾可能的反應。小組最年輕的成員帕拉度（Fernando Prado）預測：「他們會殺了我們。」計畫主要起草人貝德雷哥嘗試把小組比喻成攻擊敵人的戰鬥機駕駛員，藉以為眾人壯膽。他說：「我們必須像轟炸廣島的駕駛員，當他丟下原子彈時並不知道自己在做什麼，但當看到衝上雲霄的煙時，他說：『糟糕，抱歉！』這就是我們必須做的事，推動這些措施然後說：糟糕，抱歉！」

政策變革必須像發動出其不意的軍事攻擊，這是經濟震撼治療師不斷提到的比喻。在一九九六年出版、後來變成二〇〇三年入侵伊拉克行動藍本的美國軍事理論《震撼與威懾：達成快速掌控》中，作者群說明入侵的所有兵力應「掌控環境，並使敵人對事件的感覺與瞭解癱瘓或不勝負荷，讓敵人無力抗拒」。經濟震撼也以類似的理論運作：其前提是人會對漸進的改變作出反應——例如這裡削減一些醫療福利，那裡達成一個貿易協議——但如果數十項改變同時從各方面進行，便會產生難以招架的感覺，使所有人陷於慌亂無措。

為了製造這種絕望的感覺，玻利維亞的規畫者必須同時進行所有的激進措施，在新政府上任的一百天內達成。埃斯登索羅的團隊不以零散的新法律（新稅法、新價格法等）提出各部分計畫，而把整套革命納入單一的〈D.S. 21060號〉行政命令中。這道命令包括二百二十項不同的法律，涵蓋國內經濟生活的每一層面，在規模和雄心上足以媲美芝加哥男孩為皮諾契政變準備的厚重藍圖「磚塊」。根據命令擬訂者的要求，計畫必須整套被接受或拒絕；內容不得修改。它是經濟版的震撼與威懾。

寫完計畫書後，小組印製了五份：一份給埃斯登索羅，一份給桑契斯，另一份給財政部長。另外兩份的下落則透露出，埃斯登索羅和他的小組很確定許多玻利維亞人會把這個計畫視為宣戰：一份送交陸軍總司令，另一份則給了警察首長。不過，埃斯登索羅的內閣仍被蒙在鼓裡。他們以為還在為同一個人效命，而那個人當年曾把礦場國有化，把土地重分配給人民。

在宣誓出任總統三週後，埃斯登索羅終於召集他的內閣，讓他們接受他所準備的驚奇。他下令把總統府會議室的門關上，並「指示祕書暫不接聽所有部長的電話」。貝德雷哥對目瞪口呆的聽眾宣讀全部六十頁的計畫。他承認自己緊張到「甚至唸完幾分鐘後就開始流鼻血」。埃斯登索羅告訴他的內閣成員，這項命令的內容不容辯論；他已經在另一次祕密交易中取得班塞爾的右派反對黨支持。他說，如果內閣成員不同意，可以辭職。

「我不同意。」工業部長宣布。

「請離開。」埃斯登索羅回答。那位部長留了下來。在通貨膨脹仍然飆升、加上華盛頓暗示採取震撼治療方法將可獲得大量金援的情況下，沒有人敢離開。兩天後，在一場以「玻利維亞命在旦夕」為題的總統電視演說中，埃斯登索羅對完全不明究裡的大眾丟出玻利維亞版的「磚塊」。

沙克斯對提高價格可以結束惡性通膨的預測很正確。在兩年內，通膨已下降到一〇%，以任何標準來看都很了不起。但玻利維亞新自由主義革命範圍更廣的影響至今仍爭議不斷。所有經濟學家都同意，通膨快速上揚具有極大破壞性，無法持續下去，必須加以控制，這是一個在調整期間會帶來許多痛苦的過程。爭議的重點在於，如何推行一套可行的計畫，以及不管在哪一種社會，誰將被迫承受最多痛苦。約克大學專門研究拉丁美洲的經濟學教授格林斯班（Ricardo Grinspun）解釋說，凱因斯學派或發展主義傳統的社會會動員支持的力量，並透過「由主要的利益攸關者——政府、僱主、農民、工會等等——參與協商過程。以這種方法讓各方對薪資和物價等所得政策達成協議，讓穩定措施得以執行」。格林斯班說，正統派的作法卻呈鮮明對比，「是把所有社會成本透過震撼治療加諸在窮人身上」。他說，玻利維亞的情況正是如此。

和傅利曼在智利作的承諾一樣，更自由的貿易原本應為新失業的人創造工作，然而實際上並未如此，選舉時的失業率為二〇％，兩年後上升至二五％到三〇％間。單是國營礦業公司——埃斯登索羅在一九五〇年代收歸國有的同一家公司——的員工，就從二萬八千人縮編到只剩六千人。

基本工資從未恢復其實質水準，計畫施行兩年後，實質工資下降四〇％，後來還一度下降七〇％。在進行震撼治療的一九八五年，玻利維亞的人均所得為八百四十五美元；兩年後減少為七百八十九美元。這些數字還是沙克斯和政府的統計，但已呈現出不進反退的窘狀，實際上根本未反映許多玻利維亞人日常生活水準的退步。人均所得是計算該國的總所得，再除以人口總數的結果；它掩飾了震撼治療對玻利維亞和過去該區其他國家造成的同樣效應：一小群菁英變得遠比其他人更富裕，而占人口絕大部分的勞動階級則被經濟完全摒棄，成為剩餘人口。在一九八七年，玻利維亞的農民每年平均所得只有一百四十美元，不到「平均所得」的五分之一。這是只計算「平均」的問題：它完全抹殺懸殊的所得差距。

一位農民工會領袖解釋說：「政府的統計數字未反映愈來愈多家庭被迫住在帳篷裡；成千上萬營養不良的孩子每天只吃一片麵包和喝一杯茶；數以百計的農民湧向首都尋找工作，落得在街頭乞討。」這是玻利維亞震撼治療背後的故事：數十萬個有退休金的全職工作被裁撤，取而代之的是完全沒有保障的臨時工。從一九八三年到一九八八年，玻利維亞有資格接受社會福利的人數減少六一％。

沙克斯在轉型期間回到玻利維亞擔任顧問，他反對提高薪資以追趕食物與汽油價格的上揚，而支持以緊急基金協助受打擊最深的人，嘗試在擴大的傷口上貼急救膠布。沙克斯是應埃斯登索羅的要求回玻利維亞，直接為總統工作。他在眾人印象中是一個頑強不屈的人物。據桑契斯（日後他也出任玻利維亞總統）回憶，當震撼治療引發公眾反對的壓力升高時，沙克斯協助加強了決策者的決心。「（沙克斯）在考察時說：『漸進派的方法根本不管用，情況失控時，你們必須阻止它，像醫生一樣。你們要採取一些激進措施；否則你們的耐性會被耗光。』」

這種決心的立即結果之一是，許多玻利維亞最窮的人被迫變成古柯農，因為可以拿到十倍於種其他作物的工資（這有點諷刺，因為最早的經濟危機是起於美國資助圍剿古柯農）。到一九八九年，據估計有十分之一的工人重操種古柯或生產古柯鹼的舊業。這些工人包括莫拉萊斯（Evo Morales）的家人，他後來從激進派古柯農工會領導人變成玻利維亞總統。

古柯產業在玻利維亞經濟復甦和擊退通膨扮演重要角色（這個事實已被今日的歷史學家承認，但沙克斯在解釋他的改革如何成功壓抑通膨中從未提及）。在投下「原子彈」短短兩年後，非法毒品出口為玻利維亞創造的收入已超過其他合法出口的總和，且估計有三十五萬人靠與毒品交易有關的工作維生。一位外國銀行家評論說：「玻利維亞經濟已染上古柯鹼癮。」

在震撼治療進行之初，很少玻利維亞以外的人談論其造成的複雜影響。他們談的是一個遠為單純的故事：《波士頓雜誌》（*Boston Magazine*）報導，一位大膽、孩子氣的哈佛教授，幾乎單槍匹馬地「挽救了玻利維亞遭通膨摧毀的經濟」。沙克斯協助對抗通膨的勝利已足夠使玻利維亞變成一則驚人的自由市場成功故事，就像《經濟學人》雜誌描述的，是「現代史上最了不起的成就」。「玻利維亞奇蹟」讓沙克斯在勢力龐大的金融圈很快躍升到明星地位，成為當紅的危機經濟體專家，事業蒸蒸日上，在往後幾年經常進出阿根廷、祕魯、巴西、厄瓜多和委內瑞拉。

沙克斯贏得的讚譽不是在貧窮國家打敗通貨膨脹，而是他達成許多人宣稱不可能辦到的事：他在民主政體的環境下，未靠戰爭而協助推動一場激進的新自由主義轉型，且造成的改變遠比柴契爾或雷根嘗試過的更徹底。沙克斯很清楚他的成就在歷史上的意義。「以我的看法，玻利維亞是真正第一個同時達成民主改革與改變經濟體制的國家。」他在數年後說：「玻利維亞比智利更能證明，政治解放與民主可以和經濟解放結合在一起。那是一個極為重要的教訓，兩者同時運作，彼此互相強化。」

與智利作比較並非偶爾。拜沙克斯所賜——《紐約時報》形容他是「民主資本主義的傳道者」——震撼治療終於擺脫獨裁統治與死亡集中營的惡臭，洗刷傅利曼十年前歷史性的聖地牙哥之行後如影隨形的汙名。沙克斯已經證明，與批評者的說法相反，自由市場的十字軍不只能打勝仗，而且還駕馭著正席捲世界的民主浪潮。沙克斯更因為他對凱因斯的推崇，以及從不諱言他懷抱增進開發中世界福祉的理想主義，所以是帶領這支十字軍進入這個更仁慈、更和平時代的最佳人選。

玻利維亞的左派把埃斯登索羅的命令，稱為經濟皮諾契主義。就包括玻利維亞國內和國外的企業來說，這正是關鍵所在：玻利維亞引進了皮諾契式的震撼治療，但少了皮諾契的獨裁，而且是在中間偏左的政府治理下。一位玻利維亞銀行家讚嘆地說：「皮諾契以刺刀做的事，埃斯登索羅在民主體制下完成了。」

玻利維亞奇蹟的故事不斷流傳轉述，透過報紙和雜誌文章、沙克斯的簡介、沙克斯自己的暢銷書，以及美國公共電視網三集的《制高點：世界經濟之戰》（*Commanding Heights: The Battle for the World Economy*）這類紀錄片。但有一個大問題：那不是真的。玻利維亞確實證明震撼治療可以在一個剛經過選舉的國家實施，但並未證明可以透過民主方式、或不藉鎮壓而實施——事實上，它再一次證明情況恰好相反。

第一個明顯的問題是，埃斯登索羅總統未獲得玻利維亞選民授權改變整個國家的經濟體制。他以國家主義的政綱競選，然後突然在密室交易中背棄承諾。幾年後，知名的自由市場經濟學家威廉森（John Williamson）為埃斯登索羅的作為創造一個名詞：他稱之為「巫毒政治學」（Voodoo politics），但大多數人則直接稱作說謊。而且所謂民主體制這樣的說法絕對不只有這個問題。

可想而知，許多投票給埃斯登索羅的選民對他的背叛極為憤怒，當命令下達後，成千上萬人走上街頭，嘗試阻止這個意味著裁員和更多飢餓的計畫。主要的反對力量來自該國的各大工會，它們發動全面罷工，導致工業生產陷於停頓。埃斯登索羅的反應讓柴契爾對待礦工的手段相形失色，他立即宣布「戒嚴令」，陸軍坦克開進首都街上，而首都則實施嚴格的宵禁。玻利維亞人要在自己的國家旅行，現在需要特別通行證。鎮暴警察突擊工會總部、一所大學、一家廣播電臺，以及數座工廠。政治集會和遊行被禁止，其他集會則需要國家許可。反對政府的政治活動幾乎遭到禁絕——就和班塞爾獨裁統治期間一樣。

為了淨空街道，警察逮捕五千名示威者，以催淚彈驅散群眾，並向據說攻擊警察的示威者開槍。埃斯登索羅也採取進一步的措施以確保抗議永遠停止。當工會領袖進行飢餓罷工時，埃斯登索羅下令警察和軍隊圍捕玻國最主要的二百名工會領袖，用飛機將他們載到亞馬遜偏遠的監獄。據路透社報導，被囚禁的人包括「玻利維亞勞工聯盟（Bolivian Labor Federation）的領導階層，和其他資深工會幹部」，他們被帶往「玻利維亞北方亞馬遜盆地與世隔絕的村落，在那裡他們的行動受到限制」。這是大規模綁架，贖金則是：如果工會停止抗議，囚犯就能獲得釋放，最後他們也都屈服。艾斯科巴（Filemon Escobar）是當年的礦工和走上街頭的工會活動分子，他近日在玻利維亞接受電話採訪時回憶說：「他們把工會領袖從街上擄走，送他們到叢林去餵蟲子。當他們被釋放時，新經濟計畫已經實施。」艾斯科巴說：「政府不應把人民送到叢林去施以酷刑或殺害，但這樣他們才能推動經濟計畫。」

非比尋常的戒嚴令實施三個月，而因為計畫要在一百天內徹底執行，這表示整個國家在震撼治療的關鍵期完全被管制。一年後，埃斯登索羅政府進行錫礦場大規模裁員時，工會再度走上街頭，激烈的事件再度上演：戒嚴令頒布，然後兩架玻利維亞空軍的飛機載運一百名主要工會領袖，到玻利維亞熱帶平原的俘虜營。這一次被綁架的領袖包括兩位前勞工部長和一位前參議員——令人聯想起皮諾契在智利南部曾關過萊特利爾的「貴賓監獄」。這些勞工領袖在俘虜營被拘留兩週半，同樣的直到工會同意取消示威和飢餓罷工。

這有點像陽春版的軍政府手法。為了讓政權可以實施震撼治療，有些人必須失蹤——即使只是暫時的。雖然殘暴程度輕微些，這種失蹤達成了類似七〇年代的目的。拘禁玻利維亞的工會領袖使他們無法抗拒改革，為在經濟上抹除整群的勞工人口鋪好了道路——他們很快就丟掉工作，並淪落到拉巴斯周圍的陋巷小屋和貧民窟。

沙克斯在玻利維亞時，曾引述凱因斯的警告說，經濟崩潰會孕育法西斯主義，但他仍然擬訂帶來這麼多痛苦的計畫，以致於必須靠準法西斯主義的手段來執行。

國際媒體曾披露埃斯登索羅政府的鎮壓行動，但只當作拉丁美洲的一般暴動報導了一、兩天。不過，在報導「自由市場改革」勝利的日子到來時，這些事件已沒有人再提起（就好像與智利的「經濟奇蹟」如影隨形的皮諾契暴力，經常被輕輕帶過）。雖然沙克斯不是下令動用鎮暴警察或宣布戒嚴令的人，但在他寫的《終結貧窮》（*The End of Poverty*）一書中，花了一章討論玻利維亞如何戰勝通貨膨脹，但在他似乎樂於自居功勞時，卻隻字未提執行計畫所需的鎮壓。他最迂迴暗示鎮壓的詞句只是「穩定計畫初期幾個月的緊張時刻」。

至於其他人，連如此迂迴的承認也付諸闕如。桑契斯甚至宣稱「穩定化已經在民主狀態下達成，未曾違背人民的人權，而且讓人民能自由表達」。一位埃斯登索羅政府的部長則作了未加美化的評估，說他們的所作所為「像獨裁豬玀」。

這種不協調將永遠是玻利維亞震撼治療實驗歷史的一部分。玻利維亞已證明，激烈的震撼治療要想實行，必須靠著對無辜的社會群體和民主體系發動震撼式的攻擊。它也顯示，政商財團十字軍可以採用這些惡劣的獨裁統治手段，而仍然被讚美為民主，只因為舉行過選舉，而不管公民自由權在選後是否遭到鎮壓，和民主的期望是否完全被忽視。（這個教訓對日後的國家領導人如俄羅斯的葉爾欽Boris Yeltsin，將特別有用。）玻利維亞以這種方式提供了一種更可合世界口味的新獨裁統治模式，一種文人政變，由穿西裝的政客和經濟學家發動，而非穿軍服的軍人——一切都在民主政府的外衣下進行。

1 打敗惡性通膨並未拯救德國免於蕭條和法西斯主義，這個矛盾在沙克斯不斷使用此一類比時從未提及。

2 過去二十多年，玻利維亞人不知道他們的震撼治療計畫是如何擬訂的。在二〇〇五年八月，即擬定最初的命令二十年後，玻利維亞新聞記者波提洛（Susan Velasco Portillo）訪問緊急經濟小組的原始成員，其中有幾個人說出那次祕密行動。此處的記敘主要根據那些人的回憶。

第八章 THE SHOCK DOCTRINE

危機的用處

震撼治療的包裝

把我的腦袋毀了，抹去作為我本錢的記憶，讓我生意停擺，這有什麼用處？這是很了不起的治療，但我們卻毀了病人。

——海明威（Ernest Hemingway）自殺前不久談論他的電擊治療，一九六一年

對沙克斯來說，他第一次國際冒險的教訓是，惡性通膨在採用嚴厲而極端的措施後確實停了下來。他到玻利維亞獵殺通膨，而且辦到了。故事結束。

華盛頓最具影響力的右派經濟學家、擔任國際貨幣基金和世界銀行主要顧問的威廉森（John Williamson），一直密切注意沙克斯的實驗，並且從玻利維亞看出更加深遠的意義。他形容這個震撼治療計畫為「大爆炸」——是把芝加哥學派教條散播到全世界的運動的一大突破。其原因與經濟學無關，最重要的是技術。

儘管沙克斯本意可能不是如此，但他以極富戲劇性的方式證明傅利曼的危機理論絕對正確。玻利維亞的惡性通膨危機提供一個必要的藉口，以便推動一套在正常政治情況下不可能推動的計畫。玻利維亞是一個擁有強大、激進工會運動和勢力龐大的左派傳統的國家，也是切．格瓦拉革命之旅的終站。但它被迫接受嚴酷的震撼治療，假借的名義是為穩定失控的貨幣。

到八〇年代中期，有幾位經濟學家已發現，真正的惡性通膨危機會造成類似軍事戰爭的效果——恐懼和混亂蔓延，製造難民並導致大量人口死亡。玻利維亞的情況極其明顯，惡性通膨扮演的角色就好像智利的皮諾契「戰爭」，和柴契爾的福克蘭戰爭——它創造了採取緊急措施的環境，一種民主法則可以暫停、經濟控制可以暫時交給桑契斯專家小組的例外。對死硬派芝加哥學派理論家如威廉森來說，這表示惡性通膨不是像沙克斯所認為有待解決的問題，而是應善加把握的大好機會。

八〇年代一點也不缺這類機會。事實上，大部分開發中世界（尤其是拉丁美洲）都處在瀕臨惡性通膨邊緣。這種危機有兩個主要原因，都源自華府的金融機構。第一是，它們堅持把獨裁統治下累積的違法債務轉移給新民主政府。第二則是美國聯邦準備理事會採用受傅利曼影響的政策，容許利率大幅升高，使這些債務一夕間暴增。

轉移惡債

阿根廷是典型的例子。一九八三年，軍政府在福克蘭戰爭後垮臺，阿根廷人選舉阿芳辛（Raúl Alfonsín）出任新總統。但這個剛解放的國家已被暗埋一顆所謂的債務炸彈。在準備下臺的軍政府宣稱「有尊嚴地轉移」給民主政府聲中，華府堅持新政府必須同意支付將領們所累積的債務。在軍政府統治期間，阿根廷的外債從政變前的七十九億美元，膨脹到移交時的四百五十億美元——積欠ＩＭＦ、世界銀行、美國進出口銀行，以及設在美國的民間銀行。拉丁美洲各國的情況都很類似。在烏拉圭，軍政府奪得權力時的五億美元債務暴增到五十億美元，變成這個只有三百萬人口的國家沉重的負擔。最極端的例子是巴西，一九六四年掌權的將軍承諾恢復財政秩序，但債務卻從三十億美元增加到一九八五年的一千零三十億美元。

在轉型到民主政治的時期，輿論曾表達強烈的反對看法，包括從道德和法制觀點，認為這些債務是「惡債」（odious debt），剛獲解放的人民不應被迫承擔壓迫者與製造痛苦者的帳單。反對聲浪在南錐尤其強烈，因為有太多外債在獨裁統治期間直接交給軍方和警方——用以購買槍炮、鎮暴水車和興建新式酷刑營。例如在智利，軍事支出的貸款增為三倍，用來擴充智利的陸軍，從一九七三年的四萬七千名員額，變成一九八〇年的八萬五千名。在阿根廷，世界銀行估計，軍方借貸的錢有約一百億美元用於軍事採購。

大部分未用於採購武器的錢則憑空消失。軍政府統治期間貪瀆成風——預示了日後自由放任經濟政策蔓延到俄羅斯、中國和伊拉克占領區的「舞弊免責區」（借用一位不滿的美國顧問的用語）時，同樣墮落的情況。據美國參議院二〇〇五年的報告，皮諾契擁有一個複雜的銀行帳戶網絡，至少有一百二十五個祕密外國銀行帳戶，登記在不同的家人名字和自己的化名下。這些帳戶中最引人注意的一個是在華盛頓特區里格斯銀行（Riggs Bank），存款估計有二千七百萬美元。

在阿根廷，軍政府被指控還更貪得無饜。經濟計畫策畫者狄霍茲一九八四年被以詐欺罪名逮捕，涉嫌把巨額的國家補貼給予他過去主持的一家公司（指控後來被撤銷）。另一方面，世界銀行後來追查軍政府借的三百五十億美元外國貸款，發現其中一百九十億美元——占總額四六%——被移往海外。瑞士官員證實，那些錢大部分流入幾個帳戶。美國聯準會發現，光在一九八〇年，阿根廷的債務就增加九十億美元；而在同一年，阿根廷人在海外的存款金額卻增加六十七億美元。曾親自調教許多阿根廷芝加哥男孩的知名芝加哥大學教授薩斯塔德（Larry Sjaastad），形容這些失落的數百億美元（在他的學生眼前被偷走）為「二十世紀最大騙案」。[1]

軍政府侵吞公款時甚至還命令受害者協助。在布宜諾艾利斯的ＥＳＭＡ酷刑營，語文能力強或受過大學教育的囚犯經常被拉出囚室，為他們的擄掠者做文書工作。一位倖存者達利歐（Graciela Daleo）曾被指示為一份文件打字，內容是建議官員如何把他們貪瀆的錢匯往海外隱匿。

剩下的外債大部分花在支付利息，及暗中提供民間公司金援上。一九八二年阿根廷獨裁統治垮臺前，軍政府施予企業最後一次恩惠。阿根廷央行總裁卡瓦洛（Domingo Cavallo）宣布，國家將吸收大型跨國企業與國內公司的債務；當時許多國內公司和智利的食人魚一樣，已舉債多到瀕臨破產邊緣。這項「德政」意味這些公司將繼續擁有它們的資產和獲利，但人民卻必須代它們償付一百五十億到二百億美元的債務；獲得優惠待遇的公司包括福特汽車阿根廷公司、大通銀行、花旗銀行、國際商業機器公司（IBM）和賓士汽車公司。

支持讓這些非法債務違約的人宣稱，放款機構知道，或應該知道，錢都被花在鎮壓和貪瀆上。美國國務院最近解密一份一九七六年十月七日的會議紀錄，使這種主張更不是空穴來風；該會議由當時的國務卿季辛吉，和阿根廷軍事獨裁統治期間的外交部長顧塞提舉行。在討論過國際人權組織對政變的譴責後，季辛吉說：「我們的基本態度是，我們希望你們成功。我有一個老式的觀念，就是應該要支持朋友……你們愈快成功愈好。」然後季辛吉談到貸款的主題，他鼓勵顧塞提盡快申請愈多外援愈好，趕在阿根廷的「人權問題」綁住美國政府手腳之前。「現在銀行有兩筆貸款，」季辛吉說，指的是泛美洲開發銀行（IDB），「我們不想投反對票。」他也指示顧塞提：「繼續進行你們對進出口銀行的要求。我們希望你們的經濟計畫成功，而且會盡全力幫助你們。」

這份紀錄證明美國允許貸款給軍政府，明知它們會被用於恐怖運動上。但在八〇年代初期，華府堅持阿根廷的新民主政府必須償付這些惡債。

債務震撼

這些債務本身就已經是新民主政府的沉重負擔，但這個負擔很快還會變得更加沉重。新類型的震撼出現在新聞報導中：伏克爾震撼（Volcker Shock）。《經濟學人》雜誌用這個詞來形容聯準會主席伏克爾（Paul Volcker）大幅提高美國利率帶來的衝擊，他把利率提高到二一％，在一九八一年達到高峰，並持續到八〇年代中期。在美國，提高利率導致一波破產潮，一九八三年房屋抵押貸款違約的人數增為三倍。

但感受最痛苦的是美國以外的國家。對背負沉重外債的開發中國家來說，伏克爾震撼——也被稱作「債務震撼」或「債務危機」——就像一把巨大的塔瑟（Taser）電擊槍從華盛頓發射，讓開發中世界陷入痙攣。勁升的利率意味外債必須支付較高的利息，而往往支付高利息的唯一方法是舉更多債。惡性債務循環於是開始。在阿根廷，軍政府留下的四百五十億龐大債務快速增加，到一九八九年達到六百五十億美元，而這種情況在全球貧窮國家都如出一轍。伏克爾震撼也導致巴西外債暴增，在六年間從五百億美元變為一千億美元。許多在七〇年代大量舉債的非洲國家，發現自己深陷同樣的困境：奈及利亞的債務在同樣短的期間，從九十億美元激增至二百九十億美元。

八〇年代打擊開發中世界的經濟震撼還不只這一種。只要任何一種出口商品，如咖啡或錫，價格下跌一〇%以上，就會造成「價格震撼」（price shock）。據ＩＭＦ的資料，開發中國家從一九八一年到一九八三年遭遇二十次這類震撼；從一九八四年到債務危機最高潮的一九八七年，這類震撼的次數更多達一百四十次，使它們更深陷債務中。其中一次在一九八六年衝擊玻利維亞，正好是該國吞下沙克斯的苦藥、屈服於資本主義轉型時。玻利維亞僅次於古柯的主要出口產品錫，價格下跌了五五%，使該國經濟遭到重創。（過度依賴原料出口的問題，正好是發展主義經濟學在五〇年代和六〇年代想嘗試解決的——但這個觀念卻被北半球的經濟學術機構斥為「混亂不清」。）

傅利曼的危機理論在這個階段變得自我強化。全球經濟愈遵循他的處方，採用浮動利率、出口導向經濟、解除價格管制，體系就愈容易發生危機，製造出更多經濟崩潰，而此等崩潰正好是他認為政府應採取其激進建議的情況。

危機便以這種方式被內建在芝加哥學派的模式。當不受限制的金錢可以在全球以高速流動，投機者可以在從可可豆到貨幣等每一種東西的價格上押注，造成市場大幅度的波動。而由於自由貿易政策鼓勵貧窮國家繼續仰賴咖啡豆、銅、石油或小麥等原料資源的出口，它們就特別容易落入持續處於危機的惡性循環。咖啡豆價格突然大跌會讓整個經濟體陷入蕭條，外匯交易商看到該國的財政惡化，便開始拋售其貨幣，導致匯率暴跌，進而加深經濟蕭條。若再加上利率飆升，國家債務一夕間膨脹，經濟崩盤就已不遠了。

芝加哥學派的信仰者往往說八〇年代中期以後，他們的意識形態從此一帆風順、每戰皆捷：在同一時期，又有許多國家加入民主浪潮，使他們產生一種自由人民和放任式自由市場攜手並進的集體幻覺。但幻覺畢竟是虛構的，真正發生的是，當人民終於贏得長期失落的自由、從菲律賓馬可仕和烏拉圭博達維里（Juan María Bordaberry）這些人的酷刑震撼逃脫時，他們卻遭到一場金融震撼的完美風暴襲擊——債務震撼、價格震撼和貨幣震撼——而製造這場風暴的是愈來愈動盪不安、不受規範的全球經濟。

阿根廷遭遇的債務危機結合其他的震撼，就是不幸的典型例子。阿芳辛在一九八三年上任，正當伏克爾震撼肆虐，使新政府從第一天就處於危機模式。一九八五年，通貨膨脹高到阿芳辛被迫發行全新的貨幣奧斯特拉（austral），賭新的開始能讓他重新掌控局勢。但物價在四年內漲到如此高，以致爆發大規模搶糧暴動，一些阿根廷餐廳甚至用鈔票當壁紙，因為它比紙還不值錢。一九八九年六月，通膨比前一個月上漲二〇三%，此時距阿芳辛任期屆滿還有五個月，但他宣布放棄：辭職並要求提早舉行大選。

處於阿芳辛地位的政治人物原本可選擇其他出路。他可以讓阿根廷龐大的債務違約，他可以結合面臨相同危機的鄰國政府，組成債務國聯盟。這些政府可以依照發展主義原則建立共同市場，事實上這個過程在凶殘的軍事政權蹂躪該地區時就已展開。但當時有一部分挑戰在於新民主國家面對的國家恐怖遺毒。在八〇年代和九〇年代，大部分開發中世界仍陷於某種恐怖的宿醉中，表面上自由，實際上仍籠罩在戒慎恐懼的氣氛。好不容易逃脫了獨裁統治的黑暗，很少民選政治人物願意冒險推動在七〇年代引發政變的那些政策，以免引來另一次美國支持的軍事政變——尤其是那些當年發動政變的軍官大部分並未被關進牢裡，而是經由協商取得豁免，正在他們的軍營中虎視眈眈。

面臨危機的新民主政府不願與持有債權的美國金融機構宣戰，只得遵守華盛頓的遊戲規則。然而在八〇年代初期，華盛頓的遊戲規則變得嚴格得多，原因是債務危機剛好（但卻非偶然）碰上南－北半球關係的新時代，使得軍事獨裁統治大體上變得已非必要。當時正好是「結構調整」——或是所謂債務獨裁——時代的開始。

理論上，傅利曼並不相信IMF或世界銀行：它們是大政府干預自由市場的細微訊號的典型例子。但很諷刺的是，有一條隱形的輸送帶，把芝加哥男孩送到這兩家機構座落在華盛頓特區十九街龐大的總部，讓他們在那裡擔任許多高階職務。

主持芝加哥大學拉丁美洲計畫的哈伯格，經常吹噓有許多他的學生在世界銀行和IMF擔任高階職位。「有一度世界銀行的四位區域首席經濟學家都是我在芝加哥的學生。其中一位西洛斯基（Marcelo Selowsky）擔任新成立的前蘇聯地區首席經濟學家，是當時整個世銀這類工作中最重要的職位。結果呢？他後來又被我另一個以前的學生愛華茲（Sebastian Edwards）取代。看到這些人出頭真的很棒，我以培養他們成為經濟學家為傲。」另一位明星是羅瑟（Claudio Loser），他是一九七一年畢業於芝加哥大學的阿根廷人，後來擔任IMF西半球部主管，是處理拉丁美洲事務的最高階職位。[2]芝加哥派也占有IMF的許多重要職位，包括第二高階的首席副總經理，以及首席經濟學家、研究部主任，和非洲部資深經濟學家。

傅利曼可能在理論上反對這些機構，但在實務上，沒有別的機構更適合執行他的危機理論。當許多國家在八〇年代陷入危機的惡性循環，它們除了向世界銀行和ＩＭＦ求助外別無選擇。然而當它們這麼做時，卻撞上一堵正統派芝加哥男孩的牆，而這些芝加哥男孩被訓練成不把經濟災難視為該解決的問題，而是用來開闢自由市場新領土的大好機會。危機機會主義成了世界最有影響力的金融機構的指導原則，雖然這背叛了它們創建的宗旨。

和聯合國一樣，世界銀行與ＩＭＦ是國際目睹二次大戰的恐怖而創立的。為了不重蹈讓法西斯主義在歐洲心臟地帶興起的覆轍，世界強權一九四四年在英國新罕布夏的布列敦森林（Bretton Woods）開會，以創立一個新經濟架構。由四十三個初始會員國資助成立世界銀行和ＩＭＦ，被賦予明確的任務，就是預防未來再發生導致德國威瑪共和傾覆的經濟震撼與崩潰。世界銀行將提供長期發展投資，以協助國家擺脫貧窮，ＩＭＦ則扮演全球性的避震器，協助推動可減少金融投機和市場動盪的經濟政策。當有國家出現即將陷入危機的跡象，ＩＭＦ將立即介入提供穩定援助和貸款，在危機發生時加以化解。座落在華盛頓同一條街對面的兩個機構，將協調彼此的措施。

率領英國代表團的凱因斯相信，世界終於認清若放任市場管理自己將會帶來政治災難。「過去很少人相信會發生這種事。」凱因斯在會議結束後說，但如果國際金融機構堅守創立的宗旨，「四海之內皆兄弟就不會只是一句口號」。

ＩＭＦ和世界銀行並未履行這種全球一致的共識；從一開始它們就未像聯合國大會那樣以「一國一票」的基礎分配權力，而是根據各國經濟的大小——這種安排給美國實際上有權否決任何重要決定，其他權力則由歐洲和日本掌控。這表示到八〇年代雷根和柴契爾掌權時，他們具有高度意識形態的政府實際上能支配兩個機構以達成他們的目的，迅速地增強它們的力量，並轉變成推進政商十字軍的主要工具。

世界銀行和ＩＭＦ被芝加哥學派給殖民，大體上是一個暗中進行的過程，但一九八九年威廉森揭櫫他所稱的「華盛頓共識」（the Washington Consensus）後，使這個過程轉為檯面化。威廉森說，這個共識是兩個機構認為維持基本經濟健康所不可或缺的一系列經濟政策——「所有嚴肅的經濟學家一致接受的中心思想」。這些表面上屬於技術性和中立的政策，赤裸地包含了像「國家企業應私有化」和「應去除阻礙外國公司進入的障礙」之類的意識形態主張。當政策清單擬出後，內容完全是私有化、解除管制／自由貿易和大幅削減政府支出這個傅利曼新自由主義的鐵三角。威廉森說，這是「華盛頓當權者敦促拉丁美洲」採行的政策。世界銀行前首席經濟學家、也是最後一個反對此種新正統的史迪格里茲（Joseph Stiglitz）寫道：「凱因斯如果看到他的結晶淪落至此，他會從墳裡爬出來。」

世界銀行與ＩＭＦ的官員在撥貸款時向來會提出政策建議，但在八〇年代初期，受到開發中國家的走投無路讓他們把這種建議轉變成激進的自由市場要求。當遭遇危機的國家向ＩＭＦ要求打消債務和緊急貸款時，ＩＭＦ便提出全面性的震撼治療計畫，其規模與芝加哥男孩為皮諾契起草的「磚塊」，以及在玻利維亞桑契斯的客廳所擬訂包含二百二十項法律的命令不相上下。

國際貨幣基金在一九八三年首度提出完整的「結構調整」計畫。在後續的二十年間，每一個向該基金要求巨額貸款的國家，都被要求必須從上到下翻修經濟。在整個八〇年代為拉丁美洲和非洲設計結構調整計畫的ＩＭＦ資深經濟學家布德夫（Davison Budhoo）後來承認：「我們從一九八三年以後做的每件事，都是根據讓南方『私有化』或者任其滅亡的新原則；為達到這個目的，一九八三年到一九八八年我們可恥地在拉丁美洲和非洲製造經濟動亂。」

儘管採取這種激進（且獲利相當可觀）的新原則，ＩＭＦ和世界銀行向來宣稱所作所為是為了協助穩定。ＩＭＦ的正式宗旨仍然是預防危機——不是進行社會工程或意識形態改造——因此必須以穩定作為表面的理由。實情是，國際債務危機在一個接一個國家被有系統地利用來推動芝加哥學派的目標，且無情地以傅利曼的震撼主義為手法。

雖然常使用經濟術語表達，且局限在專業論壇和供「技術官僚」同事閱讀的刊物，但世界銀行與ＩＭＦ的經濟學家當時就承認有這種情形。長期在世界銀行工作的知名哈佛經濟學家羅德里克（Dani Rodrik），描述整個「結構調整」計畫的整個建構就是一個巧妙的行銷策略。他在一九九四年寫道：「我們必須肯定世界銀行發明並成功地行銷了『結構調整』的概念，一個把個體經濟與總體經濟改革包裝在一起的概念。結構調整被當成國家必須推動以挽救經濟免於危機的過程來促銷。對購買這套方案的政府來說，維持外部平衡與價格穩定的健全總體經濟政策，以及決定開放（如自由貿易）的政策，兩者很難區分。」

這個原則很簡單：陷於危機的國家迫切需要緊急援助以穩定貨幣。當私有化和自由貿易政策與金融紓困包裝在一起，這些國家除了接受整套方案之外別無選擇。最聰明的部分是，經濟學家自己知道自由貿易與解決危機毫無關係，但這種瞭解被刻意「模糊化」。羅德里克說那些話的本意是讚許。這種夾帶包裝不只迫使貧窮國家接受華盛頓為它們選擇的政策，而且是唯一有用的方法——羅德里克有數字可以支持他的說法。他研究了所有在八〇年代採用激進自由貿易政策的國家，發現「一九八〇年代開發中國家的貿易改革，沒有一個不是在嚴重經濟危機情況下進行的」。

這是令人錯愕的承認。在那段期間，世界銀行和ＩＭＦ公開堅稱世界各國政府已看到希望，並體認到華盛頓共識的政策是通往穩定、因而也是通往民主的唯一道路。然而華盛頓的機構內部卻自己承認，開發中國家不得不屈就於偽裝的勒索：想要拯救你的國家嗎？照單全收。羅德里克甚至承認，私有化和自由貿易——結構調整方案的兩大核心計畫——與創造穩定沒有直接關係。據羅德里克的說法，若有其他看法，那將是「拙劣的經濟學」。

這段期間的ＩＭＦ「模範生」阿根廷，再次提供了研究這種新秩序的好例子。在惡性通膨危機迫使阿芳辛總統辭職後，梅南（Carlos Menem）取而代之，這位裴隆主義者原本是一個小省分的省長，穿著皮夾克，留著絡腮鬍子，似乎強悍到足以挺身對抗影響力仍無所不在的軍閥和債權銀行。阿根廷歷經長期暴力迫害裴隆黨人和工會運動的痛苦，終於出現一位曾領導工會運動、承諾恢復裴隆國家主義經濟政策的總統。當時許多阿根廷人歡欣鼓舞的心情，只有玻利維亞人在埃斯登索羅就職時可以比擬。

結果證明是空歡喜一場。就任一年後，在ＩＭＦ的強力施壓下，梅南展開一場「巫毒政治學」操作。梅南在選舉時被視為反對獨裁統治的象徵，但一年後他指派卡瓦洛（Domingo Cavallo）擔任經濟部長，重新重用這位在軍政府時期負責赦免大企業債務——獨裁統治的告別禮物——的前朝官員。他的任命被經濟學家視為「訊號」——一個不可能誤解的指標，即新政府將重拾由軍政府推動的政商統合實驗。布宜諾艾利斯股票市場出現慶祝行情：在卡瓦洛任命宣布當天暴漲三〇％。

卡瓦洛立即要求強化意識形態，並延攬傅利曼和哈伯格的門生，幾乎政府的所有高階經濟職位都由芝加哥男孩擔任：曾在ＩＭＦ和世界銀行工作的央行總裁佛南德茲（Roque Fernandez）；曾為獨裁政權效力的央行副總裁波烏（Pedro Pou）；央行首席顧問貴德提（Pablo Guidotti）則直接從ＩＭ

F延攬過來，他是另一位芝加哥大學教授穆薩（Michael Mussa）的弟子。

阿根廷在這方面並非特例。到一九九九年，芝加哥學派的國際校友中有超過二十五國政府的部長，以及從以色列到哥斯大黎加等國的十多位央行總裁，對一個大學學系來說確實是非比尋常的龐大勢力。就像許多別的國家一樣，芝加哥男孩在阿根廷的民選政府內外形成某種意識形態的鉗子，一群從內施壓，另一群則從華盛頓施加壓力。例如，ＩＭＦ派駐布宜諾艾利斯的代表由阿根廷籍的芝加哥男孩羅瑟帶領，這表示當他與財政部和央行開會時，會議不再是對手間的談判，而是朋友、芝加哥大學校友，以及第十九街同事間的討論。一本阿根廷出版的書討論這種全球經濟兄弟會的影響，就以《好兄弟》（*Buenos Muchachos*）為書名，暗喻馬丁史柯西斯（Martin Scorsese）拍的經典黑手黨電影《四海好傢伙》（*Goodfellas*）。

這個兄弟會的成員一致贊成對阿根廷經濟該做哪些事，以及該如何完成，皆英雄所見略同。卡瓦洛計畫（Cavallo Plan）就是世界銀行和ＩＭＦ玩弄包裝手法的例子：利用惡性通膨危機造成的混亂和急迫，把私有化夾帶在救援計畫中，成為不可分割的部分。所以，為了穩定貨幣體系，卡瓦洛迅速大幅削減公共支出，並推出新的貨幣阿根廷披索，採取緊釘美元的匯率制度。在一年內，通膨跌回十七．五%，幾年後完全獲得控制。失控的貨幣問題獲得解決，但也「模糊」了計畫的另一半。

阿根廷的獨裁政府雖然盡全力取悅外國投資人，仍然把一大部分有價值的經濟留在國家手中，包括從國營航空公司到巴塔哥尼亞（Patagonia）的大量石油蘊藏。但對卡瓦洛和他的芝加哥男孩來說，革命只完成一半，他們決定利用經濟危機來畢其功於一役。

在九〇年代初期，阿根廷變賣國家資產的快速和徹底，遠超過十年前發生在智利的情形。到一九九四年，九〇%的國營企業已賣給民間公司，買主包括花旗銀行、波士頓銀行、法國的蘇伊士公司（Suez）和威望迪（Vivendi）、西班牙的雷普索爾（Repsol）和西班牙電信（Telefonica）。在出售資產前，梅南和卡瓦洛曾慷慨地為買主提供一項價值不菲的服務：據卡瓦洛自己估計，一共解僱了約七十萬名國營企業員工，有人估計數字還更高。光國營石油公司在梅南在位期間就減少二萬七千名員工。很崇拜沙克斯的卡瓦洛稱這個過程為「震撼治療」。梅南使用更殘酷的詞句：在這個仍對大規模酷刑深惡痛絕的國家，他稱這個過程為「無麻醉的大型手術」。[3]

在轉型期間，《時代》雜誌以梅南作封面人物，他面露得意的笑容，並以向日葵花作背景襯托，標題寫著「梅南的奇蹟」。那確實是奇蹟——梅南和卡瓦洛完成了激進而痛苦的私有化計畫，而且未激起國內的反抗。他們怎麼辦到的？

幾年後，卡瓦洛解釋說：「在惡性通膨時期，人民生活極其艱困，尤其是低所得者和小儲蓄戶，因為他們發現幾個小時或幾天內，他們的薪資就被以驚人速度上漲的價格摧毀。這就是為什麼人民要求政府『請想想辦法』。如果政府想出一套好的穩定計畫，那就是順便推動其他改革的機會……最重要的改革是有關開放經濟、解除管制，以及私有化。但在當時，推動這些改革唯一的方法是利用惡性通膨創造的情勢，因為所有人都已準備好接受劇烈的改變，以消滅惡性通膨和恢復正常生活。」

長期來看，卡瓦洛的整個計畫證明將為阿根廷帶來一場災難。他穩定貨幣的方法——讓阿根廷披索緊釘美元匯率——使國內製造的產品昂貴到本土工廠無法與湧進阿根廷的廉價進口產品競爭。許多工作因此流失，導致全國逾半數人口生活在貧窮線之下。不過，在短期內，這套計畫果然奏效：卡瓦洛和梅南趁著舉國陷於惡性通膨震撼之際，偷偷帶進私有化。危機達成了它的效用。

阿根廷的領導人在這段期間完成的是一項心理工程，而不是經濟工程。出身軍政府的卡瓦洛很清楚，在危機時刻人們願意把極大的權力交給任何擁有神奇藥方的人——不管危機是金融崩潰，或像布希後來善加利用的恐怖攻擊。

這就是傅利曼十字軍能夠安然度過民主轉型期的原因——不是他的擁護者說服選民相信他們的智慧和策略，而是巧妙地從一個危機轉移到下一個危機，利用經濟情勢的急迫性，來推動讓脆弱的新民主體制動彈不得的政策。伏克爾震撼之後緊接著是一九九四年的墨西哥龍舌蘭危機（Tequila Crisis）、一九九七年的亞洲貨幣危機，和一九九八年的俄羅斯倒債風暴，以及接踵而至的巴西債務危機。當這些震撼和危機威力逐漸退去時，更可怕的危機緊接著發生：海嘯、颶風、戰爭和恐怖攻擊。災難資本主義已經成形。

1 在當時可能是如此，但二十世紀還未結束——俄羅斯的芝加哥學派實驗還未發生。

2 羅瑟在阿根廷二〇〇一年經濟崩潰後遭解職。各界一致的看法是，IMF在他管理下執迷於自由市場政策，只要有國家不斷削減支出和把經濟私有化，他便繼續撥給巨款，忽視它們顯而易見的經濟缺點，如高失業率和猖獗的貪瀆——更別說積欠IMF難以持續的債務了。

3 二〇〇六年一月，卡瓦洛和梅南早已不在位，阿根廷人得知一些出人意料的消息。事實上卡瓦洛的計畫根本不是出自卡瓦洛，也非出自IMF：阿根廷在九〇年代初期的震撼治療計畫，是由阿根廷兩家最大的民間債權人摩根銀行和花旗銀行祕密草擬的。在與阿根廷政府打官司的過程中，著名的歷史學家賈歐納（Alejandro Olmos Gaona）驚訝地發現一份由這兩家美國銀行為卡瓦洛寫的一千四百頁文件，內容是阿根廷政府從一九九二年以後執行的政策……公共事業私有化、勞動法改革、退休金制度民營化等，所有計畫都巨細靡遺。外界一直認為一九九二年以來推動的經濟計畫都由卡瓦洛擬訂，實際並非如此。

第四篇

迷失在轉型中：當我們哭泣，當我們戰慄，當我們跳舞

The Shock Doctrine

PART 4

最壞的時代帶來最好的機會，為那些瞭解需要重大經濟改革的人。

——哈佳德（Stephan Haggard）與威廉森（John Williamson），

《政策改革的政治經濟學》（*The Political Economy of Policy Reform*），

一九九四年

第九章

THE SHOCK DOCTRINE

捍拒歷史

波蘭危機與中國大屠殺

我住在現在已經自由的波蘭，而我認為傅利曼是吾國自由的主要思想設計師。

——巴爾舍諾維奇（Leszek Balcerowicz），前波蘭財政部長，
二〇〇六年十一月

當你賺的錢增加十倍時，你的胃會釋放某種化學物質。這會讓你上癮。

——布羅德（William Browder），美國基金經理人，
談論波蘭資本主義初期他在當地的投資

我們絕不能因噎廢食。

——《人民日報》，中國國營報紙，在天安門屠殺事件後論必須堅持自由市場改革

在柏林圍牆倒塌、成為共產主義徹底崩潰的象徵之前，還有另一個代表蘇聯鐵幕終將被推倒的象徵。那就是華勒沙（Lech Walesa），一位留著八字鬍和蓬鬆亂髮、被工廠裁員的電機師，他在波蘭格但斯克（Gdansk）攀越一道裝飾了花朵與旗幟的鐵製圍牆。那道圍牆護衛了列寧造船廠和數千名工人，他們在廠裡構築防禦工事，抗議共產黨決定提高肉品價格。

工人罷工是前所未見的事情，展現他們對被莫斯科控制長達三十五年的波蘭政府頑抗不屈。沒有人知道接下來會發生什麼事：莫斯科會派出坦克？他們會對罷工者開槍，強迫工人工作？罷工發動以後，造船廠已變成這個極權國家裡的一座民主孤島，但工人繼續提出更多要求。他們再也不希望工作被控制在自稱為勞動階級代言的黨細胞手中，他們要獨立的工會，要談判、協商和罷工的權利。他們不等獲得許可便投票組織工會，為它取名團結工聯（Solidarność）。當時是一九八〇年，整個世界愛上了團結工聯和它的領導人華勒沙。

當時三十六歲的華勒沙與波蘭勞工投契到似乎能心靈相通。「我們吃同樣的麵包！」他在格但斯克造船廠對著麥克風吼叫。這指的不只是華勒沙不容置疑的藍領身分，也是說天主教信仰在這場披荊斬棘的新運動中扮演的重要角色。共黨幹部對宗教嗤之以鼻，工人們則以信仰作為勇氣徽章，在防禦工事後面列隊領受聖餐。混合粗鄙與虔誠特質於一身、令人耳目一新的華勒沙，一手拿著木製十字架，另一手持一束鮮花，為團結工聯辦公室舉行啟用儀式。當團結工聯與政府簽訂第一份劃時代的勞動協議時，華勒沙以「一支上面有教宗若望保祿二世肖像的巨大紀念筆」，簽署他的名字。他們惺惺相惜，這位生於波蘭的教宗告訴華勒沙，他為團結工聯祈禱。

團結工聯以燎原之勢擴展到波蘭的礦場、造船廠和工廠，在一年內會員達到一千萬人——幾乎是波蘭工作年齡人口的一半。贏得談判的權利後，團結工聯開始獲得具體成果：每週工作天數從六天減為五天，在管理工廠上也有更大發言權。團結工聯的會員已厭倦於活在一個崇拜勞工階級意識、但在現實中卻虐待勞工的國家，他們譴責黨機器貪腐、野蠻、仰遠方莫斯科官僚的鼻息，卻漠視波蘭人的生活。長期以來被一黨統治壓抑的民主與自決渴望，現在全傾注在團結工聯，引發一波共產黨黨員大規模出走潮。

莫斯科發現這是它的東歐帝國遇過最嚴重的威脅。當時蘇聯內部的反對意見主要仍來自人權活動分子，但這些人的政治立場仍未與當局相左。團結工聯的成員不容易被抹黑為資本主義的傀儡——他們是手持榔頭、身染煤灰的工人，依照馬克思主義的理論，這些人應該是黨的基石。[1]更具威脅性的是，團結工聯的理念是黨完全欠缺的：民主相對於獨裁；權力下放相對於中央極權；參與相對於官僚。而且，它的一千萬名會員有能力讓波蘭經濟陷於癱瘓。就像華勒沙聲稱，他們可能輸掉政治戰爭，「但他們不能強迫我們工作。因為如果有人要我們製造坦克，我們會製造街車。卡車會倒著走，如果我們故意這樣製造。我們知道如何打敗體制。我們是那套體制的學生。」

團結工聯對民主的許諾甚至激勵共黨內部的人起而反抗。「以前我天真到以為少數幾個邪惡的人要為黨的錯誤負責，」波蘭黨中央委員會的成員阿蘭德（Marian Arendt）對一家波蘭報紙說：「現在我不再有這種幻想。我們的整個體制、整個結構出了問題。」

一九八一年九月，團結工聯的會員已準備好將運動推向下一個階段。九百名波蘭工人再度於格但斯克集會，這也是工會首度召開全國大會。團結工聯這時候已變成一個革命運動，熱切地想以自己為波蘭擬訂的經濟與政治計畫接管國家。團結工聯在計畫中說：「我們要求在每個管理階層進行自治與民主改革，並以一套新的社會經濟體制將這套計畫、自治政府和市場結合起來。」計畫的核心是一幅激進的藍圖，將建立龐大的國營公司，僱用數百萬名團結工聯成員，脫離政府控制，並建立民主的勞工合作社。計畫中說：「這種社會化企業應該是經濟的基本組織單位，它應該由代表集體的勞工會議控制，經營的理事是經由會議競爭而指派或罷免。」華勒沙反對這個主張，擔心它對黨控制的挑戰會招來鎮壓。其他人辯稱運動需要一個目標，一個對美好未來的希望，而非只有一個敵人。華勒沙輸掉這場辯論，這套經濟計畫正式成為團結工聯的政策。

華勒沙對鎮壓的擔心後來證明有充分道理。團結工聯變大的野心嚇壞並激怒了莫斯科。在強大壓力下，波蘭領導人雅魯澤爾斯基（Wojciech Jaruzelski）將軍一九八一年十二月宣布戒嚴。坦克隆隆壓過冬雪，包圍工廠和礦場，成千上萬的團結工聯成員被圍住，包括華勒沙在內的工會領袖遭逮捕和囚禁。據《時代》雜誌報導：「士兵和警察使用武力肅清抗拒的工人，礦場工人在卡托維茲（Katowice）以斧頭和鐵鍬反擊，造成至少七人死亡和數百人受傷。」

團結工聯被迫轉入地下，但八年的警察國家統治只讓這個運動更具傳奇性。一九八三年，華勒沙獲頒諾貝爾和平獎，雖然他的活動仍然受到限制，因而無法親自接受頒獎。「和平獎得主的座位是空的。」諾貝爾委員會的代表在儀式上說：「因此讓我們嘗試更仔細聆聽他在空位上發表的無言演說。」

空位是很恰當的比喻，因為在那一刻，似乎所有人都從團結工聯看到他們想看的：諾貝爾委員會看到一個「只信奉和平罷工而不相信任何武器」的人。左派看到救贖，一種未受史達林或毛澤東的罪行汙染的社會主義。右派看到共產主義國家以暴力對付溫和反對意見的證據。人權運動看到囚犯為了信仰而被關入牢裡。天主教會看到一個對抗共產主義無神論的盟友。而柴契爾和雷根則看到機會，一道蘇聯盔甲的裂縫，雖然團結工聯奮戰所爭取的權力是這兩位領袖在國內極力壓抑的。禁制愈久，團結工聯的神話就愈強而有力。

到一九八八年，鎮壓初期的恐怖已經淡去，波蘭工人再度發動大規模罷工。這一次正當經濟急速墜落，而莫斯科掌權的戈巴契夫溫和派共黨新政權作出讓步，讓團結工聯合法化，並同意舉行臨時選舉。團結工聯分裂為二，現在除了工會外，另有一個新派系叫公民委員會團結工聯（Citizens' Committee Solidarity）也將參加選舉。兩個團體關係密切，候選人都是團結工聯領導人，而且因為競選的政綱模糊不清，唯一能展現團結工聯遠景的具體東西只有工會的經濟計畫。華勒沙本人不參與競選，他選擇繼續扮演工會派首領的角色，但仍然象徵這個以「交給我們，你們更安心」為口號的競選活動。選舉結果對共黨是羞辱的慘敗，對團結工聯則是光榮勝利：開放競選的二百六十一個席位中，團結工聯贏得其中二百六十席。[2]幕後操盤的華勒沙安排馬佐維耶茨基（Tadeusz Mazowiecki）出任總理，他缺乏華勒沙的群眾魅力，但身為團結工聯週報的編輯，他被視為運動的主要思想家之一。

權力震撼

就像拉丁美洲已經學到的教訓，獨裁政權習慣在經濟計畫即將內爆時擁抱民主，波蘭的情況也不例外。共黨錯誤的經濟管理已延續數十年，製造出接連不斷且代價高昂的災難，當時已瀕臨崩潰邊緣。「出乎我們的不幸，我們獲得勝利！」這是華勒沙的名言（也是預言）。當團結工聯上任時，債務高達四百億美元，通貨膨脹率六〇〇%，糧食嚴重短缺，黑市則欣欣向榮。許多工廠生產沒有人購買的產品，任由它們在倉庫腐壞。對波蘭人來說，這種情勢造就了引進民主政治的悲慘時機。自由終於來臨，但很少人有時間或心情慶祝，因為他們領到的薪資一文不值。他們把時間花在排隊買麵粉和奶油，而且還得是商店剛好有貨物的日子。

選舉勝利後的整個夏季，團結工聯政府因為舉棋不定而癱瘓。舊秩序崩潰的速度和選舉突然大勝本身就是震撼：在短短幾個月內，團結工聯的活動分子從逃避祕密警察追捕，變成要為同一批特務的薪資負責。這時候他們還面對另一個震撼，就是發現他們幾乎沒有錢支付薪資。團結工聯非但無法建設夢想中的後共產主義經濟，反而得挑起避免經濟徹底崩盤和可能爆發大規模饑饉的挑戰。

團結工聯的領導人知道他們想終結國家對經濟的鉗制，但不知道該用什麼取代它。對這個運動激進的中堅分子來說，這是考驗他們經濟計畫的機會：如果國營工廠轉型成工人合作社，它們有可能在經濟上繼續存活——工人管理可能更有效率，尤其是省去黨官僚的額外開支後。其他人主張效法戈巴契夫當時在莫斯科提倡的漸進轉型策略——慢慢擴大貨幣供需原則實施的範圍（更多合法商店和市場），結合以斯堪地那維亞社會民主體制為典範的強大公共部門。

但就像拉丁美洲的情況，在什麼事都還沒開始做之前，波蘭就需要債務赦免和經濟援助，以便擺脫立即的危機。理論上，這是國際貨幣基金的核心宗旨：提供穩定基金以化解經濟災難。如果有任何政府值得這種援助，那就是團結工聯領導的政府，因為它是四十年來第一個推翻共產政權的東歐集團國家。當然，在聽過冷戰時期這麼多咒罵鐵幕內極權主義的論調後，波蘭的新統治者應該可以期待獲得一些協助。

但沒有人提議這類援助。已被芝加哥學派經濟學家掌控的ＩＭＦ和美國財政部，正從震撼主義的透鏡看波蘭問題。經濟崩潰和沉重的債務，加上政權快速更迭造成的迷失，意味波蘭正處於完美的弱勢，可以接受激進的震撼治療計畫。而波蘭的財務賭注甚至比拉丁美洲還高：東歐尚未接觸西方資本主義，沒有消費市場可言，其最寶貴的資產則由國家掌控——是私有化最理想的目標。搶先進入者快速獲利的潛力無可限量。

ＩＭＦ深知情勢愈惡劣，新政府接受完全轉型成放任資本主義的可能性就愈大，因此ＩＭＦ任由波蘭在債務和通貨膨脹的泥淖愈陷愈深。老布希領導的白宮祝賀團結工聯對抗共黨成功，但明白表示，美國政府期待團結工聯償付曾禁止工會並囚禁其成員的前朝政權累積的債務——美國只提供一億一千九百萬美元的援助，對一個面對經濟崩潰和需要根本整頓的國家有如九牛一毛。

在這種背景下，當時三十四歲的沙克斯開始擔任團結工聯的顧問。從他在玻利維亞立下彪炳功績後，各界對沙克斯的推崇已達到狂熱程度。《洛杉磯時報》（*The Los Angeles Times*）讚嘆於他能擔任半打國家的經濟震撼醫生，同時還能繼續他的教職，因此宣告沙克斯——外表看來還像哈佛辯論隊隊員——為「經濟學界的印地安那瓊斯」。

沙克斯在波蘭的工作始於團結工聯選舉勝利之前，而且是應共黨政府的要求。他訪問波蘭一天，與共黨政府和團結工聯分別會面。牽線人是億萬富豪金融家兼外匯交易人索羅斯（George Soros），他力邀沙克斯扮演更積極的角色。索羅斯和沙克斯一起前往華沙，據沙克斯回憶：「我告訴團結工聯和波蘭政府，願意進一步參與協助解決日益加深的經濟危機。」索羅斯同意出錢讓沙克斯和同事利普頓（David Lipton）在波蘭設立一個常駐辦事處；利普頓是一位堅定的自由市場經濟學家，當時在ＩＭＦ任職。當團結工聯贏得壓倒性的勝選，沙克斯便開始與團結工聯密切合作。

儘管沙克斯是自由工作者，沒有領ＩＭＦ或美國政府的薪水，但在許多團結工聯高階幹部眼中，他幾乎擁有救世主的權力。憑著他能與華府高階官員接觸和傳奇性的聲譽，沙克斯似乎握著新政府唯一的希望，也就是援助和赦免債務。沙克斯當時說，團結工聯應斷然拒絕繼承債務，並且信心滿滿地表示，他可募集三十億美元的援助——比起布希提供的援助是一筆大錢。他曾協助玻利維亞獲得ＩＭＦ貸款和重新協商債務，似乎沒有理由懷疑他的能耐。

不過，協助是有代價的：團結工聯政府要取得沙克斯的關係和說服的力量，先得採用波蘭媒體所稱的「沙克斯計畫」或「震撼治療」。

這套計畫甚至比加諸玻利維亞的還激進：除了一夕間取消價格管制和削減補貼外，沙克斯計畫主張把國營礦場、造船廠和工廠賣給民間業者。這與團結工聯的工人所有權經濟計畫直接衝突，而且雖然該工會的全國領袖已不再談論該計畫中引發爭議的構想，它仍然是許多團結工聯成員的信條。沙克斯和利普頓花一個晚上寫出波蘭震撼治療的轉型計畫。計畫有十五頁，沙克斯宣稱：「我相信，這是首度有人為一個社會主義經濟體轉型為市場經濟體擬訂的全面計畫。」

沙克斯相信，波蘭必須立即「躍過體制性的裂縫」，因為除了有眾多問題外，波蘭正瀕臨惡性通膨邊緣。他說，一旦陷入其中，將發生「根本的崩潰……出現完全且無法復原的災難」。

他舉行數次一對一的說明會，向團結工聯的主要幹部解釋他的計畫，有些長達四小時，並且聚集波蘭的民選官員發表演說。團結工聯的許多領導人不喜歡沙克斯的構想——工會對共黨實施的大幅提高價格已形成厭惡的情緒——而現在沙克斯告訴他們要做同樣的事，而且是全面實施。沙克斯辯稱他們不會碰上問題，因為「團結工聯累積了雄厚的公眾信任，絕對很驚人也很重要」。

團結工聯的領導人從未打算利用這種信任，採取會導致他們會員極度痛苦的政策，但多年來從事地下工作、被關在牢裡和流亡海外，已使他們逐漸疏離基層。就像波蘭編輯韋爾戈茲（Przemyslw Wielgosz）解釋的，運動的最高階層「實際上已經脫隊……他們的支持不是來自工廠和生產線，而是教會」。領導人也迫切需要快速的解決方案，即使會帶來痛苦，而沙克斯建議的正是如此。「這會有用嗎？這是我想知道的。會有用嗎？」團結工聯最知名的智囊米克尼克（Adam Michnik）問。沙克斯面不改色說：「這是好計畫。這會有用。」[3]

沙克斯經常舉玻利維亞作為波蘭應該效法的模範，頻繁到波蘭人聽厭了那個國家。「我很想到玻利維亞去看看，」一位團結工聯領袖當時告訴記者：「我相信那裡一定很漂亮，很有異國情調，我只是不想在這裡看到玻利維亞。」多年以後，當華勒沙和桑契斯在一項高峰會上見面時（兩人都擔任總統），他向桑契斯承認自己對玻利維亞特別嫌惡。「他朝著我走過來，」桑契斯回憶道：「然後對我說：『我一直很想認識玻利維亞人，尤其是玻利維亞總統，因為那些人一直讓我們吃好苦的藥，說非吃不可，因為玻利維亞人就是這麼吃的。現在我認識你了，你不是那麼壞的人，但我以前恨死你們了。』」

沙克斯談論玻利維亞時，他沒有提到為了推動震撼治療計畫，政府曾兩度宣布進入緊急狀態，並且綁架和囚禁工會領袖——就像共黨祕密警察在不久前的緊急狀態下，逮捕並囚禁團結工聯的領導人。

許多人現在回憶說，當時最有說服力的是沙克斯的承諾，他說，如果接受他嚴厲的建議，波蘭將不再與眾不同，而會變得「正常」——就像「一個正常的歐洲國家」。如果沙克斯說的對，波蘭只要敲掉舊國家的結構，就可以快轉前進變成一個像法國或德國的國家，那麼痛苦不是很值得嗎？速食版的歐洲計畫已經準備好，隨時可以取用，為什麼還要採取漸進方式去做很可能失敗的改變，或嘗試沒有人做過的新方法？沙克斯預測震撼治療將造成物價飆漲帶來的「暫時混亂」，然後會「趨於穩定——大眾將明白所處的情勢」。

他與波蘭新上任的財政部長巴爾舍諾維奇結盟，後者原本是華沙規畫與統計大學（Main School of Planning and Statistics）的經濟學家，在接受任命時他的政治傾向鮮為人知（那裡所有的經濟學家基本上都是社會主義者），但很快大家才發現他自認是榮譽芝加哥男孩，曾熟讀被查禁的波蘭文版傅利曼著作《選擇的自由》（*Free to Choose*）。巴爾舍諾維奇後來解釋，那本書「啟發我和許多人，在共黨統治最黑暗的年代，敢於夢想一個自由的未來」。

傅利曼的基本教義派資本主義，與華勒沙那年夏天對所有國人的承諾有著天壤之別。華勒沙仍堅持波蘭應該走更緩和的第三條路，並曾在接受芭芭拉·華特絲（Barbara Walters）訪問時形容，那是「一種混合體……它不是資本主義。它將是一套比資本主義更好的體系，會拒絕資本主義中一切邪惡的東西」。

許多人確實質疑沙克斯和巴爾舍諾維奇推銷的快速矯正不過是個神話，震撼治療可能無法把波蘭震撼成健康和正常，還可能製造比以前更大量的貧窮和工業退化。「這是一個貧窮、衰弱的國家。我們經不起這種震撼。」一位知名醫師和醫療保險提倡者告訴《紐約客》（*New Yorker*）記者魏席勒（Lawrence Weschler）。

在獲得歷史性的選舉勝利、並突然從亡命之徒變成國會議員之後的三個月期間，團結工聯的高層不斷辯論、踱步、咆哮、香菸一根接一根，無法決定該怎麼做。每過一天，他們的國家就在經濟危機中陷得更深。

勉強的擁抱

一九八九年九月十二日，波蘭第一屆民選國會推選馬佐維耶茨基出任總理。團結工聯幹部會議終於決定處理經濟的辦法，但只有極少數人知道最終的決定——是沙克斯計畫、戈巴契夫的漸進路線，或團結工聯的工人合作社政綱？

馬佐維耶茨基即將宣布判決，但他在發表國政演說當中、還未談到舉國最關心的問題前，發生了可怕的事。據目擊者轉述，他開始搖晃，緊抓著演講臺，臉色慘白，喘著氣喃喃說：「我感覺不舒服。」他的助理迅速帶他離開議事廳，留下四百十五位交頭接耳的下議院議員。他心臟病突發？被下毒？共黨下的毒手？還是美國人？

在樓下的房間，一群醫生檢查馬佐維耶茨基，並作心電圖檢查。不是心臟病或遭下毒，這位總理只是出現「急性疲勞」症狀，因為睡眠太少又壓力太大。經過近一個小時的焦躁不安，他再度進入國會議事廳，受到會場如雷的掌聲歡迎。「抱歉，」書卷氣的馬佐維耶茨基說：「我的健康情況好像波蘭的經濟情況。」

終於，宣判的時刻到了：波蘭經濟將以震撼療法來治療它的急性疲勞，而且會採用特別激進的方法，包括「國營產業私有化、創立股票交易所和資本市場、可兌換的貨幣，和從重工業轉向生產消費性產品」，以及「削減預算」——盡可能快速，並且全部同時進行。

如果團結工聯的夢想始於華勒沙一躍而過格但斯克的鐵圍牆，那麼馬佐維耶茨基疲憊地屈服於震撼治療，便代表這個夢想的終結。最後，作這個決定的是錢。團結工聯的會員並不認為他們的合作管理經濟願景是錯的，而是他們的領導人相信，最重要的是爭取取消共產黨的債務，和立即穩定貨幣。合作經濟的主要倡導人之一人伍吉克（Henryk Wujec）當時說：「如果我們有充裕的時間，我們可能解決問題，但我們沒有時間。」另一方面，沙克斯確實有可能提供錢。他協助波蘭與ＩＭＦ達成協議，取消部分債務並取得十億美元以穩定貨幣——但這些，尤其是ＩＭＦ的資金，都嚴格地以團結工聯接受震撼治療為條件。

波蘭變成傅利曼危機理論的典範：政治快速變化的迷失，加上經濟崩潰製造的集體恐懼，使迅速而神奇的治療承諾——不管多虛幻——變得太誘惑人而難以拒絕。人權倡議分子波特諾斯卡（Halina Bortnowska）描述那段期間變化的迅速，像「狗的年齡與人的年齡的不同，我們在那些日子的生活……你會開始目睹這類半瘋狂的反應。當人們已經如此迷失時，你再也無法預期人會依照自己的最佳利益行事，因為他們不知道——或者不關心——什麼對他們才是最好的。」

財政部長巴爾舍諾維奇後來承諾，利用緊急的情勢是刻意的策略——像所有震撼戰術一樣，是清除反對的方法。他解釋說，他能夠推動完全違背團結工聯願景的內容與形式的政策，是因為波蘭處在他所稱的「特殊政治」情勢。他說這種為時短暫的情勢不適用「正常政治」的法則（諮商、討論、辯論）——換句話說，就是在民主體制中不適用民主的特殊情勢。

他說：「特殊政治是指一個國家的歷史上一段很明確的裂縫。它可能是一段很嚴重的經濟危機、前一個體制崩潰，或從外來的支配當中解放（或戰爭結束）。在波蘭，三種現象在一九八九年同時出現。」由於這些特殊狀況，他才能把正常程序擺一旁，強力推動「立法程序的大幅加速」，通過震撼治療法案。

在九〇年代初期，巴爾舍諾維奇的「特殊政治期」理論，讓華盛頓的經濟學家相當感興趣。這並不奇怪：波蘭宣布願意接受震撼治療只有兩個月，就發生了即將改變歷史的事，並因而吸引舉世對波蘭實驗的重視。一九八九年十一月，柏林圍牆在歡欣鼓舞中被拆除，整個城市充滿對各種可能性的期待，ＭＴＶ旗插在瓦礫上，彷彿東柏林是月球表面（譯注：美國ＭＴＶ公司一九八一年播放的第一部音樂影片裡，以剪接技術把太空人首度在月球表面插的美國國旗換成ＭＴＶ標誌）。突然間似乎整個世界都過著與波蘭人一樣的快轉前進式生活：蘇聯瀕臨解體，南非的種族隔離岌岌不保，拉丁美洲、東歐和亞洲的獨裁政權接二連三垮臺，從納米比亞到黎巴嫩各地的長期戰爭紛紛結束。在世界各地，舊政權一一凋零，新政權從虛空中升起，但還未成形。

在短短幾年內，似乎半個世界都處在「特殊政治期」或「轉型期」（九〇年代解放的國家被如此形容），懸吊在一個介於過去和未來的存在中。美國政府裡所謂民主促進機構的領導人卡洛瑟斯（Thomas Carothers）說：「在一九九〇年代上半，『轉型國家』的數量大幅增加，有近一百個國家（拉丁美洲約二十個、東歐和前蘇聯二十五個、下撒哈拉非洲三十個、亞洲十個，以及中東五個），處在從一個模式轉向另一個模式的急遽轉型期。」

許多人宣稱，這些變遷以及種種實質與譬喻的圍牆倒塌，將導致意識形態信仰的終結。擺脫超級強權決鬥極化效應的國家，終於能夠選擇兩個世界中最好的部分——某種政治自由與經濟安全的混和。就像戈巴契夫說的：「數十年來被教條催眠，照著固定的規矩行事，造成了許多結果。今日我們要引進真正的創新精神。」

在芝加哥學派的圈子，這類混搭拼湊型意識形態的討論遭到公開嘲笑。波蘭已清楚顯示，這種混亂的轉型期打開了一個窗口，讓果斷的人得以迅速行動以進行激烈變革。現在正是把前共產主義國家改造成純種傅利曼主義國家的大好機會，而不是雜種的凱因斯式妥協。傅利曼曾經說過，關鍵在於在所有人都還在問問題和重估情勢時，芝加哥學派的信徒已準備好解決方案。

一九八九年紛擾不安的冬季，擁抱這種世界觀的人在一次類似培靈會（revival meeting）的集會中相聚；地點正是芝加哥大學。這次集會的主題是法蘭西斯·福山（Francis Fukuyama）的演講，題目是：「我們正在接近歷史的終點嗎？」[4] 對當時身為美國國務院資深政策制訂者的福山來說，提倡放任資本主義的策略很明顯：別與主張第三條路的眾人辯論，要先發制人宣告勝利。福山深信不應放棄極端，不能取兩個世界最好的部分，不能妥協。他告訴聽眾，共產主義的崩潰「並未導向『意識形態終結』或資本主義與社會主義的統合……而是經濟與政治自由主義的全面勝利」。終結的不是意識形態，而是「歷史本身」。

這場討論由歐林基金會（John M. Olin）贊助，該會是傅利曼意識形態十字軍的長期資助者，是右派智庫勃興的背後金主。這種協力合作順理成章，因為福山基本上是重新陳述傅利曼的主張，說自由市場與自由的人民都是一個不可分割計畫的部分。福山把這種論述帶到一個厚顏的新境界，宣稱在經濟領域中解除市場管制，並結合政治領域的自由民主，代表「人類意識形態演化的終點，和……人類政府的最終形式」。民主政治與激進資本主義不僅彼此融為一體，也與現代化、進步和改革密不可分。反對這種融合的人不但是錯誤，而且就像福山說的「仍留在歷史中」，有如在眾人都已進入天國時落後的人，因為所有其他人都已超越到一個像天國般的「後歷史」（post-historical）國度。

這些論述是芝加哥學派渴望逃避民主的絕佳例子。正如ＩＭＦ在拉丁美洲和非洲藉緊急「穩定」計畫的掩護，暗中推動私有化和「自由貿易」，福山嘗試在從華沙到馬尼拉各地興起的民主化潮流中，走私同一個引發強烈爭議的目標。正如福山說的，確實有一股無法壓抑的共識正在興起，認為所有人民都有權利以民主方式管理自己，但只有在國務院生動的幻想中，這種對民主的渴望才包含了人民熱烈要求一套剝奪就業保護、導致大量裁員的經濟體制。

對擺脫了左派和右派獨裁統治的人民來說，如果真的有任何共識，那就是民主代表了終於有機會參與所有重大決策，而不是讓別人的意識形態片面強加在身上。換句話說，福山定義為「人民主權」的普遍原則，也包含人民可以選擇國家的財富該如何分配的主權，從國營公司的命運，到國家應提供學校與醫院多少經費。好不容易，全球各地的人民都準備要行使他們得來不易的民主力量，自己決定國家的命運。

一九八九年，歷史正展開一個令人歡欣鼓舞的轉折，進入一段真正開放和充滿可能性的時期。所以福山從他在國務院的職位，選擇這個時刻嘗試用力闔上歷史之書並非偶然。世界銀行和ＩＭＦ選擇同一個動盪不安的年分揭露華盛頓共識也不是巧合——而是一個明顯的企圖，想阻止自由市場外一切經濟觀念的討論與辯論。這些抑制民主的策略目的在於削弱不受節制的自決，而自決則是——也永遠是——芝加哥學派十字軍最大的威脅。

天安門廣場震撼

但福山厚顏的宣言卻在一個地方很快就被推翻，那就是中國。福山的演說發生在一九八九年二月；兩個月後，一場民主運動在北京爆發，天安門廣場上發生大規模示威與靜坐。福山宣稱民主與「自由市場改革」是相依相存的過程，兩者不可分割。但在中國，政府硬是這麼做：中國政府全力推動解除薪資與價格的管制，並擴大市場的範圍——卻堅決抗拒選舉和公民權的呼聲。另一方面，示威者要求民主，但許多人反對政府移向不加管制的資本主義，而西方媒體在報導這股運動時大多未曾提及。在中國，民主與芝加哥學派經濟學並未攜手並進；它們站在天安門廣場四周路障的不同側。

在一九八〇年代初，由鄧小平領導的中國政府極力想避免發生在波蘭的狀況，因為波蘭的工人獲准組織工會運動後，很快就推翻共黨的一黨專政。這不是因為中國領導人決心保護構成共黨國家基石的國營工廠和農業公社，事實上，鄧小平熱切地想轉變成企業式的經濟體——熱切到在一九八〇年他的政府邀請傅利曼到中國訪問，並教導數百名高階公務員、教授和黨經濟學家有關自由市場理論的基本概念。「所有出席者都是應邀參加，必須有邀請卡才能進場。」傅利曼回憶他在北京和上海的聽眾時說。他的中心訊息是「資本主義國家的一般人民，生活比在共產主義國家好得多」。他舉的例子是香港，這個純資本主義的地區長期以來被傅利曼稱讚為「充滿由個人自由、自由貿易、低稅率和最少的政府干預所帶來的創新性格」。他宣稱雖然香港沒有民主政治，卻比美國更自由，因為其政府較少參與經濟活動。

傅利曼認為，與完全放任的商業自由比較起來，政治自由是偶然的，甚至沒有必要，這種定義與中共政治局逐漸形成的看法完全契合。中國共產黨希望開放經濟以發展私人所有權和消費主義，同時維持對權力的掌控——這套計畫可以確保國家資產一旦被拍賣後，黨官員和他們的親戚可以搶到最好的交易，最先獲得最大的利益。根據這種「轉型」的版本，在共產主義下控制國家的同一批人，在資本主義下也能繼續掌控，同時得以享受生活水準的大躍進。中國政府想效法的模式不是美國的，而是某種較接近皮諾契統治下的智利模式：自由市場結合獨裁政治掌控，藉由無情的鎮壓來推行。

鄧小平從一開始就明白鎮壓是不可或缺的。毛澤東統治時，中國政府對人民加諸殘暴的統治，下放反對者和異議分子接受再教育。但毛澤東的鎮壓出自勞工之名和反資產階級；現在黨準備要自己推行反革命，並要求工人放棄許多福利與安全，以便少數人可以獲得龐大利益。這不會是一件容易的工作。因此，當鄧小平在一九八三年開放外國投資和減少對勞工的保護時，他也下令成立人數四十萬人的人民武裝警察，這是一支新的機動鎮暴部隊，負責撲滅所有「經濟犯罪」的跡象（例如罷工和示威抗議）。

中國史專家邁斯納（Maurice Meisner）說：「人民武裝警察的配備包括美國製直升機和電擊棒。」此外，「有幾支部隊曾被派往波蘭接受反暴動訓練」——他們在那裡學習波蘭戒嚴期間曾被用來對付團結工聯的戰術。

鄧小平的許多改革很成功並受到歡迎——農民的生活比以前自由，商業也重回城市。但在八〇年代末期，鄧小平開始引進極不受歡迎的措施，都市勞工尤其反對——解除價格管制導致物價飛漲；就業安全被取消，創造一波波的失業潮；新中國的贏家與輸家間的不平等愈來愈大。到一九八八年，黨面對勢力龐大的反抗，不得不改變部分解除物價管制的措施。黨的貪腐不斷和任用親信也招致人民憤怒。許多中國人民希望市場更自由，但「改革」愈來愈像黨官轉變成企業大亨的代名詞，因為許多人非法占有他們擔任官僚時管理的國家資產。

眼看自由市場實驗岌岌可危，傅利曼再度受邀訪問中國——很像一九七五年芝加哥男孩與食人魚們在智利推行的計畫引發動亂時，要求他協助那樣。中國的「改革者」迫切需要的，是一位世界知名的資本主義大師大張旗鼓地訪問。

傅利曼和妻子羅絲一九八八年九月抵達上海時，他們對中國大陸的外表和感覺這麼快就很像香港大感驚喜。雖然社會底層的憤怒鼎沸，他們看到的一切都證實「我們對自由市場力量的信心」。傅利曼形容那時候是「中國實驗最充滿希望的時期」。

在國營媒體的注視下，傅利曼與共黨總書記趙紫陽，以及當時任上海市委書記、日後出任國家主席的江澤民會面兩個小時。傅利曼給江澤民的訊息，與他在智利的計畫走下坡時給皮諾契的訊息相呼應：別向壓力屈服，而且要面不改色。「我強調私有化、自由市場和解除管制齊頭並進的重要性。」傅利曼回憶說。在給共黨總書記的備忘錄中，傅利曼強調需要採取更多震撼治療，而非更少。「中國改革初期的步驟已獲致戲劇性的成功。中國可以藉由進一步依賴自由民間市場，獲致更多的重大進步。」

傅利曼返回美國後不久，想起他提供皮諾契建議所引發的爭議，於是「出於惡作劇」地寫了一封信給一份學生報紙的編輯，譴責他的批評者有雙重標準。他解釋說，他剛在中國訪問十二天，在那裡「我主要是當政府機構的貴賓」，並與最高階層的共黨官員會面，傅利曼指出，但這些會面並未在美國的大學校園引發人權抗議。「附帶一提，我給智利和中國的建議正好完全相同。」他語帶譏諷地問：「我是不是該為提供建議給一個如此邪惡的政府，面對像雪崩般的抗議？」

幾個月後，這封惡作劇的信印證了其邪惡的言外之意，中國政府開始仿效許多皮諾契最惡名昭彰的技術。

傅利曼的訪問未達成預期的結果，中國國營報紙上刊登傅利曼為黨官僚加持的照片，未能讓群眾示威就此停止。在接下來的幾個月，示威愈發強硬和激進。反對運動最顯著的象徵是天安門廣場上的學生示威。國際媒體報導這些歷史性的示威時，幾乎無一例外地描繪成理想主義的現代學生渴望西方式的民主自由，與守舊派極權統治者想保護共產主義國家所發生的衝突。對天安門事件意義的另一種分析直到最近才出現，挑戰以傅利曼主義為核心的主流看法。這種另類觀點的一位主張者是曾參與一九八九年示威運動的汪暉，這位已是今日中國「新左派」代表人物的知識分子，在他二〇〇三年《中國新秩序》（*China's New Order*）一書中解釋，當年的示威者來自中國社會的各階層，不限於大學的菁英學生，也包括工廠工人、小企業家和教師。他回憶說，引爆示威的是人民對鄧小平「革命性」的經濟改革普遍不滿，因為改革導致物價上漲，並導致「裁員與失業」危機。汪暉說：「這些變革是一九八九年社會動員的觸媒。」

示威並非反對經濟改革本身，而是反對改革中某些傅利曼主義特質——改革的快速、無情，以及過程的高度反民主。汪暉說，示威者要求的選舉和言論自由，與他們對經濟的不滿息息相關。要求民主是因為黨推動的改革在規模上屬空前，且完全未經人民的同意。他寫道，人民「普遍要求以民主方式監督改革過程，和重建社會福利的公平性」。

這些要求迫使政治局作出斷然選擇。這個選擇並非一般人常說的民主相對於共產主義，或「改革」相對於「保守」的選擇。它是一個遠為複雜的盤算：黨應不應該強行推動自由市場計畫，而這麼做只能輾過示威者的身體才能達成？或者應該屈服於示威者對民主的要求，交出獨占的權力，並甘冒導致經濟計畫大挫敗的危險？

部分黨內自由市場改革者，尤其是黨總書記趙紫陽，似乎願意押注在民主上，相信經濟與政治改革可以相容不悖。但黨內更有力的人士不願冒這個險。宣判終於下來：國家將以鎮壓示威者來保護其經濟「改革」。

當中國政府在一九八九年五月二十日宣布戒嚴令時，訊息已經很明確。六月三日，人民解放軍的坦克開進示威行列，不加區別地對群眾掃射。士兵衝進示威學生躲避的巴士，以木棍痛擊他們；更多軍隊突破保護天安門廣場的路障，逮捕示威的主事者，摧毀學生在那裡豎立的民主女神雕像。類似的鎮壓行動同時在全國各地展開。

在那段期間有多少人被殺死或受傷永遠無法正確估計，共黨承認有數百人，但當時的目擊報告估計死亡人數約二千到七千人，受傷者則高達三萬人。鎮壓後繼之以一場針對政權批評者與反對者的全國獵巫行動，約四萬人遭逮捕，數千人入獄，且可能有多達數百人遭處死。和在拉丁美洲一樣，中國政府把最嚴厲的鎮壓留給工廠工人，因為他們代表對自由資本主義最直接的威脅。邁斯納寫道：「大部分遭逮捕的，以及幾乎所有被處死的都是工人。政府的目標顯然是恐嚇全國人民，因此公開的政策就是有系統地逮捕個人，施以毒打和折磨。」

大部分西方媒體以共產黨殘暴的又一例子來報導這場屠殺：就像毛澤東在文化大革命期間肅清他的反對者，現在「北京劊子手」鄧小平則在毛澤東巨大的畫像下壓碎他的批評者。《華爾街日報》一則大標題說，「中國的暴行可能造成十年改革的大倒退」——好像鄧小平是這些改革的敵人，而非決心把改革帶進美麗新境界的堅定保護者。

血腥鎮壓五天後，鄧小平對全國演說時明白表示，他以鎮壓保護的並非共產主義，而是資本主義。在斥責示威者是「一大群社會渣滓」後，鄧小平重申黨對經濟震撼治療的承諾，他說：「簡單地說，這是一次考驗，而我們通過了。」他也說：「也許這件壞事能讓我們以更穩定、更好，甚至更快的速度推動改革和門戶開放政策……我們沒有錯。我們（經濟改革）的四項基本原則沒有錯。如果有任何錯誤，就是這些原則沒有徹底執行」。[5]

中國專家兼新聞記者夏偉（Orville Schell）為鄧小平的選擇下結語說：「在一九八九年的屠殺後，他說的實際上就是我們不會停止經濟改革；我們會停止政治改革。」

對鄧小平和政治局的其他領導人來說，現在自由市場的可能性是無限的。就像皮諾契的恐怖為革命性的改變清除了街道，天安門也為中國不畏反抗的激進轉型舖好路。如果農民和工人的生活變得更艱苦，他們也只能默默忍受，否則就得面對解放軍和祕密警察的震怒。因此，當公眾處於危疑恐懼狀態中，鄧小平也得以推動他以前未能推動的徹底改革。

在天安門事件前，他曾被迫放鬆部分最痛苦的措施；屠殺三個月後，他重推舊案，並執行數項傅利曼的其他建議，包括解除價格管制。對汪暉來說，一九八〇年代末推行失敗的市場改革卻在一九八九年以後的環境完成，有一個明顯的原因，他寫道：「就是因為一九八九年的暴力鎮壓了改革過程帶來的社會動亂，使新價格制度終於成形。」換句話說，屠殺的震撼使得震撼治療得以進行。

血腥事件發生三年後，中國已對外來投資打開門戶，全國各地遍設特別出口區。鄧小平在宣布這些新措施時提醒全國人民：「為了消除未來的任何動亂，必要時我們將採取一切可能的手段，在動亂一出現時就斷然施行，包括戒嚴，甚至更嚴厲的方法。」6

改革的浪潮把中國改變成世界的血汗工廠，成為地球上幾乎每一家跨國公司偏愛的委外生產地點。沒有別的國家提供比中國更優渥的條件：低稅賦與關稅、貪腐的官員，以及最重要的，源源不絕的低薪資勞工，而且他們因為害怕暴力報復而有好長期間不敢要求合理的薪資，或最基本的工作環境保護。

對外國投資人和黨而言，這是雙贏的安排。據二〇〇六年的一項調查，九〇%的中國億萬富豪（以人民幣計算）是共黨高幹的子女。這些被稱為「太子黨」的共黨權貴後代擁有二千六百億美元資產。這種情況與皮諾契掌控的政商財團國家先驅智利遙遙呼應：企業與政治菁英間有一道旋轉門，兩者合力消滅勞工有組織的政治勢力。在今日仍可看到這種合作安排的例子，例如外國跨國媒體與科技公司協助中國政府暗中監視人民，確保學生在搜尋網路時不會找到含有「天安門屠殺」、甚至「民主政治」這類字眼的網頁。汪暉寫道：「今日市場社會的創造並非一連串偶發事件的結果，而是國家干預與暴力所造就。」

天安門事件揭露的真相之一是，極權共產主義與芝加哥學派資本主義採用的策略有著鮮明的雷同——它們都樂於讓反對者失蹤，使抗拒者變回空白石板，以便重新來過。

雖然傅利曼鼓勵中國官員推動痛苦而不受歡迎的自由市場政策幾個月後就發生屠殺事件，但他從未「為提供建議給一個如此邪惡的政府，面對像雪崩般的抗議」。和以前一樣，他不認為他提供的建議，與執行它所需要的暴力有任何關聯。儘管譴責中國使用鎮壓，傅利曼仍繼續以中國當作「自由市場的安排能有效促進繁榮與自由」的例子。

巧合的是，天安門廣場的屠殺與波蘭團結工聯歷史性的選舉勝利發生在同一天——一九八九年六月四日。從某個角度看，兩者提供了震撼主義研究的兩種大不相同的案例。兩個國家都需要利用震撼與恐懼來推行自由市場轉型。在中國，國家利用毫不留情的恐怖、酷刑與暗殺手段，從市場觀點來看，其結果雖成功但並不及格。在波蘭，社會只遭到經濟危機與快速改變的震撼——沒有明顯的暴力——因此震撼的效應最後逐漸消退，也較為成效不彰。

在波蘭，震撼治療雖然是在選舉過後展開，但由於它直接違背絕大多數支持團結工聯選民的期待，因而是對民主程序的嘲弄。截至一九九二年，六〇%的波蘭人仍反對把重工業私有化。沙克斯在為他不受歡迎的計畫辯護時說，他沒有別的選擇，並把自己的角色比喻為急診室的外科醫生。「當有人被送進急診室時心臟已停止跳動，你只能把胸骨打開，顧不了可能留下的疤痕。」他說：「你的目標是讓那個人的心臟恢復跳動。你會弄得鮮血淋漓，但你沒有別的選擇。」

然而當波蘭人從初次的外科手術恢復後，他們卻質疑醫生和所施的治療。波蘭的震撼治療並未帶來沙克斯預測的「暫時混亂」，而是全面的經濟蕭條：在第一波改革後兩年內，工業生產減少三〇%。由於政府削減支出和廉價進口產品湧進，失業率一飛沖天，一九九三年在部分地區飆到二五%——相較於共黨統治時期，雖然人民生活艱困且政策失當，卻沒有正式的失業人口，兩種情況有如天壤之別。據世界銀行的最新數字，目前波蘭的失業率高達二〇%——是歐盟中最高的國家。對二十四歲以下的人來說，情況尤其惡劣：二〇〇五年有四〇%的年輕勞工失業，是歐盟平均水準的兩倍。最嚴重的是貧窮人口的數量：在一九八九年，十五%的波蘭人生活在貧窮線以下；而到二〇〇三年，滑落到貧窮線以下的人已增加到五九%。摧毀就業保護並推升日常物價的震撼治療，並未引導波蘭變成歐洲的「正常」國家（像歐洲國家有保護周密的勞工法和慷慨的社會福利），反而帶來從智利到中國每個被反革命征服之處都發生的社會鴻溝。

由波蘭勞工一手建立的政黨——團結工聯——卻製造出這種永難翻身的下層階級，這代表了痛苦的背叛，也因此醞釀出一股始終無法平復的深刻諷刺與憤怒。團結工聯的領導人往往淡化他們政黨的社會主義根源，華勒沙現在宣稱早在一九八〇年他就知道「必須建立資本主義」。曾在共黨監牢待八年半的團結工聯戰士及知識分子莫德茲勞斯基（Karol Modzelewski），憤怒地反駁說：「我不會為資本主義被關一週或一個月，更別說八年半了！」

在團結工聯統治的頭一年半，工人相信他們的英雄所保證的痛苦會很短暫，是把波蘭帶進現代歐洲必要的一步。即使面對飆升的失業率，他們也極少發動罷工，只耐心等待震撼治療產生效用。當承諾的復甦未發生時——至少就業市場未見任何跡象——團結工聯的成員陷入完全的困惑：為什麼他們的運動帶來的生活會比共黨統治時期更惡劣？「一九八〇年我成立工會委員會時，團結工聯保護我，」一名四十一歲的建築工人說：「但這次我找他們幫忙時，他們告訴我必須為改革而忍受痛苦。」

波蘭的「特殊政治期」經過約十八個月後，團結工聯的總部已經忍受不了而要求結束實驗。極度的不滿反映在罷工次數顯著增加：在一九九〇年工人仍給團結工聯通融時，只發生二百五十次罷工；到一九九二年，罷工次數已超過六千次。面對來自基層的強大壓力，政府被迫放慢其野心勃勃的私有化計畫。到一九九三年底——那一年發生近七千五百次罷工——六二%的波蘭工業仍由國家擁有。

波蘭工人終於阻止了國家資產大批私有化，這意味儘管改革已帶來如此深刻的痛苦，但原本情況還可能變得更糟。罷工潮無疑挽救了數以萬計可能喪失的工作，因為許多低效率的國營公司原本會步上關閉、大幅裁員和變賣的命運。有趣的是，波蘭的經濟在同一時期開始快速成長，根據著名的波蘭經濟學家兼前團結工聯成員柯瓦立克（Tadeusz Kowalik）的說法，這證明那些準備以低效率和落伍為由註銷國營公司的人「顯然是錯的」。

除了罷工外，波蘭工人找到另一個向昔日的團結工聯盟友表達憤怒的方法：他們利用爭取得來的民主，在選舉中斷然懲罰這個黨，包括他們一度擁戴的領導人華勒沙。最戲劇化的嚴懲發生在一九九三年九月十九日，一個包含前執政共產黨（重新包裝為民主左翼聯盟）的左派政黨聯盟，贏得國會六六％席次。當時團結工聯已分裂成兩個互鬥的黨派，其中工會派贏得不到五％的席次，在國會中喪失正式政黨地位；一個由總理馬佐維耶茨基領導的新黨派只贏得一〇．六％的席次——這是對震撼治療再明確不過的拒絕。

不過，在往後的數年，當數十個國家奮力找尋改革經濟的方法時，這些難以啟齒的細節——罷工、選舉的挫敗、政策逆轉——將不再被提起。反而波蘭將被高舉為典範，證明激進的自由市場改革可以在民主與和平下發生。

就像許多有關國家轉型的故事，這一則故事同樣大部分是神話。但它比真相更動聽：在波蘭，民主被用作武器，用來對抗街道上的「自由市場」，也被用在選舉中。在同一時期的中國，自由放任的資本主義背後的勢力輾過天安門廣場上的民主，震撼與恐怖開啟了現代史上獲利最豐厚也最長久的投資熱潮。又一個在屠殺中誕生的奇蹟。

1 團結工聯在一九八〇年膾炙人口的口號是：「社會主義——好，它的扭曲版——不好」（這句用波蘭話說會更順口）。

2 這次選舉雖然是一大突破，但仍然受到操控：從一開始，國會下議院六五%的席次就保證分配給共產黨，團結工聯只能競選其餘席次。儘管如此，一面倒的勝利使團結工聯實際上已能控制政府。

3 米克尼克後來痛苦地發現，共產主義最糟的事是發生在它結束後。

4 這場演講形成了福山三年後出版的《歷史之終結與最後一人》的基礎。

5 鄧小平有一些著名的辯護者。屠殺之後，季辛吉寫了一篇專欄文章，辯稱中國共產黨沒有別的選擇。他說：「世界上沒有政府會忍受首都的主要廣場被數萬名示威者占據八週……因此鎮壓是無可避免。」

6 紐約大學人類學家哈維（David Harvey）指出，天安門事件後，鄧小平展開著名的「南巡」，中央政府開始全力推動開放外國貿易和外國直接投資。

第十章
THE SHOCK DOCTRINE

鎖鍊下誕生的民主

南非被綑綁的自由

和解意味著那些曾被歷史壓在下層的人，必須看到壓迫與自由間出現本質上的不同。對他們來說，自由必須轉變成可獲得乾淨水源、隨時可用的電力；能住在像樣的住宅和擁有一份好工作；能送你的孩子上學，並可獲得醫療。我是說，如果這些人的生活品質沒有提升和改善，這種轉變有什麼意義？如果沒有這些，選票便毫無用處。

——屠圖總主教（Archbishop Desmond Tutu），
南非真相與和解委員會主席，二〇〇一年

在轉移權力前，國民黨（Nationalist Party）想削弱它。該黨嘗試談判某些交換條件，用放棄統治國家來換取阻止黑人按照自己的方式治國的權利。

——史巴克斯（Allister Sparks），南非新聞記者一九九○年一月，七十一歲的曼德拉（Nelson Mandela）在他的牢房裡坐下，寫一封信給外面的支持者。這封信的目的是要平息一場爭論，說明在被囚禁了二十七年後（大部分時間關在開普敦外海的羅本島），這位黑人領袖追求南非這個種族隔離國家經濟轉型的決心是否已經軟化。這封信只有幾句話，卻立即平息了爭論：「礦場、銀行和獨占性工業的國有化是非洲民族議會（ANC）的政策，改變或修改我們在這方面的觀點是無法想像的。提升黑人經濟力量是我們完全支持和鼓勵的目標，但以我們的情況來看，國家控制經濟的某些部門是不可避免的。」

結果證明，歷史並未像福山所說的已經終結。在非洲大陸最大經濟體的南非，似乎有些人仍相信，自由應包括收回並重分配壓迫者的不當利得。

這個信念在過去三十五年一直是非洲民族議會政策的基礎，從它宣讀其核心原則的聲明《自由憲章》（*Freedom Charter*）以來就是如此。這篇憲章起草的故事變成南非民謠的素材其來有自，故事始於一九五五年，當時這個政黨派遣五萬名志願者到城鎮和鄉下，任務是向人民蒐集「自由訴求」——他們對後種族隔離世界中所有南非人都有同等權利的願景。這些要求以手寫在一片片的紙上：「發放土地給所有沒有土地的人」、「能維持生活的薪資和縮短工時」、「免費和強制教育，不分膚色、種族或國籍」、「居住和自由遷徙的權利」，還有許多。當訴求蒐集回來後，非洲民族議會的領導人整理成一份最終的文件，並於一九五五年六月二十六日在柯利普城（Kliptown）召開的人民議會（Congress of the People），正式採用為憲章。當時柯利普城是為保護白人、隔開約翰尼斯堡擁擠的黑人居住區而興建的「緩衝」城鎮。

約三千名代表——黑人、印度人、有色人種和少數白人——一起坐在一片曠野，投票通過文件的內容。據曼德拉描述歷史性的克利普城會議，「憲章被大聲朗讀，一段接一段，以英文、塞索托語（Sesotho）和科薩語（Xhosa）對大家唸出。每唸完一段，群眾便大聲表示贊同，並吶喊著『非洲（Afrika）！』和『回來吧（Mayibuye）！』」《自由憲章》第一個堅決的要求是：「人民應有統治的權利！」

在五〇年代中期，這個夢想距離實現還有數十年。在議會的第二天，群眾便被警察以暴力驅散，官方宣稱代表們正密謀叛國。

由南非白人（Afrikaners）和英國人掌控的南非政府，三十年來禁止非洲民族議會和其他主張終結種族隔離的政黨活動。在這段高壓統治期間，《自由憲章》仍然持續流通，在地下革命分子間傳遞，它激發希望與抵抗的力量絲毫不減。在一九八〇年代，它由新一代出身城市的年輕激進派傳承。受夠了耐心等待和安分守己，願意挺身為推翻白人統治而奮鬥的年輕激進分子，以無懼的氣概嚇壞他們的父母輩。他們拋棄幻想，走上街頭，高唱：「子彈或催淚瓦斯都無法阻止我們。」他們面對一次又一次的屠殺、埋葬朋友，仍繼續唱歌向前進。當這些激進分子被問及反對什麼時，他們回答「種族隔離」或「種族歧視」；被問及為什麼而戰時，許多人回答「自由」，也經常提到「《自由憲章》」。

《自由憲章》確立了安居樂業、思想自由，和更激進的分享非洲最富裕國家的財富，包括世界最大金礦等珍寶的權利。「我們國家的財富，南非人的遺產，應該歸還給人民；土地下的礦產財富、銀行以及獨占性工業，應該轉移給全體人民；所有其他產業和貿易的掌控應有助於人民福祉。」憲章上宣示。

在起草時，《自由憲章》被解放運動裡的一部分人視為有建設性的中間路線，被另一些人視為不可饒恕的軟弱。泛非洲主義者（Pan-Africanist）譴責非洲民族議會對白人殖民主義者讓步太多（他們質疑，為什麼非洲屬於「所有人，包括黑人和白人」？如同牙買加黑人民族主義者加維〔Marcus Garvey〕所主張的，他們認為憲章中應要求「非洲是非洲人的」。）忠貞的馬克思主義者則駁斥憲章的要求「太資產階級意識」：把土地所有權分給所有人民不符革命思想；列寧說，私有財產本身應該廢止。

但解放運動各派別一致的觀點是，種族隔離不但是一種規定誰才有權投票和可以自由遷徙的政治體制，也是一種利用種族歧視來執行高獲利協議的經濟制度：一小群白人菁英長期從南非的礦場、農場和工廠攫取龐大獲利，就是因為占多數的黑人被禁止擁有土地，且被迫提供勞力以換取極低的報酬——並在勇敢反抗時遭到毆打和囚禁。在礦場裡，白人獲得的薪資十倍於黑人，而且就像在拉丁美洲，大工業家與軍方密切合作，讓不聽話的工人失蹤。

《自由憲章》的主張是解放運動的基本共識，亦即自由不會因為黑人統治國家而降臨，而必須等到收回被非法沒收的土地財富，並重分配給整體社會時才會降臨。南非再也不能像種族隔離的年代那樣，是一個白人過著加州般的生活、黑人過著剛果似生活的國家；自由意味必須在兩者之間找到一個平衡點。

這正是曼德拉在牢裡寫下那兩句話所確認的：他仍然相信不重分配就不會有自由的基本原則。在這麼多國家也同時在「轉型」的情況下，這項宣示有著深遠的意義。如果曼德拉領導非洲民族議會取得權力，並把銀行和礦場收歸國有，這個例子將使芝加哥學派的經濟學家更難將其他國家的這類提議駁斥為落伍的想法，也難以堅持只有放任的自由市場與自由貿易有能力解決高度不平等的問題。

一九九〇年二月十一日，寫了那封短信之後兩週，曼德拉以自由人身分走出監獄，聲望有如世上其他地方的活聖者一樣。南非的城鎮大肆慶祝，人們重新燃起解放運動無可阻擋的信念。和東歐的運動不同之處是，南非的運動未曾被擊潰，而是不斷向前推進。曼德拉本人則身受文化震撼之苦，甚至誤把一支攝影機麥克風當成「某種我坐牢時發展出來的新武器」。

世界與他二十七年前入獄時已大不相同。曼德拉一九六二年被逮捕時，一波第三世界民族主義的浪潮正橫掃非洲大陸；如今非洲卻因戰爭而四分五裂。他在獄中時，社會主義革命曾被引燃而後又被撲滅：切．格瓦拉一九六七年在玻利維亞遭殺害；阿葉德在一九七三年的政變身亡；莫三比克的解放英雄兼總統馬謝爾（Samora Machel），一九八六年在一次神祕飛機失事中罹難。八〇年代後期和九〇年代上半發生柏林圍牆倒塌、天安門廣場鎮壓和共產主義崩潰。接二連三的改變給他的時間卻非常有限：曼德拉獲釋後馬上得領導人民爭取自由，同時避免內戰和經濟崩潰——兩者似乎都極可能發生。

如果共產主義和資本主義間有第三條路——一條使國家民主化、同時重分配財富的道路——那麼非洲民族議會領導下的南非，看起來似乎得天獨厚處在實現這個長期夢想的情勢。當時不僅全世界對曼德拉傾注以仰慕和支持，而且反種族隔離運動的獨特方向在之前幾年已經形成。在八〇年代，它已變成真正的全球群眾運動，而且在南非以外的地方，行動主義者最有效的武器正是抵制企業，包括針對南非製產品以及與這個種族隔離國家做生意的國際公司。抵制策略的目標是對企業施加足夠的壓力，使它們願意遊說強硬的南非政府結束種族隔離。但這個運動也包含道德成分：許多消費者堅信，應該給從白人至上主義法律獲利的公司財務上的打擊。

這種態度給非洲民族議會獨特的機會，以拒絕當時自由市場的正統派思想。由於對企業應分擔種族隔離罪行的責任已有廣泛共識，舞臺已為曼德拉布置妥當，可以讓他向世界解釋，為什麼南非經濟必須實施像《自由憲章》所要求的收歸國有。他也可以利用這套論述，解釋何以在種族隔離下累積的債務，不應加諸在任何由普選產生的新政府。這種大膽的作法應會引來ＩＭＦ、美國財政部和歐盟激烈反對，但曼德拉是一位活聖人——他能獲得廣大的群眾支持。

我們永遠無法得知這些力量能否被證明更強大。在曼德拉從監獄遞出短信，到一九九四年非洲民族議會選舉大獲全勝、他當選總統這段期間，發生了一些事讓黨高層相信，他們無法利用草根聲望收回並重分配國家被竊占的財富。因此，非洲民族議會並未尋找加州和剛果間的平衡點，反而採取了導致不平等和犯罪爆炸般增加的政策，使現在南非的分裂達到像比佛利山莊和巴格達的程度。今天，這個國家是經濟改革與政治轉型斷裂的活見證。在政治上，南非人民擁有投票權、公民自由權和多數統治。然而在經濟上，南非已超越巴西，成為世界上最不平等的社會。

我在二〇〇五年走訪南非，想瞭解從一九九〇年到一九九四年轉型最關鍵的幾年間發生什麼事，使曼德拉走上一條他曾明確形容為「無法想像」的道路。

非洲民族議會與執政的國民黨展開談判，決心避免類似鄰國莫三比克獨立運動之後的夢魘。一九七五年葡萄牙被迫結束殖民統治，撤出時曾心懷惡意地大肆破壞，把水泥倒進電梯通道，砸爛曳引機，從莫三比克帶走一切能搜括的東西。在協商出相對和平的政權轉移上，非洲民族議會確實功不可沒，但還是免除不了種族隔離時代統治者在撤出時的大破壞。和莫三比克的前殖民者不同，國民黨並未傾倒水泥——他們破壞力同樣強大的杯葛更加隱晦，而且都白紙黑字寫進那些歷史性協商的合約裡。

結束種族隔離條件的談判分成兩個平行但經常交織的方向進行：一個是政治性的，另一個是經濟。大部分的注意力自然落在曼德拉與國民黨領袖戴克拉克（F. W. de Klerk）備受矚目的政治高峰會上。

戴克拉克在這些談判的策略是盡可能保留更多權力。他用盡一切辦法——把國家打散成一個聯邦、保證多數黨有否決權、在政府架構中為每一個族群保留特定比例的職位——任何可以避免單純多數統治的方法，因為他確信那勢必帶來大規模土地徵收和企業國有化。正如曼德拉後來描述：「國民黨想盡辦法讓我們同意維持白人的控制權。」戴克拉克有槍炮和錢作後盾，但他的對手擁有一個數百萬人的運動。曼德拉和他的首席談判代表拉瑪波薩（Cyril Ramaphosa）幾乎全盤獲勝。

與這些經常充滿火爆場面的高峰會同時進行的，是低調許多的經濟談判，而代表非洲民族議會這方的主要是當時黨內的新星、現在是南非總統的姆貝基（Thabo Mbeki）。隨著政治談判的進展，國民黨發現國會顯然很快會落入非洲民族議會的掌控，這個南非菁英組成的黨開始傾注全部精力和創意在經濟談判上。南非的白人已無力阻止黑人接管政府，但對於保衛在種族隔離統治下累積的財富，他們不會輕易放棄。

在這方面的談判，戴克拉克政府採取兩面策略。第一，援引如日中天的華盛頓共識所謂只有一種方式能管理經濟的說法，把經濟決策的主要層面——如貿易政策和央行——描述為「技術」或「行政」性質。然後它利用一系列的新政策工具——國際貿易協議、憲法創制和結構調整計畫——把這些核心權力交給表面上公正、來自IMF、世界銀行、關稅暨貿易總協定（GATT）以及國民黨的專家、經濟學家和官員，就是沒有一個來自非洲民族議會的解放鬥士。這是一套巴爾幹化（balkanization）策略，但牽涉的不是南非的地理劃分（像戴克拉克原本嘗試的），而是南非的經濟。

這套計畫在非洲民族議會領導人的面前通行無阻，因為他們很自然把精力全放在贏得控制國會的戰役。在這個過程中，非洲民族議會未能防備到一個更狡詐的策略——基本上就是一套保險計畫，避免《自由憲章》的經濟條款被變為南非法律。「人民應有統治的權利！」很快會實現，但他們統治的範圍正快速縮小。

正當雙方進行互相角力的激烈談判時，非洲民族議會內部也忙著安排一旦接管政府後的事情。成群的非洲民族議會經濟學家與律師組成工作小組，負責想出如何把《自由憲章》籠統的承諾——安居樂業和醫療保險——變成務實的政策。這些計畫中最野心勃勃的是「讓民主運轉」（Make Democracy Work），這是為種族隔離結束後的南非擬訂的一套經濟藍圖，在高層談判的時候寫就。黨的堅貞擁護者當時不知道的是，當他們催生高瞻遠矚的計畫，協商小組卻在談判桌上接受讓計畫實際上不可能實現的讓步。「它在還沒推出前就已胎死腹中。」經濟學家帕達雅奇（Vishnu Padayachee）跟我談起「讓民主運轉」計畫時說，等草案完成後，「已經換了一場新球賽」。

身為非洲民族議會中少數受過古典訓練的經濟學家，帕達雅奇被徵召在「讓民主運轉」計畫扮演領導角色（如他所說的，「做分析數字工作」）。與他在那些冗長的決策會議共事的人，後來大多擔任非洲民族議會政府的要職，但帕達雅奇沒有，他婉拒所有政府職務的聘約，寧可選擇在德爾班過學術生活，教學、寫作並經營甚受歡迎的艾克書舖（Ike's Bookshop）。這家書舖最早由第一位非白人南非出版商艾克·梅耶特（Ike Mayet）創辦，現在裡面堆滿了許多小心保存的絕版非洲歷史書，我們就是在那裡會面討論轉型期的情況。

帕達雅奇在七〇年代加入解放運動，擔任南非工會運動的顧問。「那時候我們都把《自由憲章》貼在門板後面。」他回憶道。我問他何時才知道運動的經濟承諾將不會實現，他說在一九九三年底他先是起了疑心，因為在與國民黨進行討價還價的最後階段，他與一位「讓民主運轉」工作小組的同僚接到談判小組成員的電話。那通電話要求他們寫一份讓南非央行變成獨立機構、超然於民選政府之外的正反立場報告──而且談判小組第二天早上就要。

「我們完全措手不及。」現在五十歲出頭的帕達維奇回憶說。他曾在巴爾的摩約翰霍普金斯大學完成研究所學業。他知道當時即使是美國的自由市場經濟學家，也認為央行獨立仍是剛萌芽的概念，是少數芝加哥學派理論家的實驗政策，他們認為央行應該變成國家內的獨立主權機構，不受民選議員干預。[1] 帕達雅奇和他的同僚深信，貨幣政策應為新政府的「成長、就業與重分配等大目標」服務，因此對他們而言，非洲民族議會的立場不用想也知道：「南非絕不會有獨立的中央銀行。」

帕達雅奇和一位同僚挑燈夜戰，寫了一份報告給談判小組，條列必須抗拒國民黨投出來的變化球的所有理由。如果央行（在南非稱作準備銀行）獨立於政府之外，將束縛非洲民族議會履行《自由憲章》承諾的能力。此外，如果央行不對非洲民族議會政府負責，它究竟要對誰負責？對ＩＭＦ？對約翰尼斯堡證交所？顯然國民黨想找一條即使輸掉選舉也能掌控大權的後路──所以是一個必須不計一切代價抗拒的策略。「他們想，能抓住多少就抓多少，」帕達雅奇回憶說：「這很明顯是目標的一部分。」

帕達維奇第二天早上傳真那份報告後，有幾週之久沒有回音。「後來我們問發生什麼事，他們告訴我們：『我們已經放棄那一部分。』」央行不但要在南非受到新憲法保障成為獨立機構，而且將由種族隔離時期的同一個負責人史塔爾斯（Chris Stals）掌管。非洲民族議會放棄的還不只是央行：在另一個重大讓步中，種族隔離統治下的白人財政部長契斯（Derek Keyes）也將繼續留任——很像阿根廷獨裁統治時期的財長和央行首長，在民主政府時都設法恢復職位。《紐約時報》讚揚契斯是「南非低支出、對企業友善的政府的傑出傳道者」。

直到那個時候，帕達雅奇說：「我們仍然很歡欣，因為，我的天，這是一場革命運動；至少我們已經達成一些結果。」當他得知央行和財政部仍然由種族隔離時期的舊長官掌控時，那意味「在經濟轉型上的一切都將喪失」。我問他是否認為談判代表知道他們損失有多大，他猶豫一會兒才說：「坦白說，我不認為。」那只是單純的討價還價：「在談判中必須放棄一些東西，而我們這邊給了那些東西——我給你這個，你給我那個。」

從帕達雅奇的觀點，發生的這一切都不是因為非洲民族議會領導人的刻意背叛，而只是他們在一連串當時看來似乎較不重要的議題被矇蔽——但這些議題後來卻證明攸關南非長遠的自由。

當時談判發生的狀況是，非洲民族議會發現自己身陷新的羅網中，一種由艱澀難懂的法則與規範構成的網，一切的設計都為了綑綁民選領導人的權力。當羅網罩住這個國家時，甚至只有少數人注意到它的存在，但當新政府取得權力並嘗試自由行動、給予選民所期待並自認已投票選擇的有形利益和解放時，羅網的束縛便加緊，讓政府發現它的權力受到重重綑綁。在非洲民族議會執政第一年擔任曼德拉辦公室經濟顧問的邦德（Patrick Bond）回憶說，政府內部的人挖苦說：「咦，我們已掌控國家，但權力在哪裡？」當新政府嘗試實現《自由憲章》的夢想時，它發現權力在別的地方。

想重分配土地？不可能。在最後一刻，談判代表同意在新憲法增加一則保護所有私有財產的條款，使土地改革實際上動彈不得。想為數百萬失業勞工創造就業機會？辦不到。成百上千的工廠瀕臨關廠困境，因為非洲民族議會簽署加入關稅暨貿易總協定，即世界貿易組織（WTO）的前身，使補貼汽車廠和紡織工廠變成違法。想獲得免費的愛滋病藥物，供應給疫情以驚人速度蔓延的城鎮？這違反ＷＴＯ的智慧財產權保護規範，因為非洲民族議會已在未經公共辯論的情況下延續ＧＡＴＴ而加入ＷＴＯ。需要錢為窮人興建更多、更大的住宅，並為城鎮供應免費電力？抱歉，預算已被種族隔離時代政府默默留下的龐大債務耗盡。想印製更多鈔票？去找種族隔離時代就已在位的央行總裁談。免費供水給所有人？不太可能。擁有眾多南非國內經濟學家、研究人員和訓練師的世界銀行（自稱為「知識銀行」），已經把與私人公司合作變為公共事業的標準規範。想採取貨幣管制對抗猖獗的投機？這會違反八億五千萬美元的ＩＭＦ紓困協議，而協議早在選舉前就已輕鬆達成和簽署。提高基本工資以縮短種族隔離時代的所得鴻溝？行不通。ＩＭＦ協議承諾「薪資管制」。別妄想不理這些承諾——任何擅自改變都將被視為國家不可靠的危險證據、不遵守「改革」承諾，和缺乏「以規範為基礎的體系」。這些都會導致貨幣崩潰、援助減少和資本外移。結論是，南非已經自由，但同時又變成俘虜；所有神祕難測的術語縮寫都代表羅網的不同絲線，緊緊纏縛著新政府的肢體。

長期倡議反種族隔離的史尼曼（Rassool Snyman）直言不諱地向我描述這個陷阱：「他們從未讓我們自由。他們只是把鎖鍊從我們的脖子移到我們的腳踝。」著名的南非人權運動人士蘇卡（Yasmin Sooka）告訴我，這場轉型「實際上是說：『我們會保留一切，而表面上由你們（非洲民族議會）來統治……你們可以擁有政治權力，可以有統治的外表，但真正的統治將在別的地方進行。』」[2]這是一個在所謂轉型國家常見的幼兒化（infantilization）過程——新政府實際上取得進屋子的鑰匙，卻得不到保險櫃的密碼。

我想瞭解的事情有一部分是，經歷過如此可歌可泣為自由的奮鬥後，怎麼能容許這些事發生？不只是解放運動的領導人如何棄守經濟陣線，非洲民族議會的基層——已作了莫大犧牲的人民——何以容許他們的領導人放棄。為什麼草根運動未要求非洲民族議會遵守《自由憲章》的承諾，反抗他們所作的讓步？

我向一位非洲民族議會的第三代活動分子甘米德（William Gumede）提出這個問題，他在轉型期間曾擔任學生運動領導人，在動盪的年代經常活躍於街頭。「所有人都密切注意政治協商，」他回憶戴克拉克與曼德拉的高峰會說：「如果有人對進展不滿意就會發動大規模示威。但當經濟協商的消息傳出時，大家會認為那是技術問題；沒有人感興趣。」他說，姆貝基強化了這種認知，把談判描述為「行政」性質，不被社會大眾關心（很像智利人看待他們的「技術官僚民主政治」）。他十分無奈地告訴我，其結果是：「我們錯過了！我們錯過了真正重要的事情。」

甘米德今日已是南非最受敬重的調查記者，他說，他後來瞭解，就是在這種「技術」會議裡，南非真正的前途被決定了——雖然當時很少人瞭解這點。和許多我談話的人一樣，甘米德提醒我，南非在轉型期間瀕臨內戰——城鎮遭到由國民黨提供武器的黑幫恐嚇，警察的屠殺仍時有所聞，領導人仍遭到暗殺，且不斷有謠言散布國家將陷於一場血腥的戰爭。「我專注在政治上——群眾行動、趕往畢索（Bisho，曾是一場示威者與警察大對決的地點）、高喊『那些傢伙必須滾蛋！』」甘米德回憶說：「但那不是真正的鬥爭所在——真正的鬥爭是經濟。我對自己很失望，竟然如此天真。我以為我的政治意識成熟到可以瞭解這些議題。我怎麼錯過這件事？」

此後，甘米德努力彌補失去的機會。當我們見面時，他正處在一場由他的新書《姆貝基與非洲民族議會靈魂的戰爭》引發的全國風暴。它徹底揭穿非洲民族議會如何在他當時忙碌到無暇顧及的協商會議中，丟掉國家的經濟主權。「我寫這本書是出於憤怒。」甘米德告訴我：「對我自己和對黨的憤怒。」

現在很難判斷情況會有什麼樣的不同發展。如果帕達雅奇的看法正確，非洲民族議會的談判者不知道他們在討價還價中錯失的重要東西，那麼解放運動的街頭鬥士又有多少勝算？

在那段簽訂協議的關鍵年代，南非處在持續不斷的危機中，擺盪於看著曼德拉以自由之身重現政壇的歡欣鼓舞，和聽到許多人期待接替曼德拉領導地位的年輕鬥士哈尼（Chris Hani）在種族暗殺中身亡的憤怒。除了少數經濟學家外，沒有人想談論央行獨立，因為即使在正常情勢下這個題目也會令人昏昏欲睡。甘米德指出，大多數人只是假設，不管為了取得權力而作出多少讓步，一旦非洲民族議會掌控大局後就能重寫遊戲規則。「政府將是我們的──我們以後可以修改。」他說。

非洲民族議會的活躍分子當時不瞭解的是，民主政治的規則在協商中已經改變，變成──一旦綑綁的羅網罩住他們的國家後──實際上不會有以後了。

在非洲民族議會執政的頭兩年，這個黨仍嘗試利用有限的資源履行重分配的承諾。當時有一連串的公共投資──為窮人興建了逾十萬戶住宅，有數百萬人獲得水、電力和電話線路的供應。但這裡同樣避免不了的是，在債務的沉重負擔和國際要求將這些服務私有化的壓力下，政府很快便開始提高價格。非洲民族議會執政十年後，數百萬人不久前接通的水和電力被切斷，因為他們無力支付帳單。[3]到二〇〇三年，至少有四〇%的新電話線已不提供服務。至於曼德拉保證收歸國有的「銀行、礦場和獨占工業」，仍然牢牢掌握在四家白人擁有的大財團手中，這四大財團同時掌控八〇%的約翰尼斯堡股市。在二〇〇五年，這個股市的上市公司只有四%由黑人掌控。到二〇〇六年，七〇%的南非土地仍由白人獨占，而白人只占全國人口一〇%。最悲慘的是，非洲民族議會政府花在否認愛滋病危機嚴重程度的時間，遠超過努力為約五百萬感染這種致命疾病的人取得治療藥物，直到二〇〇七年初才出現一些進展的跡象。也許最驚人的統計數字是這個：從一九九〇年曼德拉出獄以來，南非人的平均預期壽命已減少十三年。

這些事實與數字底下，是非洲民族議會在經濟談判落敗後所作的不幸抉擇。在當時，黨原本可以嘗試發動第二波解放運動，以掙脫轉型期間編織的重重羅網，否則就只得接受被綁住的權力，擁抱新經濟秩序。非洲民族議會的領導人選了第二個選項。這個黨沒有把國內財富重分配變為重大政策——這是它賴以當選的《自由憲章》的核心要求——反而在組成政府後立即接受主流的想法，認為唯一的希望是吸引可以創造新財富的外國投資人，寄望帶來的利益能滴漏到貧民階級。但為了讓滴漏模式能發揮效果，非洲民族議會政府必須大幅改變行事方法才能吸引投資人。

這不是一蹴可及的工作，曼德拉在走出監獄的當時就已發現這點。他一被釋放，南非股市就因為驚慌而崩盤；南非貨幣蘭德（rand）劇貶一〇%。幾週後，大型鑽石製造商戴比爾斯（De Beers）把總部從南非移到瑞士。這類市場的立即懲罰在三十年前曼德拉剛入獄時是無法想像的。在六〇年代，跨國公司隨意改變國籍是聞所未聞；當時世界貨幣體系仍然與黃金本位緊緊連結。現在南非貨幣已不受管制，交易障礙已被撤除，且大部分交易屬短期的投機。

不僅波動的市場不喜歡曼德拉被釋放，而且只要他或非洲民族議會高層的同僚說錯幾句話，就可能導致《紐約時報》專欄作家佛里曼（Thomas Friedman）適切地形容為「電子獸群」（the electronic herd）的投資人爭相逃竄。釋放曼德拉引發的投資人奔逃，只是日後非洲民族議會領導人與金融市場間的呼與應（call-and-reponse）的開始——是訓練這個黨認識新遊戲規則的一種震撼性對話。每次某位高階黨幹部說出暗示《自由憲章》仍然可能變成政策的話，市場就以大震盪作為回應，讓蘭德如自由落體般墜落。規則既簡單又赤裸，就好像電子版的單音節唱和聲：正義——太貴、賣出；維持現狀——好，買進。曼德拉獲釋後沒多久在一次與企業領袖的午餐中公開表示，他支持國有化，股市的黃金類股指數立即暴跌五%。

即便與金融市場似乎毫無關係的動作，只要無意中透露出一絲激進主義，就足以造成市場地震。當非洲民族議會的部長曼紐爾（Trevor Manuel）因為南非的橄欖球隊全由白人組成，而形容它是「白人少數的運動」，蘭德也遭到一波重創。

在所有對新政府的綑綁中，市場的力量證明是最大的一種——就某個角度看，這正是放任資本主義最厲害的地方：它是自動運作的事。一旦國家對變幻莫測的全球市場開放後，任何違背芝加哥學派正統教條的措施，立即會遭到紐約和倫敦對賭蘭德匯率的交易員懲罰，導致陷於更深的危機而需要更多貸款，而且還附帶更多條件。曼德拉在一九九七年指出這個陷阱，在非洲民族議會全國會議上說：「資本的機動性和資本市場與其他市場的全球化，使國家在制訂經濟政策時，無法不考慮市場可能的反應。」

非洲民族議會內部最懂得如何讓震撼停止的人似乎是姆貝基，他是曼德拉擔任總統期間的左右手，且不久後便成為曼德拉的繼任者。姆貝基曾長期流亡英國，在薩塞克斯（Sussex）大學唸書，然後搬到倫敦。在八〇年代南非的城鎮瀰漫催淚瓦斯時，他嗅聞的是柴契爾主義的香水。在所有非洲民族議會領導人中，姆貝基是最容易與企業領袖打成一片的人，而且在曼德拉獲釋前，他曾與擔心黑人多數統治成真的企業主管舉行數次祕密會議。知名的企業雜誌編輯墨瑞（Hugh Murry）一九八五年曾與姆貝基和一群南非企業人士，在一家尚比亞的俱樂部徹夜暢飲威士忌，他評論說：「這位非洲民族議會的最高領導人很有安撫人心的本事，即使是在最擾攘不安的狀況下。」

姆貝基深信安撫市場的關鍵在於，非洲民族議會要把這種笑談間建立的信心擴及更大的範圍。據甘米德的說法，姆貝基在黨中扮演自由市場導師的角色。姆貝基常解釋，市場的怪獸已被放出，沒有方法可以馴服它，只能餵它想要的東西：成長和更多成長。

因此，曼德拉和姆貝基不再談論礦場國有化，開始定期與英美礦業（Anglo- American）和戴比爾斯的前董事長奧本海默（Harry Oppenheimer）會談，後者正是種族隔離統治的經濟象徵。一九九四年的選舉後不久，他們甚至把非洲民族議會的經濟計畫交給奧本海默認可，並作了數項重大修改，以消弭他和其他工業家的疑慮。為了避免再度引發市場震撼，曼德拉在他擔任總統後的首度施政檢討中，小心地撇清他以前發表的支持國有化言論。「在我們的經濟政策中……我們從未提過像國有化這類事情，而這並非偶然。」他說：「沒有任何口號可以把我們牽扯到任何馬克思主義意識形態。」[4]金融媒體對這種轉變報以持續的鼓勵，《華爾街日報》說：「雖然非洲民族議會仍有一支勢力龐大的左派，曼德拉先生近日的談話似乎像柴契爾更甚於他過去扮演的社會主義革命家。」

激進的往日回憶仍然纏繞非洲民族議會，且儘管新政府極力表現不具威脅性，市場仍繼續施加痛楚的震撼：在一九九六年的一個月內，蘭德貶值二〇%，憂心忡忡的富人把錢匯往國外，導致南非的資本持續大失血。

姆貝基說服曼德拉必須斷然與過去切割。非洲民族議會需要全新的經濟計畫——一套大膽、具有震撼性，能以擲地有聲、大開大闔的方式向市場傳達，非洲民族議會已經準備好要擁抱華盛頓共識。

玻利維亞的震撼治療計畫是以軍事行動般的祕密方式擬訂，在南非也一樣，只有少數幾位姆貝基最親近的同僚，知道有一套新經濟計畫正在草擬，一套與一九九四年選舉時所作的承諾截然不同的計畫。甘米德寫道，參與小組的人「都宣誓保密，而整個過程都以最隱密的方式進行，以避免左派風聞姆貝基的計畫」。參與擬訂新計畫的經濟學家吉爾伯（Stephen Gelb）承認：「這是一套完全『由上而下的改革』，採取極端的隔絕和決策者作主的方式，排除公眾的壓力。」（強調祕密和隔絕特別顯得諷刺，因為在種族隔離的暴政下，非洲民族議會曾採取令人刮目相看的開放與參與程序，制訂了《自由憲章》。現在，在民主政治的新秩序下，這個黨卻選擇以隱瞞自己幹部的方式制訂經濟計畫。）

一九九六年六月，姆貝基公布結果：一套為南非訂作的新自由主義震撼治療計畫，要求進一步私有化、削減政府支出、提高勞動市場「彈性」、自由貿易，甚至再放寬資金流動管制。吉爾伯說，其優先目標是「對潛在投資人傳達政府（尤其是非洲民族議會）對正統派經濟的承諾」。為了確保訊息讓紐約和倫敦的交易員聽得清楚而明白，姆貝基正式公開這項計畫時打趣說：「叫我柴契爾信徒好了。」

震撼治療永遠是一項刺激市場上漲的利多——這是它的基本理論之一。股票市場喜愛大肆吹捧、精心策畫而可以推升股價飆漲的時刻，這些時刻通常發生在某支股票首次公開發行（IPO）、宣布一椿大併購或僱用某個知名的執行長。當經濟學家敦促國家宣布全方位震撼治療計畫時，這種建議有一部分是想模仿這類高度戲劇性的市場事件，並希望刺激一波市場熱潮——但他們不是想賣出某支股票，而是賣出一個國家。他們期待的反應是「買進阿根廷股票！」「買進玻利維亞債券！」另一方面，緩慢、較審慎的方法可能較不粗暴，但卻激不起市場產生這種熱潮的泡沫，讓投資人從中賺進真實的獲利。震撼治療通常是一項豪賭，但在南非卻不管用：姆貝基大張旗鼓的計畫未能吸引長期投資；它只帶進搶短線的投機客，最後蘭德的貶值幅度還更深。

基層的震撼

我與住在德爾班的作家狄賽（Ashwin Desai）會面，討論他對轉型期的回憶時，他說：「剛改變信仰的人往往對這種事較狂熱，他們更想取悅別人。」狄賽在解放運動時坐過牢，他發現坐牢時的心理和非洲民族議會執政的行為有類似之處。他說，在監獄裡，「如果你愈能取悅獄吏，就能獲得更好的待遇。這個道理顯然轉移到南非社會做的某些事情上。他們想要證明自己是較好的囚犯，甚至是比其他國家更守規矩的囚犯。」

不過，非洲民族議會的基層實際上桀驁難馴多了——也因此需要更多管教。據南非真相與和解委員會的委員蘇卡（Yasmin Sooka）指出，守規矩的心態深入轉型的每一層面——包括追求正義。在聽了許多年有關酷刑、殺戮與失蹤的證詞後，這個真相委員會開始探討哪一種態度可以療癒不公義。真相與寬恕很重要，但補償受害者和他們的家人也是。要求新政府賠償說不通，因為罪行並非新政府所犯，而且任何花在補償種族隔離暴行上的錢，都將排擠新解放的國家用來為貧民興建住宅和學校的錢。

部分委員認為，應該強迫從種族隔離獲利的跨國公司支付賠償。最後，真相與和解委員會作出溫和的建議，要求一次性的一%企業加稅以籌措賠償受害者的經費，稱之為「團結稅」（solidarity tax）。蘇卡期待這個溫和的建議獲得非洲民族議會支持；但當時由姆貝基領導的政府拒絕任何企業補償或團結稅的建議，擔心會對市場傳達反企業的訊息。「總統決定不要求企業負責，」蘇卡告訴我：「就這麼簡單。」最後政府勉強應允一部分的要求，而且如委員會擔心的，是從政府預算支應經費。

南非的真相與和解委員會經常被視為成功「建立和平」的楷模，並被引介到從斯里蘭卡到阿富汗等衝突區。但許多直接參與這個過程的人卻充滿矛盾情緒。二〇〇三年三月發表最終報告時，委員會主席屠圖總主教面對新聞記者追問自由之後未完成的目標：「你能不能解釋，在獲得自由之後近十年，一個黑人為什麼醒來發現自己仍住在骯髒的貧民窟？他到城裡工作，整個城市主要仍是白人的，他們住的是豪宅。等一天結束，他回到的是汙穢的家。我不知道為什麼這些人不說：去他的和平，去他的屠圖和真相委員會。」

蘇卡現在擔任南非人權基金會主席，她說，她感覺聽證會處理了她形容的「酷刑、嚴重的惡劣對待和失蹤等種族隔離的外在表徵」，但遭到同樣蹂躪的經濟體系至今卻「完全未改變」——這與萊特利爾三十年前對「人權」盲點的關切遙遙呼應。蘇卡說，如果她能讓這個過程重來一遍，「我的作法會完全不同。我會調查種族隔離的體制——我會調查土地問題，我會調查跨國公司的角色，我會非常、非常仔細調查礦業的角色，因為我認為那是南非真正的病根……我會調查種族隔離政策的體制性影響，而我只會花一次聽證會在酷刑上，因為我認為當你專注在酷刑上，你就看不到它所服務的體制，只有如此才能開始改寫實際發生的歷史。」

反過來賠償

蘇卡指出，特別不公平的是，非洲民族議會拒絕真相委員會所提的企業賠償，而政府還繼續支付種族隔離時期留下的債務。在政權移交頭幾年，新政府每年花費三百億蘭德（約四十五億美元）償債——而政府最後支付給逾一萬九千名種族隔離的殺戮與酷刑的受害者及家人，總共才八千五百萬美元，比起前者顯得微不足道。曼德拉曾說債務負擔是無法履行《自由憲章》承諾的最大障礙。「那三百億（蘭德）我們無法用來興建在執政前規畫的住宅，無法讓我們的孩子上最好的學校，解決失業問題，讓我們擁有就業的尊嚴，有足夠的收入，能夠提供居所給所愛的人，給他們食物……我們被繼承的債務所綑綁。」

雖然曼德拉承認支付種族隔離時代的債務已變成難忍的負擔，黨卻反對所有違約的建議。他們擔心的是，儘管有強力的法律理由證明這些債是「惡債」，採取違約的作法會讓投資人視南非為危險的激進國家，刺激另一波市場震盪。非洲民族議會的長期黨員、也曾在羅本島坐牢的布魯特斯（Dennis Brutus），便直接衝撞這道恐懼之牆。一九九八年，眼看新政府財政艱困，他和一群南非行動者認為，他們支持長期運動最好的方式就是發起一個「債務大赦」運動。「我必須承認，當時我很天真。」現在已七十多歲的布魯特斯告訴我：「我期待政府會感謝我們，因為草根運動挑起債務問題可能凸顯政府承擔債務的困難。」出乎他的意料，「政府拒絕我們，並說：『不，我們不接受你們的支持。』」

最讓布魯特斯這些倡議分子憤怒的是，非洲民族議會決定繼續償付債務造成的有形犧牲。例如，在一九九七年到二〇〇四年間，南非政府出售十八家國營企業以籌資四十億美元，但近半數的錢用來償債。換句話說，非洲民族議會不但未履行曼德拉當初承諾的「礦場、銀行和獨占工業國有化」，而且為了償債而反其道而行——變賣國家資產以償付壓迫者留下的債務。

還有一個問題是，那些錢真正的去處。在轉型的談判期間，戴克拉克的小組要求，保證所有公務員在政權移交後能保住工作；他們宣稱，想離職的人應該獲得優渥的終身年金。對一個幾乎沒有社會安全網可言的國家來說，這是一個非比尋常的要求，但卻是非洲民族議會同意讓步的數個「技術」問題之一。這個讓步意味新非洲民族議會政府要負擔兩個政府的成本——自己的，以及已交出政權的幽魂白人政府。政府每年的債務支出有四〇%用在龐大的退休年金。絕大部分年金受益人是前種族隔離政府的僱員。[5]

到頭來，南非得到的是一個反過來賠償的扭曲結果，在種族隔離年代從黑人勞工攫取暴利的白人企業，不僅未支付一分錢賠償金，反而種族隔離的受害者繼續寄高額支票給他們的加害者。南非的國家資產則經由私有化繼續遭剝奪——非洲民族議會同意協商時最擔心的是，發生類似莫三比克的劫掠，然而私有化正是這種劫掠的現代版。與莫三比克不同的是，那裡的公務員砸碎機器、裝滿荷包然後離去，而在南非，國家的拆解和國庫的掠奪卻持續到今日。

我抵達南非時，《自由憲章》簽署五十週年紀念日即將來臨，非洲民族議會已決定邀請所有媒體參加這場盛會。計畫是在那一天把國會從平時在開普敦富麗堂皇的總部，遷移到遠為偏僻簡陋的柯利普城，即當年通過《自由憲章》的地方。南非總統姆貝基將利用這個場合，把柯利普城的主十字路口改名為席蘇魯（Walter Sisulu）廣場，以紀念這位備受敬重的非洲民族議會領導人。姆貝基也將為《自由憲章》紀念碑揭幕，這是一座磚造的高塔，上面的石板刻著憲章文字，並燃著一把永不熄滅的「自由之火」。緊鄰這座建築的是正在施工的另一座紀念塔，叫自由之塔，是一座有黑白兩色柱子的亭閣，象徵憲章最著名的條款：「南非屬於所有居住在這片土地的黑人和白人。」

整個慶典的訊息極為清楚：五十年前，這個黨承諾帶給南非自由，現在它已實現諾言——這是非洲民族議會慶祝「任務達成」的時刻。

然而這件盛事卻有點奇怪。柯利普城——一個貧窮、房屋破敗、街道排水溝裸露、失業率高達七二％（遠高於種族隔離時期）的城鎮——似乎更像《自由憲章》違背諾言的象徵，而不像如此刻意安排的慶典應有的布景。後來大家才知道，這次週年慶典並不是由非洲民族議會籌劃和導演，而是出於一個稱作藍ＩＱ（Blue IQ）的奇怪組織。雖然藍ＩＱ表面上是一個省級政府機構，但根據它極為簡略的藍色小宣傳冊上寫的，它「在一種刻意製造的環境下運作，使它看起來和感覺起來像一家民間公司」。它的目標是在南非促進新的外來投資——是非洲民族議會「透過成長重分配」計畫的一環。

藍ＩＱ挑選觀光業作為投資的主要成長領域，而它的市場研究也顯示，吸引旅客到南非的主要因素是，非洲民族議會戰勝壓迫的故事聞名世界。為了善加利用這個強大的吸引力，藍ＩＱ認為沒有比《自由憲章》更能象徵南非戰勝逆境的故事。有了這個構想，它擬了一套把柯利普城變成《自由憲章》主題公園的計畫，準備把那裡改造為「世界級的觀光地點和遺址，提供本地和國際旅客獨一無二的體驗」——再加上一座博物館、一個以自由為主題的購物商場，和一家以玻璃與鋼鐵為建材的自由旅館（Freedom Hotel）。目前還是貧民區的地點將改建成「美侖美奂、繁榮熱鬧」的約翰尼斯堡郊區，許多居民將遷往較沒有歷史紀念價值的貧民區。

藍ＩＱ重新為柯利普城打品牌的作法，是根據自由市場的規則——提供企業投資的誘因，希望未來可以藉此創造就業機會。但這個計畫與眾不同之處是，在柯利普城，整個滴漏式設計的構想建基在一份五十年歷史的文件，而這份文件要求的是以更直接的方式消滅貧窮。《自由憲章》要求重分配土地，以使數百萬農民可以供養自己；收回礦場，把收益用來興建住宅和基礎建設，並在這個過程中創造就業。換句話說，去掉中間商。許多人可能覺得那些理想很像烏托邦平民主義，但經過如此多芝加哥學派正統理論實驗以失敗收場後，真正的夢想家也許是那些仍然相信《自由憲章》主題公園之類計畫的人，他們提供救濟給企業，卻進一步剝削最貧困的人，認為如此可以為二千二百萬仍生活在貧困中的南非人，解決急迫的醫療與經濟問題。

從十多年前南非大幅轉向柴契爾主義以來，滴漏式正義的實驗結果慘不忍睹：

- 從一九九四年非洲民族議會執政以來，每天生活費用不到一美元的人數增加一倍，從二百萬人到二〇〇六年變為四百萬人。
- 從一九九一年到二〇〇三年，南非黑人的失業率上升逾一倍，從二三%變為四八%。
- 南非三千五百萬黑人公民中，只有五千人年所得超過六萬美元。而在這個所得級距的白人人數是二十倍，其中許多人的所得遠超過這個金額。
- 非洲民族議會政府已興建一百八十萬戶住宅，但在同一時期失去住宅的人高達二百萬人。
- 在民主政體頭十年，將近一百萬人被逐出農場。
- 這類驅逐事例意味居住在貧民窟的人數已增加五〇%。在二〇〇六年，每四個南非人中就有一個居住在貧民窟的陋屋中，其中有許多沒有自來水和電力。

也許違背自由承諾最好的判斷標準是，南非社會不同的部分對《自由憲章》的看法。不久前，這份文件還被視為對南非白人特權階級最大的威脅；今日它在商務俱樂部和高級社區卻大受歡迎，被視為善意、幾乎帶著奉承意味而完全不具威脅性，像是裝飾用的商業行為準則。然而在像通過這份文件的柯利普城這類偏遠城鎮，它曾象徵無窮可能性的承諾，如今卻充滿不堪回首的苦楚。許多南非人完全抵制這項政府籌劃的週年慶典。「《自由憲章》寫的東西很好，」德爾班剛萌芽的貧民窟居民運動領導人齊柯德（S'bu Zikode）告訴我：「但我所看到的盡是背叛。」

到最後，放棄《自由憲章》承諾的重分配最有說服力的理由，卻是最缺乏想像力的一個：所有國家都這麼做。帕達雅奇幫我整理出非洲民族議會領導階層當初從「西方政府、ＩＭＦ和世界銀行」得到的訊息，「他們會說：『世界已經改變；這些左派的玩意兒已經毫無意義；這是城裡唯一的遊戲。』」就像甘米德寫的：「這是非洲民族議會完全未加防備的攻擊。主管經濟事務的重要幹部經常進出世界銀行和ＩＭＦ等國際機構的總部，從一九九二年和一九九三年，有幾位非洲民族議會的幕僚（其中幾位完全沒有經濟資歷）還參加外國商學院、投資銀行、經濟政策智庫和世界銀行的短期主管訓練計畫，他們在那裡被『不斷餵養新自由主義觀念』。那是一段天旋地轉的經驗，從來沒有一個等著執政的政府被國際社會如此百般誘惑。」

曼德拉在一九九二年的達弗斯世界經濟論壇與歐洲領導人會面時，便受到這種菁英版的強大校園同儕壓力。當他指出南非想做的事激進程度還比不上二次戰後西歐的馬歇爾計畫時，荷蘭財政部長駁斥這種類比說：「那是我們當時所知的情況，但現在的世界經濟相互依存，全球化的過程已經生根。」

沒有經濟體可以自外於其他國家的經濟。」

像曼德拉這樣的領導人周遊列國時，他們不斷被灌輸連最左派的政府都已擁抱華盛頓共識的觀念：越南和中國的共產黨徒已這麼做，波蘭的工會和終於擺脫皮諾契掌控的智利社會民主黨政府也是。即使是俄羅斯人也向新自由主義看齊——在非洲民族議會如火如荼進行協商時，莫斯科正陷於政商集團爭食大餅的狂熱，快速把大批國家資產賣給黨官僚改行的企業家。如果連莫斯科都已屈服，南非這支衣衫襤褸的自由鬥士又如何抗拒如此強大的世界潮流？

至少這是律師、經濟學教授和社會工作者兜售的訊息，這些人形成了迅速擴張的「轉型」產業——一群群的專家往返奔走於遭戰亂蹂躪的國家和陷入危機的城市，提供驚惶未定的新政治人物來自布宜諾艾利斯的最新特效對策、來自華沙最振奮人心的成功故事，以及來自亞洲新興國家最讓人敬畏的怒吼。「轉型學家」（transitionologist，這是紐約大學政治學者柯恩〔Stephen Cohen〕給他們的稱呼）天生就有一項優勢可以凌駕他們提供建議的政治人物：他們是高度機動的族群，而解放運動的領導人天生就傾向往內看。基於這種特質，領導大規模國家轉型的人大都專注於自己的故事和權力鬥爭，無法注意到國界以外的世界。這確實不幸，因為如果非洲民族議會的領導人能透視轉型學家的說詞，自己發現莫斯科、華沙、布宜諾艾利斯和首爾真正發生的狀況，他們對世界的看法將大大不同。

1 傅利曼經常開玩笑說，如果他能決定，央行將完全根據「經濟科學」來運動，由巨大的電腦來管理，不需要用人。

2 率先實驗這種不受民主約束的資本主義，或打造他們所謂新民主的人，正是智利的芝加哥男孩。在智利，軍政府統治統治十七年後、在還未把權力移交給民選政府時，芝加哥男孩便藉由操縱憲法和法院，合法地確保他們革命性的法律幾乎不可能改變。他們給這個程序許多名稱：建立一個「技術官僚民主政治」、「受保護的民主政治」，或像皮諾契的年輕部長畢費拉所說的，確保「與政治區隔」。皮諾契的經濟部副部長巴東（Alvaro Bardon）解釋典型的芝加哥學派理論：如果我們承認經濟是一門科學，這立即意味政府或政治結構的權力變小，因為兩者都將喪失這類決策的責任。」

3 被切斷公共服務的人數是否多於接通的人數，在南非是個備受爭議的問題。至少有一項可信的調查發現，切斷人數超過接通人數：南非政府說接通用水的人有九百萬人，該調查計算的切斷人數則多達一千萬人。

4 事實上，非洲民族議會選舉時的正式經濟政綱，呼籲「透過國有化之類的策略，提振公共部門」。另外，《自由憲章》仍然是該黨的宣言。

5 事實上，這個種族隔離時代留下的負擔，同時也導致南非整體債務增加，每年消耗數十億蘭德公帑。一九八九年的一次「技術性」會計制度改變，把國家年金制度從「隨收隨付制」（pay as you go）轉變成「完全提存」（fully funded）——也就是年金從該年提撥的金額支付的制度，改成必須隨時擁有足以支付七〇%到八〇%總應付年金的資金，儘管絕不會出現必須同時支付這麼多年金的狀況。其結果是，年金基金從一九八九年的三百億蘭德，膨脹到二〇〇四年的超過三千億蘭德——絕對足夠造成一場債務震撼。對南非人來說，由退休年金基金獨立管理的龐大資金已被扣押，放在不能用來支應住宅、醫療或基本服務的地方。退休年金協議在非洲民族議會這方的談判者，是南非共產黨的傳奇領導人斯洛弗（Joe Slovo），而協議本身到今日仍然是國內民怨的主要來源之一。

第十一章

THE SHOCK DOCTRINE

一個年輕民主國家的篝火

俄羅斯選擇「皮諾契選項」

有生命的城市不能一塊塊被變賣而不考慮其固有傳統，即使這些傳統與外國人格格不入……但這是我們的傳統，我們的城市。有好長的時間我們生活在共黨極權統治下，但現在我們發現生活在生意人的極權統治下並沒有更好過。他們毫不在乎自己身在哪個國家。

——葛林（Gigory Goring），俄羅斯作家，一九九三年

散播真相——經濟學的法則就像工程學法則一樣。一套法則放諸四海而皆準。

——桑莫斯（Lawrence Summers），世界銀行首席經濟學家，一九九一年

當蘇聯總統戈巴契夫一九九一年七月飛往倫敦出席七大工業國（G7）高峰會時，他有十足的理由期待一場英雄式的歡迎。在之前的三年，他在國際舞臺上似乎很少昂首闊步，反而經常步履輕飄地向媒體施展魅力，忙著簽署解除軍備條約，接受和平獎項，包括一九九〇年的諾貝爾和平獎。

他甚至做到以前無法想像的事：贏得美國大眾的心。這位俄國領導人徹底挑戰了邪惡帝國的諷刺漫畫，美國媒體甚至給他取一個可愛的暱稱「戈比」（Gorby），而《時代》雜誌在一九八七年作了一個冒險的決定，讓這位蘇聯總統當上這份雜誌的年度風雲人物。編輯群解釋說，戈巴契夫和他的前任（戴著毛板帽的石像怪）不同，是俄羅斯的雷根——「克林姆林宮版的偉大溝通者」。諾貝爾獎委員會宣稱，拜戈巴契夫所賜，「我們希望我們正在慶祝冷戰結束」。

到九〇年代開始，戈巴契夫以開放和改革兩大政策，領導蘇聯經歷一段了不起的民主化過程：新聞媒體解禁，俄羅斯國會、地方議會、總統和副總統都改為民選，且憲法法庭也獨立化。在經濟方面，戈巴契夫推動自由市場與強大社會安全網的混合，把關鍵產業置於國家控制下——他預測這個過程將花上十到十五年才能完成。他的最終目標是以斯堪地那維亞模式建立社會民主體制，成為「全人類的社會主義燈塔」。

剛開始西方也希望戈巴契夫成功地放寬蘇聯經濟，轉型為接近瑞典模式的經濟。諾貝爾委員會明白表示，頒獎給他是為了支持蘇聯轉型，也就是「在需要時伸出援手」。戈巴契夫在訪問布拉格時說，他無法獨力完成大業：「就像同在一條繩子上的登山者，世界上的國家必須一起爬上山頂，否則就是一起墜入深淵。」

因此一九九一年在G7高峰會上發生的事完全出乎意料。戈巴契夫從他的友邦元首同伴得到的一致訊息是，如果他不立即採用激進的經濟震撼治療，他們將切斷繩索，讓他墜落。「他們對轉型步調與方法的建議令我大吃一驚。」戈巴契夫記述那次會議時說。

波蘭剛在ＩＭＦ和沙克斯監督下，完成第一回合震撼治療，而英國首相梅傑（John Major）、美國總統布希（George H. W. Bush）、加拿大總理穆羅尼（Brian Mulroney）和日本首相海部俊樹的共識是，蘇聯必須追隨波蘭的做法，甚至以更快的速度進行。高峰會後，戈巴契夫從ＩＭＦ、世界銀行和每一個主要放款機構得到同樣的開拔令。那一年稍晚，當俄羅斯要求赦免債務以度過一場災難性的經濟危機時，卻是得到債務必須履行的嚴厲回答。從沙克斯為波蘭尋求援助和赦免債務以來，政治氣氛已經大為改變——變得更加苛刻。

接著發生的事——蘇聯解體，戈巴契夫下臺，由葉爾欽取代，以及俄羅斯展開經濟震撼治療的混亂過程——已成了現代史詳細記錄的一章。不過，這則故事經常被說成稀鬆平常的「改革」，平板到掩蓋了一個在現代民主政治體制中犯下的重大罪惡。俄羅斯和中國一樣，被迫在芝加哥學派經濟計畫和真正的民主革命中作選擇。面對這個選擇，中國領導人以攻擊自己的人民來避免民主擾亂他們的自由市場計畫。俄羅斯不同：民主革命早已展開——為了推動芝加哥學派經濟計畫，戈巴契夫已在進行的和平改革進程必須以暴力打斷，然後大幅度反轉。

戈巴契夫知道，要實施Ｇ７和ＩＭＦ提倡的震撼治療，唯一的方法是訴諸暴力——就像許多西方國家推動這類政策的手段。《經濟學人》雜誌在一九九〇年一篇影響甚巨的文章中，呼籲戈巴契夫採用「強人統治……粉碎阻礙積極經濟改革的抗拒」。諾貝爾委員會宣告冷戰結束短短兩週後，《經濟學人》就敦促戈巴契夫以冷戰時代最惡名昭彰的屠夫為榜樣。這篇以「米卡爾·瑟基維克·皮諾契？」（Mikhail Sergeevich Pinochet，譯注：Mikhail Sergeevich 為戈巴契夫的教名與本名）為題的文章作結論說，雖然採取這個建議可能導致「放血……它卻可能——只是可能——為蘇聯帶來所謂的皮諾契式自由經濟」。《華盛頓郵報》還更進一步，在一九九一年八月刊登一篇評論，標題是「皮諾契的智利是蘇聯經濟的務實楷模」，支持以政變推翻慢吞吞的戈巴契夫，但該文作者許瑞吉（Michael Schrage）擔心，蘇聯總統的反對者「並沒有採取皮諾契選項的精明，也沒有多少支持」。許瑞吉寫道，他們應該「效法一位深諳政變箇中三昧的獨裁者：退休的智利將軍皮諾契」。

戈巴契夫很快發現，他面對一位很願意扮演俄羅斯皮諾契角色的對手。葉爾欽雖然擔任俄羅斯總統職位，知名度卻遠不如整個蘇聯的元首戈巴契夫。這種情況在一九九一年八月十九日大為改觀，也就是G7高峰會後的一個月。一群保守派共產黨員把坦克車開到稱為白宮（White House）的俄羅斯國會大廈前，揚言要攻擊俄羅斯首屆民選國會，以阻止民主化過程。葉爾欽帶領一群決心保護新民主的群眾，站到一輛坦克車上，譴責這場侵略是「一群憤世嫉俗的右派企圖政變」。坦克撤退後，葉爾欽被捧為民主的捍衛者。一位當天走上街頭的示威者描述說：「我有生以來第一次感覺自己可以影響國家情勢。我們的精神飛揚。那是一種團結一心的感覺。我們覺得可以戰勝一切。」

葉爾欽也有同感。身為領導人，他向來表現出反戈巴契夫的立場。戈巴契夫給人儒雅、穩重的印象（他最引人爭議的措施是大力反對喝伏特加酒），葉爾欽則以貪吃和嗜飲聞名。在政變前，許多俄羅斯人對葉爾欽有所保留，但他在共黨政變中協助挽救了民主，使他至少暫時成了人民英雄。

葉爾欽立即把他贏得的戰果全部下注，擴增他的政治實力。只要蘇聯體制不變，他的權力永遠在戈巴契夫之下，但在政變挫敗四個月後的一九九一年十二月，葉爾欽使出政治妙招。他與另外兩個蘇聯共和國結盟，這個舉措實際上等於讓蘇聯解體，因而迫使戈巴契夫辭職。廢除「大多數俄羅斯人一輩子只認定的國家」蘇聯，對俄羅斯人心理造成強烈震撼——就像政治學者柯恩說的，這是俄羅斯在接下來三年間要承受的「三個創傷性震撼」的第一個。

葉爾欽宣布蘇聯不復存在當天，沙克斯也蒞臨克林姆林宮的同一個廳堂。沙克斯回憶這位俄羅斯總統說：「『各位，我要宣布蘇聯已經結束……』而我說：『哇，你知道，這是百年僅見的大事。這是你所能想像最不可思議的事；這是真正的解放；我們大家一起來幫助這些人民。』」葉爾欽邀請沙克斯擔任顧問，而沙克斯態度很認真，他宣稱：「如果波蘭可以辦到，俄羅斯也能。」

但葉爾欽想要的不只是顧問，他要的是靠沙克斯的金字招牌為波蘭募得的資金。葉爾欽說：「唯一的希望是七大工業國承諾很快提供我們更巨額的財政援助。」沙克斯告訴葉爾欽，他有信心如果莫斯科願意採取「大爆炸」的方式建立資本主義經濟，他可以籌得約一百五十億美元。俄羅斯必須有雄心壯志，而且必須迅速行動。葉爾欽不知道的是，沙克斯的好運已快用完。

俄羅斯轉型到資本主義的背景，與兩年前激起中國天安門廣場示威的貪瀆有共通之處。莫斯科市長勃波夫（Gavriil Popov）宣稱，打破中央管理式經濟的方式只有兩個選擇：「財產可以分給社會所有成員，或者把最好的財產送給領導人……總而言之，有一種民主方式，還有一種權貴式（nomenklatura）、共黨官僚式的方法。」葉爾欽選擇後者——而且匆忙作了這項選擇。一九九一年底，他前往國會並作了一個不同尋常的建議：如果他們給他一年的特別權力，讓他以命令方式頒布法律而不必提交國會通過，他便能解決經濟危機，還給人民有效而健康的體制。葉爾欽要求的是獨裁者享有的行政權，而非民主政治，但國會仍然感激這位總統在政變陰謀期間扮演的角色，而且國家迫切需要外援。答案是好：葉爾欽可以擁有一年絕對權力以改造俄羅斯經濟。

他立即召集一批經濟學家，其中有許多人在共黨統治最後幾年曾組織某種自由市場讀書會，閱讀芝加哥學派思想家的基本著作，並討論如何把這些理論應用在俄羅斯。雖然他們未曾在美國唸書，卻成了傅利曼的狂熱信仰者，甚至俄羅斯媒體稱呼葉爾欽的小組為「芝加哥男孩」，張冠李戴地使用這個詞，但對俄羅斯欣欣向榮的黑市經濟而言卻十分貼切。西方國家則稱呼他們為「年輕的改革者」。這批經濟學家的頭是蓋達（Yegor Gaidar），葉爾欽任命他為兩位副總理之一。一九九一年到九二年擔任部長的埃文（Pyotr Aven）也在這個內部圈子裡，他談到這群人時說：「他們自認替天行道，而且從他們的信仰自然地流露出超越一切的優越感，很不幸的，這是我們改革者的典型。」

俄羅斯報紙《獨立報》（*Nezavisimaya Gazeta*）觀察這批突然從天而降在莫斯科掌權的人時，發現一個令人驚訝的發展：「俄羅斯首度在政府中任用一批自由派，他們自認是海耶克以及傅利曼『芝加哥學派』的追隨者」。他們的政策「十分明顯——以『震撼治療』作為藥方的『厲行財政穩定化』」。該報指出，在葉爾欽任命這群人的時候，他也讓惡名昭彰的強人史柯可夫（Yury Skokov）擔任國防與主管鎮壓的部門：陸軍、內政部和國家安全委員會。這些決定顯然互有關聯：「也許『強人』史柯可夫可以『確保』在政治上厲行穩定化，而『強人』經濟學家則能保證經濟上的穩定化。」這篇文章以預測作為結束：「如果他們嘗試建構一個本土化的皮諾契體制也不會令人意外，其中蓋達的小組將扮演『芝加哥男孩』的角色……」

為了提供葉爾欽的芝加哥男孩意識形態和技術上的支持，美國政府資助自己的轉型專家，交付他們為俄羅斯撰寫私有化命令、設立紐約式的證券交易所，設計俄羅斯共同基金市場等工作。在一九九二年秋天，美國國際發展署授予二千一百萬美元的合約給哈佛國際發展研究所，由它派遣年輕的律師和經濟學家小組，到俄羅斯協助蓋達小組。一九九五年五月，哈佛聘請沙克斯擔任國際發展研究所所長，這表示他在俄羅斯的改革期扮演兩個角色：先是葉爾欽聘請的自由顧問，然後又接掌由美國政府資助的哈佛在俄羅斯的前哨站。

又一次，一群自稱改革家的人，祕密聚集在一起草擬一套激進的經濟計畫。其中一位重要的改革者華西里夫（Dimitry Vasiliev）回憶說：「剛開始時，我們沒有任何僱員，連祕書也沒有。我們沒有設備，甚至沒有傳真機。在這種情況下，我們必須在一個半月內寫出一套全面私有化計畫，我們必須擬訂二十項法律……那真的是一段浪漫期。」

一九九一年十月二十八日，葉爾欽宣布解除價格管制，並預測「解除價格管制將使一切回歸到正確的位置」。這些「改革家」在戈巴契夫辭職不到一週就推動他們的經濟震撼治療計畫——三個創傷性震撼的第二個。這套震撼治療計畫也包括自由貿易政策，和把全國約二十二萬五千家國營公司迅速私有化的第一階段。

「『芝加哥學派』計畫讓俄羅斯措手不及。」一位葉爾欽早期的經濟顧問回憶說。「這種措手不及是刻意製造的，是蓋達突然並迅速進行改革策略的一環，使得抗拒根本不可能。他的小組想解決的是同一個老問題：民主成了阻礙他們計畫的威脅。俄羅斯人不希望由共黨中央委員會來管制他們的經濟，但大多數人仍堅定相信財富重分配，以及政府應扮演積極的角色。和波蘭人對團結工聯的支持一樣，一九九二年接受調查的俄羅斯人有六七％說，他們相信工人合作社是把共產國家資產私有化最公平的方式，七九％的人則說，他們認為政府的核心功能之一是維持全民就業。這表示如果葉爾欽的小組把他們的計畫提交民主辯論，而非對已深感迷失的大眾發動祕密攻擊，芝加哥學派革命將不會有成功的機會。

葉爾欽在這段期間的顧問之一馬烏（Vladimir Mau）解釋說，「最有利於革命的情況」是「由於過去的政治鬥爭而筋疲力盡的疲倦大眾……這是何以政府在解除價格管制前如此有信心，因為不可能發生激烈的社會衝突，政府不會被平民反抗推翻。」他解釋說，絕大多數俄羅斯人——七〇%——反對解除價格管制，但「我們當時和現在都很清楚，人民都專注在他們私人（園圃）土地的收成，和個人的經濟狀況」。

史迪格里茲當時擔任世界銀行的首席經濟學家，他簡單地總結指導震撼治療師的思維。他的比喻現在大家應該都耳熟能詳：「只有在『轉型迷霧』所提供的『機會窗口』採取奇襲策略，才能在人民有機會組織起來保護他們的既得利益前，達成改變的目的。」換句話說，就是震撼主義。

史迪格里茲稱呼俄羅斯的改革家為「市場布爾什維克」（market Bolsheviks），因為他們鍾愛大地震式的革命。不過，當年的布爾什維克全心全意想在舊時代的灰燼中建立中央計畫國家，市場布爾什維克卻相信某種神奇的東西：如果創造出獲利的最理想條件，國家將自動重建自己，無需任何計畫。（這個信念將在十年後的伊拉克再度出現。）

葉爾欽大膽承諾「在約六個月內，情況會惡化」，然後復甦將展開，很快的俄羅斯又會是經濟巨人，成為世界四大經濟體之一。這種所謂創造性破壞的理論，其結果是稀少的創造和惡性循環的破壞。短短一年後，震撼治療造成災難性的破壞：俄羅斯數百萬中產階級在貨幣貶值中喪失畢生積蓄，數百萬工人因突然削減補貼幾個月領不到薪資。一九九二年俄羅斯的人均消費比一九九一年減少四〇%，有三分之一的人民落入貧窮線下。中產階級被迫在牌桌或街頭變賣個人財產——這些走投無路的行為卻被芝加哥學派經濟學家讚許為「創業家精神」，證明資本主義復甦已經發生，每賣出一樣傳家寶或一件二手運動夾克都是證明。

和在波蘭一樣，俄羅斯人最後終於重新找到自己的方向，並開始要求終結這種虐待狂式的經濟冒險（「停止實驗」在當時的莫斯科是最常見的牆壁塗鴉）。在選民的壓力下，民選的國會——支持葉爾欽取得權力的同一個國會——決定該是節制總統與他的冒牌芝加哥男孩的時候了。一九九二年十二月，他們投票罷黜蓋達；在三個月後的一九九三年三月，國會議員投票取消他們給葉爾欽以命令執行經濟法律的特別權力。寬限期已經屆滿，而成果是民不聊生；從現在起法律必須經由國會通過，這是任何自由民主國家的標準作法，也是遵循俄羅斯憲法規定的程序。

國會議員只是執行他們的權利，但葉爾欽已習慣於擴大的權力，並開始自認像皇帝多於總統（他已習於自稱鮑里斯一世〔Boris I〕）。他藉上電視宣布進入緊急狀態，來報復國會的「叛變」，輕易地恢復他帝王般的權力。三天後，俄羅斯獨立的憲法法庭（創立憲法法庭是戈巴契夫最重大的民主突破之一）以九票對三票，用八項不同的罪名判決葉爾欽奪權的舉動違反他宣誓遵守的憲法。

在此時之前，世人還有可能說俄羅斯的「經濟改革」和民主改革是同一個計畫的部分，但葉爾欽宣布進入緊急狀態，兩個計畫已經走上衝突的道路，葉爾欽和他的震撼治療師直接對上了民選國會與憲法。

儘管如此，西方國家仍全力支持葉爾欽，因為借用美國總統柯林頓（Bill Clinton）的說法，葉爾欽仍然自稱扮演「真正致力於自由與民主，真正致力於改革」的角色。大多數西方媒體也支持葉爾欽對抗整個國會，把國會議員貶斥為「共產主義強硬派」，嘗試開民主改革的倒車。《紐約時報》莫斯科辦事處主任報導說，他們還沒有擺脫「蘇聯心態——懷疑改革、對民主的無知、蔑視知識分子或『民主主義者』」。

事實上，這些國會議員儘管有各種缺點（而且共有一〇四一位議員，缺點一定很多），卻是一九九一年支持葉爾欽和戈巴契夫反抗強硬派政變的同一批人，他們曾投票解散蘇聯，而且直到不久前還全力支持葉爾欽。然而《華盛頓郵報》的專欄用「反政府」來形容俄羅斯國會議員——好像他們是闖入者而非政府的一部分。

一九九三年春季，當國會通過一項未遵守IMF 要求厲行節約的預算法案後，衝突逐漸呈現山雨欲來之勢。葉爾欽的反應是嘗試根除國會。他在新聞媒體的歐威爾（Orwell）式支持下，匆忙籌備一次公民投票，問選民是否同意解散國會並舉行提前選舉。投票的人數不足以賦予葉爾欽需要的權力。不過他仍宣稱勝利，說這場投票證明整個國家支持他，因為他悄悄置入一個完全沒有約束力的問題，問投票者是否支持他的改革。回答是的投票者以些微差距占多數。

在俄羅斯，公民投票普遍被視為宣傳手法，而且是失敗的宣傳。事實是，葉爾欽和華盛頓之間，還橫梗著擁有憲法權利的國會可以採取制衡作為：減慢震撼治療轉型的速度。一場高壓的行動隨即展開。當時擔任美國財政部長的桑莫斯警告說：「俄羅斯改革的動力必須重新振作並加強力道，才足以獲得持續的多國支援。」IMF得到這個訊息後，一位匿名的官員洩露消息給新聞界，說一筆十五億美元的承諾貸款已被取消，因為IMF「對俄羅斯開改革倒車感到不滿」。葉爾欽的前部長埃文說：「IMF對預算與貨幣政策幾近瘋狂的偏執，和對其他每一件事絕對要求表面功夫和一板一眼的態度……在這整件事中扮演不小的角色。」

ＩＭＦ洩露消息後的第二天，自信能獲得西方支持的葉爾欽跨出了無法撤回的第一步，即直到今日仍被公開形容為「皮諾契選項」的措施：他下達一四〇〇號命令，宣布廢止憲法和解散國會。兩天後，國會的特別會議以六百三十六票對二票彈劾葉爾欽不可饒恕的行為（相當於美國總統片面解散國會）。副總統魯茨科伊（Aleksandr Rutskoi）宣布，俄羅斯已為葉爾欽和改革者的「政治冒險主義付出沉重代價」。

葉爾欽與國會間爆發某種武裝衝突已無可避免。儘管俄羅斯憲法法庭再度判決葉爾欽的行為違憲，柯林頓仍舊繼續支持他，美國國會也投票通過給葉爾欽二十五億美元援助。受到鼓舞的葉爾欽派遣軍隊包圍國會，並命令市政府切斷國會大廈白宮的電力、暖氣和電話線。莫斯科全球化研究所主任卡佳利茨基（Boris Kagarlitsky）告訴我：「成千上萬支持俄羅斯民主的群眾湧進，嘗試突破封鎖。持續兩週的和平示威群眾和軍隊與警方對峙，使國會大廈的封鎖有一部分被打開，好讓人們送食物和飲水到裡面。和平抵抗的勢力愈來愈大，響應的支持者愈來愈多。」

雙方陣營日益壁壘分明，可以解決僵局的唯一妥協方法是達成提早選舉的協議，讓大眾來評斷是非曲直。許多人呼籲採取這個方案，但正當葉爾欽權衡該如何選擇，且據報導他傾向選舉時，波蘭傳來的消息卻是選民用選票嚴厲懲罰以震撼治療背叛他們的團結工聯。

目睹團結工聯在選舉慘遭滑鐵盧後，葉爾欽和他的西方顧問已經很清楚提早選舉的風險太大。在俄羅斯，牽涉的財富極為龐大：大油田、約占全世界三〇%的天然氣蘊藏、二〇%的鎳，更別說共產黨曾賴以控制廣大人口的武器工廠與國家媒體體系了。

葉爾欽放棄談判，擺出不惜一戰的姿態。由於剛提高一倍軍餉，軍隊幾乎全都站在他這邊，因此據《華盛頓郵報》報導，他「以成千上萬名內政部的軍隊、帶刺鐵絲網和鎮暴噴水槍，團團圍住國會大廈，不准任何人進出。葉爾欽的頭號對手魯茨科伊在國會裡，這時候已武裝起他的護衛，並歡迎近乎法西斯主義的民族主義者加入他的陣營。他呼籲支持者對葉爾欽的「獨裁統治」絕不妥協。參與抗議並寫書談到這個事件的卡佳利茨基告訴我，在十月三日，國會的支持群眾「遊行到奧斯坦金諾（Ostankino）電視臺，要求報導這則新聞。群眾有些人有武裝，有些人沒有；群眾裡還有小孩。他們遭到葉爾欽軍隊的機關槍攻擊。」約一百名示威者和一名士兵被殺害。葉爾欽的下一步是解散所有城市和地方行政區的議會。俄羅斯剛萌芽的民主政治已被一塊塊摧毀。

確實有部分國會議員把希望寄託在群眾身上，顯出對和平解決的嫌惡，但即使是前美國國務卿蓋爾布（Leslie Gelb）也寫道，國會「並非由一群右派瘋子所掌控」。是葉爾欽非法解散國會和違抗國家最高法庭的判決，才使俄羅斯陷入這場危機——由於人民不甘於放棄得來不易的民主，他的作為勢必激發鋌而走險的反應。[1]

華盛頓或歐盟若發出明確訊息，應可迫使葉爾欽坐下來認真與國會談判，但他獲得的只有鼓勵。最後，在一九九三年十月四日早上，葉爾欽實現了他早已注定的命運，成為俄羅斯版的皮諾契，他製造的一連串暴力事件無疑與整整二十年前發生的智利政變相呼應。在葉爾欽對俄羅斯人民帶來的第三個創傷性震撼中，他下令不情願的軍隊突襲俄羅斯白宮，縱火焚燒它，使他兩年前藉保衛它而揚名立萬的同一棟建築變成一片焦黑。共產主義崩潰可能未耗一兵一卒，但芝加哥式的資本主義卻需要大量槍炮來防衛自己：葉爾欽召來五千名士兵、數十輛坦克和武裝運兵車、直升機和配備自動機關槍的精銳震撼部隊——全都為了保護俄羅斯的新資本主義經濟免於民主政治的嚴重威脅。

《波士頓環球報》（*Boston Globe*）這樣報導葉爾欽包圍國會：「昨日有長達十個小時，約三十輛俄羅斯陸軍坦克車和武裝運兵車，團團包圍莫斯科鬧區的國會大廈，即俄羅斯人所稱的白宮，並以一輪輪炮火猛烈攻擊，同時步兵以機關槍掃射。在下午四時十五分，約三百名警衛、國會議員和工作人員排成一列，舉著手走出建築。」

那天結束時，這場猛烈的軍事攻擊共造成約五百人死亡，傷者約一千人，是莫斯科從一九一七年以來最嚴重的暴力事件。雷德威（Peter Reddawy）與格林斯基（Dmitri Glinski）曾為葉爾欽年代寫出最權威性的記敘（《俄羅斯改革的悲劇：市場布爾什維克對抗民主主義》），他們指出：「在白宮裡面和四周的掃蕩行動中，一千七百人遭逮捕，查扣了十一件武器。部分遭逮捕者被羈押在一個體育館，令人想起一九七三年智利政變皮諾契使用的方法。」許多人被帶到警察局，在那裡被痛毆。卡佳利茨基回憶說，他的頭部遭到重擊時，一名警官咆哮道：「你們想要民主，你們這些狗娘養的？我們讓你們見識一下民主！」

但俄羅斯並非智利的翻版——它是智利的顛倒版本：皮諾契發動政變，解散民主體制，然後實施震撼治療；葉爾欽在民主體制中實施震撼治療，然後藉解散民主體制和發動政變來保衛它。兩種情況都獲得西方熱烈支持。

「葉爾欽的攻擊獲得廣泛支持，」《華盛頓郵報》在政變之後一天的新聞標題這麼寫，「民主可望贏得勝利。」《波士頓環球報》的標題是「俄羅斯逃過跌回昔日地牢的劫難」。美國國務卿克里斯多福（Warren Christopher）走訪莫斯科，與葉爾欽和蓋達站在一起宣布：「美國不會輕易支持暫停國會運作，但這是非常時期。」

俄羅斯的事件看起來也不同。葉爾欽藉保衛國會而取得權力，現在卻放火燒掉它，使它焦黑到被戲稱為黑宮。一位中年莫斯科人告訴一群驚訝不置的外國攝影小組：「人民支持葉爾欽是因為他承諾給我們民主，他卻關閉民主之門。他不但違反民主，而且讓民主封口。」尼曼（Vitaly Neiman）一九九一年政變時在白宮大門口擔任守衛，他如此形容這種背叛：「我們得到的是與我們夢想完全相反的東西。我們為他們趕赴臨時構築的路障，以我們的性命保護防線，但他們未履行承諾。」

沙克斯因為證明激進的自由市場改革能與民主相容而備受讚譽，他在葉爾欽攻擊國會後繼續公開支持他，將他的反對者貶抑為「一群中了權力毒癮的前共產主義者」。在沙克斯的著作《終結貧窮》中，他完整記述自己參與俄羅斯的過程，卻完全遺漏這段戲劇化的插曲，一次也未曾提及，就像他漏掉在玻利維亞伴隨著他的震撼計畫發生的圍捕與攻擊勞工領袖。

在政變之後，俄羅斯處於不受節制的獨裁統治：民意機構遭解散，憲法法庭中止運作，憲法也束諸高閣；坦克巡邏街道，宵禁實施中，雖然公民權很快恢復，但新聞卻遭到全面審查。

那麼，芝加哥男孩和他們的西方顧問在這個關鍵時刻做了什麼？與當年聖地牙哥烽火延燒時做的一樣，也與後來巴格達燃燒時相同：擺脫民主的干預後，他們繼續埋頭制訂法律。政變後三天，沙克斯說，他們發現直到當時俄羅斯「還沒接受過任何震撼治療」，因為計畫「才剛實施，既不協調也前後不連貫。這正是做一些事的好機會」。

他們確實做了一些事。「這些日子來，葉爾欽的自由經濟小組進展十分順利，」《新聞週刊》報導：

「這位俄羅斯總統解散國會的第二天，就指示市場改革家開始草擬命令。」該雜誌的報導是引述一位「意氣風發、與政府密切合作的西方經濟學家」，他很明確地表示民主在俄羅斯永遠是市場計畫的阻礙：「擺脫國會的阻力後，現在正是改革的大好時機……此地的經濟學家原本十分沮喪，現在我們日以繼夜工作。」確實好像沒有任何事能像政變這樣讓人高興，正如世界銀行首席俄羅斯經濟學家布里澤（Charles Blitzer）對《華爾街日報》說的：「我這輩子從沒有這麼開心過。」

這種開心才剛開始。俄羅斯人還在為攻擊事件暈頭轉向時，葉爾欽的芝加哥男孩強行實施計畫中最引起爭議的措施：大幅削減預算支出、解除包括麵包等基本食物的價格管制，以及加快和擴大私有化——一切能造成立即悲慘的標準政策，似乎這是警察國家避免反抗的必要條件。

葉爾欽政變後，ＩＭＦ的第一副總裁費雪（Stanley Fischer）主張「從各戰線全速推動」。在柯林頓政府協助擬訂俄羅斯政策的桑莫斯口徑也一致，他說：「私有化、穩定化和自由化，這『三化』（three-ations）必須盡可能快速完成。」

變化如此迅速，俄羅斯根本不可能趕得上。勞工往往在還沒搞清楚前，他們的工廠和礦場已經被變賣——當然也不知道如何賣或賣給誰（和十年後我在伊拉克國營工廠所見的茫然與混亂如出一轍）。理論上，這些轉手買賣和交易應該能創造經濟繁榮，使俄羅斯擺脫絕境；在實務中，這個原本信仰共產主義的國家只是換了一個政商財團主義：經濟繁榮的受益者僅限於一小撮俄羅斯人，其中有許多共黨高幹，以及少數幾個西方共同基金經理人，靠投資剛私有化的俄羅斯公司賺取暴利。一個由新暴發的億萬富豪組成的集團，其中有許多人後來以他們擁有帝王般的財富和權力，變成世人所知的「寡頭」（Oligarch）。他們與葉爾欽的芝加哥男孩聯手，剝削幾乎一切有價值的資產，以每個月二十億美元的速度把龐大的獲利移到海外。在震撼治療前，俄羅斯沒有百萬富翁；據《富比士》（*Forbes*）雜誌的名單，到二〇〇三年，俄羅斯的億萬富豪已增加到十七人。

有部分原因是，葉爾欽和他的小組不准外國跨國公司直接收購俄羅斯資產，這是與芝加哥學派正統理論難得一見的不同；他們把戰利品留給俄羅斯人，然後開放外國人投資由所謂寡頭擁有的剛私有化的公司。即使到今日，報酬率仍然高得嚇人。《華爾街日報》說：「想找三年內可以獲利二〇〇〇%的投資嗎？只有一個股市提供這種希望——俄羅斯。」包括瑞士第一波士頓（CSFB）在內的許多投資銀行，以及幾位財力雄厚的金融家，很快設立專門投資俄羅斯的共同基金。

對俄羅斯的寡頭和外國投資人來說，遠方只有一朵烏雲：葉爾欽江河日下的聲望。經濟計畫的效應對俄羅斯平民是如此慘酷，且其過程充滿如此明顯的貪腐，使他的支持率跌到個位數百分比。如果葉爾欽被迫下臺，取代他的人勢必為俄羅斯的極端資本主義冒險踩煞車。巨富寡頭和「改革家」更擔心的是，許多在違憲政治條件下遭變賣的資產，可能面臨重新收歸國有的命運。

一九九四年十二月，葉爾欽做了有史以來許多走投無路的領導人為抓住權力都作過的事：發動一場戰爭。他的國家安全顧問羅伯夫（Oleg Lobov）曾對一位國會議員透露：「我們需要一場勝利的小戰爭來提高總統的支持率。」而國防部長預測，他的軍隊可以在幾個小時內打敗已宣布獨立的車臣共和國軍隊——不費吹灰之力。

這個計畫至少有一陣子似乎管用。在第一階段，車臣獨立運動受到部分壓制，俄羅斯軍隊占領格羅茲尼（Grozny）已被棄守的總統府，讓葉爾欽能夠宣告光榮勝利。結果證明那是一場短暫的勝利，包括在車臣和在俄羅斯。當葉爾欽面臨一九九六年競選連任，他的聲望仍然十分低落，落選幾乎已是定局，以致於他的幕僚開始打取消選舉的主意；一群俄羅斯銀行家署名的信刊登在所有俄羅斯的國營報紙上，強烈暗示這個可能性。葉爾欽的私有化部長丘拜斯（Anatoly Chubais，沙克斯曾以「自由鬥士」形容他）是最敢於公開支持皮諾契選項的人。他宣稱：「為了讓社會擁有民主，政權必須獨裁。」這完全與智利的芝加哥男孩為皮諾契找的藉口，以及鄧小平對去掉自由的傅利曼主義的解釋沆瀣一氣。

最後，選舉如期舉行，葉爾欽獲勝，這要歸功於來自金融寡頭估計約一億美元的金援（是法定金額的三十三倍），以及寡頭控制的電視臺對葉爾欽的報導比對手多八百倍。在政府可能改朝換代的威脅去除後，停工的芝加哥男孩終於能專注於最具爭議性、也最有利可圖的計畫：出售曾被列寧稱為「制高點」（the commanding heights）的資產。

一家規模與法國道達爾（ToTal）相當的石油公司，以八千八百萬美元賣出四〇%股權（道達爾二〇〇六年出售的價格高達一千九百三十億美元）。生產全球五分之一鎳的諾里斯克鎳礦公司（Norilsk Nickel），以一億七千萬美元出售——雖然光是它的年獲利很快就超過十五億美元。石油巨人尤科斯（Yukos）掌控的石油超過科威特，售價為三億九百萬美元；現在它一年獲利超過三十億美元。另一石油巨人西丹科（Sidanko）五一%股權售價一億三千萬美元；短短兩年後，這些股權在國際市場價值已飆到二十八億美元。一座龐大的武器工廠以三千萬美元賣出，相當於亞斯本（Aspen）一棟度假豪宅的價格。

這是個醜聞不只因為俄羅斯的公共資產被以賤價變賣——也因為它出以典型的政商財團主義手法——購買這些公共資產的錢是公帑。就像《莫斯科時報》記者畢文斯（Matt Bivens）和波恩斯坦

（Jonas Bernstein）描述的：「少數幾個欽點的人接管俄羅斯的國營油田，未花一分錢，像一場龐大的騙術，政府的一隻手付款給另一隻手。」在這場政治人物出售國營公司，和企業人士收購它們的大膽合作中，數位葉爾欽的部長把原本應該存到國營銀行或財政部的巨額公款，轉存到金融寡頭匆忙設立的私人銀行。[2]然後國家授與這些銀行執行油田和礦場私有化標售的契約。這些銀行主持標售，但同時也自己進場投標——而且不出所料，寡頭擁有的銀行決定讓自己成為這些國家資產驕傲的新主人。他們用來收購這些國營公司的錢，很可能就是葉爾欽的部長先前存進銀行的公帑。換句話說，俄羅斯人為了劫掠自己的國家而提前將公帑存到銀行。

就像一位俄羅斯「年輕改革家」說的，當俄羅斯共產黨決定拆解蘇聯時，他們「用權力來換取財產」。和他的導師皮諾契一樣，葉爾欽的家族也變得非常富有，他的子女和數位姻親被指派擔任私有化大公司的高階職位。

金融寡頭牢牢掌控俄羅斯的重要資產後，他們再開放新公司供西方跨國企業投資，收購大部分股權。在一九九七年，皇家荷蘭殼牌（Royal Dutch/Shell）和英國石油，與兩大俄羅斯石油巨人俄羅斯天然氣（Gazprom）和西丹科設立合資事業。這是高獲利的投資，但在俄羅斯的大部分財富由俄方控制，不操在外國合夥人手中。IMF和美國財政部後來在玻利維亞和阿根廷的私有化拍賣中，便成功修正了這項疏失。而在入侵伊拉克後，美國還更進一步，企圖把地方菁英完全排除在油水可觀的私有化交易之外。

一九九〇年到一九九四年這段關鍵時期在莫斯科擔任美國大使館首席政治分析師的梅利（Wayne Merry）曾經坦承，民主與市場利益的選擇在俄羅斯是涇渭分明的。「美國政府選擇經濟優先於政治。

我們選擇解除價格管制、產業私有化，和創立真正放任、不受管制的資本主義，並且基本上期待法治、公民社會和代議民主政治會因此而自動發展出來……不幸的是，這個選擇必須忽視人民意志，要施加壓力才能推行政策。」

這段期間在俄羅斯創造了如此龐大的財富，以致於部分「改革家」難以抗拒分一杯羹。俄羅斯的情況的確比其他任何地方都凸顯出技術官僚的迷思，也戳破了憑著理念施行教科書模型的蛋頭自由市場經濟學家的神話。和在智利與中國一樣，猖獗的貪腐和經濟震撼治療攜手前進，幾位葉爾欽的芝加哥學派部長和副部長，最後都因為喧騰一時的貪腐醜聞而落到丟官的下場。

涉入者包括哈佛俄羅斯計畫的神童，他們負責籌劃俄羅斯的私有化與共同基金市場。兩位擔任計畫主持人的學者——哈佛經濟學教授施萊佛（Andrei Shleifer）和他的副手海伊（Jonathan Hay）——被發現直接從他們創立的市場獲利。施萊佛為蓋達小組擔任私有化政策顧問的同時，他妻子則大手筆投資於私有化的俄羅斯資產。三十歲的哈佛法學院畢業生海伊，也投資了私有化的俄羅斯石油股票，涉嫌直接違背哈佛的美國國際發展署合約。而海伊在協助俄羅斯政府設立共同基金市場時，後來成為他妻子的女友，則取得第一張可在俄羅斯營運共同基金公司的執照，而這家公司初期的營運地點是在美國政府資助的哈佛辦公室。（技術上來說，沙克斯身為負責俄羅斯計畫的哈佛國際發展研究所主任，他在這段期間是施萊佛和海伊的老闆。不過，沙克斯已不在俄羅斯現場工作，因此未受這些可疑行為的牽連。）

這些醜聞曝光後，美國司法部控告哈佛，宣稱施萊德和海伊的商業交易，違反個人不得從負責的高階工作獲利的合約。經過七年的調查和纏訟，美國波士頓地方法院判決哈佛違反合約，兩位學者「共謀詐騙美國」，「施萊德從事明顯的自利交易」，「海伊企圖透過他父親和女友洗錢四十萬美元」。哈佛支付二千六百五十萬美元的和解金，創下這所學府歷來最高紀錄。施萊德同意賠償二百萬美元，海伊同意支付一百萬到二百萬美元，視他的所得情況而定，但兩人都未承認任何罪責。[3]

也許這類「自利交易」很難避免，因為俄羅斯實驗的性質使然。當時在俄羅斯最有影響力的西方經濟學家之一是阿斯倫德（Anders Aslund），他宣稱震撼治療能夠有效是因為「資本主義的誘因或誘惑，幾乎能征服一切」。所以如果必須以貪婪作為重建俄羅斯的發動機，那麼兩位哈佛學者和他們的妻子與女友，以及葉爾欽的幕僚及家族自己投入這場瘋狂爭奪，也只是起帶頭作用而已。

這指向一個令人困擾、但很重要的自由市場意識形態問題：他們是被意識形態和信心驅動的「真正信仰者」，深信自由市場可以治癒貧窮落後，就像他們自己說的那樣？或者這些觀念和理論在激發利他動機的同時，也常被用來當作放任貪婪的藉口？當然，所有意識形態都可能腐化（正如俄羅斯的共黨官員在共產黨時代大肆搜括的例子不勝枚舉），而且肯定有誠實的新自由主義者。但芝加哥學派經濟學確實看起來特別容易滋生貪腐。一旦你接受大規模的獲利和貪婪可以為任何社會創造最大利益時，很可能任何個人自肥自利的行為，都能合理化為是對資本主義這個創意無限的大鍋飯作貢獻，為它創造財富和刺激經濟成長——即使只給了自己和自己的同夥人。

索羅斯在東歐的慈善工作——包括他資助沙克斯周遊該地區——也無法避免這種爭議。索羅斯投入東歐集團民主化的使命不容置疑，但他在伴隨民主化的經濟改革中也有明顯的經濟利益。身為世界上最有影響力的外匯交易人，當各個國家實施可兌換貨幣體制和解除資本管制時，他是最大受益者之一，而當國營公司被送進拍賣場，他也是潛在的大買主。

如果索羅斯直接從他——以慈善家的身分——協助打開的市場獲利，將是完全合法，但外界的觀感將不會特別好。有一陣子他處理利益衝突形象的方法是，禁止他的公司在他的基金會運作的國家投資。但是當俄羅斯拍賣資產時，索羅斯再也難以抗拒。一九九四年他解釋他的原則「已經有所修正，因為市場正在這個地區快速發展，而我沒有理由或權力否決我的基金，或我的股東在這裡投資的可能性，也不能否決這些國家獲得部分這些基金的機會。」例如，索羅斯在一九九四年收購俄羅斯私有化電話公司的股權（結果是一項很糟的投資），並在波蘭收購一家大型食品公司的部分股權。在共產主義垮臺早期，索羅斯透過沙克斯的工作，扮演震撼治療式經濟轉型幕後的主要推手。不過到了九〇年代末期，他顯然已改變心意，變成震撼治療的主要批評者，並指示他的基金會資助非政府組織，致力於在私有化前要求設置反貪腐措施。

這種覺醒來得太遲，未能挽救俄羅斯免於賭場式的資本主義。震撼治療已把俄羅斯敲開，讓熱錢流入——短期的投機性投資和外匯交易，只為賺取高額獲利。在一九九八年，當亞洲金融危機（第十三章的主題）開始擴散時，龐大的投機熱錢意味俄羅斯不可能抵擋得了。原本就已岌岌可危的經濟立即崩垮，大眾歸咎於葉爾欽，他的支持率跌落到慘不忍睹的六％。在許多金融寡頭的前途再次受到威脅之際，只有靠另一次震撼治療才足以挽救經濟計畫，並避免真正的民主降臨俄羅斯。

一九九九年九月，俄羅斯發生一連串特別殘暴的恐怖攻擊：似乎毫無來由的，四棟公寓建築在半夜被炸毀，近三百人喪命。在一種美國人從二〇〇一年九月十一日後就十分熟悉的說詞當中，其他所有議題都從政治地圖上被炸得飛散，而世界上只有一樣東西能有這種能耐。「那就是純粹的恐懼，」俄羅斯新聞記者亞巴茲解釋說：「突然間，似乎所有針對民主、金融寡頭的議論——所有事，都比不上對死在自己公寓裡的恐懼。」

被指派負責緝捕「那些畜牲」的人是俄羅斯總理，強硬而帶著邪惡氣質的普亭（Vladimir Putin）。[4]公寓爆炸案發生後不久，普亭在一九九九年九月底對車臣發動空襲，攻擊平民區。在新籠罩的恐怖氣氛中，曾在蘇聯國家安全委員會（KGB）——共產黨時代最可怕的象徵——任職十七年的普亭，突然間讓許多俄羅斯人感到放心許多。葉爾欽的酗酒使他漸漸無法視事，保護者普亭正是接替他出任總統的最佳人選。一九九九年十二月三十一日，在車臣戰爭壓倒其他議題的情況下，幾位寡頭籌謀把政權從葉爾欽悄悄移交給普亭，無需經過選舉。葉爾欽在交出權力前，從皮諾契的作戰手冊中拿出最後一章，要求自己的法律豁免權。普亭上任後第一件事是簽署保護葉爾欽免於刑事追訴的法律，不管是他的貪瀆，或在他任內派遣軍隊殺害支持民主的示威者。

葉爾欽在歷史上的定位是一個貪腐的丑角多於兇惡的強人，然而他的經濟政策和他為求自保而發動的戰爭，卻為芝加哥學派的十字軍增添許多冤魂，使從七〇年代智利以來的死亡人數持續穩定增加。除了葉爾欽十月政變的死傷者外，車臣的戰爭據估計殺死十萬名平民。他所造成的更大殺戮一直以慢動作進行，但死傷人數卻高得多——那就是經濟震撼治療的「附帶破壞」。

在沒有嚴重饑饉、瘟疫或戰爭的情況下，在如此短的時間內造成如此大的損失是前所未見的事。到一九九八年，超過八〇％的俄羅斯農場已破產，約七〇％的俄羅斯工廠關閉，製造出龐大的失業人口。在一九八九年震撼治療之前，俄羅斯聯邦有二百萬人生活在貧窮中，每天所得不到四美元。到九〇年代中期震撼治療師開出他們的「苦藥」處方後，據世界銀行統計，有七千四百萬俄羅斯人生活在貧窮線以下。這表示俄羅斯的「經濟改革」應該對七千二百萬人在短短八年間陷入貧窮負責。到一九九六年，二五％的俄羅斯人——近三千七百萬人——生活在被描述為「絕望」的貧窮中。

儘管近幾年來拜石油和天然氣價格飆漲所賜，有數百萬俄羅斯人脫離貧窮，但俄羅斯下層階級的極貧者仍長期無法翻身——就像賤民般被壓在種種社會惡疾下。共產主義下的俄羅斯人居住在擁擠、寒冷的公寓，過著悲慘的生活，但至少有房子住；二〇〇六年政府承認，俄羅斯有七十一萬五千名無家可歸的兒童，而聯合國兒童基金會（UNICEF）估計的數字則高達三百五十萬名兒童。

在冷戰期間，普遍的酗酒問題總被西方視為共產主義下人民生活悲慘的證據，認為俄羅斯人需要大量伏特加才能過日子。然而在資本主義下，俄羅斯人喝的酒是過去的兩倍多——而且他們開始吃更不容易弄到手的止痛藥物。俄羅斯藥品主管官員米開洛夫（Aleksandr Mikhailov）說，使用止痛藥物者從一九九四年到二〇〇四年增加九〇〇％，達到逾四百萬人，其中有許多是海洛因上癮者。藥物成癮問題帶來另一種無聲殺手：在一九九五年，五萬名俄羅斯人呈現人類免疫不全病毒（HIV）陽性反應，短短兩年後人數增加一倍；十年後，根據聯合國愛滋病規畫署（UNAIDS）估計，近一百萬名俄羅斯人為ＨＩＶ陽性。

這些是慢性死亡人數，但快速死亡者也不遑多讓。一九九二年震撼治療一推行後，俄羅斯原已偏高的自殺率開始攀升；在葉爾欽「改革」高峰的一九九四年，自殺率已攀至八年前的近兩倍。俄羅斯人互相殺害的比率也比以前高許多；到一九九四年，暴力犯罪增加為四倍多。

「我們的祖國和她的人民，從過去十五年的罪惡歲月得到什麼？」一位莫斯科的學者在二〇〇六年的民主示威中問：「罪惡的資本主義時代已殺害我們一〇%的人口。」俄羅斯人口確實快速減少中——每年減少約七十萬人。從震撼治療第一個完整年度的一九九二年到二〇〇六年，俄羅斯人口萎縮六百六十萬人。三十年前，異議派芝加哥經濟學家法蘭克寫信給傅利曼，指控他犯下「經濟集體屠殺」。今日許多俄羅斯人以類似詞句描述他們的同胞慢慢消失。

這種計畫性悲劇顯得格外荒誕，因為莫斯科的菁英炫耀財富的方式，只有在少數幾個石油酋長國才見得到。在今日的俄羅斯，財富的階層化已達到富人和窮人看起來不但像生活在不同的國度，也像來自不同的世紀。一個時區是在已快轉前進成二十一世紀未來罪惡城市的莫斯科鬧區，金融寡頭坐著黑色賓士車隊，由最精銳的傭兵護衛著奔馳於街上，而西方的基金經理人在這裡白天被開放投資規定所吸引，晚上則被免費招待的娼妓誘惑。在另一個時區，一位十七歲鄉下女孩被問及她對未來的希望時回答說：「當你坐在這裡用燭光看書時，要談二十一世紀很難。二十一世紀不重要，這裡是十九世紀。」

劫掠一個國家的財富多到像在俄羅斯一樣，需要極度的恐怖行動——從放火燒國會到侵略車臣。「助長貧窮與犯罪的政策，」葉爾欽初期（後來捨棄）的經濟顧問之一亞伯托夫（Georgi Arbatov）寫道：「……只有在民主被鎮壓後才能生存。」這種情況也發生在南錐，在戒嚴令下的玻利維亞，在天安門事件的中國。也在未來的伊拉克。

都怪貪腐

重讀西方媒體對俄羅斯震撼治療期間的報導，會讓人驚訝當時的討論與十多年後對伊拉克的爭辯竟然如此雷同。對柯林頓和小布希政府，當然還有歐盟、七大工業國和ＩＭＦ來說，在俄羅斯的明確目標是抹除以前的存在狀態，然後創造供資本家攝食的條件，進而開啟一個欣欣向榮的自由市場民主體制——由信心滿滿、才剛踏出校園的美國人來管理。換句話說，一個沒有爆裂物的伊拉克。

當俄羅斯震撼治療的狂熱達到最高點時，它的啦啦隊堅信只有徹底摧毀每一種機制，才能創造一個國家重生的條件——這種空白石板的夢幻以後還會在巴格達浮現。哈佛歷史學家派普斯（Richard Pipes）寫道：「最好是俄羅斯繼續瓦解，直到它的體制結構完全消失。」哥倫比亞大學經濟學家艾利克森（Richard Ericson）一九九五年也寫道：「任何改革必然造成史無前例的破壞。整個世界必須被拋棄，包括所有的經濟體制，和大部分的社會與政治體制，直到最後的生產、資本和科技等實體結構。」

另一個與伊拉克類似之處：不管葉爾欽如何惡劣地踐踏代表民主的事物，他的統治仍然被西方描述成「轉型為民主」的一部分，只有在普亭開始鎮壓幾位金融寡頭的非法活動時，這種說法才改變。同樣的，布希政府向來描述伊拉克正在邁向自由，即使有難以勝數的證據顯示那裡有猖獗的酷刑、失控的行刑隊和鋪天蓋地的新聞檢查。俄羅斯的經濟計畫總是被形容為「改革」，正如伊拉克永遠在「重建」中，即使美國的承包商幾已全部撤走，任由基礎建設工程在肆虐的破壞中荒廢。在九〇年代中期的俄羅斯，任何敢於質疑「改革家」智慧的人，都會被貶斥為史達林懷舊派，就像多年來批評占領伊拉克的人，會受到指控說他們認為海珊（Saddam Hussein）時代的日子比較好過。

當俄羅斯震撼治療計畫的失敗再也無法掩飾時，說詞便轉向俄羅斯的「貪腐文化」，以及俄羅斯人「還沒準備好」接受真正的民主體制，因為他們背負長期極權主義的歷史。華盛頓那些智庫的經濟學家匆忙撇清他們在俄羅斯協助創造科學怪人經濟（Frankenstein economy）的責任，嘲笑它是「黑手黨資本主義」——似乎這是俄羅斯特有的產物。「在俄羅斯絕不會發生什麼好事。」《大西洋月刊》（*Atlantic Monthly*）二〇〇一年引述一位俄羅斯辦公室職員的話報導。在《洛杉磯時報》，新聞記者兼小說家羅利（Richar Lourie）說：「俄羅斯是一個如此可悲的國家，即使他們做的是正常而瑣碎的事，像選舉和賺錢，他們都能搞得一團糟。」經濟學家阿斯倫德曾宣稱，光是「資本主義的誘惑」就能改造俄羅斯，純粹靠貪婪的力量便能提供重建國家的動力。幾年後他被問到出了什麼問題時，回答是「貪腐、貪腐和貪腐」，彷彿貪腐與他曾經如此熱烈稱許的「資本主義的誘惑」的放縱表現不是同一件事。

整套可笑的掩飾將在十年後重演，用來解釋在伊拉克損失的龐大重建資金，手法則是以詆毀海珊的遺毒和「激進派伊斯蘭主義」，取代共產主義和沙皇的遺毒。在伊拉克，美國對伊拉克人顯然無法接受槍口下的「自由」禮物，也變得愈發憤怒——不同的是，在伊拉克這種憤怒不只出現在報紙社論咒罵「不知感恩」的伊拉克人，更由美國和英國士兵直接打在伊拉克百姓身上。

這套怪罪俄羅斯的說詞最大的問題是，它先堵住了任何嚴肅檢驗整件事的機會，讓世界無從瞭解放任式自由市場十字軍的真正面目，發現它是過去三十年來最重大的一股政治趨勢。許多寡頭的貪腐仍然被說成一股外來力量，傳染了原本應該很健康的自由市場計畫。然而貪瀆並非俄羅斯自由市場改革的闖入者：倉促而骯髒的交易在每個階段都受到西方強權的積極鼓勵，被視為啟動經濟最快的方法。當俄羅斯的芝加哥男孩和他們的顧問完成摧毀俄羅斯的體制後，他們接下來的計畫就是利用貪婪的力量來拯救這個國家。

這種悲慘的結果也非只發生在俄羅斯；芝加哥學派實驗的三十年歷史，就是一場安全國家（security state）與大公司間的大規模貪腐與政商勾結，從智利的食人魚、阿根廷的親信私有化、俄羅斯的金融寡頭、安隆的能源騙局，到伊拉克的「舞弊免責區」。震撼治療的目的在於打開快速賺取暴利的窗口——雖然是違法，而且就是因為違法。「俄羅斯已變成國際基金投機客的淘金窟」，一九九七年一份俄羅斯報紙的標題寫道。《富比士》雜誌則形容俄羅斯和中歐為「新邊疆」。這些殖民時代的用語十分貼切。

對一九五〇年代傅利曼發起的運動的最好詮釋是，跨國資本家企圖重新掌控高獲利、無法紀的邊疆，而此等邊疆正是建構今日新自由主義思想的祖師爺亞當．斯密最稱羨的東西——只是加上一點變化。這個運動並未深入斯密說的沒有西方法律的「野蠻原始國度」（這已不再是可行的選項），而是有系統地拆解既有的法律和規定，以重新創造以前的無法紀狀態。斯密的殖民主義攫取了他形容為以「微不足道的代價」換來的「荒地」，並從中獲得前所未見的利益，而今日的跨國資本家則把政府計畫、公共資產和一切非賣品，視為有待征服和攫取的目標——郵政局、國家公園、學校、社會安全計畫、災難救援，以及任何國家管理的東西。

根據芝加哥學派經濟學，國家就是殖民邊疆，企業征服者以無情的決心和精力大肆劫掠，和他們的前輩滿載安地斯山的黃金與白銀回國沒有兩樣。斯密眼中的肥沃綠地，變成了彭巴草原上獲利可觀的農場，華爾街則在智利的電話系統、阿根廷的航線、俄羅斯的油田、玻利維亞的自來水系統、美國的公共無線頻道、波蘭的工廠，看到「綠野商機」——全都以公共財產創建、卻以微不足道的代價被變賣。還有利用國家的權力取得專利，和把以前無法想像的生命形態及自然資源化為商品標上價錢所創造的財富——包括種籽、基因、大氣中的碳等。藉由永不停息地在公共領域尋找獲利的新邊疆，芝加哥學派經濟學家就好像殖民時代的地圖畫師，界定穿越亞馬遜的新水道，找到印加廟堂裡隱祕的藏金處。

貪腐在這些現代邊疆一直是不可或缺的配件，一如在殖民時代的淘金潮中那樣。由於最重大的私有化交易簽訂的時機，總是在經濟或政治危機的動盪中，明確的法律和有效的規範難以執行——氣氛一片混亂，價格起伏不定，政治人物也更不可預測。我們過去三十年一直生活在邊疆資本主義中，邊疆的地點不斷從一個危機變換到另一個危機的發生處，每當法律追趕上時就變換地點。

因此，俄羅斯億萬富豪寡頭的興起並不是一則警世的故事，反而證明了露天開採一個工業化國家會有多豐厚的獲利，然而華爾街要的還更多。蘇聯崩垮後，美國財政部和ＩＭＦ對其他陷於危機國家的私有化要求，也變得更加強硬和急切。截至目前最戲劇化的例子發生在一九九四年，即葉爾欽政變的第一年，當時墨西哥經濟發生所謂龍舌蘭危機的大崩盤：美國的紓困條件要求快速私有化，而據《富比士》雜誌報導，這個過程造就了二十三個新億萬富豪，「此處的教訓十分明顯：要預測下一批億萬富豪會在何處誕生，只要尋找開放市場的國家。」紓困條件也打開墨西哥，讓外國人持有前所未見的股權比率：在一九九〇年，墨西哥只有一家外資銀行，但「到二〇〇〇年，三十家銀行中有二十四家握在外國人手中」。顯然唯一能從俄羅斯學到的教訓是，財富轉移的速度愈快和愈沒有法紀，獲利就愈可觀。

桑契斯就是瞭解其中奧妙的人，這個生意人一九八五年在家中客廳草擬了玻利維亞震撼治療計畫。九〇年代擔任總統期間，他賣掉玻利維亞的國營石油公司、航空、鐵路、電力和電話公司。和俄羅斯把大獎頒給本國人不同，玻利維亞清倉大拍賣的贏家包括安隆、皇家荷蘭殼牌、阿莫科公司

（Amoco）、花旗公司（Citicorp）——而且是直接賣給這些外商，完全無需與當地公司合資。《華爾街日報》一九九五年描寫在拉巴斯的西部蠻荒景象說，「雷迪森廣場飯店（Radisson Plaza Hotel）住滿來自美國大公司的主管，像AMR旗下的美國航空公司、MCI通訊公司、埃克森公司（Exxon）和所羅門兄弟公司（Salomon Brothers）。他們被玻利維亞人邀請來，為將被私有化的產業改寫管轄它們的法律，並競標這些等待拍賣的公司」——好方便的安排。「重要的是讓這些改變無法逆轉，在產生抗體前把事情處理完。」桑契斯在解釋他的震撼治療方法時說。為了絕對確保「抗體」不會產生，玻利維亞政府做了以前在類似情況下曾做過的事：再實施一次長時期的「戒嚴」，禁止政治集會，並授權逮捕所有反對這個程序的人。

阿根廷也有一段惡名昭彰的私有化雜耍表演年代，被高盛公司（Goldman Sachs）的一份投資報告譽為「美麗新世界」。那段期間的主政者是承諾要為勞工喉舌而取得權力的梅南總統，他縮減國營公司的規模，並出售油田、電話系統、航空公司、鐵路、機場、公路、供水系統、銀行、布宜諾艾利斯動物園，還有最後的郵政局和國家年金計畫。當國家的財富流往海外時，阿根廷政治人物的生活也愈來愈豪奢。過去以皮夾克和勞工階級的短髭著稱的梅南，開始穿著義大利西裝，並且據報導曾出國接受整型手術（他對自己臉孔浮腫的解釋是「蜜蜂叮的」）。梅南手下負責私有化的部長亞索嘉麗（Maria Julia Alsogaray），曾搔首弄姿為流行雜誌拍攝封面，她身披一件毛皮大衣，裡頭未著任何衣服；梅南則開始駕駛一輛鮮紅法拉利德斯塔羅沙（Testarossa）跑車——據說是一位生意人感恩圖報的「禮物」。

仿效俄羅斯私有化的國家，也以較溫和的方式實驗倒轉的葉爾欽政變——政府透過選舉和平取得權力，但漸漸訴諸暴力以掌控權力和保護他們的改革。在阿根廷，放任式的新自由主義統治在二〇〇一年十二月十九日結束，當時的總統魯亞（Fernando de la Rua）和財政部長卡瓦洛（Domingo Cavallo），嘗試進一步採取IMF處方的節約措施，遭到人民反抗，魯亞下令聯邦警察以一切必要手段驅散群眾。魯亞最後被迫搭直升機逃亡，但已造成二十一名示威者遭警察殺害，一千三百五十人受傷。桑契斯在位的最後幾個月還更血腥，他的私有化造成玻利維亞一連串的「戰爭」：先是水的戰爭，對抗貝泰公司（Bechtel）提高自來水價格三〇〇%；接著是「稅戰」，對抗一項IMF擬訂的計畫，準備向勞動貧民加稅以填補預算缺口；然後是「天然氣戰」，反對桑契斯計畫出口天然氣到美國。最後桑契斯也被迫逃離總統府，流亡到美國，但和魯亞一樣，這些戰爭也損失許多人命。桑契斯下令軍隊鎮壓街頭示威後，士兵殺害近七十人——其中許多人只是旁觀者——另有四百人受傷。截至二〇〇七年初，桑契斯仍遭到玻利維亞最高法院以屠殺相關罪名通緝中。

在阿根廷和玻利維亞實施大規模私有化的政府，都被華盛頓視為震撼治療可以和平、民主地進行，而無需政變或鎮壓的典範。雖然它們確實不是在槍林彈雨中開始的，但兩者都在槍彈中結束卻是意義重大。

在南半球大部分國家，新自由主義常被說成「第二次殖民劫掠」：在第一次劫掠中，財富攫取自土地，第二次則從國家掠奪。每次掠奪的狂熱停息後就是許諾：下一次將有明確的法律可以阻止國家資產遭變賣，整個過程將在明察秋毫的主管當局和守正不阿的司法人員嚴密監督下。下一次在私有化前，「體制建構」將已經完備。但在財富已被移往海外後呼籲法律和秩序，實際上只是讓以前的偷竊合法化的方式，就好像歐洲殖民者以條約來鎖住他們攫取的土地。正如亞當·斯密的想法，邊疆的無法紀不是問題，而是重點，與事後的悔恨和保證下次做得更好一樣，都是遊戲的一部分。

1 在眾多離譜的聳動報導中，《華盛頓郵報》指出：「約二百名示威者湧向俄羅斯國防部，那裡是該國的核子武器控制中心，許多高級將領正在開會。」——這則報導強化了俄羅斯群眾嘗試捍衛民主可能引發核子戰爭的荒謬想像。郵報報導，國防部鎖上所有門，讓群眾無法進入，避免了意外事件。

2 兩家與大寡頭有關係的銀行是霍多爾科夫斯基（Mikhail Khodorkovsky）的梅納蒂普銀行（Menatep），和波塔寧（Vladimir Potanin）的聯合進出口銀行（Uneximbank）。

3 不幸的是，這些錢並未進入俄羅斯人民口袋，雖然他們是貪腐的私有化過程真正的受害者；錢交給了美國政府——這與伊拉克的「告發者」（whistle-blower）控告美國承包商的官司，最後卻由美國政府與美國的揭發者瓜分和解金一樣。

4 可以想見，俄羅斯統治階級一意孤行地犯下這些罪行後，有關這些事件的陰謀論始終揮之不去。許多俄羅斯人相信車臣人與公寓爆炸案無關，並認為這些事件是一項把普亭推上葉爾欽接班人位子的祕密行動。

第十二章
THE SHOCK DOCTRINE

資本家本色

俄羅斯與野蠻市場的新時代

你決定接受每個國家追求匡正時弊者的委託，在既有的社會體系框架下進行理性實驗。如果你失敗，理性變革將受到舉世的嚴重曲解，只剩下正統派和革命派靠鬥爭來解決爭議。

——凱因斯，給羅斯福（F. D. Roosevelt）總統的信，一九三三年

我二〇〇六年十月訪問沙克斯那天，整個紐約市都籠罩在灰濛的細雨中，街上每隔約五步就點綴著鮮艷的紅色。剛好那一週是波諾（Bono）的紅色商品計畫（Product Red）盛大推出的時候，紐約市也感染了廣告活動的氣氛。抬頭就能看到廣告看板上巨大的紅色 iPod 和亞曼尼太陽眼鏡，每個公車亭都有史蒂芬史匹柏（Steven Spielberg）或潘妮洛普克魯茲（Penelope Cruz）穿著各種紅衣服的海報，市內每家蓋普（Gap）店面都全力配合產品推出，第五大道的蘋果商店散發著玫瑰色的紅光。「一件背心可以改變世界嗎？」一則廣告問。是的，可以，我們確信如此，因為其中一部分獲利將捐給全

球基金（Global Fund），用以對抗愛滋病、肺癆和瘧疾。「買到它停止！」兩天前電視轉播波諾與歐普拉・溫芙瑞（Oprah Winfrey）在大採購時，他這麼說。

我有預感，那一週想採訪沙克斯的記者大多數會想問這位超級巨星經濟學家，對於用這種時尚新方法來籌募援助基金有什麼看法。畢竟，波諾以「我的教授」稱呼沙克斯，而我走進哥倫比亞大學的沙克斯辦公室（他在二〇〇二年離開哈佛大學）時，迎面就看見一幅兩人的合照。在這麼光鮮亮麗的慈善活動中，我感覺自己有點像是來攪局的，因為我想談這個教授最不喜歡的話題，一個他曾在記者訪談中威脅要掛電話的話題。我想談俄羅斯，和那裡到底出了什麼差錯。

沙克斯是在俄羅斯震撼治療一年後，才開始自己的轉型，從全球震撼醫生轉變成全世界最敢言的援助貧窮國家運動者。這個轉型多年來造成他與正統派經濟圈的前同僚與共事者衝突不斷。就沙克斯來說，他本身沒有改變——他一向致力於協助一些國家藉由巨額援助和取消債務，以發展市場經濟。多年來他認為有可能透過與ＩＭＦ和美國財政部合作而達成這些目標，但當他來到俄羅斯現場，發現討論的方向已經改變，而且面對的官員冷漠的程度令他大感震驚，導致他採取與華盛頓的經濟官僚較衝突的立場。

以後見之明來看，俄羅斯無疑代表了芝加哥學派十字軍演進的新里程碑。在早期七〇年代和八〇年代的震撼治療實驗室，美國財政部和ＩＭＦ都希望至少獲得表面上的成功——因為它們是實驗，意味將成為其他國家跟進的典範。七〇年代的拉丁美洲獨裁政府因為攻擊工會和開放邊界，而獲得持續貸款的獎賞，即使部分悖離芝加哥學派的正統思想也是如此，例如，智利仍然由國家控制全世界最大的銅礦場，還有阿根廷軍政府慢動作的私有化。玻利維亞是第一個在八〇年代採用震撼療法的民主國家，因此獲得新援助，部分債務也被免除——這發生在九〇年代桑契斯進行私有化之前。在第一個採取震撼療法的東歐集團國家波蘭，沙克斯毫無困難地取得巨額貸款，而且同樣的，最初的計畫遭遇強力反對後，波蘭的大規模私有化也陷於牛步。

俄羅斯不一樣。「太多震撼，太少治療」是普遍的看法。西方強權在要求最痛苦的「改革」上毫不通融，同時對回報俄羅斯的援助金額始終十分慳吝。連皮諾契都曾以貧困兒童的糧食計畫來緩衝震撼治療的痛楚；華盛頓的放款機構卻覺得沒有必要幫助葉爾欽，反而把俄羅斯推入霍布斯式（Hobbesian）的夢魘。

與沙克斯深入討論俄羅斯並不容易。原本我想引導談話跨越他剛開始的防衛（「我是對的，他們完全錯了。」他告訴我。還有，「問桑莫斯，別問我；問魯賓（Bob Rubin），問柯林頓，問錢尼他們對俄羅斯的演變有多高興。」）。我也想跨越他的沮喪（「我在當時是真的想做點事，結果證明徒勞無功。」）。我的目的是想更瞭解，為什麼他在俄羅斯會失敗得這麼慘，為什麼沙克斯出了名的好運就在那個關鍵時刻用完了。

沙克斯現在說，他一抵達莫斯科就知道情勢已經不太相同。「我一開始就有預感……我從一開始就很生氣。」俄羅斯正面臨「一個第一級的總體經濟危機，是我這輩子見過最嚴重最不穩定的危機」，他說。對他來說，唯一的對策很清楚：他為波蘭擬訂的震撼治療措施，「以便讓基本市場力量盡快開始運作——加上巨額的援助。我想的是一年三百億美元，大致分成一百五十億美元給俄羅斯，一百五十億美元給各共和國，如此才能展開和平與民主的轉型。」

我不得不說，只要牽涉到他在波蘭和俄羅斯推行的嚴厲政策，沙克斯的選擇性記憶確實眾人皆知。

在我們的訪談中，他不斷美化他要求的快速私有化和大規模削減支出（簡而言之，就是他現在拒絕使用的「震撼治療」，他辯稱當時指的只有狹隘的價格政策，而非改造整個國家）。根據他對自己角色的記憶，震撼治療只扮演不重要的角色，他幾乎完全專注在募款上；他說，他為波蘭擬訂的計畫是「穩定基金、赦免債務、短期財政援助，與西歐經濟整合……葉爾欽的小組要求我幫助他們時，我提議的基本上是相同的事。」[1]

沙克斯說法裡的重要事實沒有爭議：爭取巨額援助是他為俄羅斯規畫的重心——這也是葉爾欽屈從整個計畫的動機。沙克斯說，他的藍圖是以馬歇爾計畫為本，即二次大戰後美國撥給歐洲重建基礎設施和工業的一百二十六億美元（相當於今日幣值的一千三百億美元）的計畫——這個計畫普遍被認為是華盛頓最成功的外交作為。沙克斯說，馬歇爾計畫顯示，「當一個國家陷於混亂時，你不能期望它靠自己以有秩序的方法站起來。所以，我對馬歇爾計畫最感興趣的是……只需要不算太大的財政挹注，就為（歐洲的）經濟復甦步上軌道奠定基礎。」剛開始時，他相信華盛頓有同樣的政治意願，想把俄羅斯轉變為成功的資本主義經濟體，就像二次大戰後對西德和日本的堅定承諾。

沙克斯相信他可以從美國財政部和ＩＭＦ爭取到一套新馬歇爾計畫，而且理由很充分。《紐約時報》在那段期間形容他「可能是世界上最重要的經濟學家」。他記得在擔任波蘭政府顧問時，曾「一天內在白宮籌到十億美元」。但沙克斯告訴我：「當我提議為俄羅斯做同樣的事時，白宮完全沒興趣。ＩＭＦ的人只是瞪著我，好像我瘋了。」

雖然葉爾欽和他的芝加哥男孩在華盛頓不乏仰慕者，卻沒有人願意拿出他們嘴巴說的援助。這表示沙克斯要求俄羅斯推行激烈的政策，但他無法履行自己的承諾。就是在這時候，他開始近乎自我批判。「我犯的最大的個人錯誤，」沙克斯在俄羅斯的大挫敗期間表示：「是對葉爾欽總統說：『別擔心；援助馬上會到。』我深信那些援助對西方來說太重要、太關鍵了，所以它不能像以前那樣搞砸。」但問題不只出在IMF和財政部沒有聽沙克斯的話，也出在沙克斯還未得到任何保證前，就大力促銷震撼治療——一場數百萬人付出慘重代價的豪賭。

當我重新拿這些問題問沙克斯時，他重申自己真正的過失是誤判華盛頓的政治氣氛。他記得一場與老布希任內的國務卿伊戈柏格（Lawrence Eagleburger）的談話。沙克斯提出他的看法：如果任由俄羅斯的經濟動亂繼續沉淪，可能會引發沒有人能控制的情勢：大規模饑饉、國家主義復辟，甚至法西斯主義，對一個唯一過剩的產品是核子武器的國家來說確實不智。「你的分析或許很正確，但它不會發生。」伊戈柏格回答。然後他問沙克斯：「你知道今年是哪一年？」

當時是一九九二年，柯林頓即將打敗老布希的美國大選年。柯林頓競選策略的核心是，布希忽略國內經濟的破敗，一意追求海外的光榮（「問題是經濟，笨蛋」）。沙克斯相信俄羅斯是那場國內鬥爭的受害者。他也說，他現在知道還有別的因素：許多華盛頓的權力掮客仍在打冷戰。他們視俄羅斯崩潰為地緣政治的勝利，可以確保美國的超級強權地位。「我沒有那種心態。」沙克斯告訴我，聽起來像一個童子軍誤入《黑道家族》（*The Sopranos*）的情節一樣，而他也經常給人這種感覺。「對我來說，那只是『好極了，這是一個可怕政權的終結。現在，讓我們真的來幫忙（俄羅斯人）。請大家投入所有力量……』現在回想起來，我相信在政策規畫者的心裡，那種想法是瘋了。」

儘管他遭受挫敗，沙克斯並不覺得那段期間的俄羅斯政策是出於自由市場意識形態。他說，那主要是「純粹的懶惰」所造成。他當時很希望來一場激烈辯論，談談到底應該提供援助給俄羅斯，或完全交給市場解決。但是他碰到的是集體冷漠。他說，他很訝異當時沒有嚴肅的研究和辯論可供重大決策參考。「對我來說，最主要的原因是沒有人努力。讓我們至少花兩天辯論這件事——但我們從未這麼做！我沒看到有人努力工作，『捲起袖子，我們來認真解決這些問題，我們來搞清楚怎麼回事』。」

當沙克斯談論「努力工作」時，他是在回憶新政、大社會（Great Society）和馬歇爾計畫的美好時代，當時來自常春藤聯盟的年輕人圍坐在指揮桌，捲起袖子，四周盡是空咖啡杯和成疊的政策文稿，大家針對利率和小麥價格爭議得面紅耳赤。這是決策者在凱因斯主義最盛時期的行事風格，也是面對俄羅斯災難「嚴重性」應該有的做事方法。

但把放棄俄羅斯歸咎於華盛頓的集體懶惰，對提供解釋沒有幫助。也許瞭解這段過程更好的方法是，透過自由市場經濟學家偏好的「市場競爭」觀點來看。當冷戰如火如荼進行而蘇聯仍未解體時，全世界的人可以選擇（至少理論上來說）他們想消費的意識形態；當時有兩極，且兩極間也有不少選項。這表示資本主義必須爭取顧客；它必須能提供誘因；它必須是個好產品。凱因斯主義向來代表著資本主義也必須跟其他意識型態競爭的事實。小羅斯福總統實施新政不僅是為解決大蕭條的急迫問題，也是因為在美國人民遭到放任式自由市場的蠻橫打擊後，一股要求採取不同經濟模式的強大運動必須加以安撫。有些人想要激進的經濟模式：在一九三二年的總統選舉，一百萬美國人投票給社會主義或共產主義候選人。愈來愈多美國人密切注意路易西安那州的平民主義者參議員惠朗（Huey Long），他主張所有美國人都應享有二千五百美元年所得的保障。小羅斯福在解釋為什麼在一九三五年把更多社會福利加進新政時，說他要「搶先一步做惠朗想做的事」。

在這種背景下，美國的工業家不情願地接受小羅斯福的新政。市場銳利的鋒刃，必須以提供公共部門就業，及確保沒有人挨餓來軟化——資本主義的存亡正面臨考驗。在冷戰期間，自由世界沒有一個國家能免於這個壓力。事實上，五〇年代前後這段期間資本主義的成就，即沙克斯所說的「正常」的資本主義——北美洲的工人保障、退休金、公共醫療和國家支援最窮困的人民——是出於面對強大左派必須作出重大讓步的務實需求。

馬歇爾計畫是在這種經濟大勢下使用的終極武器。戰後的德國經濟陷入危機，大有淹沒整個西歐的危險。同一時候，許多德國人被社會主義吸引，迫使美國政府選擇將德國分裂成兩半，而不願冒讓整個德國崩潰或轉向左派的危險。在西德，美國政府利用馬歇爾計畫建立資本主義體制，其用意並非為福特汽車或席爾斯（Sears）建立快速獲利的新市場，而是期待它的成功能造就繁榮的歐洲市場經濟，消弭社會主義的吸引力。

到一九四九年時，這表示得容忍西德政府採取任何完全非資本主義的政策：國家直接創造就業、大舉投資公共部門、補貼德國企業，以及強大的工會。美國政府當時採取的政策，是一九九〇年代對俄羅斯或占領伊拉克時難以想像的，當時政府不顧大企業的反對而延遲開放外國投資西德，以便遭戰爭打擊的德國企業能在復甦前避免競爭壓力。「當時的判斷是，讓外國公司進入會像放任海盜劫掠一樣。」以馬歇爾計畫的歷史著作備受讚譽的作者卡洛琳．艾森柏格（Carolyn Eisenberg）告訴我：「現在與當時主要的差別是，美國政府不把德國當搖錢樹。他們不想激起民怨，而認為如果開放德國供劫掠，將阻礙整體歐洲的復甦。」

艾森柏格指出，這種政策並非出於利他主義。「當時蘇聯像一把上膛的槍，而德國經濟陷於危機，還有一大群左派，他們（西方）必須很快爭取德國人民歸順。他們真的認為是為拯救德國的靈魂而戰鬥。」

艾森柏格對創造馬歇爾計畫的意識形態鬥爭的描述，道出沙克斯的工作有一個長期存在的盲點，包括他晚近值得稱讚的致力於爭取大幅增加對非洲的支出。這個盲點是，大規模的平民運動幾乎從未被提及。對沙克斯來說，寫歷史完全是菁英的事，只要用對技術官僚，執行正確的政策，就已足夠。就像震撼治療計畫是在拉巴斯和莫斯科的祕密地點草擬的一樣，理所當然的，援助蘇聯三百億美元的計畫也應只憑他向華盛頓提出淺顯的理由就能實現。然而，正如艾森柏格指出，提出馬歇爾計畫並非基於慈善，甚至不是靠合理的論據，而是出於對民眾反抗的恐懼。

沙克斯景仰凱因斯，但他似乎對凱因斯主義終於能在美國實現的原因不感興趣：難纏、凶悍的工會的要求，和聲勢日益壯大的社會主義者，使原本太激進的方案變成實實在在的威脅，進而使新政看來像是可接受的妥協。群眾運動迫使不情願的政府採用沙克斯鼓吹的作法，但沙克斯不願承認這點卻造成嚴重的後果。其中之一是，沙克斯看不到他在俄羅斯面對一個昭然若揭的政治現實：俄羅斯絕不會有馬歇爾計畫，因為當年會有馬歇爾計畫就是因為有俄羅斯。在葉爾欽廢除蘇聯時，那把迫使馬歇爾計畫形成的「上膛的槍」已經解除武裝。少了它，資本主義突然可以墮落到最野蠻的形式，不只是在俄羅斯，而是全世界。蘇聯既已崩潰，自由市場現在已獨占全球，這表示已不再需要任何干擾其完美平衡的「扭曲」。

這就是對波蘭人和俄羅斯人的承諾（亦即：如果他們接受震撼治療，他們將突然醒來發現自己已經成為「正常的歐洲國家」）的真正悲劇所在。那些正常歐洲國家（擁有穩健的社會安全網、工人保障、強大的工會與社會醫療體系）的興起是因為共產主義和資本主義的妥協，現在已不再需要妥協，所有西歐的溫和社會政策也陷於四面楚歌，就像它們在加拿大、澳洲和美國遭到圍剿一樣。這些政策不會引進俄羅斯，當然更不會獲得西方資助。

基本上，這種擺脫一切束縛的解放，就是芝加哥學派經濟學（或稱作新自由主義，或在美國所稱的新保守主義）：不是什麼新發明，而是去除凱因斯附加物的資本主義，處於獨占階段的資本主義，一套可以為所欲為的體系——不再需要努力爭取我們這些顧客，可以反社會、反民主和恣意展現其粗魯。只要共產主義仍是威脅，凱因斯式的紳士協議就會繼續存在；一旦這套體系崩垮，所有妥協的痕跡最後都可能被抹除，以便達成傅利曼在半世紀前為他的運動設定的純正主義目標。

這就是福山一九八九年在芝加哥大學的演說，誇張地宣告「歷史終結」的重點：他並非真的宣稱世界上已不再有其他思想理論，而只是說共產主義既已崩垮，不再有其他主義的力量強大到能成為勢均力敵的競爭者。

因此，沙克斯視蘇聯崩潰為擺脫極權統治的自由，準備捲起袖子開始幫忙，但他的芝加哥學派同僚卻視之為不同性質的自由——終於擺脫凱因斯主義，以及像沙克斯這些昧於現實的社會改革家的自由。從這個觀點看，對俄羅斯袖手旁觀雖令沙克斯憤怒不平，卻不是出於「純粹懶惰」，而是在實踐放任主義：放手不管，不作為。所謂袖手旁觀是指所有負責俄羅斯政策的人（從前老布希政府的國防部長錢尼、財政部副部長桑莫斯，到ＩＭＦ的費雪）確實有做事情：他們都在執行純粹的芝加哥學派理論，讓市場施展最狠的本事。俄羅斯比智利看起來更像這種意識形態的實踐，預告了十年後同樣的這一批玩家，將在伊拉克創造的「要錢不要命」（get-rich-or-die-trying）式的反烏托邦。

這種新遊戲規則於一九九三年一月十三日在華盛頓特區首度亮相。那是一場小而重要的會議，只有受邀者能出席，地點在杜邦圓環（Dupont Circle）卡內基會議中心十樓，距白宮只有七分鐘車程，離國際貨幣基金和世界銀行總部也只有一箭之遙。舉足輕重、為世銀和IMF擬訂策略而聞名的經濟學家威廉森（John Williamson）舉辦了這場會議，視之為新自由主義部族的歷史性聚會。出席者包括許多顯赫的明星「技術政治家」（technopol），他們站在運動的最前線把芝加哥主義散播到全世界。這些人有現任和前任的西班牙、巴西和波蘭的財政部長，土耳其和祕魯的央行總裁，墨西哥總統的幕僚長，和一位巴拿馬前財政部長。他們之中還有沙克斯的老朋友、他尊崇的巴爾舍諾維奇（Leszek Balcerowicz），即波蘭震撼治療的策畫者，還有他的哈佛同僚羅德里克，就是曾證明每個接受新自由主義結構改革的國家都已深陷危機的經濟學家。日後出任IMF第一副總裁的克魯格（Anne Krueger）也在場。最熱心宣傳皮諾契的智利前部長畢奈拉（Jose Pinera）無法恭逢其盛，因為他正密切追蹤智利的總統選舉，但他還是送來一份詳盡的報告。當時仍擔任葉爾欽顧問的沙克斯將發表主題演說。

會議參與者一整天陶醉在經濟學家最愛的休閒活動，商議如何讓不情願的政治人物採用不受選民歡迎的政策。選舉過後應該多快推出震撼治療？在猝然發動攻擊的情況下，中間偏左政黨是否比右派更有效率？最好先警告大眾，或是以「巫毒政治」出乎人民意料較佳？雖然會議取名為「政治改革之政治經濟學」——刻意顯得有點乏味，似乎有意誤導媒體的興趣——不過一位與會者詭祕地表示，其實真正的主題是「馬基維利經濟學」（Machiavellian economics）。

沙克斯聆聽這些討論幾個小時，直到晚餐後他步上講臺發表演說，題目帶著典型的沙克斯風格：「經濟急診室中的生活」。他的情緒顯然很高昂，臺下的聽眾也準備好聆聽這位曾高舉震撼治療火炬進入民主時代的偶像的演說。沙克斯並未陶醉在沾沾自喜中，後來他對我說，他決心利用這場演說，嘗試讓這群大權在握的聽眾瞭解俄羅斯情勢的嚴重性。

他提醒聽眾二次大戰後挹注歐洲和日本的援助「對日本日後的驚人成功極其重要」。他提及收到傳統基金會——傅利曼主義發源地——一位分析師的來信，沙克斯說，這位分析師「強烈主張俄羅斯應該改革，但不是靠外國援助俄羅斯」。「這是自由市場理論家的共識——而我也是其中之一。這言之成理，但卻是個錯誤。市場無法包辦一切；國際援助極其重要。」他說，放任主義的偏執觀念正把俄羅斯帶向災難，「不管俄羅斯的改革者多麼勇敢、聰明和幸運，他們不靠大規模的外來援助不可能成功……我們就快錯過這個歷史性的機會了」。

當然沙克斯獲得一輪掌聲，但熱烈程度只算微溫。為什麼他讚揚大手筆的社會支出？臺下的聽眾正在進行一場拆解新政的全球十字軍，而不是再製造一個新政。在接續的討論會中，沒有一位與會者支持沙克斯的挑戰，還有幾位發言反對。

沙克斯告訴我，他嘗試藉由演說「解釋一場真正的危機會是什麼情景……傳達急迫感」。他說，在華盛頓作決策的人往往「不瞭解什麼是經濟動亂。他們不瞭解所引發的脫序狀態」。他想讓他們面對現實世界「有一股動力可能把情勢推往失控，直到引發其他災難，直到希特勒趁勢崛起掌權，直到發生內戰，或大規模饑饉，任何情況都可能……你必須採取緊急的協助作為，因為一個不穩定的情勢絕對會走向愈來愈不穩定，而不會走向正常的平衡。」

我忍不住想，沙克斯無法充分說服他的聽眾。與會者都十分熟悉傅利曼的危機理論，而且許多人曾應用在自己的國家。大多數人完全瞭解經濟崩潰會有多混亂和動盪，但他們從俄羅斯得到一個不同的教訓：痛楚和錯亂的政治情勢正迫使葉爾欽快速變賣國家財富，這是明顯而有利的結果。

會議只得靠主辦人威廉森把討論帶回那些務實的優先事務。沙克斯是這場盛會的明星，但威廉森才是聽眾心目中真正的大師。威廉森頭髮漸禿、不適合上電視，但政治立場的偏執卻相當聳動，「華盛頓共識」這個詞——也許是現代經濟學最常被引用、也最具爭議性的詞——就是他創造的。他以主持嚴密的閉門會議和講座著名，每場會議的目的都是為測試他大膽的假說。在一月的會議，他有一個急迫的目標：他想一勞永逸地測試他所謂的「危機假說」。

威廉森在他的演說中沒有警告要拯救哪個國家免於急迫的危機；事實上，他狂熱地談論引發巨變的事件。他提醒聽眾一些無可爭辯的證據，顯示只有真正嚐到苦難的國家才願意吞服市場苦藥，只有遭到震撼的國家才會躺下來接受震撼治療。「最黑暗的日子才能創造最好的機會，讓人們瞭解必須進行根本的經濟改革。」他宣稱。

威廉森以他無人能及的技巧，揭露金融世界的潛意識，並一派輕鬆地指出這引發一些有趣的問題：

> 我們一定會問，刻意挑起災難以剷除改革的政治障礙是不是合理？例如，在巴西早已有人建議，是否值得故意引發惡性通貨膨脹，以便讓大眾驚嚇到接受這種改變……以歷史的後見之明來看，理論上不會有人贊成一九三〇年代中期的德國或日本走向戰爭，只為了獲得戰敗後接續的飛快成長。但一場較小規模的危機能否發揮同樣的功效？可不可能設計一場假危機，能夠不必付出真危機的成本而帶來同樣的效果？

威廉森的發言代表震撼主義的大躍進。在滿屋子的財政部長和央行總裁、人數多到足以辦一場經濟高峰會的這個場合，主動製造嚴重的危機以推動震撼治療的想法已被公開討論。

至少有一位與會者在演說時覺得有必要撇清與這種邪說的關係。英國薩塞克斯大學的經濟學家托伊（John Toye）說：「威廉森建議，挑起人為的危機以觸發改革可能是好作法，我們最好解讀他的用意是在逗笑。」但沒有證據顯示威廉森是在逗笑。事實上，有許多證據顯示，他的想法已被華盛頓和其他地方的最高階金融決策者採用。

威廉森在華盛頓開會的隔月，我們看到美國掀起一波對「假危機」的新狂熱，雖然當時很少人瞭解它是一套全球策略的一環。一九九三年二月，加拿大正陷於金融災難，至少一般人從新聞和電視中得到的結論是如此。「債務危機迫近」，全國性報紙《環球郵報》（*Globe and Mail*）以頭版大標題疾呼。一家全國性大電視臺的特別報導說：「經濟學家預測明年某個時候，或兩年內，財政部副部長將走進內閣，宣布加拿大的信用已經耗盡……我們的生活將急劇改變。」

「債牆」（debt wall）這個詞突然變成新語彙，它的意思是，雖然現在的生活似乎舒適平和，但加拿大已嚴重入不敷出，影響力巨大的華爾街公司如穆迪（Moody's）和標準普爾（S&P），很快就會把我們的國家債信評等從完美的三個A調降下來。萬一發生這種事，機動性超強的投資人在全球化和自由貿易的新規範下，將隨時從加拿大撤資，移到較安全的地方。然後有人告訴我們，唯一的對策是大幅削減部分社會計畫的支出，如失業保險和醫療保險。果不其然，執政的自由黨就這麼做，雖然他們不久前才以創造就業的政綱當選為執政黨（加拿大版的「巫毒政治」）。

預算赤字的歇斯底里最高潮之後兩年，調查記者麥奎格（Linda McQuaig）揭露，少數幾個加拿大的智庫慎密地煽動並操縱這種危機感，尤其是賀維研究所（C.D. Howe Insitute）和費沙研究所（Fraser Institute，這是傅利曼一向大力支持的智庫），背後的贊助者則是幾家最大的銀行和企業。加拿大確實有赤字問題，但並非由失業保險和其他社會計畫的支出造成。根據加拿大統計局，問題出在高利率導致債務價值膨脹，就像八〇年代伏克爾震撼導致開發中國家債務膨脹一樣。麥奎格前往穆迪的華爾街辦公室，與主管公布加拿大債信評等的資深分析師涂格利亞（Vincent Truglia）談話，涂格利亞向她透露驚人的內幕：加拿大的企業主管和銀行家不斷向他施壓，要求他發表貶抑加拿大財政的報告，但遭他拒絕，因為他認為加拿大是優良而穩定的投資標的。「我處理的國家中，從來沒發生國民希望降低自己國家評級的例子，而且是不斷要求。他們認為加拿大被評得太高。」他說，他經常接到其他國家的代表打電話，抗議他給的評級太低。「但加拿大人比外國人更看輕自己的國家。」

對加拿大金融圈來說，這是因為「赤字危機」是發動政治鬥爭的重要武器。在涂格利亞接那到些奇怪的電話前，一項要求政府削減醫療和教育等社會計畫支出，以降低稅率的大規模運動已經發動。由於這類社會計畫受到絕大多數加拿大人支持，因此要把削減支出合理化的唯一方法，便是威脅國家經濟可能因此崩潰，陷於全面危機。但穆迪機構繼續給加拿大最高的Ａ＋＋債信評級，因而使維持世界末日氣氛變得極為困難。

在那段期間，投資人對混淆的訊息感到很困惑：穆迪對加拿大很樂觀，但加拿大媒體不斷報導國家財政的慘況。涂格利亞受夠了加拿大發布政治操縱的統計數字，擔心自己的研究遭到質疑，於是採取非同尋常的措施，發表一篇澄清加拿大政府支出「並未失控」的「特別評論」，甚至隱約批評右派智庫使用的狡詐統計手法。「近日公布的數項報告，大幅誇大加拿大的預算債務部位，其中有些數字被重複計算，另一些則作了不恰當的國際比較……這些不正確的計算可能導致加拿大債務問題的嚴重性被誇大。」穆迪發表特別報告後，「債牆」並未迫近的說法傳開來——但加拿大的企業界並不高興。涂格利亞說，他發表報告後，「加拿大一家大金融機構的人……打電話給我，對著我大吼大叫。這還真罕見。」[2]

等加拿大人發現「赤字危機」是企業資助的智庫誇大操縱的結果時，生米已煮成熟飯——預算已遭削減並實施。直接的結果之一是，加拿大提供給失業者的社會計畫被大幅削減，而且再也沒有恢復，雖然後續數年出現了預算盈餘。這種危機策略在這段期間不斷被利用，一九九五年九月，一捲錄影帶被洩露給加拿大新聞界，內容是安大略省教育部長在一次公務員閉門會議中說，在宣布削減教育支出和其他不受歡迎的改革前，必須先洩露一些描繪悲慘情況的資訊，以便創造必要的驚慌氣氛，雖然這些資訊可能言過其實。他稱這種操作是「創造有用的危機」。

華盛頓的「統計舞弊」

在一九九五年，大多數西方民主國家的政治言論都充斥債牆和經濟即將崩潰的說法，要求政府加速削減支出並進行更大規模的私有化，而且傅利曼學派的智庫總是高聲疾呼危機來臨。不過，華盛頓最有權勢的金融機構不但願意藉媒體製造危機的表相，也很樂於以具體措施創造貨真價實的危機。在威廉森發表「點燃」危機的言論兩年後，世界銀行的首席發展經濟學家布魯諾（Michael

Bruno）公開呼應這種說法，但也未引起媒體注意。在一九九五年突尼斯國際經濟學會（IEA）的一場演說中（後來由世界銀行以論文出版），布魯諾告訴五百位來自六十八國的經濟學家，國際間已逐漸形成共識，認為「一場夠大的危機或許能震撼原本不情願的決策者，使他們採取能提振生產力的改革」。[3]布魯諾舉拉丁美洲為「深度危機似乎有效的主要例子」，尤其是阿根廷。他說，總統梅南和財政部長卡瓦洛的表現傑出，「利用緊急氣氛」推動深度私有化。為了不讓聽眾有機會忽略他的論點，布魯諾說：「我一直強調一個大主題：深度危機的政治經濟效應，往往為激進改革帶來有利的結果。」

基於這個事實，他宣稱國際機構不只要利用既有的經濟危機來推動華盛頓共識，還必須先發制人，切斷援助以使危機更惡化。「不利的震撼（例如政府歲入或外部資金流入減少）實際上可能是好事，因為它能縮短（改革的）延遲。『情況沒有壞到底前不會好轉』的想法會自然浮現……事實上，一場高通膨危機對一個國家的好處，強過在比較不嚴重的危機當中拖泥帶水。」

布魯諾承認，加深或製造嚴重的經濟崩潰十分可怕——政府可能發不出公務員薪水，公共基礎建設可能荒廢——但身為芝加哥學派的門徒，他呼籲聽眾把這種破壞當作創造的第一階段。「隨著危機加深，政府確實可能逐漸枯萎，」布魯諾說：「這種發展有一種好結果，就是在推動改革時，頑抗團體的力量可能已被削弱——一個採取長期對策而揚棄短期權宜措施的領導人，可望贏得對改革的支持。」

芝加哥學派對危機的耽溺已迅速席捲知識界。短短幾年前，他們才只是推測惡性通膨危機能創造震撼政策所需的震懾條件，現在世界銀行的首席經濟學家竟鼓吹製造失敗國家，只因為危機能提供從廢墟中重頭來過的機會，而世界銀行的經費卻來自一百七十八國的公帑，其宗旨是重建和強化困頓的經濟體。

多年來外界盛傳國際金融機構玩弄威廉森所說的「假危機」，脅迫一些國家任其擺布，但要證明其事卻十分困難。最詳盡的證詞來自一位轉為告發者的國際貨幣基金幕僚布德夫（Davision Budhoo），他指控ＩＭＦ偽造數據，只為了宣告某個貧窮但意志堅定的國家經濟陷於危機。

布德夫出生於格瑞納達（Grenada），是接受倫敦政經學院訓練的經濟學家，並且以不同流俗的個人風格在華盛頓智庫圈特立獨行：他留著一頭愛因斯坦型的豎直頭髮，寧願穿風衣而捨棄西裝。他在ＩＭＦ工作十二年，職務是為非洲、拉丁美洲和他的祖國格瑞納達設計結構調整計畫。ＩＭＦ在雷根與柴契爾時代大幅右轉後，思想獨立的布德夫感覺他在工作崗位愈來愈坐立不安。ＩＭＦ當時在忠貞的新自由主義信徒總裁康德蘇（Michel Camdessus）領導下，擠滿狂熱的芝加哥男孩。布德夫一九八八年辭職時，決定把自己奉獻給揭發ＩＭＦ的祕密，他先寫了一封了不起的信給康德蘇，用的是十年前法蘭克寫給傅利曼的控訴語氣。

這封信一開始就以ＩＭＦ資深經濟學家罕見的熱情語調說：「在我擔任ＩＭＦ幕僚十二年，歷經正式的基金現場工作一千個日子，兜售你的藥方和魔術袋給拉丁美洲、加勒比海和非洲的政府和人民後，今天我辭去工作。對我來說，辭職是無價的解脫，因為我的解脫讓我得以跨出救贖的一大步，希望因此可以洗淨我自覺手上沾滿的幾百萬名貧困、挨餓者的血……那些人流的血多到像河裡的水。那些血也逐漸乾涸，在我全身各處凝結；有時候我感覺全世界的肥皂也無法洗去我以你的名做的事。」

然後他開始陳述他的指控。布德夫指控IMF以統計數字當作「致命」武器。他不厭其煩地細數他在八〇年代中期以基金職員的身分，參與精心計畫的「統計舞弊」，在IMF的報告中誇大富藏石油的千里達與托巴哥（Trinidad and Tobago）的情況，以便讓這個國家顯得比真正情況更不穩定。布德夫聲稱，雖然IMF掌握了正確的資訊，但卻把一項衡量勞動成本的關鍵數字誇大為兩倍多，使該國的生產力大幅下降。在另一個例子中，他宣稱IMF「幾乎是憑空揑造」龐大的未清償政府債務。

布德夫說，這些「明顯的疏失」是刻意而非「馬虎計算」的結果，卻被金融市場當作事實，並立即把千里達歸類為高風險國家，進而切斷其融資。該國的經濟問題——起因於主要出口物資石油的價格下跌——很快變成災難，因而被迫向IMF乞求紓困。然後IMF要求該國接受布德夫形容的IMF「最致命的藥」：裁員、降低薪資，和「全套」的結構調整政策。他敘述這個過程是「以詭計故意阻斷該國的經濟救生索」，以便「先摧毀千里達與托巴哥的經濟，然後促成改變」。

二〇〇一年去世的布德夫在他的信中明白指出，他的控訴不只是因為少數官員對待一個國家的方式。他形容IMF的整個結構調整計畫就是一種大規模的酷刑，讓「『因痛苦而尖叫』的政府和人民被迫在我們面前屈膝，挫敗、驚惶而混亂，乞求我們以同理心和君子風範對待，但我們殘酷地嘲笑他們，毫不留情地繼續施以折磨。」

這封信公開後，千里達政府委託兩項獨立的研究，調查信中的陳述，並發現信中所述果然是事實：IMF膨脹和假造數字，對該國造成嚴重傷害。

不過，儘管指證歷歷，布德夫爆炸性的控訴卻消失得幾乎無聲無息；千里達與托巴哥是委內瑞拉外海的一群小島，除非該國人民衝進IMF在十九街的總部，它的抱怨不太可能引起世界注意。但這封信在一九九六年被改編成一齣叫《布德夫先生的ＩＭＦ辭職信》的戲，在紐約東村一家小劇場演出。這齣戲出乎意料獲得《紐約時報》好評，稱讚它「不同尋常的創意」和「別出心裁的道具」。這則簡短的戲評是《紐約時報》唯一提到布德夫名字的版面。

1 就像卡西迪（John Cassidy）二〇〇五年在《紐約客》一篇側寫中說的：「事實上，沙克斯在波蘭和俄羅斯都支持大規模社會再造多於漸進改革與建立體制。災難性的私有化政策是一個例子。雖然大多數私有化發生在沙克斯離開俄羅斯後的一九九四年底，但其原始政策架構在一九九二年和一九九三年就已確立，當時他還在俄羅斯。」

2 我必須說涂格利亞在華爾街是異數——債券和信用評等往往受到政治壓力影響，常被用來提高進行「市場改革」的壓力。

3 雖然布魯諾沒有唸芝加哥大學，他卻是著名的芝加哥學派教授帕汀金（Don Patinkin）的門生，本書前面曾引述帕汀金比較芝加哥經濟學和馬克思主義的「邏輯完整性」。

第十三章
THE SHOCK DOCTRINE

讓它燒
劫掠亞洲與「第二道柏林圍牆倒塌」

金錢流向機會所在之處，而現在亞洲似乎很便宜。

——史密斯（Gerard Smith），紐約瑞士銀行（UBS）證券金融機構銀行家，評論一九九七至九八年的亞洲金融危機

好日子訂不出好政策。

——席亞（Mohammad Sea），印尼蘇哈托將軍的經濟顧問

他們似乎喜歡簡單的問題。你的薪水能買到什麼？夠吃和住嗎？還有沒有剩錢寄回給父母？往返工廠的交通費呢？但不管我怎麼問，我得到的答覆總是「看情形」，或「我不知道」。

「幾個月前，」一位在馬尼拉附近為蓋普（Gap）縫衣服的十七歲工人解釋：「我以前都有足夠

的錢每月寄一點回家，但現在我賺的幾乎不夠自己買吃的。」

「他們降低你的工資？」我問。

「不是，我想應該沒有。」她有點困惑地說：「只是買的東西好像變少了，物價一直上漲。」

當時是一九九七年夏季，我正在亞洲研究該地區蓬勃發展的出口工廠工作情況。我發現工人面對一個比逾時工作或工頭虐待更嚴重的問題：他們的國家正快速陷入很快將浮現的全面衰退。在印尼，危機甚至更嚴重，動盪的氣氛格外凶險。印尼貨幣日以繼夜貶值，工人的錢前一天還能買魚和米，第二天卻只夠買米。在食堂和計程車裡的聊天，每個人似乎對該怪罪誰都有同樣的說詞，他們告訴我：「華人。」好像因為印尼的商人階級華人直接從物價上漲當中獲利，所以他們成為了怒氣直指的對象。這正是凱因斯警告經濟混亂的意思——你永遠理不清憤怒、種族偏見和革命的結合會釋放出什麼。

東南亞國家特別容易陷於陰謀論和種族代罪羔羊的糾纏，因為從表面看，金融危機找不到合理的原因。電視和報紙對這個地區的分析，總是好像它得了某種神祕但有高度傳染性的疾病——「亞洲流感」（Asian Flu），市場崩潰立即被貼上這個標籤，等它散播到拉丁美洲和俄羅斯時，又被升級為「亞洲傳染病」（Asian Contagion）。

在出問題之前幾週，這些國家還被高舉為經濟健康與活力的標竿——所謂的亞洲小龍，全球化最耀眼的成功故事。不久前，股票經紀人還告訴他們的客戶，把儲蓄投資在亞洲「新興市場」共同基金是最安全穩賺的策略；轉眼間，他們成群撤出市場，外匯交易商大舉「攻擊」那些貨幣——泰銖、馬元、印尼盾——製造出《經濟學人》所稱的「通常只與大規模戰爭有關的大規模儲蓄毀滅」。然而，在亞洲小龍經濟體內，可見的情勢並未改變——大體來說，它們仍由相同的裙帶菁英掌管；它們沒有遭遇重大天災或戰爭的打擊；它們沒有龐大的赤字——部分國家完全沒有赤字。許多大財團有沉重的債務，但它們仍生產從運動鞋到汽車的種種產品，且銷售和往常一樣強勁。那麼，為什麼在一九九六年投資人覺得很可以把一千億美元投資在南韓，而到第二年該國卻出現負投資二百億美元——足足相差一千二百億美元？這種丕變的貨幣情勢該如何解釋？

結果證明這些國家是純粹恐慌的受害者，始作俑者則是全球化市場凶險難料的速度與波動。從一則謠傳開始——泰國沒有足夠的美元作貨幣後盾——引發一場電子獸群的大奔逃。銀行收回它們的放款，而原本快速成長的房地產市場很快就泡沫爆破。興建到一半的商場、摩天大樓和度假中心停工；靜止的營建吊車高聳在曼谷擁擠的天際線。在以往較緩慢的資本主義時代，危機可能就此停止，但由於共同基金的銷售經紀人把亞洲小龍當作一套投資來促銷，因此當一隻小龍倒下時，其餘便跟著全倒：繼泰國之後，恐慌迅速蔓延，資金從印尼、馬來西亞、泰國流出，甚至波及全球第十一大經濟體、也是全球化天空下的燦爛明星南韓。

亞洲政府被迫傾盡央行的準備以支持自己的貨幣，把最初的恐慌變成現實；現在這些國家真的快破產了。市場的反應是更深的恐慌，在一年間，亞洲股票市場有六千億美元蒸發——這是花了數十年累積的龐大財富。

危機會激發鋌而走險的行為。在印尼，貧困的民眾湧進都市的商店，劫掠他們能帶走的東西。在一個特別恐怖的例子當中，一家雅加達的購物商場在遭到劫掠時失火，數百人被活活燒死。

在南韓，電視臺展開大規模宣傳，呼籲民眾捐獻黃金珠寶，以便融化後用於清償國家債務。短短幾個月內，三百萬人捐出他們的項鍊、耳環、運動獎牌和獎盃。至少有一位婦女捐出她的結婚戒指，一位樞機主教則捐出黃金十字架。電視播放庸俗的「捐出你的黃金」遊戲秀，但雖然收集了足夠壓低世界金價的二百噸黃金，南韓的貨幣仍繼續暴跌。

就像大蕭條時發生過的情況，這場危機導致家庭眼看畢生積蓄消失，成千上萬小企業關門，進而引發一波自殺潮。南韓的自殺率在一九九八年攀升五〇％，年齡分布最高的是六十歲以上，因為老年的父母想為痛苦掙扎的子女減輕經濟負擔。韓國媒體也報導家人集體自殺比率驚悚地增加，一些債務纏身的父親帶著家人一起上吊。當局指出，由於「只有家長死亡被列為自殺，其餘則列為他殺，所以實際自殺人數遠高於公布的統計數字」。

亞洲危機的起因是典型的恐慌循環，而唯一可以遏阻它的作法，就是在一九九四年所謂龍舌蘭危機中挽救墨西哥貨幣的措施：美國財政部迅速而果斷地向市場證明，絕不會讓墨西哥倒債。但美國並未對亞洲及時採取這種措施。事實上，危機一爆發後，重量級的金融機構放出一連串出乎意料、口徑一致訊息：別幫助亞洲。

當時已八十五歲上下的傅利曼，罕見地出現在有線電視新聞網（CNN）上，告訴新聞主播陶布斯（Lou Dobbs）他反對任何種類的紓困，而應該讓市場自行回到正軌。「教授，我無法形容在這場睿智的討論中獲得你的支持是多麼有意義。」仰慕大師到有點難看的陶布斯說。這種讓它們沉淪的立場獲得傅利曼的老友、前花旗銀行最高主管瑞斯頓（Walter Wriston）以及舒茲（George Shultz）的呼應；舒茲後來與傅利曼在右派的胡佛研究所（Hoover Institution）共事，也擔任證券經紀商嘉信理財（Charles Schwab）董事。

這種看法也獲得華爾街最大投資公司摩根士丹利（Morgan Stanley）公開支持。該公司當紅的新興市場策略師裴洛斯基（Jay Pelosky）在洛杉磯由米爾肯學會（Milken Institute）主辦的會議上說，IMF和美國財政部絕不可救援這場規模和一九三〇年代一樣大的危機。「我們現在在亞洲需要的是更多壞消息。壞消息是繼續刺激調整過程所不可或缺的。」裴洛斯基說。

柯林頓政府照著華爾街的劇本演出。當一九九七年十一月亞太經濟合作會議（APEC）在溫哥華舉行時，危機爆發已四個月，柯林頓輕描淡寫地把這場經濟災難說成「路上的一點顛躓」，因而激怒亞洲領袖。訊息非常清楚：美國財政部不急著遏阻災難。至於為了避免這類崩潰而創設的世界機構IMF，也採取自俄羅斯以來就變成註冊商標的無為策略。IMF最後確實作出反應——但並非單純的金融危機所需要的快速、緊急穩定貸款。相反的，它條列出一長串要求，內容在在透露出芝加哥學派深信不疑的思維：亞洲的災難反而是潛在的機會。

在九〇年代初期，每當自由貿易的倡議者需要令人信服的成功故事來引起討論時，他們一定指向亞洲小龍。它們是以彈跳飛躍速度成長的奇蹟經濟體，而假設的原因就是它們對不設防的全球化大開邊界。這是一則很好用的故事——亞洲小龍確實飛速成長——但說它們快速成長是基於自由貿易則純屬虛構。馬來西亞、南韓和泰國仍然採取高度保護主義政策，禁止外國人擁有土地和收購國營公司。它們也讓國家扮演重大角色，能源和交通等部門仍掌握在政府手中。亞洲小龍在培養自己的國內市場時，也阻止許多日本、歐洲和北美的產品進口。它們無疑是成功的經濟故事，但證明的是混合的管理式經濟體可以成長更快速和更公平，遠勝過那些遵行西部蠻荒式華盛頓共識的國家。

這種情況讓西方和日本的投資銀行與跨國公司大感不悅；看著亞洲消費性市場爆炸性的發展，可想而知它們渴望長驅直入這個地區販賣產品。它們也想擁有買下亞洲小龍好公司的權利——特別是南韓令人稱羨的財團如大宇、現代、三星和樂金（LG）。九〇年代中期，在IMF和新創的世界貿易組織施壓下，亞洲政府同意區隔彼此的歧異：它們將留住保護國營公司免於外國持有的法律，同時拒絕把主要國營公司私有化的壓力，但它們將撤除金融產業的障礙，容許大量紙上投資和外匯交易湧進。

一九九七年湧入亞洲的熱錢突然出現流向大逆轉，正是這類在西方壓力下合法化的投機性投資所造成。當然，華爾街的看法不是這樣。紅牌投資分析師立即看出，這場危機是大好機會，可以徹底剷除亞洲剩下的保護障礙。摩根士丹利策略師裴洛斯基對這個邏輯特別直言不諱：如果任由危機惡化，所有外國貨幣就會從該地區流光，而亞洲公司若不是倒閉，就是得被迫把自己賣給西方公司——兩種情況的結果都會讓摩根士丹利獲益。「我希望看到企業倒閉和出售資產……出售資產非常難得；通常業主不想賣，除非他們別無選擇。因此，我們需要更多壞消息，才能持續壓迫這些企業變賣它們的公司。」

有些人以更冠冕堂皇的角度看亞洲的崩潰。畢奈拉是皮諾契捧為明星的部長，現在為華盛頓特區的卡托研究所工作，他喜形於色地評論這場危機，宣稱「最終審判日已經來臨」。在畢奈拉眼中，這場危機是他與他的芝加哥男孩同僚七〇年代在智利發動的戰爭的最新章節。他說，亞洲小龍殞落代表的正是「第二道柏林圍牆倒塌」，也代表「自由市場民主資本主義與社會主義國家主權間有『第三條路』的思想崩解」。

畢奈拉的想法不是非主流觀點。美國聯邦準備理事會主席葛林斯潘也公開支持這種看法，他可能是全世界最有權勢的經濟決策者。葛林斯潘形容這場危機是「極戲劇化的事件，其發展將趨近我國的市場制度」。他也評論說：「當前的危機很可能加速許多亞洲國家殘存體制的崩解，即政府指導的投資仍占一大部分的經濟體制。」換句話說，亞洲管理式經濟的毀滅，實際上是創造一個新美國式經濟的過程——借用一個幾年後被用在更暴亂背景下的詞：新亞洲誕生前的陣痛。

有人說IMF領導人康德蘇可能是全世界第二有權勢的經濟決策者，他也表達類似的觀點。在一次難得的訪問中，他說這場危機是亞洲蛻去舊皮、重新誕生的機會。「經濟模式不會永遠不變，」他說：「有時候它們很管用，而久而久之……它們會變得過時而必須揚棄。」這場由謠傳引發、並由虛構變成事實的危機，顯然就是該揚棄的時機。

為了掌握稍縱即逝的機會，IMF在一連數月坐視危機惡化後，終於開始與病弱氣虛的亞洲政府展開談判。這段期間唯一拒絕IMF的國家是馬來西亞，這要歸功於該國相對較少的債務。經常惹來爭議的馬來西亞總理馬哈迪（Mahathir Mohamad）說，他認為不應該「摧毀經濟以便讓它變得更好」，這些話在當時已足夠讓他被打為瘋狂的激進派了。其他遭危機重創的亞洲經濟體因為迫切需要外國貨幣，無法拒絕IMF提供上百億美元的可能性：泰國、菲律賓、印尼和南韓都坐上談判桌。「你無法強迫一個國家要求幫忙，它必須自己開口。但在缺錢的時候，它已經走投無路。」IMF的談判代表費雪（Stanley Fischer）說。

費雪是最大力主張在俄羅斯採用震撼治療的人之一，雖然在那裡造成龐大的人力損失，他對亞洲的態度仍同樣堅強不屈。有幾個國家的政府建議，由於危機源自於放寬資金大量進出的管制，而且沒有減緩資金流速的機制，也許應該恢復若干障礙——可怕的「資本控制」。中國一向維持這種控制（在這方面未採納傅利曼的建議），因此是亞洲唯一未遭危機蹂躪的國家。馬來西亞決定恢復控制，而且似乎很有效。

費雪與IMF團隊的其他人立即駁斥這個構想。IMF表現出對危機的起因毫無興趣，而完全專注在如何利用危機帶來的機會。經濟崩潰迫使許多原本強硬的國家搖尾乞憐；對掌管IMF的芝加哥學派經濟學家來說，錯失這個機會之窗無異於怠忽職守。

IMF關心的是，國庫空虛的亞洲小龍已被打碎，現在是重造它們的最佳時機。這個過程的第一階段，就是政治學家貝洛（Walden Bello）所說的，剷除這些國家所有的「貿易與投資保護主義，以及當初造就『亞洲奇蹟』不可或缺的國家干預」。IMF也要求政府大幅削減預算，導致一些自殺率已經激升的國家大量裁撤公務員。費雪承認IMF獲致的結論是，在韓國和印尼，危機與政府浪費無關。儘管如此，他利用危機賦予的權力，強行要求這些國家採取痛苦的節約措施。就像一位《紐約時報》記者寫的，IMF的行為「有如心臟外科醫生在動手術半途，決定順便也為肺臟和腎臟開刀」。[1]

在IMF拔除亞洲小龍的舊習慣和作法後，它們已準備好芝加哥式的重生：基本服務私有化、獨立的中央銀行、「彈性」的勞動力、低社會支出，當然還有完全的自由貿易。根據新協議，泰國將開放外國人擁有當地銀行的大量股分，印尼將削減糧食補貼，南韓將取消保護工人免於大批裁員的法律。IMF甚至在南韓設定嚴格的裁員目標：為了取得貸款，該國的銀行業必須裁撤五〇％的員工（後來降至三〇％）。這種要求對許多西方跨國公司很重要，因為它們要確定未來能大幅度縮編想併購的亞洲公司。畢奈拉的「柏林圍牆」倒塌了。

這類措施在危機爆發之前一年是無法想像的，因為南韓工會的強悍正達到顛峰。它們曾以一連串南韓史上最激進的罷工，頑抗將降低就業安全的新勞動法案。但拜危機所賜，遊戲規則已經改變。經濟瓦解的情勢如此險惡，於是工會同意（正如從玻利維亞到俄羅斯的類似危機一樣）政府暫時的獨裁統治；這段期間沒有持續太久——久到剛好夠開始實施ＩＭＦ的計畫。

例如，泰國的震撼治療方案是在國會強行通過，未經由正常的辯論程序，而且採取四項緊急命令的形式。泰國副總理史柏柴（Supachai Panitchpakdi）坦承：「我們已喪失自主權，喪失我們決定自己總體經濟政策的能力。」（史柏柴因為這種合作態度後來被任命為ＷＴＯ主席。）在南韓，ＩＭＦ顛覆民主還更明顯。ＩＭＦ在南韓談判結束時正好碰上總統大選，有兩位候選人以反ＩＭＦ的政見競選。ＩＭＦ採取非比尋常的干預主權國家政治程序的動作，要求所有四個主要候選人必須承諾當選後會堅守剛談妥的協議，否則將拒撥貸款。南韓實際上是待贖的人質，ＩＭＦ因而可以予取予求：每個候選人都以書面保證支持ＩＭＦ的方案。芝加哥學派保護經濟事務不受民主干擾的的核心使命，從未表現得如此明白：ＩＭＦ告訴南韓人，你們可以投票，但你們的選票影響不到對經濟的管理和組織。（協議簽訂那天很快被稱為南韓的「國恥日」。）

在另一個受創嚴重的國家，連這種限制民主的動作也用不著。印尼是區域中最先對外國投資敞開大門的國家，當時仍在掌權三十多年的蘇哈托控制下。不過，年事已高的蘇哈托對西方已不再那麼順服（獨裁者經常如此）。經過數十年變賣印尼的石油和礦藏給外國公司後，他對圖利外人漸感厭倦，開始轉而照顧自己、子女和他的高爾夫球友的利益，時間已長達十年之久。例如，蘇哈托給他兒子湯米（Tommy）擁有的汽車公司大量補貼，讓福特和豐田公司大感驚慌，認為必須跟這家分析師戲稱為「湯米的玩具」的本土車廠競爭實在毫無道理。

一連幾個月，蘇哈托嘗試抗拒ＩＭＦ，自行公布一項未包含ＩＭＦ要求的大幅削減支出的預算案。ＩＭＦ對此是加倍還擊。ＩＭＦ規定代表不准在談判期間向新聞界透露消息，因為任何談判進展的跡象都會嚴重影響市場。但這未能阻止某位匿名的「資深ＩＭＦ官員」告訴《華盛頓郵報》：「市場正在揣測印尼領導高層對這個計畫有多認真，尤其是對重大的改革措施。」這篇報導接著又預測，ＩＭＦ將扣住數百億美元的承諾貸款來懲罰印尼。報導刊出後，印尼貨幣立即直線墜落，在一天內貶值二五％。

受到重大打擊的蘇哈托被迫屈服。「有人可以幫我找瞭解當前情勢的經濟學家嗎？」媒體報導印尼外交部長如此哀求。蘇哈托果真找到一位經濟學家；事實上，他找了許多位。在保證最後階段的ＩＭＦ談判會順利進行後，蘇哈托把掌權早期曾經重用、但年老時逐漸疏遠的柏克萊幫重新找回來。經過這麼多年政海浮沉，柏克萊幫重掌大權，由已經七十歲、在印尼人稱「柏克萊幫校長」的尼蒂薩斯卓（Widjojo Nitisastro）領導。「在情勢大好時，尼蒂薩斯卓和那些經濟學家被打入冷宮，蘇哈托只聽從親信的話。」蘇哈托昔日的部長薩德利說（Mohammad Sadli）解釋說：「這群技術官僚在危機期間發揮了最大作用，蘇哈托暫時對他們言聽計從，並命令其他部長閉嘴。」但尼蒂薩斯卓團隊的一位成員說，和ＩＭＦ談判需要的絕不只是講道理的學者，「不像思想論辯，對方不會施加壓力」。可想而知，ＩＭＦ得到幾乎所有想得到的——總共一百四十項「調整計畫」。

ＩＭＦ在火上添油

對ＩＭＦ來說，這場危機進行得一帆風順。在不到一年間，它談判成功的經濟大改造國家包括泰國、印尼、南韓和菲律賓。最後它已準備要面對這種改造戲碼的考驗時刻：宣布，也就是終於要對飽受震撼的大眾公開這個錙銖必較、字字斟酌的主題了——就這個例子來說，重點是全球股市和外匯市場。如果一切順利，當ＩＭＦ拉開最新創作的布幕時，前一年逃離亞洲的熱錢將急著回流，搶進亞洲小龍現在又魅力難擋的股票、債券和貨幣。但情勢的發展卻非如此；市場反而開始恐慌，原因是：如果ＩＭＦ認為小龍已無可救藥，必須從最根本重新改造，那麼亞洲的情況顯然比所有人以前擔心的還嚴重。

因此錢非但沒有回流，交易商對ＩＭＦ重大宣布的反應是立即撤出更多錢，和進一步攻擊亞洲貨幣。南韓每天流失十億美元，債信被降到垃圾債券等級。ＩＭＦ的「幫忙」已把危機變成災難。或者，照當時已經向國際金融機構公開宣戰的沙克斯說的：「ＩＭＦ不但沒有滅火，反而在火上添油。」

ＩＭＦ的機會主義在亞洲造成的人力損失，與在俄羅斯不相上下。聯合國國際勞工組織（ILO）估計，在這段期間丟掉工作的人數高達驚人的二千四百萬人，其中印尼的失業率從四％飆升到十二％。在「改革」的高峰，泰國每天損失二千個工作——一個月六萬個。在南韓，每個月遭解僱的員工有三十萬人——主要因為ＩＭＦ毫無必要地要求削減政府預算和提高利率。到一九九九年，南韓和印尼的失業率在兩年內都上升近三倍。就像七〇年代的拉丁美洲，在亞洲這些國家消失的就是當初為此區造就「奇蹟」的事物：為數眾多且快速增長的中產階級。在一九九六年，六三．七％的南韓人被歸類為中產階級；到一九九九年，比率已劇降到三八．四％。據世界銀行統計，在這段會被華殊稱作「計畫性悲劇」期間，有二千萬人淪為貧民。

每個統計數字背後都有一則痛苦犧牲與拙劣決策的故事。和絕大多數例子一樣，女性和兒童是危機最大的受害者。許多菲律賓和南韓的農村家庭販賣女兒給人口販子，帶她們到澳洲、歐洲和北美從事性交易。在泰國，政府衛生官員報告，雛妓在短短一年內增加二〇％——這是實施ＩＭＦ改革後的一年。菲律賓也發現相同的趨勢。「景氣好時富人受益，危機時卻是我們這些窮人付出代價。」泰國東北部一位社區領導人說，她在丈夫失去工廠的工作後，被迫送女兒去做檢破爛的工作。「甚至我們有限的求學和醫療機會，現在也逐漸消失。」

在這種背景下，美國國務卿歐布萊特（Madeleine Albright）一九九九年三月訪問泰國時，覺得應該斥責泰國人從事娼妓工作和走上「毒品的死路」。歐布萊德以充滿道德勇氣的語調說：「女孩不應被剝削和虐待，並暴露在愛滋病風險下。反抗是極其重要的事。」她顯然覺得這麼多泰國女孩被迫跳入火坑，跟她在同一趟訪問中表達「強烈支持」的節約政策沒有任何關連。這與傅利曼當年表達對皮諾契或鄧小平違反人權的不滿，同時又讚揚他們大膽擁抱經濟震撼治療如出一轍。

在廢墟中搜括

亞洲危機的故事通常說到這裡就結束——ＩＭＦ嘗試幫忙，只是不管用。即使是ＩＭＦ的內部稽核也得到這個結論。該基金的獨立評估辦公室總結說，結構調整的需求「所得到的計畫建議並不完善」，同時「似乎已多過必要的範圍」，且「對解決危機並非絕對重要」。它也警告，「危機不應該只因為很適合借力使力，而被利用作為尋求長期改革目標的機會，不管它們的好處有多合理」。[2]內部報告有一個措詞特別強烈的章節，指控ＩＭＦ被自由市場意識形態蒙蔽，以致於認為資本控制的體制完全不可行。「如果金融市場未以理性和穩定的方式影響世界資本的說法被視為邪說，那麼考慮資本控制就變成了道德的罪惡。」

當時很少人肯承認的是，雖然ＩＭＦ確實辜負了亞洲的人民，但它卻並未辜負華爾街。ＩＭＦ的極端措施可能嚇走了熱錢，但大投資銀行和跨國公司卻大受鼓舞。「當然這些市場極為動盪，」倫敦安石投資管理公司（Ashmore）研究部主任布斯（Jerome Booth）說：「那是讓它們特別有樂趣的原因。」這些追求樂趣的公司瞭解，ＩＭＦ的「調整」結果是，幾乎亞洲的一切東西現在都等著變賣；而市場愈驚慌，更多走投無路的亞洲公司就會出售，把價格壓到最低。摩根士丹利的裴洛斯基曾說，亞洲需要的是「更多壞消息，才能持續壓迫這些企業變賣它們的公司」。實際情況就是這樣，這要感謝ＩＭＦ。

究竟ＩＭＦ是否預先計畫加深亞洲的危機，或只是魯莽而麻木不仁，仍是一個引起辯論的話題。也許最寬容的解釋是，ＩＭＦ知道它穩贏不輸：如果它的調整導致新興市場的股市又吹起另一個泡沫，將帶來許多利益；如果這些調整刺激更多資本外流，這對禿鷹資本家則是大豐收。不管哪一種，ＩＭＦ面對大崩盤的可能性都可以安穩地擲骰子。現在已經很清楚誰贏了這場賭博。

ＩＭＦ與南韓達成最後協議後兩個月，《華爾街日報》登出一篇以「華爾街清理亞太災後現場」為題的文章，報導裴洛斯基的公司以及其他數家知名的銀行，「已派遣大隊銀行家到亞太地區搜尋證券經紀商、資產管理公司，甚至於銀行，以便以低價併購。亞太併購機會的搜獵極為急迫，因為以美林（Merrill Lynch）和摩根士丹利為首的許多美國證券公司，把海外擴張列為第一要務。」數椿大交易在很短的時間內通過：美林買下日本山一證券（Yamaichi Securities）和泰國一家大證券公司，美國國際集團（AIG）則以極低的折扣價格拿下曼谷投資公司（Bangkok Investment）。摩根大通收購起亞汽車（Kia Motors）部分股權，而旅行家集團（Traveler Group）和所羅門美邦（Salomon Smith

Barney）買下南韓最大的紡織公司，和數家別的公司。有趣的是，所羅門美邦這段期間負責建議公司併購對象的國際監事會主席是倫斯斐（一九九九年五月獲任用）。錢尼也是理事會成員。另一個贏家是凱雷集團（Carlyle Group），這是一家總部設在華盛頓的神祕公司，以提供前總統和前部長退職後的安身處所而聞名，顧客從前國務卿貝克（James Baker）、前英國首相梅傑到擔任顧問的老布希，洋洋大觀。凱雷利用高層關係搶下大宇（Daewoo）的電信部門、雙龍資訊通訊（Ssangyong Information and Communication，南韓最大科技公司之一），並成為一家南韓大銀行的大股東。

前美國商務部副部長賈登（Jeffrey Garten）預測，等ＩＭＦ的計畫完成後，「亞洲的面貌將大大不同，美國公司在新亞洲的布局將更深入，更四通八達。」他不是在開玩笑。在兩年內，亞洲的許多面貌已大為改觀，數百家當地銀行被國際大銀行取代。《紐約時報》形容這是「全世界最大的倒店拍賣會」，《商業週刊》則稱為「買企業市集」。事實上，它只是九一一事件後災難資本主義將變成市場標準的預覽：一個可怕的悲劇被利用來讓外國公司入侵亞洲。它們在那裡不是為建立自己的事業和競爭力，而是要攫取幾十年來由南韓公司建立的整個規制、勞動力、顧客群和品牌價值，而且往往採取拆解、縮小編制或完全關閉它們的方式，以便為自己的進口產品剷除競爭。

例如，南韓企業巨擘三星被拆解分售：富豪（Volvo）取得它的重工部門，莊臣公司（SC Johnson & Sons）取得製藥部門，奇異（GE）則買下照明部門。幾年後，大宇集團過去十分壯盛、估價高達六十億美元的汽車部門，被以區區四億美元賣給通用汽車（GM）——比起俄羅斯震撼治療的盜竊規模毫不遜色。不過，不同於俄羅斯發生的狀況，本地企業是被跨國公司所掠奪。

其他從亞洲危機分食到大餅的重量級玩家包括西格拉姆（Seagram's）、惠普（HP）、雀巢

（Nestle）、英特布魯（Interbrew）和諾華（Novartis）、家樂福（Carrefour）、特易購（Tesco）和易利信（Ericsson）。可口可樂以五億美元買下一家南韓裝瓶廠；寶鹼（Porcter and Gamble）買下一家南韓包裝公司；日產買下印尼最大的汽車公司。奇異拿下南韓電冰箱製造商ＬＧ的控制股權；英國的電力發動公司（Powergen）吞併南韓大型電力與天然氣業者ＬＧ能源（LG Energy）。據《商業週刊》，沙烏地阿拉伯親王阿華里德（Alwaleed bin Talal），「搭乘他的乳白色波音七二七噴射機，奔走於亞洲各地尋找便宜貨」——包括入股大宇。

不言而喻，最敢於倡言加深危機的摩根士丹利也參與許多交易，賺進龐大的佣金。它擔任大宇出售汽車部門的顧問，也負責仲介數家南韓銀行的私有化。

被賣給外國人的不只是亞洲的民間公司。和早期拉丁美洲及東歐的危機一樣，亞洲危機也迫使政府出售公共服務以籌措迫切需要的資金。美國政府一開始就熱切期待這種效應，並表現在強調國會應授權撥出龐大經費給ＩＭＦ以用於改造亞洲，美國貿易代表白茜芙（Charlene Barshefsky）還保證ＩＭＦ的協議「會為美國公司創造新商機」：亞洲將被迫「加速若干重要部門的私有化——包括能源、運輸公共事業和電信」。

果然，危機引發一波私有化浪潮，外國跨國公司也大賺一票。貝泰（Bechtel）拿到馬尼拉東區自來水和下水道系統的私有化合約，以及在印尼蘇拉威西（Sulaweisi）興建一座煉油廠。摩托羅拉取得南韓 Appeal 電信的全部股權。紐約的能源巨人西斯（Sithe），得到泰國國營天然氣業者汽電共生公司（Cogeneration）的大股。印尼的水系統被英國的泰晤士水利（Thames Water）與法國的里昂水利（Lyonnaise des Eaux）瓜分。加拿大的西岸能源（Westcoast Energy）吃下印度的一個大電力廠計畫。

英國電信（British Telecom）分別收購馬來西亞以及南韓郵政的大股。加拿大貝爾（Bell Canada）分到南韓電信業者韓松（Hansol）的一部分。

總計短短二十個月內，外國跨國公司在印尼、泰國、南韓、馬來西亞和菲律賓，進行一百八十六件重大企業併購案。倫敦政經學院（LSE）經濟學家韋德（Robert Wade）和經濟顧問溫納羅索（Frank Vneroso）觀察這波如火如荼的併購潮時預測，IMF的計畫「預告了一波各國資產在承平時期轉移給外國公司的浪潮，其規模是過去五十年來世界各地所僅見」。

IMF雖然承認初期對危機的反應犯了若干錯誤，但宣稱已很快矯正錯誤，並宣稱「穩定」計畫十分成功。亞洲的市場最後確實平靜下來，但付出了巨大且持續的代價。傅利曼在危機最高峰時曾提醒大家別驚慌，堅稱「一切都會過去……等這場金融風暴塵埃落定，你們將看到亞洲恢復成長，但究竟需要一年、兩年或三年，沒有人能鐵口直斷」。

實際情況是，十年後，亞洲危機並未過去。二千四百萬人在短短兩年內失去工作，新的絕望感已深入社會，沒有任何文化能輕易吸收。它以不同的形式表現在亞洲各地，從印尼和泰國的宗教極端主義，到雛妓交易爆炸性的增加。

印尼、馬來西亞和南韓的失業率仍未降到一九九七年以前的水準。在危機期間喪失工作的工人非但未再回到工作崗位，而且裁員持續進行，因為外國企業主要求他們的投資要得到更高的獲利。自殺率也未見下降：在南韓，自殺現在是第四高的死因，是危機前自殺率的兩倍多，每天有三十八人結束自己的生命。

這是IMF稱為「穩定計畫」的政策未被說出的故事。稱「穩定計畫」就好像國家是在市場驚濤駭浪中的船，它們最後確實穩定下來，但新的平衡是靠著把數百萬人拋到船外得來的：公共部門的員工、小企業主、低收入農戶、工會運動者。「穩定」的醜陋祕密是，絕大多數人從未再爬回船上。他們淪落到現在住了超過十億人的貧民窟；他們淪落到娼館，或貨船的貨櫃裡。他們是一無所有的人，是德國詩人里爾克（Rainer Maria Rilke）所形容的「不屬於過去或未來的人」。

ＩＭＦ要求在亞洲施行正統主義的受害者還不只這些人。在印尼，我一九九七年目睹的排華情緒持續升高，背後則有樂見注意力轉移的統治階層在煽風點火。蘇哈托提高基本民生物資的價格後，情勢更加惡化。全國各地暴發動亂，許多人以華裔少數族群為目標；大約有一千二百人遭殺害，數十名華裔女性被輪暴。他們也應該計入芝加哥學派意識形態的受害者。

印尼人的憤怒最後還是轉向蘇哈托和總統府。過去三十年來，印尼人基於對蘇哈托上臺時血腥鎮壓的記憶，大致很少發生暴亂，且這種記憶因為東帝汶省分不時發生的屠殺而歷久彌新。反蘇哈托的怒火在這段期間一直在燜燒，但最後潑灑汽油的是ＩＭＦ——諷刺的是，引爆怒火的正是ＩＭＦ要求提高汽油價格。此後印尼人奮起把蘇哈托推下臺。

和監獄的審問官一樣，ＩＭＦ利用危機帶來的極度痛苦粉碎亞洲小龍的意志，迫使這些國家完全屈服。但中情局的審問手冊警告說，這種方法可能用過頭——加諸太多痛苦，導致非但沒有產生退化和順服，審問者面對的卻是信心和叛逆。在印尼，那條界線似乎已經超過，令人警醒到震撼治療可能已經施用過量，引發一股從玻利維亞以至於日後伊拉克的經驗裡十分面熟的逆流。

不過，自由市場十字軍是反應遲緩的學生，尤其是當他們的政策產生意料之外的後果時。從斬獲豐厚的亞洲大拍賣學到的唯一教訓，似乎是對震撼主義更加肯定，更多災難即機會的證據（如果還需要證據的話），它是打碎一個社會、開闢新邊疆的絕佳攪拌器。危機高峰之後幾年，幾位知名的評論家甚至還說，亞洲發生的事儘管帶來許多破壞，卻是塞翁失馬，焉知非福。《經濟學人》評論說：「南韓需要一場全國性的災難，才足以從封閉的國家轉向一個擁抱外國資本、改變和競爭的國家。」而佛里曼在他的暢銷書《凌志汽車與橄欖樹》（*The Lexus and the Olive Tree*，中文版譯為《瞭解全球化》）中宣稱，亞洲發生的事根本不是危機。「我相信全球化幫了所有人的忙，在一九九〇年代融解了泰國、韓國、馬來西亞、印尼、墨西哥、俄羅斯和巴西的經濟，因為它揭露許多腐朽的作法和體制。」他寫道，並且又說：「暴露韓國的親信資本主義，在我的書中不是危機。」他在《紐約時報》的專欄支持入侵伊拉克，套用的正是相同的邏輯，不同的是，融解伊拉克是靠巡弋飛彈，不是外匯交易。

亞洲危機確實證明災難的利用可以有多大成果。但在另一方面，市場崩潰的破壞力和西方事不關己的反應，也激發強烈的反對運動。

跨國資本的力量在亞洲肆虐，但它們激發高漲的公眾憤怒，而這種憤怒最終也直接指向推動放任式資本主義意識形態的機構。《金融時報》在一篇平衡得異乎尋常的社論中指出，亞洲是「大眾對資本主義感到不安，和全球化已達到令人憂慮程度的警訊。亞洲危機向世人展現，即使最成功的國家也可能在資本突然流動下屈膝，民眾對祕密的避險基金顯然可以導致世界另一邊的大規模貧窮感到憤怒。」

在前蘇聯地區，震撼治療刻意的計畫性悲劇可以推給從共產主義過渡到市場民主的「痛苦轉型」，亞洲危機卻純粹是全球化市場的創作。然而當全球化的大祭司派遣傳教士到災區時，他們想做的卻是加深痛苦。

其結果是，這些傳教士喪失了過去隱身幕後的安詳與自在。ＩＭＦ的費雪回憶他在談判之初訪問南韓時首爾希爾頓飯店的「喧鬧氣氛」。「我被囚禁在自己的旅館房間裡——不能出去，因為如果我打開門，外面會有一萬名攝影師。」根據別的報導，為了趕赴談判進行的會議廳，ＩＭＦ代表被迫「繞道從後面的門進入，其間必須上下數段樓梯，和穿過希爾頓的大廚房」。在當時，ＩＭＦ官員還不習慣如此受注意。被迫在五星級旅館與會議中心當囚犯的經驗，在往後幾年將成為華盛頓共識特使的家常便飯，因為世界各地都有大規模的示威迎接他們。

一九九八年以後，要靠和平手段——透過ＩＭＦ慣用的威嚇或在貿易高峰會上施壓——施行震撼治療式的改造已愈來愈困難。一九九九年西雅圖世界貿易組織會議的挫敗，讓源自南方的新反抗情緒在世界舞臺嶄露頭角。雖然那些大學生年紀的示威者獲得大篇幅的媒體報導，真正的反抗卻發生在會議中心裡，開發中國家形成一個投票集團，拒絕在開放貿易上作更多退讓，除非歐洲和美國停止補貼和保護自己國內的產業。

在當時，西雅圖的挫敗還可能被解釋為政商財團主義穩定前進中的小頓挫，然而，短短幾年後，情勢的逆轉已不容否認：美國政府創立亞太自由貿易區的野心已被擱置，一套全球投資條約，以及跨越阿拉斯加到智利的美洲自由貿易區計畫，也都胎死腹中。

也許所謂反全球化運動最大的影響是，強迫芝加哥學派意識形態登上國際辯論的焦點。在千禧年之交有一段短暫的時期，全球沒有急迫的危機來轉移注意——債務震撼的威力已經消退，「轉型」已經完成，而新的全球戰爭尚未發生。值得注意的只有自由市場十字軍在現實世界留下的痕跡：不平等的悽慘景況，和一個接一個接受傅利曼建議的政府留下的貪腐和環境惡化——他在多年前給皮諾契的建議是，「用別人的錢行善」是個錯誤。

回首這段期間，令人驚奇的是，這段資本主義再也不必與其他思想或勢力抗衡的獨占期，只有極為短暫的八年，從一九九一年蘇聯崩潰到一九九九年WTO談判失敗為止。但升高的反對並未削弱一些人追求這種暴利目標的決心；它的倡導人相信，他們需要的是比以往更大的震撼，以製造出更大的恐懼和混亂。

1 IMF往往被說成是美國財政部的傀儡，但操縱傀儡的線很少像在這些談判期間那樣明顯。為了確保美國公司的利益反映在最終協議中，美國財政部主管國際事務的副部長利普頓（David Lipton，他也是沙克斯以前在波蘭震撼治療計畫中的搭檔）飛到南韓，住在首爾希爾頓飯店，即IMF與南韓政府舉行談判的地方。據《華盛頓郵報》記者布魯斯登（Paul Blustein）報導，利普頓的出現就是美國對IMF政策施加影響力的明證。

2 因為某些原因，這份嚴厲批判的報告直到二〇〇三年才出爐，危機已經過了五年。到這時候，對危機機會主義發出警告已經遲了一些；IMF已經在阿富汗實施結構調整，同時正擬訂伊拉克的計畫。

第五篇

震撼時代：
災難資本主義複合體崛起

PART 5

創造性破壞是我們的別名，在國內外都一樣，我們每天摧毀商業、科學、文學、藝術、建築、電影、政治、法律等領域的舊秩序……他們必須攻擊我們以求生存，就如同我們為了完成歷史使命必須消滅他們。

——麥可．李丁（Michael Ledeen），《對付恐怖頭目的戰爭》（*The War against the Terror Masters*）

布希在牧場碰到任何問題，都用鏈鋸解決，我認為這就是他和錢尼、倫斯斐會合得來的原因。

——布希夫人，二〇〇五年四月三十日在白宮記者協會晚宴上的談話

第十四章
THE SHOCK DOCTRINE

美國的震撼治療

國土安全泡沫

他是無情的小王八蛋，這點你可以確定。

——前美國總統尼克森談倫斯斐，一九七一年

恐怕我們現在一覺醒來，會發現自己實際上已經處在隨時隨地有人監視的社會中。

——英國資訊大臣湯瑪斯（Richard Thomas），二〇〇六年十一月

國土安全產業可能剛剛到達一九九七年網際網路投資熱潮的階段，當時你只需要在公司名稱前面加上e字，你的股票初次公開發行就會飛躍上漲，現在你加上「堡壘」（fortress）這個字眼就會有相同的效果。

——葛洛斯（Daniel Gross），史雷特網站（Slate），二〇〇五年六月

某個悶熱的星期一，倫斯斐正準備要和屬下參謀談話，他很討厭這件事；接掌國防部長後，他更是在參謀首長聯席會議中樹立了這樣的風評：姿態很高、神祕兮兮、還有大家不斷抨擊的傲慢自大。參謀首長的敵意可以理解，倫斯斐踏進五角大廈後，拋棄領導和鼓勵的應有角色，變成了殘酷的刀斧手，部長變成了執行人事精簡任務的企業執行長。

倫斯斐接受這個職位時，很多人都覺得很奇怪。他已經六十八歲了，有五個孫子女，個人財產大約有二億五千萬美元，而且他在福特總統時代，就坐過同樣的位置。然而，倫斯斐無意當個傳統的國防部長，不願受到由他監督和發動的戰爭左右，他有更大的野心。

二十多年來，這位新上任的國防部長領導過好多家跨國公司，並且擔任這些公司的董事，這些公司經常都是經歷劇烈併購和痛苦整頓的大企業。九〇年代裡，他自認已成為新經濟的代表人物，主持一家數位電視公司，在另一家前途光明的電子化企業解決方案公司擔任董事，同時也是一家很有科幻小說意味的生物科技公司董事長，這家公司擁有治療禽流感藥物的專利權，也擁有好幾種重要愛滋病藥物的專利權。二〇〇一年，倫斯斐加入布希政府的內閣，他滿懷雄心壯志，想要徹底改造二十一世紀的戰爭，把戰爭變成比較偏重心理、不偏重實質，比較好看、卻比較不辛苦的事情，而且要把戰爭變成利潤遠高於過去的事業。

很多人為文探討倫斯斐引發爭議的「轉型」計畫，這個計畫促使八位退休將領呼籲他辭職，最後逼迫他在二〇〇六年期中選舉後下臺。布希宣布倫斯斐辭職時指出，倫斯斐最大的貢獻是這些「全面轉型」計畫，而不是伊拉克戰爭或更廣泛的「反恐戰爭」。布希說：「倫斯斐在這些領域的努力並不常成為頭條新聞，但是轉型引發的改革卻是歷史性成就。」的確如此，但是這些改革的內容如何，卻總是不清不楚。

高級將領嘲笑「轉型」是「空洞的口號」，倫斯斐似乎經常決心以近乎可笑的方式，證明這些批評正確無誤。二〇〇六年四月，倫斯斐說：「美軍正在進行大規模的現代化，從以師為重點的部隊，變成模組化的旅級戰鬥力量……從以勤務為中心的作戰，變成消除衝突的戰爭，再變成聯合作戰和互相依賴，這點是難得的成就。」但是這個計畫根本不像倫斯斐說的那麼複雜，在重重艱澀術語的背後，這個計畫只是想把企業界行之有年的委外與品牌革命，引進美國軍中。

一九九〇年代，很多一向自行製造產品、維持龐大而固定勞動力的公司，轉而擁抱後來號稱「耐吉模式」的方法：不再自己擁有工廠，而是透過大包商和小包商的複雜網路生產產品，同時把所有資源投入設計和行銷。其他公司選擇另一種叫作「微軟模式」的方法：維持一個由入股員工所構成的緊密控制核心，展現公司的「核心競爭力」，其他的一切都委外作業，從收發室的運作到程式碼的撰寫無一例外。有些人把經歷這種劇烈改革的公司叫作「空殼企業」，因為這些公司大致上只是形式，沒有剩下多少有形的內容。

倫斯斐相信美國國防部需要同樣的整頓；他到五角大廈上任時，《財星》雜誌說得好：「執行長先生打算在國防部裡，同樣展開他在企業界推行極為順利改革。」其中當然有一些不同。企業可以擺脫受到地域限制的工廠和專職員工，倫斯斐認為，在這方面，軍隊可以擺脫大量常備部隊，由小規模核心幕僚取代，支撐幕僚的是由後備部隊和國民兵構成的較低成本臨時部隊；同時，利用「黑水」（Blackwater）和「哈利波頓」（Halliburton）之類的國防包商，負責執行各種任務：從高風險運輸、訊問人犯、供應伙食到醫療，無一不包。企業把節省的勞工成本投入設計和行銷，倫斯斐則希望把減少兵員和坦克節省下來的錢，用在民間部門提供的最新衛星技術以及奈米科技上。倫斯斐談到現代軍隊時說過：「我們在二十一世紀裡，不能再思考物資、物資數量和兵力，應該優先思考速度、敏捷和精確。」他的話聽起來非常像過動的管理顧問湯姆．彼得斯（Tom Peters），一九九〇年代末期，彼得斯宣稱，企業必須決定「要當純腦力的玩家，還是要當笨重物品的供應商」。

在五角大廈中一向舉足輕重的將領們全都瞭解：打仗時，「物資」和「兵力」仍然很重要。他們很快就對倫斯斐的「軍隊空殼化」願景深惡痛絕。倫斯斐上任才七個多月，就得罪了極多有力人士，因此傳言紛紛，說他在位的日子屈指可數了。

就在這個節骨眼，倫斯斐宣布召開罕見的五角大廈參謀「榮譽團結會」。大家立刻開始猜測：他是不是要宣布辭職？是不是想來一場精神講話？還是為了補救？想對頑固派宣揚轉型？一位參謀告訴我，那個星期一早上，幾百位五角大廈的高級參謀走進禮堂時，「充滿了好奇觀望的氣氛，大家的感覺是：看你要怎麼說服我們？因為大家已經對他滿懷敵意」。

倫斯斐進場時，「我們客氣地站起來、再坐下去。」大家很快就知道，這次會議不是宣布辭職，也絕對不是精神講話，卻可能是美國國防部長所發表過最怪異的一次演說，一開始是這麼說的：

> 今天要談的主題是嚴重威脅美國安全的敵人。這個敵人是世界上最後一個中央計畫的堡壘，由具有支配性的五年計畫所規範。這個敵人試圖把自己的要求，從某國首都貫徹到各個時區、大陸、海洋和其他地方。這個敵人極為一貫，不但扼殺自由思想，更粉碎新的觀念。它瓦解美國的國防，威脅軍中袍澤的生命。

這個敵人聽起來可能像前蘇聯，但是前蘇聯已經消失。我們現在的敵人比較精明、比較難以安撫、離我們的家園比較近。這個敵人就是五角大廈的官僚。

倫斯斐表現演說技巧之際，聽眾的臉孔變得鐵青。他們大都是為了對抗蘇聯才獻身軍旅，不能瞭解為什麼到了現在，卻被人比喻成共產黨。倫斯斐還沒說夠：「我們認識這個敵人，我們瞭解這種威脅，我們必須以對抗死敵所需要的堅定決心，對付敵人，和敵人周旋……我們今天要對官僚宣戰。」倫斯斐達成了目的，他不但把五角大廈說成是美國的嚴重威脅，也對他任職的機構宣戰，聽眾呆住了。那位參謀告訴我：「他說我們就是敵人，敵人就是我們，我們卻以為自己是為國效勞。」

倫斯斐不是想替納稅人省錢，他剛剛要求國會把預算增加十一%；他是遵循反革命的政商財團主義原則，也就是要大政府和大企業聯手把資金重新往高層分配，他希望減少用在人員身上的開支，把多出很多的公款直接轉移到民間企業的金庫。倫斯斐就根據這種理念，發動了他所謂的「戰爭」：每個部門的人員都必須減少十五%，包括「世界各地每一個基地的總部大樓，這不只是規定，也是好主意，我們一定要做到」。

他已經下令高級幕僚「評估整個國防部，找出哪些功能可以透過商業委外做得更好、更便宜」。他想知道「為什麼國防部是少數幾個還自己印支票的部門？外面已經有經營良好的整個倉儲管理業，為什麼我們還要自己擁有和管理這麼多倉庫？我們在世界各地的基地裡，為什麼還自己收垃圾、擦地板，而不是像很多企業一樣，把這些工作委外？而且，我們一定可以把更多的電腦系統支援業務委外辦理。」

他甚至攻擊軍方神聖不可侵犯的領域，也就是軍人醫療。他想知道為什麼有這麼多軍醫？「部分醫療需求，尤其是可能涉及一般醫療、或是與戰鬥無關的專科醫療，由民間部門提供，可能比較有效能。」至於軍人與軍眷的住宅，當然可以由「公家和民間合作」的方式提供。

國防部應該把重點放在核心能力「打仗」上，但是在所有其他領域中，都應該尋找能夠「有效能、有效率提供這些非核心活動的供應商。」

倫斯斐演說完後，五角大廈很多參謀抱怨說，倫斯斐把軍隊大膽委外的願景只有一個障礙，就是美國憲法中的一小部分條文——憲法清楚說明國家安全是政府的職責，不是民間企業的職責。我的消息人士告訴我：「我想這場演講會讓倫斯斐丟掉工作。」

實際上並沒有，很少媒體報導他對五角大廈宣戰的消息，因為他這場爭議性演講的發表日期是二〇〇一年九月十日。

有線電視新聞網（CNN）在九月十日的晚間新聞中，以「國防部長對五角大廈官僚宣戰」為題，簡短報導這則消息，結果變成了奇怪的歷史性注腳。隔天早上，CNN將會報導國防部遭到真正的攻擊，造成五角大廈一百二十五位員工死亡，一百一十位員工重傷，不到二十四小時前，倫斯斐才把他們描述成國家的敵人。

錢尼與倫斯斐：原型災難資本家

倫斯斐早已為人忘卻的這場演說，其核心觀念完全是布希政權的核心信念：政府的職責不是治理，而是把任務轉包給比較有效能、通常也比較優異的民間部門。倫斯斐說的很清楚，這種任務不像削減預算那麼平凡，對擁護這種信念的人來說，這是一場改變世界聖戰，重要性可以媲美擊敗共產主義。

布希團隊就任前，八〇和九〇年代的民營化熱潮（受到柯林頓政府、州與地方政府全力擁護）已經成功將很多部門的公有大型企業賣掉或委外經營，涉及的企業涵蓋供水、電力、公路管理與垃圾收集。砍掉國家的這些手足後，剩下的就是「核心」，也就是跟治理的概念最緊密相連的一些功能，包括軍隊、警察、消防、監獄、邊境管理、祕密情報、疾病控制、公立學校系統與政府官僚機構的管理；把這些交給民間企業處理，將對國家的意義帶來相當大的挑戰。然而，民營化熱潮初期創造了極大的利潤，很多公司吃下國有事業後，繼續虎視眈眈，貪婪地看著國家的這些基本功能，當成下一步快速致富的來源。

到了九〇年代末期，開始有一股強大的推動力，要打破「核心」不能民營化的禁忌。就許多方面而言，這只不過是現狀的合理延伸。就像俄羅斯的油田、拉丁美洲的電信事業和亞洲的產業，為九〇年代的股市帶來超高利潤，現在美國政府應該扮演這種核心經濟角色；因為反民營化和反自由貿易的怒火在開發中世界迅速蔓延，關閉了其他成長管道，美國政府的這種角色變得更為重要。

這股推力把震撼治療帶入自我指涉的新階段。在此之前，災難和危機發生後被利用來推動激烈的民營化計畫，但是有能耐創造和因應巨變的機構仍是公共控制的最後堡壘，像是軍隊、中央情報局、紅十字會、聯合國、負責緊急「優先反應」的機構等單位。現在這些核心部門即將遭到吞噬，過去三十年所發展出的危機利用方法，現在用來推動「災難創造與反應」基礎建設的民營化。傅利曼的危機理論也進入了後現代階段。

如此創造出來的只能說是民營化警察國家，最先鋒的推手正是後來在布希政府中最有權力的人，包括錢尼、倫斯斐與布希本人。

倫斯斐把「市場邏輯」運用在美國軍隊的想法，起源於四十年前。一九六〇年代初期開始，他就經常參加芝加哥大學經濟系的學術研討會，跟傅利曼培養出特別親密的關係。倫斯斐三十歲當選國會議員後，傅利曼把這位少年得志的共和黨員納入門下，協助他發展出大膽的自由市場政見，教導他經濟理論。這麼多年來兩人一直都很親密，倫斯斐每年都會參加由傳統基金會主席傅爾納（Ed Feulner）舉辦的傅利曼慶生會。傅利曼過九十大壽時，倫斯斐談到自己的恩師說：「傅利曼與眾不同，我跟他在一起談話時，覺得自己比較聰明。」

雙方互相欣賞，倫斯斐致力推動市場解除管制，傅利曼對此印象極為深刻，甚至在一九八〇年的總統大選中，向雷根大力推薦，要雷根提名倫斯斐為競選夥伴，而不是提名老布希；而且他一直不很諒解雷根漠視他的建議。傅利曼在回憶錄中寫道：「我相信雷根選擇布希當副總統候選人是個錯誤。事實上，我認為這不但是他在選戰中最糟糕的決定，也是他總統任內最差的決定，我屬意的候選人是倫斯斐，要是他選擇了倫斯斐，我認為倫斯斐會繼雷根之後出任總統，令人難過的布希和柯林頓時期就絕對不會出現。」

倫斯斐錯過擔任雷根競選夥伴的機會，轉而投身於欣欣向榮的企業生涯。他擔任國際製藥與化學大廠席爾製藥公司（Searle Pharmaceuticals）執行長，利用自己的政治關係，確保備受爭議而利潤極為龐大的阿斯巴甜（aspartame）申請案獲得聯邦食品藥物管理局（FDA）的核准，以 NutraSweet 為名上市；倫斯斐擔任中間人，把席爾製藥賣給孟山都化學公司時，個人大約賺了一千二百萬美元。

這筆高價交易確立了倫斯斐有力企業掮客的地位，使他成為席爾斯（Sears）與家樂氏（Kellogg's）等績優公司的董事。同時，國防部長的資歷，使他成為艾森豪所說的「軍產複合體」企業的寵兒。倫斯斐擔任飛機製造商灣流公司（Gulfstream）董事，也以十九萬美金的年薪擔任瑞士工程巨擘艾波比公司（ASEA Brown Bovari）董事。這家公司被人揭發它把鈽的生產方式在內的核能科技賣給北韓時，才心不甘情不願地受到外界關切。那筆核能反應器的買賣是在二〇〇〇年成交，當時倫斯斐是艾波比公司中唯一的美國人董事；他宣稱自己不記得董事會討論過核能反應器的交易，但是公司堅稱「曾經把這個計畫告訴董事」。

一九九七年，倫斯斐出任生物科技企業吉利德科學公司（Gilead Sciences）董事長，確立了原型災難資本家的地位。這家公司取得了克流感（Tamiflu）的專利，這種藥可治療多種流行性感冒，也是大家偏愛的禽流感用藥[1]。如果具有高度傳染性的禽流感爆發（或是可能爆發），各國政府一定會被迫向吉利德科學購買這種藥品，價值高達數十億美元。

公共衛生緊急災變的治療藥品和疫苗能否申請專利，一直是爭議性很大的問題。美國曾有幾十年都沒有流行病，但是一九五〇年代中期，小兒麻痺爆發成大流行時，靠著疾病獲取暴利的倫理爭議引發激烈辯論。美國當時有將近六萬個小兒麻痺病例，家長們嚇得要死，擔心自己的子女染上這種會讓人殘障、而且經常會致命的疾病，專家們拚命尋找治療藥品。一九五二年，匹茨堡大學（University of Pittsburgh）科學家沙克（Jonas Salk）找到了救命良方，發展出第一種小兒麻痺疫苗，他沒有為這種救命的藥品申請專利。沙克告訴廣播記者莫洛：「這種藥不會有專利，你能夠為太陽申請專利嗎？」

我們可以確信，如果能夠為太陽申請專利，倫斯斐一定早就向美國專利商標局提出申請。倫斯斐曾經任職的吉利德科學公司也擁有四種愛滋病藥品的專利，公司花了非常多的精神，阻止這些救命藥品的學名藥版本（generic drug，編按：專利期過後，非原廠生產的相同藥品，主要成分相同，但價格較便宜）在開發中國家流通。這件事是美國公共衛生行動主義者打擊的目標，他們指出，吉利德是靠著納稅人的捐款，發展出一些重要藥品。吉利德卻認為，流行病藥品是成長市場，還積極發動行銷攻勢，鼓勵企業與個人囤積，以防萬一。倫斯斐再度進入美國政府任職前，非常確信自己找到了一種熱門的新產業，甚至協助成立了好幾檔私募基金，專門投資生物科技與製藥業者。這些公司圖謀將來會爆發可怕疾病，到時候政府會被迫以最高價，購買民間部門擁有專利的任何救命產品。

錢尼是倫斯斐在福特政府任職時栽培的愛將，他也根據「悲慘未來是獲利展望」的理念而賺到大錢，不過倫斯斐認為瘟疫是發財的市場，錢尼卻以戰爭的前景為基礎。錢尼在老布希總統麾下擔任國防部長時，裁減戰鬥部隊的人數，大幅提高對民間包商的依賴。他找上總部設在休士頓的跨國企業哈利波頓公司，和該公司旗下的工程部門布朗魯特公司（Brown & Root）簽約，要他們找出美軍執行的任務中有哪些可以由民間代勞，還能從中獲利。不出所料，哈利波頓真的找出民間企業可以代勞的所有工作，這些發現促成了五角大廈發出大膽的新合約，也就是民間支援後勤計畫（LOGCAP）。五角大廈和武器製造廠商的合約動輒數十億美元，早就臭名在外，但是上述合約前所未見：這不是供應軍方設備，而是擔任軍方運作的經理人。

國防部選擇性地邀請一些企業，要他們提案為美國軍事任務提供非限定的「後勤支援」，這可真是極為籠統的任務描述。此外，合約上沒有規定金額，得標廠商只是得到承諾，不管廠商為軍方做了什麼事情，成本都會由五角大廈負責，加上保證的利潤，也就是所謂的「成本附加」合約。這時是一九九二年，正是老布希政府執政末期，贏得合約的公司不是別家，正是哈利波頓公司。誠如《洛杉磯時報》記者米勒（T. Christian Miller）所說，哈利波頓「擊敗另外三十六家競標廠商，贏得五年合約，或許這點不足為奇，因為草擬計畫的公司就是哈利波頓」。

柯林頓擔任美國總統後，哈利波頓在一九九五年聘請錢尼出任新領導人。哈利波頓旗下的布朗魯特公司長久以來一直是美軍的包商，但是哈利波頓在錢尼的領導下，角色急遽擴大，甚至改變了現代戰爭的本質。錢尼主持五角大廈時，哈利波頓和他簽訂這款用詞不夠精確的合約，得以擴張和擴大「後勤支援」的意義，到最後變成負責為美軍的海外任務創建整個基本結構。軍方只需要提供兵員與武器，從某方面來說，軍方變成了表演者，哈利波頓卻是節目主持人。

其結果是在巴爾幹半島首次展現的麥當勞式軍事體驗：軍隊派駐國外像是危險的重武裝度假之旅。哈利波頓的發言人解釋說：「士兵抵達巴爾幹時，最先招呼他們的是本公司的員工，最後跟他們揮別的也是我們的員工。」這段話聽起來使哈利波頓更像郵輪之旅的主辦人，而不是軍方後勤協調官。這點正是哈利波頓與眾不同的地方：錢尼看不出有什麼理由，不能把戰爭變成美國服務業經濟獲利豐厚、欣欣向榮的業務；好比帶著微笑侵略他國。

柯林頓派出了一萬九千名士兵進駐巴爾幹半島，美軍基地紛紛設立，就像完全由哈利波頓興建與管理、設有門禁的乾淨郊區迷你城市。哈利波頓決心把國內所有方便的生活設施都提供給軍隊，包括速食店、超級市場、電影院與高科技健身中心。有些高級軍官疑慮軍隊在購物中心花太多時間會影響軍紀，但是他們自己也喜歡這些額外福利。一位高級軍官告訴我：「哈利波頓提供的一切都好得很，因此我們沒有怨言。」就哈利波頓來說，讓顧客滿意是好生意，保證會得到更多的合約，而且因為利潤是根據成本的一定百分比計算，成本愈高，利潤就愈高。「別擔心，這是用成本加成計算的」這句話，是在巴格達綠區才發揚光大、變成名言，但奢侈的戰費支出是柯林頓時代所開創。錢尼只在哈利波頓任職五年，卻把公司向美國財政部收取的費用幾乎增加一倍，從十二億美元增加到二十三億美元，同時，哈利波頓接受的聯邦貸款與貸款保證金額增加了十五倍。他的努力得到很高的報酬，就任副總統前，「估計自己的財產有一千八百萬美元到八千一百九十萬美元之間，其中包括約值六百萬美元到三千萬美元的哈利波頓股票……整體而言，錢尼得到一百二十六萬股的哈利波頓公司認股權，其中十萬股已經執行，七十六萬股符合贖回規定，十六萬六千六百六十七股在二〇〇〇年十二月生效。」

對錢尼來說，把服務業經濟推展到政府的核心是家族事業。一九九〇年代末期，他把軍事基地變成哈利波頓式的郊區住宅時，他太太林恩（Lynne Cheney）擔任世界最大國防包商洛克希德馬丁公司（Lockheed Martin）董事，除了領取薪水之外，還賺到認股權。林恩從一九九五到二〇〇一年間擔任這家公司的董事，時間正好是洛克希德這類公司轉型的重要期間。冷戰已經結束，國防經費減少，這些公司因為幾乎全部進帳都來自政府的武器合約，現在需要尋找新的經營模式。洛克希德和軍火商同業發展出一種策略，積極爭取一種新型態的工作：代管政府並從中牟利。

一九九〇年代中期，洛克希德開始接管美國政府的資訊科技部門，維護政府的電腦系統和一大部分資料管理工作。洛克希德在這方面的業務極為深入，以至於到二〇〇四年，《紐約時報》報導指出：「美國並非是由洛克希德馬丁公司在運作，但是美國有極高的比率，是由該公司協助經營……洛克希德幫你分信，計算你的稅額，開社會安全支票，計算美國的普查資料，管理太空飛行，監督空中交通，為了管理這一切，洛克希德撰寫的電腦程式碼比微軟還多。」[2]

這就組成了影響力十足的夫妻檔：錢尼主持哈利波頓，接管國外戰爭所需要的基礎設施；林恩在國內協助洛克希德，接管政府的日常管理。偶爾夫妻會直接競爭，一九九六年，德州宣布開放企業競標德州福利計畫的運作管理（這個五年期的合約價值高達二十億美元），洛克希德和錢尼擔任董事的資訊業巨人電子資料系統公司（Electronic Data Systems），都競標這個合約。最後柯林頓政府出面干預，阻止招標。柯林頓政府通常熱心支持委外的做法，卻認為決定誰有資格接受福利是政府的基本工作，不適合民營化。洛克希德和電子資料系統公司都大聲抗議，德州州長布希也一樣抗議，布希認為福利制度民營化是非常好的構想。

布希擔任州長，並沒有多少出色表現，但是他在某個領域領先群倫，那就是把人民選他出來負責的各項政府治理功能分配給民間企業，尤其是跟安全有關的功能，從這裡已經可以預見他不久之後將發動的民營化反恐戰爭。在他的監督下，德州民營監獄的數目從二十六處，增為四十二處，以致《美國展望》雜誌（*American Prospect*）把布希治理的德州，稱為「世界民營監獄產業之首」。一九九七年，聯邦調查局針對離休士頓四十英里的布瑞索里亞郡（Brazoria County）一處監獄，展開調查，因為本地電視臺播出一捲錄影帶，顯示監獄警衛踢打未加反抗的囚犯的下體，用震撼搶射擊囚犯，而且放狗咬囚犯。錄影帶裡施暴的警衛中，至少有一位穿著重度矯正資源公司（Capital Correctional Resources）的制服，這家民營公司和政府簽約，負責供應這處監獄所需要的警衛。

布希對民營化的熱情完全沒有受布瑞索里亞事件的影響。幾星期後，他和皮諾契獨裁統治智利期間，負責社會安全民營化的部長畢奈拉見面時，似乎有了頓悟。畢奈拉這樣描述他們的會面：「根據他的專注程度、身體語言和提問，我立刻知道布希先生完全瞭解我的初衷：社會安全改革可以用來提供美好的退休生活，也可以創造工人資本家的天地，人人自負盈虧的社會……他極為熱心，以致於會晤結束時，他笑著在我耳邊低聲說：「到佛羅里達州，把這一切告訴我弟弟，他也會喜歡這種觀念。」

這位未來的總統決心把州政府的功能標售出去，配合錢尼主導軍方的委外，以及倫斯斐為能夠預防傳染病的藥品申請專利，已能看出這三個人合力建構的國家會是什麼面貌：一個極度空洞的政府。雖然布希在二〇〇〇年的總統大選中，沒有把這麼激烈的計畫當成核心政見，卻在總統選戰期間，暗示過這種願景：「有幾十萬專職聯邦公務員的工作，都可以由民間企業代勞，」他在一次競選演說中表示：「我會盡量把這些工作發出去公開競標，如果民間部門能夠做得更好，應該讓民間部門取得合約！」

九一一與公務部門反撲

布希和內閣二〇〇一年元月就職後，美國企業更迫切需要新的成長來源。科技泡沫已經正式破滅，布希政府就任的頭兩個半月裡，道瓊指數暴跌八百二十四點，布希政府面對嚴重的經濟衰退。凱因斯主張政府應該大力支出，用公共工程刺激經濟，使經濟走出衰退。布希的解決之道是解構政府，一方面用減稅，另外一方面用利潤豐厚的合約，大塊、大塊地砍掉公共財富，餵飽美國企業。布希的預算管理局長、智庫理論家丹尼爾斯（Mitch Daniels）宣稱：「政府的責任不是提供服務，而是要確保有人提供服務，這想法在我看來是不言而喻。」這種說法也包括災難的因應。布希任命共和黨黨工歐爾鮑（Joseph Allbaugh）出任聯邦急難管理署長（Federal Emergency Management Agency），歐爾鮑談到自己的新職時說，這個負責因應包括恐怖攻擊等災難的機構，是一個「龐大的授權計畫」。

接著便發生了九一一事件，突然間，若說政府的核心任務是要自我了斷，似乎變得十分不合時宜。恐怖攻擊造成人民驚恐，希望得到強而有力的政府保護，很可能會在布希推動政府空洞化計畫之際，打斷布希的如意算盤。

有一陣子情形似乎就是這樣。恐怖攻擊十天後，傅利曼的老友、傳統基金會主席傅爾納率先說出了一句意義重大的話：「九一一改變了一切。」很多人自然以為，改變的一環應該是重新評估反國家的激進目標，傅爾納和他的意識形態夥伴三十年來，一直在美國和世界各國推展這種目標。然而，九一一恐怖攻擊的本質是安全上的缺失，暴露出二十多年來侵蝕公共部門，把政府功能發包給營利事業的惡果。就像水淹紐奧良暴露了公共建設殘敗不堪的情況一樣，恐怖攻擊也揭開了大家放任國家衰弱到危險程度的真相：紐約市警察和消防隊員之間的無線電通信，在救難途中當機，飛航管制員沒有及時注意到飛機脫離航線，攻擊分子順利通過由約聘員工駐守的機場安全檢查關卡，這些安檢人員當中，有些人的待遇還不如機場美食廣場的員工。

傅利曼式反革命在美國的第一次重大勝利，是雷根總統攻擊飛航管制人員工會，解除民航業管制。二十年後，整個空運系統已經民營化，管制完全解除，規模縮減，絕大部分的機場安全工作由待遇低落、訓練不足、不屬於工會的約聘人員負責。九一一攻擊後，交通部負責安全檢查的局長作證說，負責航班安全的航空公司為了降低成本，大力苛扣。他告訴布希任命的九一一委員會：「這種壓力進而表現在安全的嚴重缺失上。」一位資深聯邦航空局安檢官員在九一一委員會中作證說，航空公司對安檢的做法是「責備、否認、延誤」。

九月十日前，只要機票便宜，充分供應，這些事情似乎都無關緊要。但是九月十二日後，叫時薪六美元的約聘人員負責機場安全檢查似乎過於隨便。接著到了十月，有人把裝了白色粉末的信封寄給國會議員和新聞記者，引發了可能爆發大規模炭疽熱的恐慌。在這種情況下，九〇年代的民營化看起來又大不相同了：為什麼一家民營藥廠獨享生產炭疽熱疫苗的權利？聯邦政府用委外的方式，是否放棄了保護大眾不受重大公共衛生急難侵害的責任？大家說的這家民營化藥廠拜波公司（Bioport）當時沒有通過一系列的檢驗，甚至沒有得到聯邦食品藥物管理局行銷疫苗的授權，這對整個情勢更是火上加油。此外，如果像媒體所報導的一樣，炭疽熱、天花和其他致命病原菌可以透過信件、食品供應或供水系統傳播，那麼布希繼續推動郵政服務民營化的計畫，到底是不是好辦法呢？遭到裁員的食品與供水檢驗人員，會有人請他們回來重新任職嗎？

安隆公司之類的新弊案爆發後，大家對親企業共識的反彈更是加強。九一一攻擊後三個月，安隆宣布破產，導致成千上萬的員工喪失退休儲蓄，高級經理人卻早已根據內線消息出脫股票，換到滿手現金。這場危機導致大眾對民間企業提供基本服務的信心直線下墜，安隆操縱能源價格因而導致幾個月前加州大規模停電的消息傳出後，更是如此。高齡九十的傅利曼極為擔心凱因斯主義的潮流捲土重來，甚至抱怨說：「企業家在大眾心目中，已經變成二等公民。」

執行長的地位下墜之際，屬於工會的公共部門勞工（傅利曼反革命中的壞人）在大眾心目中的地位迅速上升。九一一攻擊後的兩個月內，大眾對政府的信心升高到一九六八年以來的最高水準。照布希對一群聯邦政府員工的說法，這種情形是「因為你們善盡職責」造成的。九一一事件中，真正的英雄是負責第一線反應的低階公共部門員工，包括紐約消防隊員、警察和救難人員，其中有四百零三名因為努力疏散世貿中心大樓、協助受害者而喪失生命。突然間，美國人對所有穿制服的同胞又敬又愛，政客努力配合這種新情勢，以前所未見的速度，戴上代表紐約警察和紐約消防隊員的棒球帽。

九月十四日，布希在顧問所說的「表揚時刻」，跟消防隊員和救難人員站在恐怖攻擊原點，擁抱現代保守主義運動決心摧毀、屬於工會的公務員。他當然必須這樣做（那一陣子連錢尼都戴上安全帽），但是他不必做的讓人這麼信服。布希的真實感覺，加上公眾欲求一位符合當時情況的領袖，這兩種因素結合起來，促使布希說出政治生涯中最動人的演說。

攻擊發生幾星期後，布希大肆巡視公共部門，到公立學校、消防隊、紀念堂、疾病控制中心去擁抱公務員，感謝他們的貢獻和發自內心的愛國心。布希在一次演說中，指出「我們找到了新英雄」，他不只表揚緊急服務人員，同時也稱讚教師、郵局員工和醫療工作人員。在這些場合中，他對從事公益活動的尊敬和褒揚，升高到四十年來美國所見過的最高水準。降低成本的重要性突然消失，布希總統在每一場演說中，都宣布一些大膽、新穎的公共計畫。

攻擊發生十一天後，《華盛頓郵報》的哈里斯（John Harris）和米爾班（Dana Milbank）信心十足地宣稱：「經濟低迷再加上反恐新戰爭的迫切性，兩種需求結合在一起，改變了布希總統施政目標的哲學內涵，上任時自稱是雷根意識形態傳人的總統經過九個月後，變成了比較像是羅斯福總統的繼承人。」他們進一步指出：「布希正在推動大規模的刺激經濟方案，防止經濟衰退，他說經濟疲弱不振，需要政府支出巨額資金，刺激經濟：這是凱因斯經濟學的基本觀念，也是羅斯福總統新政的核心理念。」

圖利企業的新政

除了公開宣布和媒體造勢之外，布希和他的小圈圈無意改採凱因斯主義。他們削弱公共領域的決心根本沒有動搖，九一一攻擊凸顯的安全缺失，再度證實了他們內心最深處牢不可破（而且自私自利）的信念：唯獨民間公司擁有應付安全新挑戰的情報與創新。白宮確實準備動用納稅人的巨額稅款刺激經濟，但是我們可以確定，這些錢絕對不會依據羅斯福總統的模式動用。布希的新政反而完全嘉惠美國企業，每年直接把數千億美元的公款，交到私人手裡；這些錢會以合約的方式移轉，很多合約是私相授受，未經競標，幾乎也沒有任何監督，就交給由眾多產業構成的龐大網路，包括科技、媒體、傳播、監禁、工程、教育與健保產業。[3]

事後回想，九一一攻擊之後大眾茫然不知所措的那段期間，正是美國本土版的經濟震撼治療。布希團隊是徹頭徹尾的傅利曼信徒，他們迅速利用困擾美國的這次震撼，推動激進的政府空洞化方針，從作戰到災難反應的一切行為，全都變成追求營利的事業。

這是震撼治療大膽的進化，布希團隊沒有採用九〇年代拋售現有公營事業的方式，而是為反恐戰爭的行為創造出全新的架構，從一開始打造就是民營的。這種做法需要經過兩個階段，第一個階段是白宮利用九一一之後無所不在的危機感，大幅增加行政部門決策、監督、拘留與發動戰爭的權力，軍事史專家貝琪維奇（Andrew Bacevich）把這種抓權行為叫作「進行中的政變」。然後把剛剛壯大且資金充裕的安全、侵略、占領與重建功能立刻發包委外，交給民間部門執行並且獲利。

政府公開宣布的目標是要對抗恐怖主義，結果卻創造出災難資本主義複合體：塑造出由國土安全、民營化戰爭與災後重建組成的成熟新經濟，負起在國內外建立並經營民營化安全國家的重責大任。這種全面行動構成的經濟刺激，足以填補全球化與網路公司好景破滅後留下的真空。就像網際網路啟動網路公司泡沫一樣，九一一攻擊啟動了災難資本主義泡沫。主持諾瓦畢德創投夥伴公司（Novak Biddle Venture Partners）的諾瓦（Roger Novak）說過：「資訊科技產業在泡沫之後紛紛倒閉時，猜猜看誰擁有所有的資金？當然是政府。」諾瓦現在經營這家從事國土安全企業創業投資的公司，改口說：「每一檔基金都看出這個寶庫有多大，每一個人都在問我怎麼才能分得一杯羹？」

這是傅利曼所推動的反革命的巔峰期，幾十年來，市場靠著國家的附屬機構養活，現在市場準備把國家的核心給吞下去。

奇怪的很，這個過程當中最有效的意識形態工具，反而是宣稱經濟意識形態不再是美國外交或國內政策的主要動因。「九一一改變一切」的真言，巧妙地掩飾了一個事實，那就是他們為自由市場意識形態與企業利益服務；唯一改變的事情是現在可以輕鬆追求龐大的目標。現在布希政府不必把新政策送到國會，經歷結果難料的公開辯論，也不必跟公共部門工會嚴重對立，可以利用支持總統的愛國陣線，利用新聞界心甘情願的放棄監督，不必再討論，可以立刻開始推動計畫。就像《紐約時報》二○○七年二月說的一樣：「少了公開辯論或正式決策的約束，包商實際上變成了政府的第四部門。」

布希團隊並沒有用完整的計畫來因應九一一為國家安全帶來的挑戰，填補公共基本建設中的漏洞，反而是為政府規定新的角色，使國家的職責變成不是提供安全，而是以市場價格購買安全。因此，二○○一年十一月，攻擊事件過後才兩個月，國防部聚集了一批號稱擁有網路公司經驗的「一小群創投顧問」。這項任務是要找出「直接有助於美方投入全球反恐戰的新興科技解決方案」。到了二〇〇六年初，這個非正式的意見交換，已成為五角大廈的官方分支機構：「國防創投促進會」（Defense Venture Catalyst Initiative, DeVenCI），它是「相當有效的單位」，持續把國家安全情報送交有政治關係的創投金主，這些人則搜查有哪些新興公司能製造新的監控設備與相關產品。國防創投促進會的負責人波杭卡（Bob Pohanka）說：「我們就是搜尋引擎。」根據布希的看法，政府只需要籌募開創新型戰爭市場所需要的資金，然後從這種創造性的市場中，購買最好的產品，鼓勵產業界加強創新。換句話說，政客創造需求，民間部門供應各式各樣的解決方案，就這樣完全利用納稅人的錢，創造出由國土安全與二十一世紀戰爭構成的繁榮經濟。

國土安全部是布希政權創造的全新政府部門，它最能夠清楚展現這種政府完全委外經營的模式。國土安全部研究單位的副主管亞力山德（Jane Alexander）解釋說：「我們什麼都不生產，產業界不生產的東西，我們就買不到。」

另一個部門是反情報活動機構（Counterintelligence Field Activity, CIFA），這是倫斯斐擔任國防部長時，在中央情報局之外成立的新情報機構。這個平行的諜報機構把七〇%的預算，委外交給民間包商，也像國土安全部一樣，是以空殼的方式成立。誠如國家安全局前局長米尼翰（Ken Minihan）所說：「國土安全太重要了，不能交到政府手中。」米尼翰如同布希政府中的另外幾百位高級幕僚，早就辭去公職，轉而為欣欣向榮的國土安全產業工作，這個產業正是他以情報頭子的身分協助創設的。

從敵人的定義到交戰規則，再到不斷擴大的戰爭規模，布希政權針對反恐戰爭範圍所規定的每一點，目的都是盡量擴大戰爭市場的獲利能力與永續經營能力。成立國土安全部的文件中宣示：「如今恐怖分子可以隨時隨地，幾乎用任何武器攻擊。」這個說法大開方便之門，政府要求的安全服務必須隨時隨地提供保護，對付所有想像得到的風險。而且不見得要證明威脅是真的，才能夠發動全面反應；在錢尼著名的「只怕萬一」想法指導下，就有理由侵略伊拉克，原因是如果某種事物有一%的可能變成威脅，美國就必須把這種威脅當成百分之百的確定，必須反應。這種邏輯對各種高科技偵測設備廠商特別有利，例如，因為我們想到可能會遭到天花攻擊，國土安全部就把五億美元交給民間公司，發展和安裝偵測設備，對付這種未經證實的威脅。

雖然這場衝突的名稱多變，從反恐戰爭，變成反激進伊斯蘭戰爭、反伊斯蘭法西斯主義戰爭、第三世界戰爭、漫長戰爭，又變成世代戰爭，但是基本形態不變，不受時間、空間或目標限制。從軍事觀點來看，這種廣泛、沒有一定形態的特點使反恐戰爭變成打不贏的主張，但是從經濟觀點來看，卻是無法反駁的主張：不是可能打勝、曇花一現的戰爭，而是全球經濟結構中新穎而永久的一環。

這是九一一之後，布希政府向美國企業發布的事業公開說明書。五角大廈似乎把納稅人的錢，源源不絕、無休無止地送出去，變成企業的營收（一年輸送兩千七百億美元給民間包商，從布希就任以來增加了一千三百七十億美元）；美國情報機構為了獲得委外蒐集的情報，一年付給包商四百二十億美元，比一九九五年的金額增加一倍以上；新成立的國土安全部從二〇〇一年九月十一日到二〇〇六年間，交給民間包商一千三百億美元，這些資金在過去的經濟體中並不存在，金額比智利或捷克的國內生產毛額還多。二〇〇三年內，布希政府在發交給民間公司的合約中，支出了三千二百七十億美元，幾乎占了可動用資金的四〇%。

華盛頓四周的郊區在極短的時間裡，出現了很多灰色的建築，容納安全產業的「新創企業」和「育成」公司，這些公司都是匆匆組成，情形就像九〇年代末期的矽谷一樣，資金流入這些公司的速度，比擺放辦公桌椅的速度還快。同時，布希政府在這種景氣熱潮期間，扮演任意花錢的創業投資資本家。九〇年代時，大家的目標是發展出殺手級應用，發展出「下一個更新的新東西」，再賣給微軟或甲骨文公司，現在的目標是發展出新的「搜查與鎖定」、抓住恐怖分子的科技，再賣給國土安全部或五角大廈。這就是為什麼災難產業除了創造出新創企業和投資基金外，也創造了一大堆新的遊說公司。這些遊說公司負責為新創公司和國會山莊上應該找的人牽線，二〇〇一年時，偏重安全事務的遊說公司只有兩家，但是到了二〇〇六年中，已經增加到五百四十三家。國土安全企業巴拉丁公司（Paladin）總經理史帝德（Michael Steed）告訴《連線》雜誌（*Wired*）：「我從九〇年代初期就投身私募基金業務，從來沒有看過這麼源源不絕的交易熱潮。」

恐怖主義的市場

災難泡沫像網路泡沫一樣，以獨一無二而混亂的方式膨脹。國土安全產業最初的榮景之一，出現在監視攝影機；英國裝設了四百二十萬具這類攝影機，也就是每十四個國民就有一部，美國則裝設了三千萬具，每年拍攝的總長度大約四十億小時，這樣就產生了一個問題，由誰來看這四十億小時的片子？於是「分析軟體」的新市場應運而生，這種軟體業者負責掃描錄影帶，找出符合已建檔影像的目標（將各種安全系統連接起來，變成了若干獲利最豐厚合約的來源，例如空軍把價值九十億美元的合約交給好幾家公司，包括歷史最悠久的策略顧問業者布斯艾倫漢密爾頓公司 Booz Allen Hamilton，還有一些最大的國防包商）。

這種發展造成了另一個問題，因為臉部辨認軟體只有在拍攝對象自行站在攝影機正前方時，才能產生正確辨識，然而，拍攝對象總是行色匆匆，很少站在攝影機正前方，這樣就創造了數位影像加強的新市場。銷售分離與加強影像軟體的史蒂爾斯公司（Salient Stills）一開始是向媒體公司推銷這種科技產品，但是後來的發展顯示，從聯邦調查局和其他執法機構可以賺到更多的營收。而且政府既然推動這麼多的偵測活動，包括偵測電話通聯紀錄、監聽、金融紀錄、郵件、偵測攝影機、上網等等，排山倒海的資料淹沒了政府，因而開創了另一個龐大的市場，也就是資訊管理與資料採礦（data mining）市場，以及宣稱能夠在無數文字與數字之間「建立關係」、鎖定可疑活動的軟體市場。

九〇年代裡，科技公司不斷宣揚沒有邊界的世界、資訊科技力量顛覆權威政權、推倒圍牆的神奇力量。如今在災難資本主義複合體內，資訊革命的工具搖身一變，為相反的目的服務。在這種過程中，民營電話公司與搜尋引擎全面與政府配合，行動電話和瀏覽網路被日漸威權化的政權利用，不管是雅虎（Yahoo!）跟中國政府合作，鎖定異議分子的位置，還是AT＆T協助美國國家安全局，在沒有取得監聽命令的情況下，竊聽顧客的通信（布希政府宣稱已經沒有這樣做）。這個全球化的重大象徵與希望：「邊界消失」因此破滅，取而代之的是勃然興起的邊界監視產業，監視方式從光學掃描、生物特徵辨識到研議當中的美墨邊界高科技圍牆，不一而足，這道圍牆讓波音（Boeing）和其他公司獲得價值二十五億美元的合約。

高科技公司從一個泡沫跳進另一個泡沫時，產生的結果是安全與購物文化怪異的結合。今天反恐戰爭使用的很多科技，包括威靈特系統（Verint Systems）、塞新（Seisint）、埃森哲（Accenture）和選擇點（ChoicePoint）銷售的生物特徵辨識、攝影監視、網路追蹤、資料採礦等科技，都是由民間部門在九一一事件前發展出來，作為建立顧客詳細資料、開啟微行銷新領域的方法。這些科技也可以減少僱用超級市場與購物中心的零售員工，因為生物特徵辨識科技配合現金卡，就不需要櫃檯結帳人員。大家對這種老大哥式的科技普遍不安，造成很多推展類似科技的計畫停止實施，使行銷人員和零售商失望。九一一解開了這個市場僵局：突然間，恐怖主義的憂慮超過生活在受監視社會中的恐懼。因此，現在從現金卡或認同卡蒐集的資料不但可以當成行銷資料，賣給旅行社或蓋普公司，也可以當成安全資料賣給聯邦調查局，警示「可疑的」行動電話易付卡交易和可疑的中東之旅。

財經雜誌《紅鯡》（*Red Herring*）刊出過一篇有力的文章，說明上述計畫中有一項是要判斷某個有上百種拼法的名字，是否和國土安全資料庫中的名字相同，藉以找出恐怖分子。以穆罕默德（Mohammad）這個字為例，軟體裡包括穆罕默德幾百種可能的拼法，可以在一秒鐘內搜尋兆位元的資料，功能令人驚歎，但是找錯人時就不是這樣了。他們經常找錯要找的人，不管是在伊拉克、阿富汗或多倫多市郊皆是如此。

這種容易出錯的情況，使得無能與貪婪（這是布希時代的特徵）成為苦難的來源，從伊拉克到紐奧良都是如此。這種電子獵捕行動的錯誤身分辨認，足以讓一個對政治漠不關心、長相和名字的發音有點相像、甚至對阿拉伯或穆斯林文化一無所知的顧家男人，被指認為潛在的恐怖分子。而且把個人和組織名字列在觀察名單的程序，現在也由民間公司處理，交叉比對旅客名單與資料庫名單的工作，也由民間企業負責。到二〇〇七年六月，國家反恐中心保存的可疑恐怖分子名單上，已經有五十萬個名字。二〇〇六年十一月公開的另一個計畫、自動標定系統已經針對過境美國的幾千萬名旅客，定出

「風險評估」評分。這項評分從來沒有向旅客揭露過，評分的依據是商業化資料採礦所顯示的可疑行為模式，例如，由航空公司所提供的資料，包括「旅客購買單程票紀錄、座位編號、常客紀錄、行李件數、買票付款方式、甚至旅客訂的餐點」等等。被認為可疑的行為和事件都記錄下來，累積成為每位旅客的風險評分。

任何人由於這些可疑科技提供的證據而被列在「敵方戰鬥人員」名單，都可能碰到飛航旅程中斷、不發美國入境簽證的命運，甚至遭到逮捕，這些證據只是利用臉部辨識軟體得到的模糊影像、拼錯的名字、誤解一小片段的談話。如果「敵方戰鬥人員」不是美國公民，他們很可能永遠不會知道自己的罪名是什麼，因為布希政府剝奪了他們的人身保護令，也就是剝奪了他們在法庭上看證據，並且得到公平審判與有力辯護的權利。

因此，如果嫌犯被送到關達那摩，他很可能會關在哈利波頓興建的最高警戒新監獄裡，那裡共可容納二百人。如果他是中央情報局「特別引渡」計畫的受害者，是在米蘭街頭或是在美國機場換機時遭到綁架的人，那麼中央情報局會快速處理，把人送到旗下祕密監獄網絡中的一處所謂的黑獄；帶著頭罩的犯人很可能會搭著波音七三七客機，客機為了這種任務，重新改裝成豪華企業專機。根據《紐約客》雜誌的說法，波音一直擔任「中央情報局的旅行社」，替多達一千二百四十五次引渡飛行擬定飛行計畫，安排地勤人員，甚至代訂旅館。西班牙警察的一份報告解釋，這項任務由波音設在聖荷西的子公司捷普森國際旅行計畫公司（Jeppesen International Trip Planning）辦理。二〇〇七年五月，美國民權聯盟（American Civil Liberties Union）控告波音的這家子公司，該公司則拒絕證實或否認這項指控。

犯人一到目的地，就要面對偵訊人員，有些偵訊人員不是中情局或軍方人員，而是民間包商的員工，根據求職網站職涯情報網站（www.IntelligenceCareers.com）站長戈登（Bill Golden）的說法：「一半以上的合格反情報專家是為包商服務。」如果這些自由之身的偵訊人員要繼續拿到利潤豐厚的合約，就必須從犯人口中拿到華盛頓的雇主「可以用來起訴犯人的情報」。就像犯人遭到刑求時，為了不再痛苦，通常什麼話都願意說；包商也擁有強大的經濟誘因，願意採用任何必要手段，得到所需要的資訊，不管資訊是否可靠。（在倫斯斐旗下的祕密特別計畫局之類新機構服務的民間情報包商，能夠受到布希政府這麼倚重，原因之一是這些包商已經證明，他們比政府中的同類單位更願意扭曲與製造資訊，以便符合政府的政治目標；畢竟政府是他們取得下一個合約的來源。）

在反恐戰爭中利用市場「解決方案」的做法，還有另一種低科技的版本，也就是政府幾乎願意付出最高的賞金，從任何人手裡，得到跟恐怖分子嫌疑犯有關的資訊。美軍入侵阿富汗期間，美國情報人員放話出去，說願意付三千到二萬五千美元的賞金，獎勵大家舉發凱達（Qaeda）或神學士組織（Taliban）的戰鬥人員。一份美國在阿富汗散發的常見傳單上說：「得到你夢想不到的財富與力量。」在律師代表幾位關達那摩犯人向美國聯邦法院控告時，這張傳單被拿來當成證據，上面寫著：「你協助反神學士政權的部隊，可以得到幾百萬美元：這些錢足夠你在餘生中，照顧你的家人、村莊和部落。」

沒多久，巴格蘭（Bagram）和關達那摩的牢房就住滿了牧羊人、計程車司機、廚師和店員，根據舉發他們、收取賞金的人說，這些人全都是高度危險分子。

「你對政府和巴基斯坦情報人員為什麼出賣你，把你交給美國人，有什麼看法嗎？」軍事法庭軍法官這麼問一位關達那摩監獄裡的埃及囚犯。

根據已經解密的文字紀錄，這位囚犯顯得很懷疑，回答說：「少來了，老兄，你知道是怎麼回事，在巴格達，用十美元就可以買到一條命，何況是五千美元？」

「這麼說是別人出賣你了？」軍法官問話時，好像從來沒有想到會有這種事情。

「當然。」

根據五角大廈自己的統計，關達那摩八六％的犯人都是在獎金公布後，由阿富汗和巴基斯坦戰鬥人員或諜報人員舉發的。到二〇〇六年十二月，五角大廈釋放了三百六十位關達那摩的犯人，美聯社追查到其中二百四十五位，二百零五位回到本國後，擺脫了所有的指控。這種紀錄等於對美國政府以市場導向辨認恐怖分子的方法所產生的情報品質，提出沉痛的控訴。

九一一之前，國土安全產業幾乎不存在，只不過幾年裡，就爆炸性成長到遠超過好萊塢或音樂產業。更令人驚異的是，還沒有人把安全產業榮景當成經濟中的個別部門來分析和討論，沒有人注意到，不受約束的警察權力和不受約束的資本主義，形成空前未有的結合，也沒有人注意購物中心與祕密監獄合而為一的事實。某人是不是安全威脅的相關資訊變成了一種產品，就和某人在亞馬遜網站買哈利波特的書，或是某人參加了加勒比海遊輪之旅、將來可能要到阿拉斯加度假的資訊一樣，可以隨意販賣，這樣的做法會改變一個文化的價值觀。如此不但會產生刺探、刑求並製作假情報的誘因，也會產生強大的推動力，要讓當初造出這整個產業的恐懼與危機感永久持續下去。

在過去，新的經濟模式出現時，不論是福特的革命還是資訊科技熱潮，都會引發極多的分析和辯論，大家會探討創造財富方式的巨大變化是否也會改變整個文化的運作、改變我們的旅行方式，甚至會不會改變我們腦部處理資訊的方式。新災難經濟從來沒有經過這種廣泛的討論。大家當然辯論過「愛國法」的合法性，爭辯過無限期拘留，以及刑求與特別引渡做法的問題，但是把這些功能用商業交易方式執行的問題，大家幾乎完全避不討論。辯論的課題僅限於發戰爭財和貪腐醜聞的個別案例，還有政府疏於適當監督民間包商的常見困擾，很少討論更廣泛、更深入的現象，也就是參加一場完全民營化、永遠沒有結束之日的戰爭，到底有什麼意義。

這問題有一部分是因為災難經濟偷偷避過了大家的監視。八〇和九〇年代期間，新經濟以極為自豪、極為炫耀的方式自我宣傳，科技泡沫尤其為新富階級建立了前例，媒體推出無數的生活形態特寫，報導年輕大膽的執行長站在私人飛機和遙控遊艇旁邊的樣子，也報導他們在西雅圖附近山間美麗的豪宅。

今天的災難複合體也創造了這種財富，不過我們卻很少聽說上面這種故事。二〇〇六年的一份研究指出：「從反恐戰爭開始以來，三十四大國防包商執行長領取的平均薪資，是九一一之前四年的兩倍。」二〇〇一到二〇〇五年間，這些執行長的平均薪資增加了一〇八%，同期內，其他美國大企業執行長的薪資平均只增加了六%。

災難產業的利潤可能升到網路公司的水準，但是業者通常像中央情報局一樣低調。災難資本家會躲避新聞界，低估自己的財富，知道最好不要吹噓炫耀。國土安全育成業者奇沙比克創新中心（Chesapeake Innovation）的艾斯納（John Elstner）說：「我們不會誇耀保護大家免於恐怖攻擊的巨大產業欣欣向榮，但是其中確實有龐大的業務，我們公司是其中一環。」

柯林頓執政期間擔任美國政府隱私權法律顧問的史懷亞（Peter Swire），說明反恐戰爭泡沫背後輻湊的力量時說：「政府有加強蒐集情報的神聖任務，資訊科技產業則迫切需要新市場。」換句話說，你面對的是政商財團主義：大企業和大政府把可怕的力量結合在一起，管制並且控制公民社會。

1 克流感已經變成具有高度爭議性的藥品，愈來愈多的病歷報告指出，服用這種藥的年輕人會變的神思昏亂、妄想、幻想和偏向自殺。二〇〇五年十一月到二〇〇六年十一月間，全世界一共有二十五個跟克流感有關的死亡案例，美國現在開立這種藥品時，都要加上健康警告，告訴病人「這種藥具有致殘與昏亂的風險」，敦促病人「密切注意不尋常行為的跡象」。

2 這段期間裡，所有生產武器的大公司都打進管理政府的事業。電腦科學公司（Computer Sciences）供應軍方資訊科技，其中包括供應生物特徵身分辨識科技；該公司贏得聖地牙哥郡六億四千四百萬美元的合約，負責管理該郡所有資訊科技，這是歷來最龐大的類似合約。聖地牙哥郡對電腦科學公司的表現不滿，沒有續約，卻把合約交給另一家生產武器的大公司諾斯洛普格魯曼（Northrop Grumman），也就是B—2隱形轟炸機的製造商。

3 合約不經過競標就發包出去，是布希時代的明顯特徵。《紐約時報》二〇〇七年二月刊出一篇分析，指出「所有『合約作為』，也就是新合約以及依據現有合約支付款項，如今不到一半有經過完全公開的競標；二〇〇五年時只有四八%，遠低於二〇〇一年的七九%。」

第十五章

THE SHOCK DOCTRINE

政商財團制國家

拆除旋轉門，鋪好陽關道

我認為這種說法很怪異、很瘋狂，說我們做的一切都是因為愛錢，我認為這種說法瘋狂極了，我認為你應該回學校再教育。

——老布希針對有人指控他兒子侵略伊拉克，是為了替美國企業打開新市場所做的回應

公務員和民間部門不同，公務員有義務對更大的道德效忠，有責任效忠所有人的集體最高利益，而不是效忠少數人的利益；企業有責任對股東效忠，不是對國家效忠。

——美國審計長華克（David M. Walker），二〇〇七年二月

他分不清公益與私利的區別。

——退伍美國空軍上校賈蒂納（Sam Gardiner）批評錢尼，二〇〇四年二月

二〇〇六年期中選舉正熱、倫斯斐宣布辭職前三週，美國總統布希在橢圓形辦公室不公開的典禮中，簽署了國防授權法。有一項附加條款隱藏在一千四百頁的法條中，當時幾乎完全沒有人注意到。附加條款授權總統頒布戒嚴令，「動用包括國民兵在內的軍隊」，不顧州長的意願，應付「公共危難」、「恢復公共秩序」、「鎮壓」動亂。公共危難可能是颶風、群眾抗議或是「公共健康急難」，可用軍隊實施隔離檢疫並確保疫苗供應。在國防授權法立法之前，總統只有在碰到叛亂時才有權宣布戒嚴。

民主黨參議員雷伊（Patrick Leahy）的同事都忙於競選，他成為唯一提出警告的人，他在列入公開紀錄的談話中說：「利用軍隊執法，違反我們民主制度的基本信念。」他也指出：「改變原先做法的意義極為重大，但是這種改變幾乎沒有經過研究，只是偷偷溜進國防授權法。無權管轄這些問題的其他委員會沒有機會提出意見，更不可能針對這些立法建議舉行聽證會。」

除了行政部門因此獲得絕大的新權力，另外至少還有一個明顯的贏家，就是製藥業。遇上任何疾病爆發，藥廠可以找來軍隊，保障藥廠和藥品供應，實施檢疫，這是布希政府長久以來的政策目標。對倫斯斐過去擔任執行長的吉利德科學公司來說，這是好消息，因為吉利德擁有治療禽流感藥物克流感的專利。新法加上禽流感爆發的恐懼揮之不去，甚至可能幫助了克流感在倫斯斐離職後的絕佳表現；吉利德公司的股價在五個月裡，上漲了二四%。

在塑造國防授權法的條文時，產業利益到底扮演什麼角色？可能沒有扮演任何角色，但是我們得仔細探究。同樣的，以更大的尺度來看，在布希團隊一頭熱侵占伊拉克的行動中，哈利波頓、貝泰、埃克森美孚（ExxonMobil）之類石油公司等包商的利益，扮演什麼角色？這種動機問題不可能精確回答，因為局內人以混淆公司利益與國家利益而臭名在外，連他們自己似乎也不能劃分兩者之間的界線。

前《紐約時報》記者金瑟（Stephen Kinzer）在二〇〇六年出版的《推翻》（*Overthrow*）一書中，設法探討過去一百年來，美國政客下令與策劃外國政變背後的真正動機。他從美國參與的一八九三年夏威夷政權改變行動開始探討，一直研究到二〇〇三年伊拉克的政權改變，指出其中經常有清楚的三階段程序。首先，外國政府要求美國公司「繳稅，或是遵守勞動法或環境法，有時候這家公司會遭到收歸國有，或是必須出售部分土地或資產」，外國政府因而威脅到這家美國跨國公司的獲利。第二，美國政客聽到這家公司遭到挫折的消息，並將之重新闡釋為對美國的攻擊：「他們把經濟動機變成政治或地緣策略動機，假定任何政權找美國公司的麻煩，或是騷擾美國公司，一定都是反美的、鎮壓的與獨裁的，很可能是希望削弱美國的某些外國勢力或利益的工具。第三階段在政客向大眾鼓吹干預的必要時發生，這時事情大致上已經被人說成是善惡之爭，是解放受到鎮壓的窮國、使之擺脫我們認為是獨裁政權的機會，因為還有哪種政權會找美國公司的麻煩？」換句話說，美國外交政策大致是集體投射的展現，一小撮自私自利的菁英藉此把自己的需要和願望當作是全世界的意見。

金瑟指出，直接從企業界轉任公職的政客身上，這種趨勢表現得最明顯。例如，艾森豪的國務卿杜勒斯（John Foster Dulles）一生大部分時間，都是一名極有力的國際公司法律師，代表世界上若干最富有的公司，處理他們和外國政府的衝突。替杜勒斯立傳的幾位作者像金瑟一樣，都斷定杜勒斯根本無法區辨企業利益與國家利益的分野。金瑟寫道：「杜勒斯有兩個終身執迷不悟的特點，一是對抗共產主義，二是保護跨國公司的權利，在他心裡，這兩件事情混為一體，互相增強。」這點表示他不需要在兩者之間做選擇：如果瓜地馬拉政府採取行動，傷害聯合水果公司（United Fruit Company）的利益，這實際上就是攻擊美國，值得用軍事對付。

布希政府裡擠滿了剛剛從董事會轉進公職的執行長，他們推動反恐和保護跨國公司利益兩種執迷不悟的妄想時，也同樣處在混亂與混淆的情況。但是其中有一個重要的差別。杜勒斯認同的公司都是在外國礦業、農業、銀行業與石油業中，擁有巨額國際投資的跨國企業。這些公司通常都有一個直接的目標：希望有個穩定、可以獲利的經營環境，也就是寬鬆的投資法令、順從的工人、不會遭到突然徵收。政變與軍事干預是達成這種目標的手段，不是目標本身。

設計反恐戰爭的原型災難資本家跟前輩不同，他們是另一種紅頂商人；對他們來說，戰爭和其他災難本身就是目標。錢尼和倫斯斐把對洛克希德、哈利波頓、凱雷集團和吉利德公司有利的事情，跟對美國、甚至對世界有利的事情混為一談時，就成了一種後果極為危險的投射形式。毫無疑問，有助這些公司獲利的事情是災變，包括戰爭、流行病、天災和資源短缺，這就是為什麼從布希上任後，這些人的財富都大幅增加。使得上述投射行為變得更加危險的是，布希政府的重要官員保有他們在災難資本主義複合體中的利益，而且程度前所未見，甚至在推動戰爭和災難應變民營化的新時代當下，仍然繼續保有，因此他們可以在協助釋出災難的同時從中獲利。

例如，二〇〇六年期中選舉共和黨慘敗後，倫斯斐辭去國防部長，新聞界報導指出，他要回到民間部門任職。但事實上，他根本不曾離開民間企業。他接受布希提名擔任國防部長時，像所有公職官員一樣，必須把可能受到他在職所做決策影響的持股賣掉。情形很簡單，這表示他必須賣掉一切跟國家安全或國防有關的持股，但是倫斯斐碰到很大的困難，因為他持有極多跟災難有關產業的股份，以至於他宣稱他不可能在限期前出脫所有持股，而且他因為努力保有一切而陷入違反倫理規則的困境。

倫斯斐賣掉了直接擁有的洛克希德、波音與其他國防包商的股票，把價值五千萬美元的股票交付盲目信託，然而投資國防與生物科技股的私人投資公司，卻仍然擁有部分或全部所有權。他不願意認賠、迅速賣掉這些公司，在期限截止時，兩次申請延期三個月，在如此高層的政府官員中，這種情形相當罕見。這點表示他擔任國防部長整整半年甚至更久後，仍然希望為他持有的公司和資產，找到適當的買主。

至於他當過董事長、又擁有克流感專利權的吉利德科學公司股票，倫斯斐堅決反對賣掉。有人要求他在商業利益和公職生涯之間擇一，他乾脆拒絕。流行病是國家安全問題，因此完全屬於國防部長的職責範圍。雖然利益衝突這麼明顯，倫斯斐在擔任國防部長期間，卻沒有賣掉吉利德的股票，一直持有價值介於八百萬到三千九百萬美元的吉利德股票。

參議院倫理委員會想用標準的利益衝突規定，要他配合辦理時，他公開表現對抗到底的態度。有一次他寫信給政府倫理局，抱怨他必須花六萬美元的會計師費用，幫忙他處理「極為複雜而且令人困擾」的財產申報表格。對於擔任公職期間決心緊抱九千五百萬美元股票的人來說，六萬美元的處理費並不會太超過。

倫斯斐擔任美國最高階安全首長時，堅定拒絕停止靠災難賺錢，這麼做在很多方面明確影響他的工作表現。他擔任國防部長第一年的大部分期間，一面要設法賣掉持股，一面必須迴避範圍極大的重要政策決定。根據美聯社的報導，「他必須迴避國防部討論愛滋病的會議。」聯邦政府必須決定是否干預好幾件轟動一時、涉及頂尖國防包商的併購案與銷售案時，倫斯斐也必須迴避有關的高階談判，這些案子涉及的廠商包括奇異、漢偉（Honeywell）、諾斯諾普格魯曼與矽圖（Silicon Valley Graphics）等公司。根據官方發言人的說法，他跟上述幾家公司確實有財務關係。有位記者詢問其中一件案子，倫斯斐告訴他說：「到目前為止，我通常都迴避這些案子。」

他擔任國防部長六年期間，國防部的討論一轉到治療禽流感的可能，或購買禽流感治療藥品時，他都得離開房間。有一項條款說明他可以用什麼方式繼續持有這些股票，而根據這項條款，他必須迴避「可能直接而且可想而知會影響吉利德公司」的決定。但是他的同事很照顧他的利益，二〇〇五年七月，五角大廈購買了價值五千八百萬美元的克流感，幾個月後，衛生部宣布，要訂購價值高達十億美元的克流感。

倫斯斐堅決反抗的態度的確有價值。如果他在二〇〇一年一月上任時就把吉利德股票賣掉，他每股只能賣到七．四五美元。但是留著股票，撐過禽流感恐慌、生物恐怖主義的歇斯底里，撐過他任職的美國政府決定巨額投資這家公司，到最後他離開公職時，這檔股票每股價值六十七．六美元，一共上漲了八．〇七倍（到二〇〇七年四月，股價更漲到八十四美元）。這點表示倫斯斐辭去國防部長職位時，的確比他上任時更有錢，就擔任公職的億萬富翁來說，這種情形很少見。

如果說倫斯斐從來沒有真正離開過吉利德公司，那麼錢尼同樣不願意完全切斷他跟哈利波頓的關係，跟倫斯斐和吉利德關係的例子不同，錢尼的情形一直是媒體極為注意的事情。錢尼辭去執行長、成為布希的競選夥伴前，協商出退休方案，得到哈利波頓的一大堆股票和認股權。經過新聞界幾次有點難堪的質問後，他同意賣掉哈利波頓的部分持股，賺到了高達一千八百五十萬美元的利潤。但是他沒有完全出脫持股，根據《華爾街日報》的報導，錢尼擔任副總統後，仍然抱著十八萬九千股的哈利波頓股票，還有五十萬股尚未執行的認股權。

錢尼仍然抱著這麼大量的哈利波頓股票，表示他擔任副總統的期間，每年從持股中收到幾百萬美元的股息，而且哈利波頓每年也付給他二十一萬一千美元的延後支付所得，大約等於他擔任副總統的薪水。到二〇〇九年他卸任而且可以賣出哈利波頓持股時，從哈利波頓公司財富的驚人進展，也讓他有機會獲得極高的利潤。伊拉克戰爭前，這家公司的股價為十美元，三年後漲到四十一美元，暴漲了四倍多，背後的原因是能源價格飛漲和伊拉克的合約，兩件事都直接來自錢尼領導美國和伊拉克作戰。伊拉克似乎非常符合金瑟的公式。海珊對美國的安全並不構成威脅，卻對美國能源公司構成威脅，因為他才剛跟俄羅斯石油巨擘簽約，而且跟法國的道達爾石油公司（Total）談判，以致美國和英國石油公司什麼東西都得不到；世界第三大的已證實石油蘊藏，就這樣從英、美兩國的手中溜走。海珊下臺為埃克森美孚、雪佛龍（Chevron）、殼牌，以及英國石油（BP）等石油業巨擘帶來機會，這些公司全都為伊拉克的新生意做好了準備；海珊下臺也為哈利波頓帶來驚人的商機，哈利波頓已經前進到杜拜，占住地利，準備對所有這些公司銷售能源服務。這場戰爭已經變成哈利波頓有史以來最能夠獲利的單一事件。

事情一點都不難，倫斯斐和錢尼大可以賣光跟災難有關的持股，消除他們熱衷從製造災難狀況中獲利的疑慮。不過話說回來，這樣就會錯過所屬產業的繁榮歲月。有關單位要求他們在私利和公職生涯中選擇時，兩人都是一再選擇利潤，迫使政府倫理委員會配合他們的立場。

第二次世界大戰期間，小羅斯福總統（Franklin D. Roosevelt）強烈反對發戰爭財的人，他說：「我不希望美國有任何一個人，因為這場世界性慘劇，變成百萬富翁。」我們不由得猜想小羅斯福會怎麼看待錢尼，他在擔任副總統期間賺到幾百萬美元的利潤。我們也不知道小羅斯福要怎麼看待倫斯斐，根據年度財產申報，二〇〇四年他擔任國防部長期間忍不住賣掉部分吉利德股票，輕鬆賺到五百萬美元，跟他離職後可領取的收益相比，這不過是嚐到一點小小的甜頭。在布希政府中，發戰爭財的人不只是極力要求打進政府裡面，他們自己就是政府：兩者之間沒有區別。

布希擔任總統期間，爆發了近代史上一些最卑鄙、最無恥的貪腐醜聞，例如艾布蘭莫夫（Jack Abramoff，共和黨說客）用高爾夫球假期，賄賂國會議員；外號「公爵」（Duke）的康寧罕（Randy Cunningham，加州共和黨眾議員）把自己的遊艇史特公爵號（Duke-Stir）當成「賄賂菜單」的一部分，印在正式的國會信紙上，交給一家國防包商，康寧罕現在正在服八年的徒刑；還有水門大旅館（Watergate）裡有高級妓女參加的宴會；這一切聽起來都非常像九〇年代中期的莫斯科和布宜諾艾利斯。

此外，還有政府與產業界之間快速轉動的旋轉門。旋轉門始終存在，但是大部分政治人物通常都會等到自己服務的政府下臺後，才利用自己跟政府之間的關係獲利。但是在布希擔任總統期間，國土安全市場源源不絕的財富誘惑力太大了，很多政府官員無法抗拒。因此，眾多不同政府機構裡的千百位官員不願意等到任期結束，就急速衝向旋轉門。根據《紐約時報》記者李普頓（Eric Lipton）的說法，他調查國土安全部這種現象後發現，「老牌的華府說客和監督團體說，現代史上，總統任期結束前，這麼高比率的高階官員出走潮，還難得有相同的例子。」李普頓找到九十四位公務員，都是先在國內安全部門任職，現在已經轉進國土安全產業服務。

這種例子太多，無法在書中詳細列舉，但是有些人特別突出，因為他們是反恐戰爭的主要策劃人。前司法部長和愛國法背後的主要推手艾希克羅夫（John Ashcroft），現在主持艾希克羅夫集團（Ashcroft Group），專門幫助國土安全企業，爭取聯邦政府的合約。國土安全部第一任部長李奇（Tom Ridge）現在主持李奇全球公司（Ridge Global），也擔任通信業者朗訊集團（Lucent Industries）的顧問，這家公司是安全產業的重要角色。前紐約市長兼領導九一一攻擊因應行動的英雄朱利安尼（Rudy Giuliani）下臺四個月後，創設了朱利安尼合夥企業（Giuliani Partners），以危機顧問的身分，推銷自己的服務。柯林頓和布希擔任總統期間的反恐大將克拉克（Richard Clarke）雖然直言不諱，批評現任政府，卻擔任好港顧問公司（Good Harbor Consulting）董事長，從事國土安全與反恐怖主義業務。伍爾西（James Woolsey）在一九九五年之前是擔任中央情報局的局長，現在則為巴拉丁資本集團（Paladin Capital Group）服務，這家私募基金公司投資很多國土安全公司，伍爾西也是國土安全產業主要業者布斯艾倫漢密爾頓公司的副總裁。九一一時擔任聯邦急難管理署長的歐爾鮑，在十八個月後離職，創立新橋策略公司（New Bridge Strategies），這家公司承諾要成為企業、利潤豐厚的政府合約以及伊拉克投資機會之間的橋樑。取代他出任署長的布朗（Michael Brown）任職只有兩年，就離職創立布朗有限責任公司（Michael D. Brown LLC），專門從事應付災難的準備業務。

布朗在卡崔娜風災期間，寫了一封臭名在外的電子郵件，問聯邦急難管理署的幕僚：「我現在可以辭職嗎？」此事大致上符合這批人的哲學：在能夠發包龐大合約的政府機構任職，時間只要長到能夠得到顯赫的職銜，是以蒐集到什麼東西會大賣的內部資訊，然後辭職，兜售你和以前同事的關係。公職生涯已經次要到，變成了頂多只是偵查任務，目的是為將來在災難資本主義複合體中服務，預作準備。

然而，從好幾方面來說，跟貪腐與旋轉門有關的故事都會留下錯誤的印象，暗示國家和這個複合體之間仍然有清楚的界線，但事實上這條界線很久以前就消失了。布希當政時期的創新，不在於政客多快從一個世界轉進另一個世界，而是在於有多少人覺得自己有權同時政商兩棲。裴爾（Richard

Perle）和貝克之流的人制定政策、提供最高階層的建議，像立場超然的專家和政治家一樣，對新聞界說話，同時卻深深涉入民營化的戰爭與重建業務。他們徹底體現了政商財團主義的任務，也就是以安全為名，把政治與企業菁英徹底合而為一，國家則扮演商業行會的主席，藉著合約發包經濟，變成商機的最大來源。

過去三十五年來，無論是智利的聖地牙哥，還是在莫斯科、北京或華府的布希政府，一小撮企業菁英和右派政府結合的情形一出現，都會被貶為某種不正當的作為，不論你是黑幫資本主義、寡頭政治資本主義，或者如今布希領導的「親信資本主義」。但是這些現象並非不正當，而是芝加哥學派以民營化、解除管制與打擊工會三大堅守原則而發動的聖戰所致。

倫斯斐和錢尼堅拒在他們跟災難有關的持股和公職之間做出抉擇，是真正的政商財團國家已經降生的第一個徵象，另外，還有很多其他的徵象。

前輩的力量

布希政府有一個與眾不同的特徵，就是依賴外界顧問與自由之身的特使來執行重要功能：貝克、布雷默、季辛吉、舒茲、裴爾、國防政策委員會與解放伊拉克委員會的委員，都是這種人。布希政府做出諸多重大決策時，國會扮演橡皮圖章的角色，最高法院的判決被他們當成不過是溫和的建議，而上述這些大致上算是義工的顧問，則發揮了絕大的影響力。

這些顧問會有影響力，原因是他們曾經在政府中擔任重要的角色，不是擔任過國務卿、大使，就是擔任過國防部副部長，所有的顧問都已經離開政府很多年，同時在災難資本主義複合體中創立獲利豐厚的事業。因為他們被當成包商，不是幕僚，也就與民選或政府任命的政客不同，不用受同樣的利益衝突規則約束：其實他們根本不受任何約束。結果就像災難管理專家雷倫納（Irwin Redlener）告訴我的一樣，政府與產業之間的旋轉門消失，陽關大道出現，讓災難產業可以利用這些著名前政客的名望為掩護，在政府內部設立事務所。

二○○六年三月，貝克獲得任命，擔任顧問團體「伊拉克研究委員會」（Iraq Study Group）共同主席，負責提出未來伊拉克行動新方針的建議，兩黨都大大鬆了一口氣，因為貝克是老派的政客，德高望重，曾經在比較穩定的時代領導過美國。貝克的確是老手，屬於美國外交政策沒有現在這麼魯莽的時代，不過那是十五年前的事情了。貝克現在做什麼呢？

貝克像錢尼一樣，他在老布希總統任期快結束時離開公職，靠著他在政府裡的關係賺到大錢，尤其是靠著第一次波斯灣戰爭期間，在沙烏地阿拉伯與科威特交到的朋友，賺到特別豐厚的利益。他設在休士頓的法律事務所貝克博茲公司（Baker Botts），客戶有沙烏地王族、哈利波頓與俄羅斯最大的石油公司Gasprom，其法律事務所是世界上主要的石油與天然氣法律事務所。他也成為凱雷集團的股東，從這家十分神祕的公司賺到大約一億八千萬美元。

凱雷靠著銷售機器人系統與國防通訊系統，也靠著旗下的USIS公司取得訓練伊拉克警察的大合約，從伊拉克戰爭中賺到龐大利潤。總市值五百六十億美元的凱雷公司旗下，有一家主攻國防事業的私募基金公司，專門從事近年獲利極高的事業，那就是蒐集（投資）國防包商，推動這些公司上市。凱雷投資長康威（Bill Conway）說：「過去一年半是我們獲利最高的時候。」他指的是伊拉克戰爭最初的十八個月。「我們很賺錢，而且賺得很快。」伊拉克戰爭顯然已經變成災難，卻為凱雷的少數投資人，賺到了創紀錄的六十六億美元利潤。

小布希把貝克拉回公職生涯，任命他擔任伊拉克債務問題的特使，此時貝克並沒有出脫凱雷集團或貝克博茲法律事務所的股權，不顧兩家公司在這場戰爭中擁有直接利益。一開始，好幾位評論家指出這些可能的嚴重衝突，《紐約時報》刊出一篇社論，呼籲貝克辭掉在凱雷集團和貝克博茲法律事務所的職位，保存債務特使職位的公正性。這篇社論指出：「貝克先生在獲利豐厚的民間企業關係網路中涉入太深，糾纏不清，使他在任何債務重新安排的方案中，看來都像可能的受益人。」社論斷定貝克「放棄靠明顯跟伊拉克債務有關係的客戶賺錢還不夠；貝克先生要公正執行新公職，就必須放棄這兩家未上市公司」。

貝克遵照政府高官定下的前例，直接拒絕這樣做，布希還支持他的決定，讓貝克負責遊說世界各國政府，寬免伊拉克極為沉重的外債負擔。他擔任這種角色將近一年後，我取得一份機密文件，證明他涉及的利益衝突比以前所知道的更嚴重、更直接。這份文件是六十五頁的業務企劃案，是由包括凱雷集團在內的銀行團，向伊拉克的主要債權國科威特政府發出，這些公司建議科威特利用他們的高階政治關係，向伊拉克索取因為海珊入侵而積欠科威特的二百七十億美元債務；換句話說，貝克的所作所為，跟他擔任特使應該做的事情正好相反，也就是要說服各國政府取消海珊時代的債務。

這份文件的標題是「協助科威特政府保護與實現對伊拉克索賠的建議」，是在貝克接受任命將近兩個月後，才呈交科威特政府。文件中提到貝克十一次，並且清楚表明，如果科威特政府跟雇用了負責取消伊拉克債務的人的公司合作，將會得到好處。但是其中也有代價，這份文件指出，為了換取這種服務，科威特政府必須在凱雷集團投資十億美元。這樣做是直截了當在銷售影響力：付錢給貝克的公司，得到貝克的保護。我把這份文件拿給華盛頓大學（Washington University）法學教授兼政府倫理規範專家克拉克（Kathleen Clark）看，她說貝克涉及「典型的利益衝突。貝克在這項交易中代表雙方，他理當代表美國的利益，但他也是凱雷集團的資深法律顧問，凱雷希望協助科威特收回伊拉克欠的債務，得到報酬」。克拉克看過這份文件後，認定「凱雷和其他公司利用貝克目前的職位，向科威特爭取會傷害美國利益的合約」。

我談論貝克的文章在《國家》雜誌刊出一天後，凱雷集團退出這個銀行團，喪失得到十億美元的希望；幾個月後，貝克出脫凱雷集團的持股，辭去法律顧問的職位。但是真正的傷害已經造成：貝克擔任特使的表現很糟糕，沒有爭取到布希保證而且伊拉克需要的債務豁免。二〇〇五與二〇〇六年間，伊拉克付出二十五億九千萬美元，賠償海珊開戰造成的損失，這些錢大部分賠給科威特，卻是因應伊拉克人道危機、重建國家所亟需的財源；而且在美國企業白白浪費援款、一事無成撤走之後，伊拉克更迫切需要這筆資金。貝克的任務是替伊拉克取消九〇%至九五%的債務，結果只是重新安排償債期限，這些債務仍然等於伊拉克國內生產毛額的九九%。

伊拉克政策的其他層面也交給自由之身的特使，讓他們的公司從這場戰爭賺到創紀錄的利潤。前國務卿舒茲主持的伊拉克解放委員會，是二〇〇二年在布希總統的要求下成立的壓力團體，任務是協助政府，在民眾心中建立打伊拉克戰爭有理的印象。舒茲的確遵命辦事，因為他承擔的角色跟布希政府有所區隔，他可以完全不必提出證據或事實，就在民眾心中激起歇斯底里的心理，認定海珊構成的危險迫在眉睫。二〇〇二年九月，他以〈立刻行動：危險迫在眼前，海珊必須下臺〉（Act Now: The danger is immediate. Saddam Hussein must be removed）為題，投書《華盛頓郵報》，指出：「如果院子裡有一條響尾蛇，你不會等到蛇發動攻擊，就會先採取自衛行動。」舒茲並沒有向讀者揭露他當時是貝泰公司董事、先前擔任這家公司執行長很多年。這家公司後來會從舒茲渴望摧毀的伊拉克，得到二十三億美元的重建工程合約。因此我們事後來看，似乎應該問舒茲呼籲世界「立刻行動」時，是以關切國事的元老政治家的身分說話，還是以貝泰公司的代表、或是洛克希德馬丁公司的代表身分說話？

根據非營利監督團體「政府監督計畫」（Project on Government Oversight）執行理事布萊恩（Danielle Brian）的說法，「你不可能知道政府的界線在哪裡結束，洛克希德的勢力從哪裡開始。」要知道洛克希德的勢力在哪裡結束，伊拉克解放委員會的權限從哪裡開始，更是困難。舒茲主持的這個宣揚作戰的團體是由傑克森（Bruce Jackson）擔任召集人，他三個月前還是洛克希德馬丁公司負責策略與規劃的副總裁。傑克森說，「白宮裡的人」要求他組織這個團體，但是他召集洛克希德公司的舊同事，組成這個委員會。除了傑克森之外，洛克希德的代表包括負責太空與戰略飛彈業務的副總裁庫波曼（Charles Kupperman），以及負責防衛系統的洛克希德董事葛蘭姆（Douglas Graham）。雖然這個委員會的組成是出於白宮的明白要求，希望作為戰爭的宣傳機器，卻沒有一個委員必須離開洛克希德，或是賣掉自己的股票，這點對委員會成員的確是好事，因為洛克希德的股價靠著他們協助發動的戰爭，躍漲了一四五%，從二〇〇三年三月的四十一美元，漲到二〇〇七年二月的一百零二美元。

此外還有支持皮諾契發動政變的季辛吉，開啟這場反革命的人就是他。《紐約時報》記者伍華德（Bob Woodward）在二〇〇六年的《一概否認之國》（*State of Denial*）書中透露，錢尼每個月和季辛吉會晤，布希和季辛吉則是大約兩個月見面一次；錢尼告訴伍華德：「他變成布希在外交事務方面最常諮詢的外界顧問。我跟季辛吉談話的次數，很可能比跟任何人談話的次數還多。」

但是在所有這些最高階的會晤中，季辛吉代表誰？他像貝克和舒茲一樣，當過國務卿，但是已經離職三十年了。從一九八二年他創設未上市的神祕公司季辛吉公司起，他的工作就是代表一大堆客戶，據說客戶包括可口可樂、永備化學（Union Carbide）、韓特石油（Hunt Oil）等公司在內，也包括贏得金額最大的伊拉克重建合約的工程巨擘福陸公司（Fluor），甚至包括他在智利祕密行動中的老同伴ＩＴＴ公司。因此他和錢尼會晤時，身分是元老政治家，還是代表石油與工程業客戶的高價說客？

二〇〇二年十一月，布希任命季辛吉主持九一一委員會時，季辛吉強烈顯示出他是對誰效忠。這個職位可能是任何愛國人士從退休狀態復出所能擔任的最重要角色，但是受害者家屬要求季辛吉提出他的企業客戶名單，指出這些客戶和調查之間可能有利益衝突；他拒絕合作，不願意做出這種代表公信力與透明度的基本姿態。他沒有揭露客戶名單，而是辭掉這個委員會主席的職位。

季辛吉的朋友和事業夥伴裴爾在一年後，將會做出同樣的抉擇。裴爾在雷根總統期間曾經任職國防部，倫斯斐請他主持國防政策局。裴爾接任前，國防政策局是無聲無息的顧問單位，負責把過去政府的知識，傳承給現任政府。裴爾把這個單位變成自己的平臺，利用自己動人的頭銜，在新聞界強力主張對伊拉克先下手再說。他也以其他方式利用國防政策局，根據《紐約客》雜誌記者賀西（Seymour Hersh）的調查報導，他以個人的官銜為號召，為自己新創的公司吸引投資。事實上，裴爾是第一批後九一一災難資本家之一，攻擊發生才兩個月後，他就設立了創投企業三聯夥伴公司（Trireme Partners），專門投資一些開發國土安全與國防相關產品及服務的公司。三聯公司在一封招攬業務的信中，誇稱公司的政治關係：「經營階層中的三位成員目前任職美國國防政策局，擔任美國國防部長的顧問。」這三個人是裴爾、他的朋友席爾曼（Gerald Hillman）和季辛吉。

波音是裴爾最初的投資者之一，波音是五角大廈的第二大包商，投資了二千萬美元，讓三聯公司得以推展業務。裴爾變成了直言無隱的波音迷，撰寫讀者投書，支持波音和五角大廈之間引發爭議、價值一百七十億美元的運油機合約。[1]

裴爾雖然把他在國防部的所有關係告訴投資人，他在國防政策局的幾位同事卻說，他沒有告訴他們這家公司的事情。在有關這家公司的聽證會上，有一個人說這家公司「在倫理規範的邊緣，或是根本不符倫理規範」。最後，所有的衝突問題困住了裴爾，他必須像季辛吉一樣做出抉擇，是繼續制定國防政策，還是從反恐戰爭中獲利。二〇〇三年三月，就在伊拉克戰爭剛剛爆發，包商的好運正要開始時，裴爾辭去了國防政策局主席的職位。

最讓裴爾生氣的是，有人說他之所以贊成用無限度戰爭總結所有的邪惡，是由於他個人可以從這種主張中獲得驚人利益。有線電視新聞網記者布里澤（Wolf Blitzer）質問裴爾，說賀西認為「他設立了可以從戰爭中獲利的公司」。這似乎是不證自明的正確說法，但是裴爾勃然大怒，痛斥普立茲新聞獎得主賀西，他告訴布里澤：「最接近恐怖分子的東西就是美國新聞界，坦白說，我不相信一家公司可以從戰爭中獲利；說我的觀點跟國防工業投資的潛在報酬有關，完全是一派胡言。」

這個說法很奇怪，如果你設立創業投資公司，投資從事安全與國防業務的企業，卻設法不從戰爭中獲利，一定會讓投資人失望。像裴爾這種人所扮演的角色有個更大的問題是，這些人在灰色地帶生存，在災難資本家、公共知識分子和決策官員之間的灰色地帶。如果洛克希德或波音經理人像裴爾一樣，上福斯電視臺，主張改變伊朗的政權，他們明顯的自私自利會否定他們所提出的主張。但是大家介紹裴爾時，繼續說他是「分析師」、是五角大廈顧問，也可能說他是「新保守派」，但從來沒有人說他可能只是能言善道的軍火商。

這個華府幫派的成員只要受到質疑，說他們和他們支持的戰爭之間有經濟利益關係時，他們一定都像裴爾一樣回答：整個說法既荒謬又愚蠢，有點像是恐怖分子的攻擊。包括錢尼、倫斯斐、舒茲、傑克森在內的新保守派（我認為季辛吉也是其中一員）花了非常多的精神，顯示自己是蛋頭學者或鷹派的務實分子，背後的動力是意識形態和宏偉的理念，而不是像利潤這麼俗氣的東西。例如傑克森說，洛克希德不贊同他業外的外交政策工作；裴爾說，他跟五角大廈的關係對他的業務造成傷害，因為「這樣表示其中有些你不能說、不能做的事情」。裴爾的合夥人席爾曼堅持說，裴爾「不是理財動物，完全沒有追求財務利得的意願」。費斯（Douglas Feith）擔任國防政策次長時宣稱：「副總統過去跟哈利波頓的關係，使政府官員不願意發包合約，不熱衷發包合約，即使實際上應該把合約交給哈利波頓旗下的凱樂布朗魯特公司。」

即使是在新保守派最堅定的批評者筆下，這些新保守派看起來都像是真正的堅信者，動機完全是決心維持美國和以色列勢力的超強地位，這種決心極為強烈，以致於他們準備犧牲經濟利益，換取「安全」。這種區分既虛假又健忘，追求無限利益的權利一直是新保守派意識形態的核心。九一一以前，激烈民營化的要求和對社會支出的攻擊，助長了美國企業研究所、傳統基金會和卡托研究所等智庫推動以傅利曼學說為核心的新保守派運動。

新保守派在反恐戰爭上，並沒有放棄政商財團主義的經濟目標，而是找到更有效的新方法來達成這些目標。華盛頓的鷹派當然決心維持美國的世界帝國角色、以及以色列在中東的帝國角色。然而，你不可能把這種軍事目標和災難資本主義複合體的利益區隔開來，前者要在國外不斷茁壯，在國內維持警察國家，後者則依據這種假設，建立了規模數百億美元的產業。這種政治和獲利目標合而為一，表現最清楚的地方是在伊拉克戰場上。

1 運油機合約成為五角大廈近年最大的醜聞，最後把國防部一位高級官員和波音公司一位高級經理人拖下水，關進監牢。這位官員在案子即將定案時跟波音磋商，希望找到工作。倫斯斐在後來的調查中遭到質疑，問他為什麼沒有注意到這件有問題的案子？他回答說，他記不得自己在這件耗用一百七十億美元到三百億美元稅金的合約中，確實擔負什麼角色。「我不記得自己批准過合約，但是我確實不記得沒有批准過合約。」倫斯斐遭到管理不善的批評，但是他的健忘可能是因為他擁有極多跟國防有關的持股，經常必須迴避採購討論，以避免顯現利益衝突造成的惡果。

第六篇

伊拉克的完整循環：過度震撼

The Shock Doctrine

PART 6

以震撼為基礎的軍事行動有一種風險，可能會碰到「意外的後果」，或是促成意外的反應。例如，大規模攻擊一個國家的基本建設、輸配電網或經濟制度，可能形成極度的艱困狀況，引發更強的反彈，而不是削弱敵國的作戰意志。

——夏納翰（John N. T. Shanahan）中校，〈震撼軍事行動〉（Shock- Based Operations），出自《航太控制權》（*Air & Space Power*）雜誌，二〇〇一年十月十五日

直接刑求只會造成憤恨、敵意與進一步的反抗……接受偵訊的犯人如果能夠熬過痛苦，會變得更難用其他方法處理。結果不是壓制犯人，而是重建犯人的信心和成熟度。

——中央情報局《庫巴克反情報偵訊》手冊，一九六三年

第十六章

THE SHOCK DOCTRINE

消滅伊拉克

尋找中東「模範」

內向的精神分裂症或憂鬱症患者好比用高牆團團圍住的城市，所有城門緊閉，拒絕和世界其他國家貿易……在城牆上炸開缺口後，可以和世界重建關係。不幸的是，我們不能控制轟炸造成的損害程度。

——英國精神病學家懷利（Andrew M. Wylie）

針對電擊治療的看法，一九四〇年

後九一一的世界中，我認為適度使用暴力，可能具有治療效果。

——《華盛頓郵報》專欄作家柯恩（Richard Cohen）

為文支持侵略伊拉克

二〇〇四年三月，我抵達巴格達還不到三小時，一切都不太順利。首先，我們出了機場檢查關卡，事先約定的車子沒有出現，我的攝影師史登（Andrew Stern）和我必須在已經號稱「世界最危險的道路」上，設法搭便車。我們抵達位於熱鬧的卡拉達區（Karada）的旅館時，迎接我們的是愛爾蘭和平運動分子柏明恩（Michael Birmingham），他在美國侵略伊拉克前搬到巴格達。我請他幫我介紹幾個關心伊拉克經濟民營化的伊拉克人。他告訴我們：這裡沒有人關心民營化，大家只關心生存。

接著我們激辯在戰區推動政治目標的倫理問題。柏明恩並沒有說伊拉克人支持民營化計畫，只是說大部分人有更迫切的煩惱，他們擔心自己做敬拜的清真寺有炸彈爆炸，或是發現堂兄弟消失在美國管理的阿布格萊布監獄。他們想的是怎麼得到明天要喝的水和洗澡水，不是外國公司是否想把伊拉克的供水系統民營化，然後在一年後把水賣給他們。他主張外人的職責是設法記錄戰爭與占領的實況，不是決定什麼事情是伊拉克的當務之急。

我極力為自己辯護，指出把這個國家賣斷給貝泰和埃克森美孚石油，不是我編造的幻想；在白宮派駐伊拉克的特使布雷默帶頭推動下，民營化已經進入初期階段。好幾個月以來，我一直在報導美國在多家旅館的宴會廳裡舉辦商展，拍賣伊拉克的國家資產，形成超現實的場景：穿著護身盔甲的業務員用血肉橫飛的故事，嚇唬來參觀的商人，美國貿易官員卻對大家保證，實際情形沒有電視上看到的那麼糟糕。「地上還血跡斑斑的時候，是最好的投資時機。」在華府的「第二次重建伊拉克」研討會上，有位出席者認真地這麼說。

在巴格達很難找到有興趣談經濟的人，其實並不意外。策劃侵略伊拉克的人堅決相信震撼主義，知道伊拉克人忙著應付緊急事務，可以把伊拉克切割開來拍賣，而且可以把結果當成已經完成的交易。

對新聞記者和行動主義者來說，我們似乎把所有的注意力，都放在驚人的實際攻擊上，忘了得到最大利益的關係人根本不到戰場上來，而且在伊拉克可以獲取許多利益：伊拉克不但有世界第三大的已證實石油蘊藏，也是拒絕依據傅利曼自由資本主義願景、建立全球市場潮流的最後堡壘；這種潮流征服拉丁美洲、非洲、東歐和亞洲後，阿拉伯世界變成了最後的一塊邊疆。

柏明恩和我反覆辯論之際，史登想到陽臺上抽菸，當他打開玻璃門時，房間似乎瞬間被抽成真空。窗戶外面是一團像岩漿一樣的火球，深紅色中夾雜了一些黑色。我們抓起鞋子，穿著襪子，跑下五層的樓梯。大廳裡到處都是碎玻璃，街角的黎巴嫩山大飯店（Mount Lebanon Hotel）變成廢墟，跟旁邊的房子一起被一千磅的炸彈夷為平地，這是伊拉克戰爭結束以來，到當時為止最大的攻擊案件。

史登提著攝影機衝到爆炸案現場，我努力克制自己，最後還是跟了過去。我到巴格達才三小時，就打破了自己不追逐炸彈的規則。回到旅館後，所有獨立記者和非政府組織的人都在喝亞力椰子酒（arak），設法控制自己激動的情緒。每個人都對著我笑，說：「歡迎來到巴格達！」我看看柏明恩，我們兩個都默默承認，剛才的辯論他贏了。戰爭本身說出了最後一句話：「是炸彈決定這裡的一切，不是新聞記者。」的確如此，炸彈不只是把氧氣吸進爆炸圈裡，也吸引了一切，包括我們的注意力、同情心和怒火。

那天晚上，我想到兩年前在布宜諾艾利斯碰到的傑出記者艾庫娜（Claudia Acuna），她給我一本華殊寫的《作家寫給軍事執政團的公開信》。她警告我說，極端的暴力可以阻止我們看出暴力背後所代表的利益，某方面來說，這一點已經表現在反戰運動上。為什麼發動這場戰爭？我們的解釋很少超過幾個簡單的答案，就是石油、以色列、哈利波頓。我們大部分人決定反戰，是反對誤以為自己是國王的總統，以及他那位想在歷史上留名的英國跟班的愚蠢行為。至於其他的想法，比如說戰爭是合理的政策選擇、籌劃侵略伊拉克的人使出殘忍的暴力，是因為他們不能用和平手段打開中東的封閉經濟體，暴力程度和其中的利益正好成正比……我們完全沒興趣。

美國政府向大眾推銷侵略伊拉克時，立論基礎是害怕伊拉克持有大規模毀滅武器，因為照伍佛維茲（Paul Wolfowitz）的說法，大規模毀滅武器是「每一個人都會贊同的說法」。換句話說，大規模毀滅武器是最小公約數的藉口。大部分支持這場戰爭的知識分子喜歡比較精確的理由，就是「模範」理論。很多主張這種理論的大師都自認為是新保守主義分子，根據他們的說法，恐怖主義出現在阿拉伯與穆斯林世界的很多地方：九一一的劫機者來自沙烏地阿拉伯、埃及、阿拉伯聯合大公國和黎巴嫩；伊朗用金錢支持真主黨（Hezbollah）；敘利亞窩藏哈瑪斯組織（Hamas）的領袖；伊拉克送錢給巴勒斯坦自殺炸彈客的家屬。對這些擁護戰爭的人來說，他們把攻擊以色列和攻擊美國混為一談，好像兩件事沒有差別，這種想法足以把整個中東地區，全都當成孕育恐怖分子的溫床。

因此他們會問，要怎麼對付這個產生恐怖主義的地區？受到意識形態遮蔽，他們看不出美國或以色列政策是造成這種現象的原因，更不可能看出這是挑釁行為；他們以為真正原因是這個地區缺乏自由市場民主制度。[1]

因為無法一次征服整個阿拉伯世界，就必須挑出一個國家作為觸媒。正如同相信這種理論的頭號媒體宣傳家佛里曼所說，美國要侵略這個國家，「把這個國家變成阿拉伯穆斯林世界中心的不同模範」，進而在整個地區引發一系列的民主與新自由派浪潮。美國企業研究所大師穆拉其克（Joshua

Muravchik）預測，在「德黑蘭與巴格達」將「引發遍及伊斯蘭世界的海嘯」，同時，主要的保守派分子、布希政府的顧問李丁說，目標是「一場改變世界的戰爭」。[2]

這個理論的內部邏輯，把對抗恐怖主義、傳播資本主義到邊疆和舉行選舉綁在一起，變成單一方案：「清除」中東的恐怖主義，成為龐大的自由貿易區，然後這些國家都會受限於承認既成事實的選舉結果，這樣好比三合一的特餐。布希後來把這種目標簡化成簡單的一句話：「把自由傳播到有麻煩的地區。」很多人把這種情緒誤解成過分樂觀的民主承諾，但是模範理論的核心其實是另一種自由，是七〇年代帶到智利、九〇年代帶到俄羅斯的那種自由，也就是讓西方跨國公司可以飽餐新近民營化國家的自由。布希宣布伊拉克的主要戰鬥結束才八天後，就清楚地說明這件事，宣布「在十年內，建立美國中東自由貿易區」的大計。錢尼的女兒、蘇聯震撼治療歷程專家麗絲．錢尼（Liz Cheney）負責推動這個計畫。

九一一攻擊後，侵略某個阿拉伯國家、把這個國家變成模範的想法開始流傳，有好幾個國家成為可能目標，包括伊拉克、敘利亞、埃及，或是李丁屬意的伊朗。然而，伊拉克卻有很多值得推薦的地方，伊拉克除了擁有龐大的石油蘊藏之外，在沙烏地阿拉伯看來沒有以前那麼可靠的時候，伊拉克也是適於設立軍事基地的中心地點，而且海珊動用化學武器對付人民，使他變成大家容易仇視的目標。另一個經常被人忽略的因素是，美國人較熟悉伊拉克。

一九九一年的波斯灣戰爭，是美國最近一次動用幾十萬部隊、發動大規模的地面攻勢。戰爭結束後十二年裡，五角大廈一直用這場戰爭作為研討會、人員訓練以及精心研發戰爭遊戲的範本。有一篇對倫斯斐深具啟發的論文，就是這種後賽局理論的例子。這篇論文叫作《震撼與威懾：達成快速掌控》，是一九九六年由國防大學一些策略專家寫的，這篇論文定位為全方位的軍事教條，其實探討的是如何再打一次波斯灣戰爭。這篇論文的主要作者、退役海軍中校烏爾曼（Harlan Ullman）解釋說，會推動這個研究計畫，原因是有人問第一次波斯灣戰爭時的空戰指揮官洪納（Chuck Horner）將軍，問他和海珊作戰時，覺得最困擾的事情是什麼。他回答說，他不知道應該把針刺向那裡，好讓伊拉克軍隊崩潰。把「震撼與威懾」這兩個名詞湊在一起的烏爾曼寫道：「震懾意在解決這個問題：如果沙漠風暴戰爭能夠再打一次，我們如何能在一半的時間以內，用比較少的兵力，打贏這場戰爭？關鍵在於找到洪納所說把針刺進去的地方，我們以這些地方為目標，可以讓敵人立刻崩潰。」論文作者群相信，如果美軍有機會再跟海珊作戰，一定會非常善於找到這些「插入點」，因為新的衛星科技和精準武器的突破，使美軍可以用空前精確的方式，把針插進去。

選擇伊拉克還有另一個好處，美軍忙著幻想用有天壤之別的進步科技，再打一次沙漠風暴行動時，伊拉克的軍事能力卻急速退步，不但受到禁運侵蝕，武器檢查計畫更使伊拉克軍力幾乎土崩瓦解。這點表示，和伊朗或敘利亞相比，伊拉克似乎是最容易打勝仗的地方。

佛里曼談到選擇伊拉克作為模範的用意，說得很直率。他寫道：「我們不是要在伊拉克扶植國家，我們要創造一個國家。」這樣說好像是在二十一世紀裡，找一個阿拉伯產油大國、憑空創造出一個國家來，是很自然、甚至是「很高貴」的事情。佛里曼像很多人一樣，原來支持戰爭，後來卻宣稱自己預料不到美軍入侵伊拉克後會帶來大屠殺。我們很難想像他怎麼可能忽略這種細節。伊拉克不是地圖上空曠的地方，從過去到現在，伊拉克的文化和人類文明一樣悠久，帶有崇高的反帝國主義自尊、強烈的阿拉伯民族主義、深厚的信仰，大部分成年男性都受過軍事訓練，如果要在伊拉克「創造國家」，原來已經存在的國家會變成怎麼樣？從一開始，沒有說出口的假設就是：原來的國家有很大部分會消失，以便清出空地，進行宏偉的試驗；這個構想的核心，一定包括極為激烈的殖民暴力。

三十年前，芝加哥學派的反革命首次從教科書上跳到現實世界，也希望把國家消滅，然後創造出新的國家。一九七三年的智利就像二〇〇三年的伊拉克一樣，原意是要當作整個騷動的美洲大陸的模範，而且很多年裡，智利確實是模範。一九七〇年代實施芝加哥學派理念的殘暴政權很清楚，如果他們理想中的新國家要在智利、阿根廷、烏拉圭和巴西誕生，整個人民和他們的文化都必須「連根」拔起。

在遭受過政治清洗的國家，大家會集體努力，面對這段殘暴的歷史：設立真相委員會、挖掘萬人塚，開始審判壞人的戰爭罪行；但是拉丁美洲的軍事執政團並非獨立行動，很多文件顯示，他們在政變前後都受到華盛頓支持。例如一九七六年阿根廷政變時，成千上萬的年輕行動主義者被人從家裡抓走，軍事執政團得到華府充分的財務支持。（季辛吉說過：「如果有什麼事情必須做，你應該要快快做。」）那一年福特擔任美國總統，錢尼是他的幕僚長，倫斯斐是國防部長，季辛吉的行政助理是一位野心勃勃、名叫布雷默的年輕人。這些人沒有面對真相，沒有因為他們支持各國軍事執政團的角色而經歷司法程序審判，還繼續享受漫長而順利的事業生涯，事實上，好日子太過漫長，以至於三十年後他們仍然活躍，準備在伊拉克發動驚人卻更凶暴的類似實驗。

布希在二〇〇五年的就職演說中，把冷戰結束到反恐戰爭開始的期間，說成是「休生養息的歲月，接著是大火燻天的日子」。侵略伊拉克，代表猛然回歸自由市場聖戰早年的手段：不受任何干涉，使用最厲害的震撼，強力侵襲並排除建立模範政商財團主義國家的障礙。

接受中情局資助的精神病學家卡麥隆在「拆解」病人時，會讓病人退縮到嬰兒狀態；他相信，如果一點點震撼有助於達成目的，那麼更多的震撼會更有用。他用自己所能想到的一切來轟炸病人的頭腦，包括用電力、迷幻藥、感覺剝奪、感覺超載，任何能抹煞舊有東西而得到空白白紙的方法，好讓他銘刻新的思想和模式。侵略伊拉克的策略就是這樣，只是白紙大多了。策劃這場戰爭的人評估所有的震撼手段，決定全部採用，包括閃電戰、軍事轟炸、配合精巧的心理作戰，隨後用最快速、最徹底、最空前的政治與經濟震撼治療計畫。如果有任何抵抗，就把反抗分子一網打盡，再予以「無情的淩辱、拷打」，作為補強手段。

分析伊拉克戰爭時得到的結論經常是：侵略的部分「成功」，但是占領的部分失敗。這種評估忽略了侵略和占領是一個策略的兩面：最初的轟炸意在洗淨畫布，以便在上面建立模範國家。

戰爭是場大規模的嚴刑拷打

對策劃二〇〇三年侵略伊拉克的人來說，「在什麼地方把針插下去」的答案似乎是：在每一個地方都插下去。一九九一年的波斯灣戰爭中，五星期內大約發射了三百枚戰斧巡弋飛彈。二〇〇三年時，一天裡就發射了超過三百八十枚。三月二十日到五月二日的「主要戰鬥」期間，美軍在伊拉克投下的炸彈超過三萬顆，還有兩萬枚精密導引巡弋飛彈；之前生產的所有這種飛彈，六七％都射向伊拉克。

轟炸期間，巴格達一位三個小孩的媽媽穆沙說：「我非常害怕，沒有一分鐘不聽到、感覺到炸彈炸在某個地方，我覺得伊拉克沒有一公尺的土地是安全的。」這點表示震懾作戰達成了目標。震懾作戰公開挑戰不得集體懲罰的戰爭規矩，創造這種教條的人以此自豪，震懾作戰不只是以敵人的軍事力量為目標，也以「整個社會為目標」：集體恐懼是這種策略的重要一環。

震懾作戰還有一個凸出的特點，那就是十分瞭解戰爭是有線電視新聞的奇觀，能同時表演給好幾種觀眾看，包括敵人、美國人和任何想要製造麻煩的人。震懾作戰手冊宣稱：「這種攻擊的視覺效果透過ＣＮＮ，同步在全世界播出，對聯軍支持者的正面衝擊，以及對潛在威脅者的負面衝擊，可能具有決定性的影響。」[3]從一開始，伊拉克戰爭就被人認為是華盛頓向全世界傳達的訊息，所用的語言是火球、震耳欲聾的爆炸聲和搖撼整個都市的震動。舒斯侃（Ron Suskind）在《一％教條》（*One Percent Doctrine*）一書中解釋說，對倫斯斐和錢尼而言，侵略伊拉克的主要動機是希望創造一個實際的範例，告訴任何莽撞到取得毀滅性武器，或是以任何方式藐視美國權威的人，要他們好好規範自己的行為。這種策略比較不像是戰爭策略，而是「全球性的行為主義試驗」。

戰爭總是有一部分是表演，總是一種大眾傳播的形式，但倫斯斐利用他在企業界學到的手段和媒體知識，把行銷恐怖變成了美國軍事理論的核心。冷戰期間，擔心核武攻擊是嚇阻策略的核心，但重點在於核子飛彈留在發射槽裡。這次攻擊不同，倫斯斐主持的戰爭動用了核子彈之外的所有力量，展示了意在轟炸感官、左右並且影響情感的大秀，傳播持久的資訊，目標經過精心選擇，力求具有象徵價值並且適於在電視上產生衝擊。從某方面來看，倫斯斐的戰爭理論是他「改頭換面」計畫的一環，跟常常拖著他、要他慢下來的將領所主張「以武力對付武力」的戰場策略大不相同，反而和他宣布要對戰到永遠的恐怖分子相像多了。恐怖分子不會透過直接的對抗爭取勝利，而是嘗試用可以在電視上展現出來的驚人畫面，同時展現敵人的弱點還有自己製造殘忍事件的能力，以便瓦解大眾的士氣。這是九一一攻擊背後的理論，同樣也是侵略伊拉克背後的理論。

震撼與威懾通常只是表現為壓倒性火力的戰術，但這個理論的作者其看法深厚多了：他們宣稱，震撼與威懾是一種複雜的心理藍圖，「直接針對敵人的集體反抗意志」，所用的方法是美國軍事複合體另一個部門熟悉的工具：利用意識剝奪和意識超載，造成迷失與退縮。《震撼與威懾》清楚反映中情局的偵訊手冊：「用粗淺的話來說，快速主導將會掌控環境，癱瘓敵人的感覺和對事件的瞭解，或是使敵人在這方面超載。」目標是「使敵人完全失能」。所包括的策略涵蓋「即時操縱感官與輸入內容……實際上就是『把燈光開開關關』，讓任何可能的挑釁者認清或瞭解自己的武力、最後是自己的社會，會碰到什麼狀況與事件」，以及「在特定地區，剝奪敵人溝通與觀察的能力」。伊拉克遭受這種大規模酷刑的實驗歷時好幾個月，而且早在炸彈投下前很久就開始了。

加深恐懼

加拿大公民艾拉（Maher Arar）是特別引渡計畫的受害者，二〇〇二年他在甘迺迪機場被美國諜報人員抓走然後送到敘利亞，偵訊他的人用的是歷經實驗、證實有效的刑求技巧。「他們要我坐在椅子上，有一個人開始問我問題……如果我回答得不夠快，他會指著角落上的金屬椅子問：『你要我用這東西嗎？』……我嚇壞了，他們不需要動手，我就會說所有的話，避免遭到酷刑！」艾拉碰到的技巧叫作「展現刑具」，或是照美國軍方的術語叫作「加深恐懼」。刑求的人知道，自己最有力的武器之一是囚犯自己的想像；往往只要展現可怕的刑具，就會比動用刑具還有效。

侵略伊拉克的日子愈來愈接近，五角大廈徵用美國新聞媒體，讓伊拉克的「恐懼加深」，戰爭爆發前兩個月，哥倫比亞廣播公司新聞播出一項報導，一開始就說：「他們把這一天叫作攻擊日，攻擊代表極為慘烈的空襲，會讓海珊的軍隊無力或不願意作戰。」節目把《震撼與威懾》的作者烏爾曼介紹給觀眾，烏爾曼解釋說：「這會產生一種綜合效果，就像投在廣島的原子彈一樣，不用幾天或幾星期時間，而是在幾分鐘之內產生這種效果。」節目結束之際，主持人丹·拉瑟（Dan Rather）撇清責任：「我向各位保證，這項報導沒有國防部認為可能幫助伊拉克軍方的資訊。」其實他可以講得更明白：這則報導和同時期其他的報導一樣，是國防部加深恐懼策略密不可分的一環。

伊拉克人靠著私接的衛星電視或海外親友的電話，接收這些可怕的報導，有好幾個月的時間裡，都在想像震懾的恐怖。這個階段本身變成強而有力的心戰武器。這次會比一九九一年糟糕嗎？如果美國人真的認為海珊擁有大量毀滅武器，會不會發動核子攻擊？

侵略開始前一週，答案出現了，五角大廈邀請華盛頓的軍事記者，到佛羅里達州的艾格林（Eglin）空軍基地，進行特別的實地參訪，親眼看看特大空中爆炸武器（Massive Ordnance Air Blast, MOAB）的實驗，但是軍方每一個人都把這種炸彈叫作「炸彈之母」（Mother of All Bombs）。這種炸彈重二萬一千磅，是歷來所生產過最大的非核炸彈，照CNN記者麥金泰（Jamie McIntyre）的說法，這種炸彈可以產生「一萬英尺高的蕈狀雲，看起來和感覺起來都像核子武器」。

麥金泰在報導中說，即使不動用這種炸彈，這個炸彈的存在「仍然可能產生心理衝擊」——暗示他默認自己在發動這種衝擊所扮演的角色。伊拉克人像關在監牢裡接受偵訊的囚犯一樣，看到刑具。倫斯斐在同一個節目中解釋說：「我們的目標是要清楚展現聯軍的實力，足以徹底壓制伊拉克軍隊，使之不戰而敗。」

戰爭開始後，巴格達居民遭到大規模的感官剝奪，巴格達的感覺刺激一個接一個被切斷；最先失去的是耳朵。

二〇〇三年三月二十八日晚上，美軍逼近巴格達時，伊拉克通信部遭到轟炸，變成一片火海，巴格達的四個電話交換機中心遭到大量的碉堡剋星炸彈攻擊，切斷了幾百萬具電話的通信，以電話交換機中心為目標的攻擊繼續進行，一共有十二處電話交換機中心遭到攻擊。到四月二日，整個大巴格達地區，幾乎沒有一具電話可以通話。[4]在同樣的攻擊中，電視與無線電轉播站也不能倖免，以致躲在家裡的眾多巴格達家庭連一點微弱的信號都不可能收到，外面到底發生什麼事情，根本聽不到消息。

很多伊拉克人說，空襲中造成最大心理傷害的事件是摧毀電話系統，也是最大的折磨。因為到處都可以聽到、感覺到炸彈爆炸，卻不能打電話到幾個街口之外，看看心愛的人是否還活著，也不能向住在國外的親戚報平安。駐在巴格達的新聞記者被絕望的居民包圍，哀求他們借用片刻衛星電話，或是在他們手裡塞進電話號碼，哀求他們打電話給倫敦或巴爾的摩的兄弟或叔伯，「告訴他一切安好，告訴他說父母都平安，跟他問候，告訴他不必擔心。」這時，巴格達大部分藥房的安眠藥品和抗憂鬱藥品都賣光了，整個城市找不到半顆煩寧（Valium，編按：一種抗焦慮劑，可改善失眠症狀）。

接著遭到摧毀的是眼睛。英國《衛報》四月四日報導：「傍晚的轟炸中聽不到爆炸聲，感覺不到有什麼變化，但是突然間，整座有五百萬人居住的城市陷入無邊無際的可怕暗夜中。只有路過汽車的頭燈能夠消除黑暗，帶來一線光明。」巴格達居民困在家裡，彼此不能通話，聽不到別人的聲音，也看不到外面。就像關在中情局黑牢裡的犯人一樣，整個城市好比加上了腳鐐手銬，罩上面罩，接著又被剝光衣服。

安慰物品

在敵意的偵訊中，摧毀囚犯的第一階段是剝奪囚犯的衣服，拿走能夠引發囚犯自我意識的任何物品，也就是所謂的安慰物品。對囚犯特別有價值的物品，如古蘭經或囚犯重視的照片，經常用公開侮辱的方式處理，傳達的訊息是「你什麼都不是，我們要你變成什麼人，你就是什麼人」；這麼做的本質就是要剝奪人性。伊拉克人集體經歷這種毀滅過程，看著最重要的制度遭到褻瀆，歷史文物用卡車載走，就此消失。轟炸嚴重傷害伊拉克，但是接下來不受占領軍抑制的搶劫，才是最徹底抹殺國家靈魂的惡行。

《洛杉磯時報》報導：「千百個搶匪砸毀伊拉克國家博物院的古代陶瓷，搬空展示櫃，搶走黃金和其他古物，這樣根本就是掠奪人類社會的最初紀錄。博物院十七萬件無價的收藏品中，八〇％不見了。」國家圖書館收藏伊拉克出版的每一本書、每一份博士論文，如今成為焦黑的廢墟。宗教事務部大樓燒到只剩骨架，有千年歷史、用鮮明圖案裝飾的古蘭經消失無踪。巴格達一位中學老師宣稱：「我們的國家傳統消失了。」當地一位商人談到國家博物院時說：「這是伊拉克的靈魂，如果國家博物院不能收回遭到搶掠的珍寶，我會覺得我自己靈魂的一部分被偷走了。」芝加哥大學考古學家吉普森（McGuire Gibson）說，這樣「等於是腦葉切除術，整個文化的深層記憶、延續幾千年的文化被移除掉」。

還好主要靠著神職人員在搶掠期間，組織搶救隊伍，才收回了一部分文物。但是很多伊拉克人仍然相信，切斷伊拉克的記憶是故意的，是華盛頓大計的一環，意在切割歷史悠久的堅強民族，用美國人自己的模範取代。七十歲的阿不杜拉告訴《華盛頓郵報》：「巴格達是阿拉伯文化之母，他們希望掃除我們的文化。」

戰爭計畫人員很快指出，洗劫是伊拉克人幹的，不是外國軍隊所做所為。而且倫斯斐的確沒有計畫要洗劫伊拉克，但是他也沒有採取措施防止這種事情發生，或是在事件發生之後予以阻止。這種過錯不能光是以疏忽兩個字就能打發。

一九九一年波斯灣戰爭期間，伊拉克有十三座博物館遭到搶匪搶劫，因此有十足的理由，可以相信貧窮、對舊政權不滿以及普遍的混亂環境，會促使若干伊拉克人用同樣的方式反應（尤其是幾個月前，海珊已經釋放所有的囚犯）。重要的考古學家早已警告過五角大廈，在攻擊前，必須擬定無懈可擊的計畫，保護博物館和圖書館。三月二十六日，五角大廈發給聯軍司令部的備忘錄中，根據重要性，列出巴格達十六處絕對必須保護的地方，排第二的就是博物館。其他人也警告並且敦促倫斯斐派出一隊國際警察隨軍同行，維護公共秩序，但這個建議同樣遭到忽視。

然而，即使沒有警察，巴格達也有夠多的美軍，可以派一些人到重要的文化場址，但就是沒有付諸行動。很多報導指出，美軍坐在裝甲運兵車裡，在市區停留，看著貨車載著搶來的東西一輛一輛開過去，直接反映出倫斯斐「事不關己」的漠視態度。有些單位自動負起阻止搶掠的責任，也有軍隊加入搶掠的例子。巴格達國際機場遭到軍人徹底破壞，根據《時代》雜誌的報導，軍人砸毀機場的家具後，再轉往跑道上的民航機：「美國士兵為了尋找舒服的座椅和紀念品，拆毀了很多飛機的設備，割裂椅子、破壞駕駛艙設備，把每一扇擋風玻璃都砸破了。」估計伊拉克國家航空公司蒙受了一億美元的損害。在早期爭議性很大的部分民營化計畫中，這家公司是最先拿出來拍賣的資產。

官方為什麼完全無意阻止搶掠，後來兩個在占領軍政府中擔任重要角色的人提出了一些解釋，一位是布雷默的高級經濟顧問麥佛森（Peter McPherson），另一位是占領軍政府高等教育重建部門總監艾格瑞斯托（John Agresto）。麥佛森說，他看到伊拉克人搶走國家資產，包括汽車、巴士、各部會的設備時，一點也不覺得困擾。麥佛森的職責是擔任伊拉克最高級的經濟震撼治療專家，責任是急遽縮小國家的規模，把國家的資產民營化，這點表示搶匪實際上正好助他一臂之力。「我認為有人奪取國家機器，或是把原本屬於國家的貨車開走，似乎就自然而然產生了民營化，這樣很好。」麥佛森是雷根政府時期的官場老手，堅決相信芝加哥學派經濟學，把搶掠看成是「縮小」公共部門的一種形式。[5]

他的同事艾格瑞斯托在電視上看到巴格達搶掠橫行時，也看到一點希望。他把自己的責任當成「這輩子再也難逢的機會」，他負責從頭改造伊拉克高等教育制度，從這個觀點出發，他解釋說：把各大學和教育部全都搬空，提供了「乾乾淨淨、從頭開始的機會」，是讓伊拉克學校得到「最好現代設備」的機會。很多人顯然信以為真，如果他們的任務是「創造國家」，那麼舊國家剩下的一切只是妨礙。艾格瑞斯托過去擔任新墨西哥州聖約翰大學（St. John's College）校長，這所大學以聖經課程聞名。他解釋說，雖然他對伊拉克一無所知，卻克制自己，在前往伊拉克前不看跟伊拉克有關的書籍，這樣他到達時「會盡量保持開放的心胸」。艾格瑞斯托希望自己像伊拉克的大學一樣，完全是空無一物的白紙。

如果艾格瑞斯托看過一、兩本書，可能會慎重思考是否需要消滅一切、重新開始。例如，他原本可以瞭解禁運扼殺伊拉克前，伊拉克擁有中東地區最好的教育制度，擁有阿拉伯世界中最高的識字率。一九八五年時，八九%的伊拉克人識字。相形之下，在艾格瑞斯托家鄉的新墨西哥州的人口中，有四六％的人實際生活中看不懂文字，有二〇％的人口不會「基本的算術，不能把銷售發票上的總額加起來」。[6]但是艾格瑞斯托極為相信美國制度的優越性，似乎不能接受伊拉克人可能希望解救並且保護本身的文化，也無法理解他們可能覺得文化遭到摧毀是錐心之痛。

這種新殖民主義的盲目，是反恐戰爭中屢見不鮮的主題。在美國管理的關達那摩灣監獄裡，有一個房間名叫「愛舍」，若獄方認定囚犯不是敵方作戰人員，不久就要釋放，就會把囚犯帶到那裡，讓他們看好萊塢電影，大吃特吃美國垃圾食物。遭到拘禁的英國人伊卡巴（Asif Iqbal）和兩位朋友，被稱作「提頓三人幫」（Tipton Three），他們出獄回國前，獲准到愛舍好多次。他說：「我們可以看影音光碟、吃麥當勞、吃必勝客（Pizza Hut），基本上是放封。在這個區域，我們沒有上腳鐐手銬，我們不知道為什麼有這種待遇，其他日子我們像平常一樣回到牢房！有一次，聯邦調查局官員李斯利（Lesley）帶來品客（Pringle）馬鈴薯片、冰淇淋和巧克力，這是我們回英國前最後一個星期天的事情。」他的朋友艾賀梅德（Rhuhel Ahmed）猜想，這種特殊招待「是因為他們知道自己搞錯了，拷打我們兩年半，希望我們會忘掉這件事」。

艾賀梅德和伊卡巴是在前往阿富汗參加一場婚禮時，遭到北方聯盟（Northern Alliance）逮捕。他們被痛打、注射不明藥物、處在壓力的情況下許多小時；被剝奪睡眠，強迫剃毛髮，剝奪所有的合法權益二十九個月。卻以為可以用品客強大的誘惑力，要他們「忘掉這件事」，而獄方的計畫也確實是這樣。

這實在難以相信，不過話說回來，華盛頓的伊拉克侵略計畫大致就是如此：震撼並且恐嚇整個國家，刻意摧毀伊拉克的基礎建設，在伊拉克的文化和歷史遭到破壞時毫不阻止，然後用無限量供應的廉價家電和進口垃圾食物打發一切。在伊拉克，這種消滅文化、再用文化取代的循環不是理論而已，全都在幾星期內展開。

布希任命的伊拉克臨時政府長官布雷默承認，他初到巴格達時，搶掠仍然盛行，秩序根本沒有恢復。「我從機場開車進城時，巴格達實際上還在著火呢。路上沒有車輛行人；完全沒有電；沒有石油生產；沒有經濟活動；連一個執勤的警察都沒有。」然而，他對這種危機的解決之道是立刻徹底開放伊拉克的邊界，對貨物進口完全沒有任何限制：沒有簽證費、關稅、檢查、也沒有機場稅。布雷默到任兩週後，宣布開放伊拉克貿易。一夜之間，伊拉克從世界上最孤立的國家、從受到聯合國制裁的嚴格限制、不能從事最基本貿易的國家，變成世界上最開放的市場。

小貨車開著搶劫來的東西，前往約旦、敘利亞和伊朗，尋找買主；同時迎面開來的是一隊又一隊的平板貨車，上面高高堆著中國製造的電視機、好萊塢的數位影音光碟和約旦的衛星天線，準備在巴格達卡拉達區的路邊卸貨。就在一種文化遭到焚燒、拆成零件待售時，另一種事先包裝的文化湧入，取代舊文化。

準備加入這場邊疆資本主義實驗的美國企業中，有一家叫作新橋策略公司，這家公司由布希政府的前任聯邦急難管理署署長歐爾鮑創立，他希望利用最高層的政治關係，協助美國跨國企業分得伊拉克的一杯羹。該公司一位合夥人興沖沖地說：「獲得寶鹼公司產品流通權就像金礦一樣，一家貨色齊全的 7-Eleven 超商可以打倒三十家伊拉克雜貨店；一家沃爾瑪可以接管全伊拉克。」

整個伊拉克就像關達那摩愛舍關的囚犯一樣，美國人準備用品客和流行文化來收買，至少這是布希政府的戰後計畫構想。

1 自由市場浪潮繞過這個地區，原因有好幾個。最富有的國家科威特、沙烏地阿拉伯和阿拉伯聯合大公國賺到的石油財富極多，沒有負債，因此擺脫了國際貨幣基金的掌握（例如沙烏地阿拉伯經濟中，有八四%由國家控制）。伊拉克因為兩伊戰爭的關係，債臺高築，但是就在全球化時代開始時，第一次波斯灣戰爭結束，伊拉克因為遭到嚴格的禁運和封鎖，不但沒有「自由貿易」，實際上完全沒有合法的貿易。

2 不加入華府共識可能足以引發外國侵略的想法，看來可能相當牽強，但是以前有過這種前例。一九九九年，北大西洋公約組織轟炸貝爾格勒時，官方的理由是米洛塞維奇（Slobodan Miloevi）極度侵犯人權，震撼世界。但是科索沃戰爭幾年後，柯林頓總統時期的副國務卿兼當時的美國主要談判官員郃波特（Strobe Talbott），說出了一些少有人報導的話，提出遠不如理想主義的解釋：「這個地區的國家設法改革經濟、減輕種族緊張、擴大公民社會時，貝爾格勒似乎樂於繼續走相反的方向。南斯拉夫抗拒擴大政治與經濟改革的趨勢（不是科索沃阿爾巴尼亞人的痛苦），是解釋北約打這場戰爭最好的說法。」這段話出現在郃波特過去的發言人諾里斯（John Norris）二〇〇五年出版的《北約、俄羅斯、科索沃的衝突之路》（*Collision Course: NATO, Russia, and Kosovo*）書中。

3 一九九一年的波斯灣戰爭是第一場ＣＮＮ戰役，但是因為全天候二十四小時現場轉播的觀念還不很成熟，當時軍方還沒有把現場轉播完全納入作戰計畫。

4 為什麼徹底毀滅巴格達的電話系統？官方的說法是要切斷海珊和菁英特戰部隊的通信。但是戰爭結束後，美國偵訊人員針對最高級的伊拉克囚犯，進行深入的「談話」，發現很多年來，海珊一直認為間諜利用電話追蹤他，因此過去十三年裡，他只用過兩次電話。照例，可靠的情報派不上用場；一定會有很多隨時可以動用的資金，讓貝泰公司建立新的通信系統。

5 就是這種搶掠行動讓哈利波頓可以向美國納稅人收取超高的費用，五角大廈也樂於偷偷開一扇窗；或許國防部認為，消失的千百萬美元不是失竊，而是萎縮，全都是削弱政府、壯大企業運動中的一環。

6 艾格瑞斯托重建伊拉克大學系統的工作徹底失敗，一無所成的離開伊拉克後，修正了他先前贊成搶掠的態度，說自己是「被現實蒙蔽的新保守派」。這句話和其他細節都出自錢德拉賽卡蘭（Rajiv Chandrasekaran）的《綠區：綠寶石城市裡的帝王生活》（*Green Zone, Imperial Life in the Emerald City*），這本書清楚記錄綠區裡的情況。

第十七章

THE SHOCK DOCTRINE

意識形態的反彈

真正的資本家災難

世界很亂，必須有人清理。

——前美國國家安全顧問賴斯（Condoleezza Rice）
談侵略伊拉克的必要性，二〇〇二年九月

布希想像出的中東和別人不同，實際上可能跟他對中東相當無知有關。要是他到過中東，看到中東很多功能失常的地方，他可能會灰心。布希沒有見過日常實際狀況，因而對這個地區可能的樣子得以保持一種夢想。

——薩卡里亞（Fareed Zakaria），《新聞週刊》專欄作家

坐寶座的說，看哪，我將一切都更新了。又說，你要寫上，因這些話是可信的、是真實的。

——《聖經．啟示錄》第二十一章第五節（中文和合本）

伊拉克戰爭進入損害控制模式已經太久，很容易讓人忘掉這次戰爭應當如何開展的原始願景；但是在占領初期，由美國國務院在巴格達舉行的研討會中，的確有個包裝得很好的願景。這場會議有十四位俄國和東歐高階政客與官僚參與，包括前財政部長、前中央銀行總裁和前副總理。他們在二○○三年九月飛到巴格達國際機場，然後穿戴作戰鋼盔和護身盔甲，急匆匆趕到高牆圍著的城中城綠區，美國主導的伊拉克政府「聯軍臨時政府」（Coalition Provisional Authority）過去就設在此地，現在則是美國大使館的所在地。這些要人貴賓在海珊過去的會議中心裡，對一小撮有影響力的伊拉克人上課，傳授資本主義轉型。

波蘭前右翼財政部長貝爾卡（Marek Belka）是主要講者之一，他在布雷默指揮下，已經在伊拉克工作好幾個月。根據國務院有關這次會議的正式報告，貝爾卡灌輸伊拉克人的訊息是：他們必須把握這種混亂時刻，「強力」推動「會讓很多人失業」的政策。貝爾卡說，波蘭的第一個教訓是「沒有生產力的國有企業應該立刻賣掉，完全不必花精神用公款解救」。（他沒有提到民眾的壓力迫使團結工聯放棄快速民營化計畫，波蘭也因此免於俄羅斯式的崩潰。）他提到的第二個教訓更大膽，這時巴格達淪陷已經五個月，伊拉克陷入人道災難中，失業率高達六七%，營養不良到了失控的程度；唯一能夠拖延大規模饑荒的，是伊拉克家庭仍然收到政府補貼的食物和其他民生物資，就像貿易禁運期間由聯合國管理的石油交換食物計畫。如果加油站有汽油可以供應，他們也可以花幾十美分就加滿油箱。貝爾卡告訴伊拉克人，這種扭曲市場的贈品必須立刻廢除。他強調，「發展民間部門要從取消補貼開始」，這些措施「比民營化更重要，更具有決定性」。

接著上臺的不是別人，就是葉爾欽的前副總理蓋達、俄羅斯震撼治療計畫的總工程師。國務院要蓋達到巴格達，似乎認為伊拉克人不知道他因為跟黑道大亨關係密切，也因為政策造成數千萬俄羅斯人窮困而聲名大壞，在莫斯科已經被人視為賤民。[1]海珊統治期間，伊拉克能夠接觸到的外界消息有限，不過參加綠區會議的這些人大都是剛剛回國的流亡人士，一九九〇年代俄羅斯內爆時，他們看的是美國人辦的《國際前鋒論壇報》（*International Herald Tribune*）。

這次奇怪的會議，是由伊拉克臨時工業部長陶菲格（Mohamad Tofiq）透露給我，當時新聞界並沒有報導。好幾個月之後，我們在他的巴格達臨時辦公室裡見面（舊工業部已經變成燒黑的骨架），他仍然還在嘲笑這次會議。據轉述，伊拉克人咒罵穿著防彈背心的客人，告訴他們，布雷默決定打開邊界、無限制地開放進口，已經使飽受戰爭蹂躪的人民生活嚴重惡化，如果進一步削減汽油補貼，取消食物補助，占領軍就要面對革命。至於明星講師蓋達，陶菲格說：「我告訴主辦會議的一些人，如果我要在伊拉克鼓吹民營化，我會請蓋達來，然後告訴他們：『以前的規矩全都反過來就對了。』」

布雷默開始在巴格達當政的時候，世界銀行前首席經濟學家史迪格里茲警告說：「伊拉克得到的震撼治療形式，比在前蘇聯推動的還激烈。」這個說法相當正確。根據華盛頓最初的計畫，伊拉克會像九〇年代初期的俄羅斯一樣，變成待開拓的邊疆，但這一次排在隊伍最前面，等著爭取好賺的幾十億美元的是美國公司，不是伊拉克、歐洲、俄羅斯或中國的競爭對手。而且沒有什麼事情能夠阻止最痛苦的經濟變革，因為在伊拉克跟前蘇聯、拉丁美洲和非洲不同，轉型不需要ＩＭＦ官員與滿懷幻想的當地政客協調配合，發號施令的是走廊另一邊套房裡的美國財政部；華盛頓連中間人都省了，國際貨幣基金和世界銀行變成輔助性的角色，美國是前鋒，也是核心。布雷默就是政府；一位美軍高級官員告訴美聯社，跟伊拉克政府談判沒有意義，因為「此時此刻，我們要跟自己人談判」。

這些因素使伊拉克的經濟轉型跟先前實驗的國家不同。九〇年代裡，所有小心翼翼、努力不要讓「自由貿易」看起來像帝國主義侵略計畫的做法，現在全被拋棄。在世界上的其他地方仍有輕裝版的自由貿易，還有刻意保護的談判，但是如今也有不需代理人或傀儡的重裝版自由貿易，直接在先制攻擊的戰場上為西方跨國公司抓取新的市場。

主張「模範」理論的人現在宣稱，他們的戰爭就是在這個地方出了嚴重問題，如同斐爾在二〇〇六年下半年所說的：「根本錯誤是把布雷默送到伊拉克。」富魯姆同意，華盛頓應該在「伊拉克的重建上，安排某個伊拉克人」。結果華府卻把布雷默派去，讓他住在海珊的藍綠色圓頂共和宮，接收國防部用電子郵件發來的貿易與投資規章，列印出來，簽署之後，用命令強加在伊拉克人身上。布雷默不是沉默的美國人，不是在幕後操縱布局的人，他有著美洲最熱門電影明星的模樣，喜歡新聞記者，似乎有意炫耀他宰制伊拉克人的絕對權力，喜歡搭乘閃亮的黑鷹直升機在伊拉克來回視察，身邊由黑水公司提供的美國私人安全傭兵保護，總是穿著已成他象徵的固定服裝，也就是布魯克兄弟（Brooks Brothers）筆挺的西裝和米色的天柏嵐（Timberland）皮靴。皮靴是他兒子送他到巴格達上任的禮物，還附了一張卡片寫道：「去踢那些人的屁股，老爹。」

布雷默自己承認對伊拉克一無所知，他告訴過一位訪問他的人說：「我一直住在阿富汗。」然而，無知並不要緊，因為他只要搞清楚一件事就夠了：他在伊拉克的核心任務是災難資本主義。

二〇〇一年九月十一日，他擔任保險巨擘馬殊集團（Marsh & McLennan）總經理兼「高級政治顧問」。這家公司在世貿中心雙子星大樓的北大樓設有辦公室，並在攻擊中遭到摧毀。最初幾天，公司七百名員工不知所蹤，最後證實有二百九十五人死亡。正好一個月之後，就是二〇〇一年的十月十一日，布雷默創立危機顧問公司（Crisis Consulting Practice），這是馬殊集團的新設單位，專門協助跨國公司為可能的恐怖攻擊和其他危機做好準備。布雷默接著宣揚他在雷根政府期間擔任反恐無任所大使的經歷，提供顧客完整的反恐服務，從政治危機保險到公關都包括在內，甚至建議客戶應該囤積什麼東西。

布雷默早早打進國土安全產業，對他的伊拉克任務來說是理想的準備，因為布希政府採用九一一事件後首創的相同反應方式來重建伊拉克：也就是把戰後的伊拉克，當成一個令人興奮、充滿隨心所欲、毫無限制、可以賺到驚人暴利的初次公開發行案（IPO）。因此布雷默雖然可能踩到了很多人的痛腳，但他的任務卻絕對不是要爭取伊拉克的民心，而是要讓伊拉克準備好，以便推出伊拉克公司。從這種角度來看，他最初惡意十足的決定顯然有著清楚的邏輯一貫性。

布雷默取代小心翼翼的賈納（Jay Garner）將軍，成為美國在伊拉克的首席特使。他在伊拉克的最初四個月裡，幾乎把所有的時間都放在經濟改革上，通過了一系列法律，加總起來等於古典芝加哥學派的震撼治療方案。美國侵略伊拉克前，伊拉克經濟靠著國家石油公司和二百家國有企業支撐，這些公司生產伊拉克的民生基本物資，也生產工業所需要的原料，包括水泥、紙張和食用油。布雷默履新後的下一個月，宣布這二百家公司必須立刻民營化，「把沒有效率的國營企業交到民間手中，對伊拉克的經濟復甦至為重要。」

接著布雷默推出新的經濟法令，為了吸引新外國投資人參與民營化拍賣，並在伊拉克建設新工廠和零售通路，他制定了一套激進的法令，《經濟學人》用溢美的辭藻，說這是「外國投資人和捐助機構在開發中市場夢寐以求的東西」。有一項法律把伊拉克的營利事業所得稅率從大約四五%，降為一律十五%（直接從傅利曼的作業手冊中拷貝過來）。另一項法令容許外國公司擁有百分之百的伊拉克資產：這樣是為了預防俄羅斯的慘劇再度發生，以免絕佳的資產都落入當地黑道大亨手中。更好的是，投資人可以把在伊拉克賺到的利潤全部匯出去；不必轉投資，也不用繳稅。這項法令也規定，投資人可以簽署期限長達四十年的租約與合約，到期後可以續約，這點表示未來的民選政府必須承受占領軍政府簽署的合約。華盛頓沒有動手的一個領域是石油業，因為伊拉克顧問警告說，在伊拉克政府就任前，把國家石油公司民營化的任何舉動，或是宣稱擁有未開發石油蘊藏的所有權，會被伊拉克人視為戰爭行為。但是臨時政府卻從伊拉克國家石油公司，拿走了價值二百億美元的營收，隨心所欲花掉。[2]

白宮極度重視為嶄新的伊拉克經濟揭開序幕，因此決定在占領初期推出嶄新的貨幣，這點在運送作業上是重大任務。英國得利來公司（De La Rue）負責印製，鈔票由機隊運來，用裝甲車輛和貨車送到全國，至少跑了一千趟；這時，一半的人民仍然沒有水可喝，交通號誌故障，犯罪猖獗。

雖然執行這些計畫的人是布雷默，優先事項卻直接由最上層決定。倫斯斐在參院委員會作證時，描述布雷默的「全面改革」是創制「自由世界最開明、最誘人的租稅與投資法律」。投資人起初似乎很欣賞這方面的努力。幾個月內，就傳說麥當勞要在巴格達市區開店，這是伊拉克加入全球經濟的終極象徵；喜達屋豪華旅館（Starwood）投資的資金幾乎已經到位，通用汽車計畫在伊拉克新建一座汽車廠。在金融方面，總部設在倫敦的國際銀行 豐集團（HSBC）取得合約，要在伊拉克全境開設分行，花旗集團宣布計畫，要對伊拉克未來的石油銷售，提供巨額的貸款保證。殼牌、英國石油、埃克森美孚、雪佛龍和俄羅斯的魯克石油（Lukoil）等石油業巨擘都進行試探性的接觸，準備簽署合約，要訓練伊拉克公務員最新的開採科技和管理模式，相信自己的時代很快就會到來。

布雷默的法律意在創造能夠激發投資熱潮的環境，但這些法律不完全是原創的，它們只是先前震撼治療實驗中所用法律的加速推動版。但光是等待法律生效，並不能讓布希的災難資本主義內閣滿意。伊拉克的實驗進入了大膽的新領域，就是把侵略、占領與重建變成令人興奮、完全民營化的新市場。這個市場就像國土安全複合體一樣，是利用龐大的公共資金創造出來的。光是為了啟動重建熱潮，動用的資金就包括美國國會撥出的三百八十億美元、其他國家提供的一百五十億美元，以及二百億美元的伊拉克石油收入。

初期投資數十億美元的方案宣布後，論者以讚賞的角度將之與馬歇爾計畫相提並論。布希也援用這種比喻，宣布重建是「馬歇爾計畫以來最大的同類財務投資」。布希也在占領伊拉克的頭幾個月裡，在電視轉播的演說中宣稱：「美國以前完成過這種任務，第二次世界大戰後，我們協助振興戰敗國日本和德國，而且在他們建立代議政府時，跟他們併肩作戰。」

然而，撥用在伊拉克重建上的數十億美元資金最後去向如何，卻跟布希引用的歷史毫無關係。根據原始的馬歇爾計畫，美國企業因為輸送機具和食物到歐洲而獲益，但是馬歇爾計畫的目標很清楚，是要協助受到戰爭蹂躪的國家經濟復甦，變成自給自足的市場，為當地創造就業機會，培養能夠資助國內社會服務的稅基：最後的結果很明顯，今天德國和日本的混合型經濟就是證明。

事實上，布希內閣推動的是反馬歇爾計畫，幾乎在大家所能想像的每一方面，都跟馬歇爾計畫正好相反。這個計畫從一開始，就保證會進一步傷害伊拉克已經嚴重受創的工業部門，造成伊拉克的失業率飛躍上升。馬歇爾計畫禁止外國公司投資，避免外國公司利用這些國家的脆弱狀態，布希的計畫卻全力吸引美國企業（只剩下幾根骨頭，丟給參加「志願聯盟國家」的公司）。這個計畫從一開始就注定失敗，原因是在「美國優越、伊拉克差勁」的露骨種族主義想法支持下，竊占伊拉克的重建資金，而不只是常見的邪惡「貪腐」和「沒有效率」而已。

伊拉克工廠完全沒有收到這些錢，因此不能重新開張、奠定經濟永續發展的基礎、在本地創造就業機會、資助社會安全網。在這個計畫裡，伊拉克人幾乎完全沒有地位。大部分由美國國際開發總署負責發包的這些聯邦政府合約，就像是某種盒裝的國家組件，在維吉尼亞州和德州設計，然後在伊拉克組裝。就像臨時政府一再宣稱的，整個計畫是「美國人民送給伊拉克人民的禮物」，伊拉克人只要把盒子拆開就成了。組裝過程中，甚至不需要工資低廉的伊拉克勞工，因為哈利波頓、貝泰和加州的工程業巨擘柏誠公司（Parsons）等美國大包商，寧可進口他們認為比較能夠控制的外國勞工。伊拉克人再度變成又驚又怕的旁觀者，首先被美國的軍事科技震懾，接著又被美國的工程與管理能力震懾。

臨時政府員工甚至連美國政府員工的角色，就像國土安全部門產業一樣，角色越來越不重要。布雷默的手下只有一千五百人，卻要統治幅員廣大、人口二千五百萬的國家。相形之下，哈利波頓在這個地區就有五萬個員工，其中很多人都是當了一輩子公務員後，受到民間部門高薪吸引轉業的人。

公家力量微弱、民間企業力量強大，再度反映布希內閣利用伊拉克的重建（布希內閣可以完全控制重建，在國內卻不能完全控制聯邦政府官僚機構）實施完全委外、政府空洞化的構想。布希政府認為，伊拉克的政府功能中，沒有一種功能「重要」到不能發交給包商辦理，最好能夠交給捐獻資金給共和黨，或是在競選時能夠供應體面工作人員的包商。布希政府常用一句老話，規範參與伊拉克重建的外國勢力所有層面：如果任務能夠由私人企業完成，一定要由私人企業完成。

因此，法律可能是由布雷默簽署生效，經濟的設計與管理卻由民間會計師負責。大型國際會計與顧問公司畢馬威會計師事務所（KPMG）旗下的畢博公司（BearingPoint）取得二億四千萬美元的合約，負責在伊拉克建立「市場導向的制度」；這份合約有一百零七頁，提到「民營化」五十一次，原始合約大部分是由畢博公司草擬。智庫獲得發揮智力的工作，英國的亞當斯密研究所（Adam Smith Institute）得到協助伊拉克公司民營化的合約。民間保全公司和國防包商負責訓練伊拉克的新軍隊和警察：例如戴恩（DynCorp）、文奈爾（Vinnell）和凱雷集團旗下的ＵＳＩＳ。從事教育事業的公司負責草擬後海珊時代的課程、印製新教科書：華盛頓的管理與教育顧問業者首創公司（Creative Associates），贏得價值超過一億美元的合約，負責這些事情。[3]

同時，錢尼在伊拉克採用哈利波頓公司在巴爾幹半島開創的模式，也就是把基地變成哈利波頓式迷你城市，只是規模變得更大。哈利波頓除了負責興建和管理全伊拉克的軍事基地，綠區從一開始就是哈利波頓管理的城市國家，從道路維修、害蟲防治到電影院和迪斯可之夜，一切事情都由哈利波頓公司負責。

聯軍臨時政府的人力實在太少，無法監督所有包商，此外，布希政府認為，監督是可以委外辦理的非核心功能。因此以二千八百五十萬美元的代價，聘請科羅拉多工程與營建業者西圖集團（CH2M Hill）和柏誠公司合組的合資企業，監督另外四家大包商。連在伊拉克「建立民主制度」的工作都民營化，以價值四億六千六百萬美元的合約，發包給北卡羅萊納州的三角研究公司（Research Triangle Institute），但是三角研究公司到底有什麼資格能夠在穆斯林國家建立民主制度，卻一點也不清楚。該公司的伊拉克分公司經營階層主要是高階的摩門教徒，比如像是梅菲爾德（James Mayfield），他告訴自己在休士頓的教會，認為應該可以說服穆斯林擁抱《摩門經》，讓他們認為《摩門經》與先知穆罕默德的教義相容。他在發回國的電子郵件中，想像伊拉克人會替他豎立雕像，把他視為伊拉克「民主之父」。[4]

這些外國公司空降伊拉克之時，伊拉克兩百家國營企業則因為長期缺電而動彈不得。伊拉克過去擁有中東最先進的工業經濟，現在伊拉克最大的企業在自己國家的重建工程中，連小小包商的合約都拿不到。伊拉克企業若要參與這股淘金潮，便需要緊急發電機和一些基本維修材料；以哈利波頓把軍事基地蓋成像美國中西部郊區的速度來看，這些需要應該都不是無法解決的問題。

伊拉克工業部的陶菲格告訴我，他一再提出供應發電機的請求，指出伊拉克十七家國營水泥廠具有優勢地位，能夠供應重建所需要的建築材料，也能夠為數萬伊拉克人創造就業機會。結果這些工廠什麼東西都沒有拿到：沒有得到合約，沒有拿到發電機，沒有得到任何幫助。美國公司像進口勞工一樣，喜歡用高達十倍的價格，從外國進口水泥。布雷默發布的經濟命令當中，有一條命令特別規定不准伊拉克中央銀行融資國有企業（這件事好幾年後才有人報導）。陶菲格告訴我，這等於杯葛伊拉克工業，並不是因為實際的理由，而是基於意識形態。他說，負責決策的人當中「沒有一個人相信公共部門」。

伊拉克民間公司無法跟越過開放邊界、蜂擁而來的進口產品競爭，因而紛紛倒閉，布雷默的幕僚卻沒有說什麼安慰的話。布雷默的副手傅雷雪（Michael Fleischer）在伊拉克企業家的一次聚會中，證實伊拉克企業面對外國競爭，的確會有很多公司倒閉，不過這正是自由市場美好的地方。他雄辯滔滔地問：「你們會被外國企業打倒嗎？答案要看你們自己而定，只有最優秀的伊拉克企業會生存下來。」

他的話像蓋達一樣，據報導，蓋達談到俄羅斯中小企業因為震撼治療而倒閉時說：「這又怎麼樣？半死不活的就該死。」

現在大家都很清楚，布希的反馬歇爾計畫完全沒有達成原來的目的。伊拉克人不把企業重建當成「禮物」，大部分人認為這是現代版的搶掠；美國企業的速度與效率不但沒有讓任何人覺得驚奇，反而把「重建」的字眼，變成像伊拉克工程師所說的「沒有人笑得出來的笑話」。每一次錯估形勢都造成反抗的水準升高，外國軍隊則用鎮壓對付，最後使伊拉克淪落成暴力橫行的地獄。根據大部分可信的研究顯示，到二〇〇六年七月，伊拉克戰爭已經奪走六十五萬五千名伊拉克人的生命，要是美國不侵略或占領，這些人都不會犧牲。

二〇〇六年十一月，退休美國陸軍軍官彼得斯（Ralph Peters）在《今日美國報》上寫道：「我們的確給伊拉克人獨一無二的機會，讓他們建立法治的民主制度，但是伊拉克人寧可沉迷於舊有的仇恨，懺悔式的暴力、種族偏執和貪腐文化中。看來懷疑論者說對了：阿拉伯社會不能支持我們所知道的民主制度。什麼樣的人民，就會有什麼樣的政府……暴力造成巴格達街頭血跡斑斑，不但是伊拉克政府無能的象徵，也象徵在有組織人類行為的任何領域中，阿拉伯世界完全無法進步，我們看到了文明的崩潰。」彼得斯雖然特別魯莽，很多西方觀察家卻得到同樣的結論：都是伊拉克人的錯。

但我們不能把侵略與占領伊拉克，跟吞噬伊拉克的教派分裂與宗教基本教義分開來看。雖然在戰爭之前，這些力量的確已經存在，卻比美國把伊拉克變成震撼實驗場前微弱多了。大家應該記住，二〇〇四年二月，美國侵略伊拉克十一個月後，牛津國際研究公司（Oxford Research International）的民調發現，大部分伊拉克人希望擁有世俗化的政府，只有二一%的受訪者贊成「伊斯蘭國家」的政治制度，只有十四%的人把「宗教政治人物」列為自己偏愛的政治人物。六個月後，占領進入比較暴力的新階段，另一項訪調發現，七〇%的伊拉克人希望以伊斯蘭法律作為國家的基礎，至於教派之間的暴力，在占領的第一年裡，幾乎從來沒有聽過。第一件重大事故，也就是二〇〇四年三月阿舒拉節（Ashoura）期間，什葉派清真寺遭到炸彈攻擊，也是美國侵略一整年後的事情。毫無疑問的，占領深化並點燃了這些仇恨。

事實上，今天所有撕裂伊拉克的力量，包括猖獗的貪腐、兇殘的教派主義、急劇上升的宗教基本教義和行刑隊的殘暴，全都跟著布希反馬歇爾計畫的實施同步升高。海珊遭到推翻後，伊拉克迫切需要修補裂痕、重新統一，而且應該這樣做。這個過程只能由伊拉克人領導，然而，伊拉克就在這種危險時刻，轉型變成割喉競爭的資本主義實驗場，這種制度造成個人和社區互相傾軋，剝奪了數十萬人的工作和生計，而且用外國占領人員的免責權，取代了正義的追求。

現在伊拉克這麼悲慘，不能簡單歸咎於布希的無能和任用親信，也不能簡單歸咎於伊拉克人的教派主義或部落主義。這是確確實實的資本主義災難，是戰後貪婪徹底解放造成的噩夢，是因謹慎而忠實執行不受限制的芝加哥學派意識形態造成的「徹底失敗」。至於伊拉克的「內戰」問題和侵略行動背後最核心的政商財團主義計畫之間有何關聯，還無法詳述，只能初步討論。我認為這個過程是意識形態回過頭襲擊釋出這種意識形態的人，是意識形態的反彈。

大家最清楚的反彈案例是布雷默第一個重大行動造成的，也就是解雇大約五十萬名國有事業員工，其中大部分是軍人，但也包括醫師、護士、教師與工程師。這項行動叫作「去除復興黨行動」，起意原本是要清除政府中效忠海珊的分子。毫無疑問的，這是動機之一，卻不能說明為什麼裁員規模這麼大，對整個公共部門的攻擊這麼兇狠，懲罰不是高官的一般勞工。

這場整肅很像智利的皮諾契接受傅利曼建議，推動震撼治療計畫，刪減政府支出二五％，還附帶對公共部門進行攻擊。布雷默毫不隱瞞他對伊拉克「史達林式經濟」的反感，他用這個名詞形容伊拉克國營公司和眾多規模龐大的部會，而且他也不欣賞伊拉克工程師、醫師、電機人員和道路興建工人的專業技術與累積多年的知識。布雷默知道大家對失業會很生氣，但是他的回憶錄說得很清楚，他並沒有想到突然切掉伊拉克的專門職業階級，會使伊拉克的國家機構無法繼續運作，因而妨礙他自己的任務。這種盲動跟反海珊的心態無關，完全是基於對自由市場的狂熱。只有極度偏向認定政府完全只是負擔、公共部門員工全是廢物的人，才可能做出布雷默這樣的抉擇。

這種意識形態的盲目，毫無疑問造成了三種衝擊：將技術人員調離現職因而破壞了重建的可能性，削弱了世俗伊拉克人的聲音，助長了憤怒人民的反抗。幾十位美軍和情報部門高級官員承認，布雷默解散的四十萬士兵中，很多人直接參與新興的反抗運動，就像海軍陸戰隊上校韓姆思（Thomas Hammes）所說：「現在你搞出幾十萬個擁有武器的人（因為他們帶著武器回家），這些人知道怎麼使用武器、前途茫茫、又有理由對你生氣。」

同時，布雷默做出典型的芝加哥學派決定：大開邊界，無限制開放進口，又允許外國公司擁有百分之百的伊拉克資產。這觸怒了伊拉克的企業階級，很多人的反應是用自己剩下的極少數營收來資助反抗運動。調查記者葛蘭姆（Patrick Graham）在遜尼三角地區（Sunni Triangle）採訪第一年的伊拉克反抗運動後，在《哈潑雜誌》（*Harper's*）上寫道：「新的外國投資法律容許外國企業幾乎不花什麼錢就買斷很多工廠，觸怒了伊拉克企業家，因為外國產品蜂擁而入，他們的營收崩跌……這些企業家知道，暴力是他們唯一的競爭優勢，這是很簡單的事業邏輯：伊拉克的問題愈多，外國人就愈難打進來。」

白宮決心預防未來的伊拉克政府改變布雷默的經濟法令，引發了更多意識形態反彈；從國際貨幣基金發布第一項「結構調整」計畫以來，就一直用方法「鎖住」危機初期做的改革。從華盛頓的觀點來看，布雷默的法律是世界上最開明的投資法令，如果伊拉克政府能夠在幾個月後掌權且改寫這些法令，那實在沒什麼道理。因為布雷默大部分的法令處在法律上的灰色地帶，布希政府的解決之道是為伊拉克制定新憲法，而且下定決心，不惜流血，也要完成目標：首先是制定臨時憲法，鎖住布雷默制定的法律，接著是制定永久憲法，希望達成同樣的目的（卻失敗了）。

很多法律專家對華府一心一意制憲深感困擾。表面上，伊拉克沒有迫切的需要，不必從頭制定新憲法，伊拉克一九七〇年制定的憲法雖然遭到海珊漠視，但還相當合用，而且伊拉克有其他更為迫切的需要。更重要的是，制憲過程是任何國家（就算是承平時期）可能遭遇到的最痛苦過程，會使每一種緊張、對立、偏見和潛在的不滿浮上表面。把這種過程強加在後海珊時代分裂而破碎的伊拉克（還強加兩次），大大提高了國內產生紛爭的可能性，各種談判造成的社會鴻溝根本無法彌補，甚至可能造成國家分裂。

很多伊拉克人認為，布雷默把伊拉克兩百家國營公司民營化的計畫，和取消所有貿易限制一樣，是美國發動的另一次戰爭。工人都知道，要讓這些公司吸引外國投資人，高達三分之二的勞工一定會失業。我在伊拉克一家大型國營公司聽到一個故事，這公司擁有七座生產食油、香皂、洗碗精和其他基本物資的工廠，讓我深深瞭解宣布民營化製造了多少新的敵人。

我到巴格達市郊的這座廠區採訪時，碰到了馬穆德（Mahmud）。馬穆德很有自信，才二十五歲，留著乾乾淨淨的鬍子。他說，美國占領伊拉克六個月後，他和同事聽說有個計畫要賣掉他們的工作場所，都「深感震驚，如果民間部門買下我們的公司，第一件事情一定是裁員，以便賺錢。我們會被迫淪落到很悲慘的命運，因為這座工廠是我們唯一的謀生方法。」包括馬穆德在內的十七位工人，對未來深感驚恐，就到經營階層的辦公室跟一位經理人爭執，接著打起架來，有一位工人打了經理人，經理人的保鑣對工人開槍，然後把槍口對著他。他在醫院裡住了一個月，幾個月後，發生了更多暴力事件。經理人和他兒子上班途中遭到槍擊，受到重傷。我們的會晤結束時，我問馬穆德說，如果工廠不顧他們的反對，還是要賣掉，會有什麼結果。他和善地笑著說：「有兩個選擇，不是我們把工廠放火燒成平地，就是我們自己到工廠裡炸得粉身碎骨，但是工廠絕對不會民營化。」這是眾多初步警告之一，警告布希團隊絕對高估了自己用震撼手段讓伊拉克人屈服的能力。

華盛頓的民營化美夢還有另一個障礙，就是支撐占領本身的自由市場基本教義。臨時政府因為排斥所有跟國家有關的東西，聯軍臨時政府用極度不足的人力和資源，從綠區發號施令，推動野心勃勃的計畫，尤其是在面對馬穆德之類工人堅決反對的情況下施政。誠如《華盛頓郵報》記者錢德拉賽卡蘭說的一樣，臨時政府的組織空有骨架，只指定了三個人負責推動伊拉克國營工廠民營化的艱巨任務。一位東德來的代表建議這三位孤零零的職員說：「你們根本不必開始。」東德出售國家資產時，指派了八千個人負責推動計畫。簡單地說，臨時政府本身就太過於民營化，無法讓伊拉克民營化。

問題不只是臨時政府人力不足，而且這些人力都缺乏對公共部門的基本信念，缺乏信念完成從一無所有重建國家的複雜任務。誠如政治學家伍爾夫（Michael Wolfe）所說：「保守派無法好好治理，原因跟素食者做不出世界一流的紅酒燉牛肉一樣，如果你認為自己被迫做不該做的事，那就不可能把任務做好。就統治而言，保守主義是災難的代名詞。」

伊拉克的情形確實是這樣，很多人都說臨時政府中的美方官員年輕、沒有經驗；事實上，一群二十來歲的共和黨員擔負重要職務，監督伊拉克一百三十億美元的預算。毫無疑問，這批所謂的童子軍成員太過年輕，不過這還不是他們最大的毛病。這些人不只是隨隨便便由政治任命的親信而已，而是美國針對所有凱因斯主義遺跡進行反革命的先鋒部隊，其中很多人都跟傳統基金會有關，這個基金會從一九七三年創立以來，就一直是傅利曼主義的大本營。因此不管他們是二十二歲跟著錢尼的實習生，還是六十好幾的大學校長，他們在文化上，都對政府和統治反感，這種反感在他們國內廢除社會安全制度和公共教育系統時很有用，但實際上要建立已經遭到摧毀的公共制度時，卻毫無用處。

事實上，很多人似乎認為這種過程沒有必要。負責重建伊拉克健保制度的哈夫曼（James Haveman），在意識形態上極為反對免費的公共醫療，以致於他在小孩死因七〇%是腹瀉之類疾病造成的伊拉克、在早產兒保育器是用防水膠帶黏在一起的伊拉克，卻決定他最優先的任務是讓藥品流通系統民營化。

綠區缺乏有經驗的公務員不是一項疏忽，意味著從一開始，占領伊拉克就是政府空洞化的激進實驗。等到一輩子在智庫裡紙上談兵的人抵達巴格達時，重建最重要的任務已經全部發包給哈利波頓和畢馬威會計師事務所等公司。綠區的人身為公務員，工作只是管理零用金，負責把包在收縮膜裡的整疊百元大鈔發給包商。這種情形鮮明地顯示出政商財團主義國家可接受的政府角色：就是像輸送帶一樣，把公款輸送到民間手中；要做這種工作靠的是意識形態的堅定信念，遠比豐富的現場經驗來得重要。

美國堅持伊拉克採用嚴格的自由市場制度，不准有國家補貼，也不准有貿易保護，之所以會讓伊拉克人這麼生氣，這種不停的輸送帶角色是原因之一。傅雷雪對伊拉克企業家演講時解釋說：「接受保護的企業永遠、永遠不會有競爭力。」然而，哈利波頓、貝泰、柏誠、畢馬威會計師事務所、三角研究公司、黑水和所有在伊拉克占重建便宜的美國公司，都是龐大保護主義幫派的一員；美國政府用戰爭替他們開創市場，甚至禁止他們的對手加入競爭，然後付錢請他們工作，同時保證利潤，而且利潤全都是納稅人出的錢。傅雷雪面對這種諷刺的狀況，似乎完全不受影響。芝加哥學派聖戰的核心目的是瓦解新政形成的國家福利制度，現在他們在這種政商財團主義新政中贏得了最後勝利，形成比較簡單、比較赤裸裸的民營化形式，甚至不必把大筆的資產移轉出去，只要直接讓企業大吃特吃國家的資金，不必投資，不必負責任，還有像天文數字般的利潤。

這種雙重標準具有爆炸性，但同樣深具爆炸性的是有系統地把伊拉克人從重建計畫中排除。大部分伊拉克人經歷了禁運和侵略的痛苦，自然認為自己有權從國家的重建中得到好處：不只是從最後結果得到好處，而且要從過程創造的就業機會中得到好處。數以萬計的外國勞工擁進伊拉克，為外國包商工作，這在伊拉克人看來就是侵略的延伸。這樣不是重建，而是用不同方式偽裝的毀滅：徹底消滅伊拉克人引以為國家光榮、又跨越教派的強大本國工業。布雷默統治期間，美國資助的重建工程只雇用了一萬五千名伊拉克人，數字低得驚人。我和伊拉克裔美國人席多（Nouri Sitto）在綠區見面時，他告訴我：「伊拉克人認為，所有這些合約都流進外國人手中，這些外國人引進自己的安全警衛和所有工程師，我們被人認為只是旁觀者，你還期望什麼？」一席多搬回巴格達，協助臨時政府重建，但是他不願意說空話。「經濟是恐怖主義和不安全最大的原因。」

大部分暴力直接針對外國公司，還有這些公司的工程與員工；有些攻擊顯然來自以擴大混亂為指導原則的伊拉克國內勢力，例如凱達組織。然而，如果從一開始，一般伊拉克人就把重建視為全國計畫的一環，或許他們會像捍衛自己的社區一樣捍衛重建計畫，惹事生非的人想達成目的就會困難多了。

布希政府原本只要規定接受美國稅款的公司必須進用伊拉克人推動工程，也可以直接把很多工作包給伊拉克公司。實際上，布希政府好幾年裡都沒有採用這種常識性的簡單做法，因為這樣做跟他們的基本策略衝突，無法把伊拉克變成新興市場經濟泡沫；每個人都知道，泡沫不是依靠規定和管制而膨脹起來的，沒有法規才能讓泡沫膨脹。因此，包商打著速度與效率的旗號，可以隨心所欲雇用任何人、隨心所欲向任何國家進口、隨心所欲把工程轉包給任何公司。

如果在美國侵略後半年內，貝泰公司的水管可以送來乾淨飲水，家裡有奇異生產的電燈照明，病弱的人在柏誠公司新建的醫院裡得到治療，街頭有戴恩公司訓練的警察巡邏，很多公民（不過並非所有公民）應該會壓下被排除在重建過程外而產生的怒火。但是這些事情都沒有做到，早在伊拉克反抗勢力開始有系統地以重建工地為目標前很久，情形就很清楚，在這麼龐大的政府工程中，應用自由放任原則是一場大災難。

外國公司免於所有法律規章的約束，大致上可以豁免刑事起訴，掌握保證可以收回成本、賺到利潤的合約，因此這些包商的所作所為根本就可以預料到：他們拚命詐欺。伊拉克人稱為「頭頭」的大包商，進行複雜的轉包計畫，在綠區、甚至在科威特市或安曼（Amman）設立事務所，然後轉包給科威特公司，科威特公司再轉包給沙烏地人，沙烏地公司發現形勢變得太危險時，終於以合約價值的幾分之一，轉包給伊拉克公司。民主黨眾議員杜根（Byron Dorgan）以巴格達一件空調設備合約為例，指出上述的轉包關係：「合約轉到小包商手裡，再轉到另一個小包商手裡，經過四層轉包，空調設備合約的價款變成付給四層小包商，第四層小包商最後在房間裡裝上電扇。不錯，美國納稅人付出冷氣機的價格，錢經過四次轉手後，像冰塊在房間裡移動一樣，結果是伊拉克某間屋裡裝了一架電扇。」更重要的是，伊拉克人在這段過程中，看著援助資金被人盜用，國家卻備受煎熬。

二〇〇六年十一月，貝泰公司打包離開伊拉克時，把自己無法完成工程的原因歸咎於「過重的暴力包袱」。但是早在伊拉克武裝反抗造成情勢緊張前很久，貝泰公司就已經違約。從重建的第一批中小學起，便招致當地居民不滿。二〇〇四年四月初，伊拉克陷入暴亂狀態前，我參訪巴格達中央兒童醫院（Baghdad Central Children's Hospital），這家醫院理當由另一家美國包商重建完畢，但是走廊上有很多裸露的污水管，沒有一個馬桶可以用，負責維修的工人非常窮，窮到沒有鞋子穿，他們是小小小包商，就像在自家廚房桌上縫製衣服的婦女，其實是沃爾瑪百貨（Wal-Mart）的小小小小包商。

詐欺行為持續了三年半，一直到所有負責重建的美國大包商撤出伊拉克為止，他們領走了幾百億美元，大部分工程卻沒有完成。柏誠公司得到一億八千六百萬美元，要興建一百四十二所健保診所，最後只完成了六所。連大家當成重建成功題材的工程都遭到質疑，根據《紐約時報》的報導，二〇〇七年四月，美國檢察官到伊拉克調查美國包商完成的八件工程，其中有一所婦產科醫院、一套淨水系統，卻發現「七件工程都已經不能如同當初的設計運作」。《紐約時報》也報導，二〇〇七年伊拉克電力網的發電量遠低於二〇〇六年。到二〇〇六年十二月為止，所有主要重建合約接近結束時，司法部總檢察長調查八十七件美國包商在伊拉克涉嫌詐欺的案子，發現占領期間貪腐橫行不是管理不當的結果，而是政策決定的結果，因為如果要把伊拉克當成狂野西部資本主義的新邊疆，就必須免除所有法律的約束。

布雷默的臨時政府不會努力阻止各種弊案、附帶交易和騙局，因為臨時政府本身就是騙局。臨時政府雖然號稱是美國占領當局，但是除了名義之外，臨時政府是否具有占領當局的特性卻不清楚。惡名昭彰的卡斯達公司（Custer Battles）貪腐弊案爆發後，審理法官清晰有力地說明了這一點。

兩位舊員工出面舉發，使這家保全公司遭到起訴，罪名是履行臨時政府核發的重建合約（主要是巴格達國際機場的工程）涉嫌詐欺，詐騙美國政府數百萬美元。這個案子的根據是公司內部文件清楚顯示該公司做兩本帳，一本是自己的內帳，另一本是向臨時政府請款用的帳目。退休准將譚特（Hugh Tant）作證時指出，這件詐欺案「很可能是我在軍方服役三十年來看過最惡劣的案子」。（卡斯達公司涉嫌的很多違法行動中，據說有一件是盜用伊拉克擁有的機場堆高機，將它們重新油漆，然後向臨時政府請領租用堆高機的費用。）

二〇〇六年三月，維吉尼亞州一位聯邦法官做出對該公司不利的判決，判定該公司犯了詐欺罪，勒令該公司繳交一千萬美元的損害賠償。這家公司於是拿出一份洩露內情的辯詞，要求法官推翻判決，宣稱臨時政府不是美國政府的一部分，因此不受美國的法律管轄，包括不受美國的不實請領法（False Claims Act）約束。這份辯詞的意義很重大：布希政府已經豁免在伊拉克營業的公司，使他們不受伊拉克法律約束；如果臨時政府也不受美國法律約束，就表示包商完全不受任何法律約束：不論是美國還是伊拉克的法律。這次法官的判決對該公司有利：他說，有很多證據顯示，卡斯達公司對臨時政府「詐欺性地虛增發票金額」，但是他裁定原告「未能證明這些請款是對美國政府提出」。換句話說，在伊拉克經濟實驗的第一年裡，美國政府在伊拉克只不過是個幻影：伊拉克沒有政府，只有一個漏斗把美國稅款和伊拉克石油收入轉給外國企業，完全無法可管。這一來，伊拉克變成了代表反國家反革命最極端的體現，變成了空洞的國家，就像法院的最後判決，伊拉克是空無一物的地方。

臨時政府把幾十億美元轉交給包商後，也解散了，原來的職員回歸民間部門。弊案爆發時，沒有一個人留下來為綠區可怕的紀錄辯護，但是伊拉克人卻感受到喪失幾十億美元的切膚之痛。貝泰公司宣布撤出伊拉克一週後，伊拉克電力部一位工程師說：「現在的情況糟糕多了，雖然美國公司簽訂了金額驚人的合約，情況似乎沒有改善。」莫蘇爾（Mosul）一位計程車司機問道：「什麼重建？我們今天得喝沒有經過處理的水，水廠是幾十年前蓋的，從來沒有維護過，電力一天只供應兩小時，我們現在退步了，因為沒有瓦斯，我們現在都到森林裡找柴火來煮飯。」

宗教基本教義和教派衝突興起，是最致命的反彈形式，重建徹底失敗也是這種危險狀況的直接原因之一。占領者顯示自己無法提供包括安全在內的最基本服務，清真寺和地方民兵填補了虛空。年輕的什葉派教士薩德爾（Moqtada al-Sadr），特別善於在巴格達到巴斯拉的什葉派貧民窟裡，進行他自己專屬的影子重建，吸引了忠誠的徒眾，也暴露出布雷默民營化重建的失敗。他初期利用信徒對清真寺的捐款，後來可能也利用伊朗的協助，設立很多中心，派出電工，修理電線和電話線，安排清運當地垃圾，裝設緊急發電機，推動捐血活動和指揮交通。他在占領初期說：「我發現了一個真空，沒有人填補真空。我能夠做什麼，我就去做。」他也把在布雷默統治下沒有希望的伊拉克失業青年組織起來，發給他們黑色制服和生鏽的卡拉希尼克夫步槍（Kalashnikovs），結果就是今天伊拉克教派戰爭中最有力的部隊曼迪軍（Mandi Army），這些民兵也是政商財團主義留下來的負債：如果重建能夠為伊拉克人提供就業機會、安全和各種服務，薩德爾就不會有這種新使命，還擁有眾多的新信徒。結果，美國企業的失敗，奠定了薩德爾成功的基礎。

布雷默統治下的伊拉克，是芝加哥學派理論的必然下場：公共部門員工人數被減到最少，而且大部分是約聘員工，住在哈利波頓蓋的城市國家裡，任務是簽署由畢馬威會計師事務所草擬的對企業友善法律，把一袋又一袋的現金發交西方包商。西方包商靠著傭兵保護，自己躲在完全豁免法律追訴的保護網裡，四周全都是憤怒的人民，人民逐漸轉向宗教基本教義，因為這是空洞化國家裡唯一的力量來源。現在的伊拉克就像俄羅斯的幫派主義和布希的任用親信主義一樣，是五十年來推動世界民營化的聖戰所造成，這種產物不但沒有跟創造者斷絕關係，反而應該視為是背後意識形態最純淨的化身。

1 侵略和占領伊拉克的主要角色當中，很多人都是當初要求俄羅斯進行震撼治療的華府原班人馬：老布希制定後蘇聯時代的政策時，錢尼是國防部長，伍佛維茲是國防部副部長，賴斯是老布希俄羅斯轉型的主要顧問。對這些要角和幾十位比較不重要的人來說，九〇年代俄羅斯的經驗雖然造成平民的悲慘處境，卻經常被當成伊拉克轉型可以仿效的模範。

2 其中約有八十八億美元經常被人稱為「伊拉克消失的數十億美元」，因為二〇〇四年這些錢消失在美國控制的伊拉克各部會之間，幾乎無影無蹤。二〇〇七年二月，布雷默在美國國會的一個委員會裡，為自己的監督不周辯護，他說：「我們的最優先事務，是恢復伊拉克的經濟活力，第一步是盡快把錢送到伊拉克人手中。」委員會質問布雷默的財務顧問、退休海軍上將奧利佛（David Oliver），問他消失的幾十億美元哪裡去了，他回答說：「是，我瞭解，我是說這樣有什麼差別？」

3 首創公司員工、伊拉克裔美國人拉敏（Ahmed al-Rahim）解釋：「當初的構想是我們可以制定出課程，送到伊拉克。」結果伊拉克人抱怨「不能接受在美國搞的東西，這個計畫就廢除了」。

4 事實上，三角研究公司在好幾個城鎮阻止當地伊斯蘭政黨以民主方式取得權力，被趕出伊拉克。

第十八章
THE SHOCK DOCTRINE

完整的循環

從空白的石板到燒焦的大地

在那種情況下，
政府解散人民
另選別人
應該比較容易吧？

——布萊希特（Bertolt Brecht），
《解決之道》（*Solution*），一九五三年

伊拉克是中東最後一塊有希望的邊疆。伊拉克鑽探的油井中，八〇%都有發現。

——愛爾蘭佩特瑞石油公司（Petrel）執行長何根
（David Horgan），二〇〇七年一月

布希政府難道不知道自己在伊拉克推動的經濟計畫，可能引發暴力反彈嗎？有一個人應該早就知道可能的不利後果，這個人就是負責執行政策的布雷默。二〇〇一年十一月，他新創反恐企業危機顧問公司後不久，為客戶寫了一份政策文件，說明跨國公司在國內外面對的恐怖攻擊風險增加。他在這份名叫〈國際企業新風險〉的文件中，告訴菁英客戶，說他們會面對日增的危險，原因在於讓他們變的如此富有的那個經濟模型。他寫道，自由貿易「創造了空前未有的財富，卻也為很多人帶來立即的不利影響，自由貿易需要裁員，開放市場，接受對外貿易，對傳統的零售商和獨占貿易組織帶來了驚人的壓力。」所有這些變化導致「所得差距與社會緊張升高」，進而可能造成美國公司遭到各種攻擊，包括恐怖攻擊。

伊拉克的情形確實是這樣，如果策劃戰爭的人認為，他們推動的經濟計畫在政治上不會碰到反彈，很可能不是因為他們認為伊拉克人會主動同意這種系統化的侵占政策，而是因為他們相信其他事情，相信伊拉克人會迷惘、集體退縮、無力應付轉型的步調。換句話說，他們依靠的是震撼的力量，前副國務卿阿米塔吉（Richard Armitage）說得最清楚，他說伊拉克經濟與軍事震撼治療專家的主要思維是：伊拉克人會被美國的火力震撼到無以復加，對海珊的下臺會高興得無以復加，「因此可以輕易地引領他們從甲地點到乙地點」。接著經過幾個月後，伊拉克人會從戰後的茫然中復原，又驚又喜地在阿拉伯世界的新加坡過日子，在若干分析師興奮地稱之為「底格里斯河之虎」的國家中安居樂業。

實際上，非常多伊拉克人立刻提出要求，要求在自己國家的轉型中擁有發言權，布希政府對這種意外轉折的反應，是造成大部分反彈的原因。

破壞民主制度

美國侵略伊拉克那一年夏天，曾經備受打壓的巴格達居民日常生活雖然十分艱困，卻懷抱著極濃厚的政治參與熱情，以至於巴格達呈現一種幾乎像是嘉年華會的氣氛。大家不滿布雷默的裁員、經常的停電和外國包商，但是好幾個月以來，這種怒火主要透過突然爆發、不受限制、生氣勃勃的言論自由發洩出來。整個夏天裡，綠區的幾座大門外，每天都有示威抗議，抗議群眾中，很多都是要求恢復原有工作的工人；幾百家新報紙創刊發行，上面印滿了批評布雷默和他的經濟計畫的文章；教士在星期五的禮拜中講政治，這種自由在海珊統治期間根本是不可能發生的事情。

最令人興奮的是，整個伊拉克全境的都市和省分，都出現自發性的選舉。人民終於擺脫海珊的鐵腕控制，在市政廳集會，選舉能夠在新時代代表他們的領袖。在薩馬拉（Samarra）、席拉（Hilla）和莫蘇爾等城市，宗教領袖、世俗的專業人士和部落人民通力合作，定出地方重建工程任務的先後順序，大大違背宗派主義與基本教義即將爆發的最糟糕預測。會議氣氛很熱烈，但是基於很多原因，會議氣氛也很歡樂：未來的挑戰雖然艱巨，但是自由已經成為事實。相信布希總統說派軍到伊拉克是要傳播民主的美軍，在很多例子裡扮演輔助性的角色，協助安排選舉，甚至搭建投票所。

民主熱情和明白拒絕布雷默經濟計畫兩件事合而為一，使布希政府處在極為困難的地位。布希政府做過大膽的承諾，要在幾個月內，把政權交給民選的伊拉克政府，而且要立刻把伊拉克人納入決策程序。但是第一個夏天的情形毫無疑問地顯示，釋出權力等於放棄一場美夢，夢中不但伊拉克會變成模範民營化經濟體，而且散布著眾多美國軍事基地；經濟民族主義太深入人心，尤其是事關最寶貴的國家石油蘊藏時，更是如此。因此華盛頓放棄了民主承諾，轉而下令提高震撼層級，希望更高一級的震撼最後能夠發揮作用，達成目的。這個決定把純粹自由市場聖戰帶回頭繞了一大圈，回到拉丁美洲南錐國家的發源地，也就是當初靠著鎮壓民主、逮捕與刑求反對人士，以便強化經濟震撼治療的國家。

布雷默初上任時，美國計劃召集伊拉克社會所有階層的代表，召開大型制憲會議，並由代表票選臨時執政委員會成員。布雷默抵達巴格達兩星期後，取消了這個計畫，他決定親自挑選伊拉克統治委員會成員。他在寫給布希總統的訊息中，描述他選擇統治委員會成員的方式好比「瞎子的莽撞與三度空間跳房子遊戲的混合體」。

布雷默說過要把統治權力交給統治委員會，但是他再度改變心意。「我跟統治委員會共事至此的經驗顯示，這樣做不會是非常好的主意。」他後來解釋說，統治委員會成員行動太慢、太深思熟慮，不適合他採用的震撼治療計畫。布雷默說：「他們連安排兩部汽車遊行的能力都沒有，他們根本不能及時做出決定，甚至根本做不出決定。此外，我仍然覺得，交出主權之前，制定憲法非常重要。」

布雷默的第二個問題是全國各省市紛紛舉辦的選舉，到六月底，他到任才第二個月，就放話出去，說所有的地方選舉必須立刻停止。新計畫是伊拉克的地方領袖要像統治委員會一樣，必須由臨時政府任命。於是在伊拉克最大教派什葉派最神聖的聖城納加夫（Najaf），爆發了意義重大的攤牌事件；納加夫在美軍的協助下，正在推動全市選舉，截止登記前一天，負責的中校接到海軍陸戰隊少將馬帝斯（Jim Mattis）的電話。公認最權威的伊拉克戰史《眼鏡蛇二號》（*Cobra II*）作者戈登（Michael Gordon）和崔連諾（Bernard Trainor）將軍寫道，馬帝斯說：「選舉必須取消，布雷默擔心不友善的伊斯蘭教候選人會獲勝……不願意讓不對的人贏得選舉，建議海軍陸戰隊，選擇他們認為可靠的伊拉克人組成團體，選出市長。美國就是這樣控制選舉過程。」最後，美軍任命海珊時代擔任陸軍上校的人當納加夫市長，伊拉克全國各城鎮都一樣。[1]

在某些例子裡，布雷默的禁令發布前，伊拉克人已經投票選出地方民意代表，布雷默悍然下令產生新議會。摩門教徒主導的包商三角研究公司獲得授權，負責成立塔吉省（Taji）地方政府，三角研究公司解散好幾個月前由當地人民選出的議會，堅持要從頭開始。一位伊拉克人不滿地說：「我們覺得我們在走回頭路。」布雷默堅稱他「沒有下令全面禁止民主制度，我不是反對民主，但是我希望能夠考慮到我們的利益……太早舉行的選舉可能有毀滅性，選舉必須非常小心地進行。」

這時伊拉克人仍然期望華盛頓履行承諾，推動全國大選，把政權直接交給大部分公民選出來的政府。但是二〇〇三年十一月，布雷默取消地方選舉後飛回華盛頓，到白宮參加一些匆匆安排的會議；再回到巴格達的時候他就宣布取消大選，伊拉克第一個「主權」政府要用任命的方式產生，不用民選。

這種轉變很可能跟一項民調有關，華盛頓的國際共和黨員研究所（International Republican Institute）在這段期間裡進行了一次民調，詢問伊拉克人，如果有機會，會投票給哪一種政治人物。民調結果對綠區的政商財團主義分子好比警鐘：四九％的伊拉克受訪者說，會投票給承諾要創造「更多公家就業機會」的政黨。問他們是否願意投票給承諾創造「更多民間部門就業機會」的政黨，只有四．六％的受訪者說願意。問他們是否願意投票給承諾「留住聯軍，到相當安全時為止」的政黨，只有四．二％的受訪者說願意。簡單地說，如果容許伊拉克人自由選舉下一任政府，而且這個政府具有真正的權力，華盛頓就必須放棄這場戰爭的兩大目標，一是在伊拉克設立美軍基地，二是讓美國跨國企業全面進占伊拉克。

批評布希政權內新保守派分子的人指責說，布希政權的伊拉克計畫過度依賴民主制度，天真地相信自決觀念。這種說法掩飾了臨時政府第一年的實際紀錄，實際上，民主制度一冒出頭，布雷默就把頭砍下來。他上任的頭六個月，取消了制憲會議、否決了選舉制憲代表的構想，撤銷並阻止幾十個地方與省級選舉，最後又取消全國大選，根本不像是理想主義民主人士的做法。而且現在把伊拉克出問題，歸咎於沒有伊拉克代表的著名新保守派人士中，沒有一個人支持巴格達和巴斯拉街頭發出的直接選舉呼聲。

最初幾個月派駐在伊拉克的人當中，很多人認為推遲、削弱民主制度的多項決定和武裝反抗的勃興之間，有著直接的關係。戰爭爆發後派駐伊拉克的聯合國外交官龍恩（Salim Lone）認為，布雷默做出第一個反民主決策是關鍵時刻。他說：「例如，第一件針對在伊拉克外國人的致命攻擊是二〇〇三年七月，在美國挑選出第一個領導團體伊拉克統治委員會後，約旦大使館隨即遭到攻擊；不久後，聯合國的巴格達總部也遭到炸彈攻擊，炸死了很多無辜的人……很顯然，伊拉克人對這個委員會的組成比例不滿，對聯合國支持這個委員會不滿。」龍恩在這次攻擊中，失去了很多朋友和同事。

對伊拉克的什葉派來說，布雷默取消全國大選是嚴重的背叛，什葉派是伊拉克最大的族群團體，他們在伊拉克忍辱負重幾十年後，一定會主導民選政府。一開始，什葉派只是用大規模和平示威的方式表達反對，例如在巴格達有十萬群眾遊行示威，在巴斯拉有三萬人示威。他們統一的口號是：「要、要、要選舉。不要、不要、不要官派。」伊拉克什葉派地位第二高的教士哈金（Ali Abdel Hakim al-

Safi）寫了一封信給布希和英國首相布萊爾（Tony Blair）：「我們的主要訴求是透過選舉建立憲法機構，不是透過任命。」他宣稱，布雷默的新計畫「只不過是以暴易暴」。而且他警告說，如果他們一意孤行，一定會遭到失敗。布希和布萊爾不為所動，讚揚示威活動是自由開花結果的證據，卻強力推動任命後海珊時代伊拉克第一任政府的計畫。

就在這個關鍵時刻，薩德爾變成不可忽視的政治力量。什葉派其他主要人士決定參與任命的政府，遵守在綠區裡草擬的臨時憲法；薩德爾決定脫隊，譴責這種程序和憲法沒有正當性，而且公開把布雷默比喻為海珊。他也開始積極建立曼迪軍。很多什葉派教徒在和平抗議失效後，相信如果伊拉克要實現多數統治的民主政治，他們必須用戰鬥來爭取。

如果布希政府信守諾言，迅速把權力交給民選的伊拉克政府，反抗運動的規模會維持在小型、可以控制的狀態，不會變成全國性的叛亂。但是信守諾言表示要犧牲伊拉克戰爭背後的經濟目標，這是主導戰爭的人絕對不願見到的事情，因此，伊拉克人對美國否認民主制度產生暴力反彈，也必須視為某種意識形態反彈。

身體震撼

反抗運動聲勢日增，占領軍以加強震撼的戰術反擊，士兵開始在深夜或凌晨破門而入，拿著手電筒照亮黑暗的屋內，用英語大吼大叫（有些字眼如「去他媽的」、「阿里巴巴」、「賓拉登」大家都聽得懂）。女性面對破門而入的陌生人，驚慌的尋找頭巾，遮蓋頭部；男性被強迫戴上頭罩，丟上軍用卡車，載到監獄和拘留所。占領的頭三年半裡，估計美軍逮捕和拘禁了六萬一千五百個伊拉克人，採用的方法通常是要「盡量提高逮捕震撼」。到二〇〇七年春季，還有一萬九千個伊拉克人遭到拘禁。到了監獄裡，還有更多的震撼隨之而來，包括一桶一桶冰冷的水；露著牙齒咆哮的德國狼犬；又踢又打；有時候，還用通電的電線電擊。

三十年前，新自由派聖戰已經開始採用這種手法：所謂的破壞分子和恐怖分子嫌疑犯被人從家裡抓走，蒙上雙眼，戴上頭套，送進黑牢，面對酷刑和更可怕的場面。現在為了捍衛在伊拉克建立自由市場模範的希望，聖戰計畫繞了一大圈，完成整個循環。

刑求的手段激增勢不可免，原因之一是倫斯斐決心把軍隊當成現代的、委外的企業來經營。他規劃部隊的部署時，比較不像國防部長，比較像沃爾瑪的副總裁，斤斤計較從薪資總額中，多減少一些時薪支出。將領起初要求派出五十萬部隊，他砍成不到二十萬人，卻仍然認為有可以精簡的地方。到了最後一分鐘，為了滿足他內心執行長的意識，又把戰鬥計畫中需要的兵員減少幾萬人。

雖然他這種即時運用的部隊能夠推翻海珊，但是要應付布雷默用各種命令創造出來的伊拉克形勢，也就是要應付公開反叛的人民、應付伊拉克軍警撤出後留下來的巨大缺口，卻一點希望都沒有。占領軍沒有足夠的人力恢復街頭秩序，被迫退而求其次把上街頭的人全都關進牢裡。歷次突襲逮捕的成千上萬囚犯送交中情局幹員、美軍和多數不曾受過訓練的私人包商，由他們進行狠毒的偵訊，找出跟反抗運動有關的資訊。

占領初期，綠區招待很多從波蘭和俄羅斯來的經濟震撼治療專家，現在變成吸引另一種震撼專家的磁石，也就是專精鎮壓反抗運動黑暗藝術的專家。民間安全公司的員工中，有很多參與哥倫比亞、南非與尼泊爾骯髒戰爭的老兵。根據記者史卡希爾（Jeremy Scahill）的報導，黑水和其他民間安全公司雇用超過七百名智利軍人派駐伊拉克，其中很多都是特戰部隊主管，有些人曾經在皮諾契政權下受訓、任職。

階級最高的震撼專家當中，有一位是二〇〇三年五月抵達伊拉克的美軍中校史迪爾（James Steele）。史迪爾在中美洲右翼聖戰中扮演重要角色，曾經在被指控為薩爾瓦多行刑隊的幾個陸軍營級單位，擔任主要的美國顧問。他比較新的經歷是安隆公司副總裁，而且原本是以能源顧問的身分前往伊拉克，但是反抗運動勃興後，他恢復原來的角色，成為布雷默的首席安全顧問。在他主導下，把五角大廈不願具名人士所說令人恐懼的「薩爾瓦多方案」，引進伊拉克。

人權觀察組織（Human Right Watch）高級研究員席夫頓（John Sifton）告訴我，伊拉克凌虐犯人的情形和一般形態不同。凌虐通常出現在交戰地區，在所謂的戰爭渾沌時期，此時戰場一片混亂，毫無規矩。阿富汗的情形就是這樣。席夫頓說：「但是伊拉克不同，凌虐一開始就以專業的方式執行，然後情形越變越差，而不是越變越好。」他認定二〇〇三年八月底，也就是巴格達淪陷四個月後，是出現轉變的時間點，據他說，那時開始傳出凌虐的報導。

根據上述時間表，刑求室裡的震撼緊接在布雷默推動最具爭議性的經濟震撼後出現。八月底，布雷默持續整個夏天的立法和取消選舉行動進入尾聲。由於這些行動把更多人趕到反抗陣營裡，臨時政府只好派出美軍破門而入，希望把反抗運動趕出伊拉克，方式是一次逮捕一個適於從軍的男性。

看看阿布格萊布監獄醜聞後曝光的解密文件，可以清楚看出這種轉變的時機。文件可追菑G〇〇三年八月十四日，當時伊拉克最高美軍總部情報官員龐斯（William Ponce）上尉發了一封電子郵件，給派駐在伊拉克各地的同僚，裡面有一段現在已經惡名昭彰的文字：「現在要對這些囚犯毫不留情……因為上校說得很清楚，我們希望這些人崩潰。傷亡人數不斷增加，我們必須開始蒐集情報，以便保護同袍不再遭到進一步的攻擊。」龐斯請大家提供可以用在囚犯身上的偵訊技巧，列在他所謂的「願望清單」當中。各種回應湧入他的電子信箱，裡面包括「低壓電擊」。

兩週後的八月三十一日，關達那摩灣監獄典獄長米勒（Geoffrey Miller）少將應邀來到伊拉克，從事「惡魔拷問」阿布格萊布監獄的任務。再過兩週後的九月十四日，伊拉克地區最高指揮官桑傑斯（Ricardo Sanchez）中將授權下屬，根據關達那摩模式，採用一系列新偵訊程序，包括刻意的羞辱（叫作「摧殘尊嚴與自尊心」）、「利用阿拉伯人怕狗的心理」、意識剝奪（叫作「燈光控制」）、意識超載（吼叫、吵雜音樂）和「高壓姿勢」。桑傑斯備忘錄發出後不久的十月初，有人在阿布格萊布監獄拍下了那些聲名狼籍、讓美軍凌虐囚犯定罪的照片。

布希團隊用震懾或經濟震撼治療方法，都不能讓伊拉克人震撼和服從，現在震撼手段變得更個人化，變成利用《庫巴克偵訊手冊》中造成囚犯退化的方式。

最重要的囚犯當中，很多人被送到巴格達國際機場附近的安全區，由軍方重案小組和中央情報局管理。這個地方祕密之至，只有持有特別通行證的人才能進去，紅十字會完全不知道，連高階軍官都不准進入。為了保密，這個地方的代號不斷改變，從重案二〇到重案一二一，再改成六二六，後來又改稱重案一四五。

囚犯關在小小的一般建築裡，建築設計成要創造《庫巴克手冊》中典型的狀況，包括完全剝奪意識。建築分為五個區域：醫療檢驗區、看來像客廳的「軟性房」（給合作的囚犯）、紅房區、藍房區，和大家極為害怕的黑房區：黑房區裡都是小小的牢房，四面都漆成黑色，四個角落都有揚聲器。

這個祕密監獄會曝光，完全是因為在那裡任職的一位中士化名裴利（Jeff Perry），向人權觀察組織揭發這個奇怪地方。比較起來，阿布格萊布監獄像精神病院，警衛沒有受過訓練，採用的方法大部分是在偵訊過程中自已想出來的；中情局的機場監獄卻秩序井然，合乎科學，令人毛骨悚然。根據裴利的描述，偵訊人員想要用「強硬手段」對付住在黑房的囚犯時，會到電腦終端機前，印出列舉各種拷問手法的清單。裴利回憶說：「一切都已經替你打點好，包括冷熱環境控制、閃光燈、音樂等等，還有出任務的狗……你只要看看自已想用什麼方法就成了。」偵訊人員列出表格後，就去找上司，請求批准。裴利說：「我從來沒有看過哪張表格上沒有簽名的。」

他和其他偵訊人員開始擔心，這樣做會違反日內瓦公約禁止「羞辱與降格待遇」的做法，他和另外三位偵訊人員擔心，如果自已的做法曝光可能會遭到起訴，於是就去質問上校長官，「告訴他，我們對這種凌虐覺得不安」。這個祕密監獄極有效率，因此不到兩小時內，一群軍方律師就帶著投影片光臨監獄，說明為什麼囚犯不受日內瓦公約保護，為什麼意識剝奪不是凌虐，儘管中情局自已的研究得出的是相反的結論。裴利談到監獄的反應時間時說：「噢，真的是非常快，看來好像他們已經準備好了，我是說，這兩小時的幻燈片展示他們都準備好了。」

伊拉克全國各地還有其他監獄，囚犯同樣受到庫巴克式的意識剝奪手法凌虐，有些監獄甚至讓人想起多年前麥基爾大學的實驗。另一位中士談到位在敘利亞邊界附近的凱姆（Qaim）、名叫老虎軍事基地的監獄，那裡關了二十到四十個囚犯。據這位中士說，囚犯都被遮住眼睛、上手銬腳鐐，放進滾燙的金屬貨櫃裡二十四小時：「不准睡覺、不准吃、不准喝。」意識剝奪櫃子讓犯人順從後，還用閃光燈和重金屬音樂轟炸他們。

底格里（Tikrit）特別行動基地也採用類似的方法，只是那裡的囚犯關在更小的箱子裡：箱子的尺寸是四英尺乘十英尺，深度是二十英吋，對成人來說，箱子太小了，不能站、也不能躺下來，讓人強烈聯想到拉丁美洲南錐國家的那種牢房。囚犯關在如此極端意識隔離的情況，長達一週。至少有一位囚犯也指出，他遭到美國士兵電擊，但是士兵都否認；然而，卻有明顯但是很少人知道的證據顯示，在伊拉克的美軍士兵的確採用電擊作為凌虐手段。最為人熟知的例子是二〇〇四年五月十四日，兩位海軍陸戰隊員因為一個月前電擊一位伊拉克囚犯，遭到判刑。美國民權聯盟取得的政府文件指出，一位士兵「用變壓器，電擊一位伊拉克囚犯……把電線頂著囚犯的肩部」，一直到囚犯受到電擊而「跳起舞來」。

惡名昭彰的阿布格萊布相片公布後，裡面有一張照片是一位囚犯帶著頭套，站在箱子裡，兩臂垂下電線，這時軍方碰到了奇怪的問題：負責調查凌虐囚犯事件的陸軍犯罪調查司令部發言人解釋說：「我們碰到幾位囚犯宣稱自己就是照片裡的人。」這些囚犯當中，有一位是當過市長的阿里（Haj Ali）。阿里說他也被人戴上頭套，站在箱子裡，身體纏繞了電線。但是他的說法跟阿布格萊布監獄的警衛不同，警衛宣稱這些電線沒有通電，阿里卻告訴公共電視網：「他們用電力電擊我時，我覺得好像眼球都要爆出來了。」

阿里像幾千個獄友一樣，沒有被起訴就從阿布格萊布監獄釋放出來，獄方告訴他「抓錯人了」，然後把他推上卡車送走。紅十字會說，美國軍官承認在伊拉克遭到拘留的人當中，七〇％到九〇％是被「誤逮」。根據阿里的說法，美國管理的監獄中出現的這些人為錯誤，有很多受害者尋求報復。「阿布格萊布是叛亂分子的溫床……一切的侮辱和拷打使他們幾乎什麼事情都願意做，誰能怪他們呢？」

很多美國士兵瞭解也害怕這種反應。八十二空降師一位中士說：「也許他原來是好人，噢，因為我們對待他們的關係，他現在變成了壞人。」這位中士曾經派駐法魯加（Fallujah）郊外的美軍基地，也就是自誇為「瘋狂殺人營」的部隊駐地，守備一座特別兇狠的臨時監獄。

伊拉克人管理的監獄裡情況更糟。過去海珊總是十分依賴拷打來維持權力。如果在後海珊時代，拷打要銷聲匿跡，新政府必須集中力量致力取締拷打。然而，美國卻在訓練和監督伊拉克新的警察部隊時，立下了更低的標準。

二〇〇五年一月，人權觀察組織發現，在伊拉克人管理、美國監督的監獄和拘留所裡，拷打是「有系統的事情」，包括使用電擊。第一裝甲騎兵師一份內部報告宣稱，伊拉克警察和士兵經常採用「電擊和窒息法，以便取得口供」。伊拉克獄卒也採用拉丁美洲拷問法中獨一無二的象徵：牛隻電擊棒。二〇〇六年十二月，《紐約時報》報導馬哈穆德（Faraj Mahmoud）的案子，說獄卒「把他全身剝光，吊在天花板上，用電擊棒電他的生殖器，電得他從牆壁上彈了起來」。

二〇〇五年三月，《紐約時報》雜誌記者梅斯（Peter Maass）混入史迪爾訓練的一個特警突擊隊單位，採訪沙馬拉（Samarra）一處由公共圖書館改建的恐怖監獄。他在裡面看到囚犯蒙著雙眼，戴著手銬腳鐐，有些人遭到痛打，也看到血漬「從桌子側面滴下來」。他聽到嘔吐聲，也聽到他形容為「可怕的尖叫聲，就像瘋子或被人逼瘋的人發出的尖叫聲」。還有清楚聽到兩聲槍響，「從拘留所的裡面或後面傳來」。

薩爾瓦多的行刑隊惡名昭彰，因為他們不但利用謀殺清除政治犯，也利用謀殺向廣大的民眾發出恐怖的訊息。路邊出現手足不全的屍體，等於告訴廣大的社區：如果有誰犯了禁忌，可能會變成下一具屍體。遭到拷打的屍體上，經常留下代表行刑隊身分的標誌，例如曼諾布蘭克旅（Mano Blanco

Brigade）、或梅西米蘭諾賀南德茲旅（Maximiliano Hernandez Brigade）。到二〇〇五年，這種訊息已經變成伊拉克路邊常見的景象：囚犯最後一次被見到是在伊拉克內政部有關的特戰部隊監獄，屍體被人發現時頭上有一處彈孔，雙手仍然銬在背後，或是腦殼上有電鑽鑽出來的很多個洞。二〇〇五年十一月，《洛杉磯時報》報導，巴格達殯儀館「每週在固定時間會收到幾十具屍體，很多屍體的手腕還用警用手銬銬著」。殯儀館會留下金屬手銬，還給警方。

在伊拉克，也採用比較高科技的方式傳達恐怖訊息。《正義戰勝恐怖主義》（*Terrorism in the Grip*）是很多人看的電視影集，這部影集在美國人資助的伊拉克電視網播出，是和薩爾瓦多化的伊拉克特戰部隊合作攝製的。好幾位獲釋的囚犯說明這部影集的拍攝方法：在社區掃蕩隨意抓來的囚犯加以痛打、拷問，還威脅要對他們的家人不利，因此囚犯都願意承認犯下任何罪行，甚至包括律師後來證明從來沒有發生過的罪行。然後電視攝影機出場，記錄囚犯「承認」自己犯下叛亂、偷竊、同性戀和欺騙等罪行。伊拉克人每晚在電視上，看著顯然遭到刑求、臉上瘀血和浮腫的犯人認罪。薩爾瓦多化的特戰部隊領袖邰比特（Adnan Thabit）告訴梅斯：「這部影集對平民有很好的影響。」

新聞界初次提到「薩爾瓦多方案」十個月後，這種做法最為可怕的影響就很清楚了。起初由史迪爾訓練的伊拉克特戰部隊後來歸屬伊拉克內政部，為內政部工作，梅斯質問內政部在上述圖書館裡看到的情形時，內政部堅持說：內政部「不容許本部管理的囚犯遭到任何人權侵害」。但是二〇〇五年十一月，內政部地牢裡找到了一百七十三位伊拉克人，有些人遭到極為嚴重的拷打，以致皮開肉綻，有些人腦殼上有電鑽鑽過的痕跡，牙齒和腳趾甲被人拔掉。獲釋的囚犯說，不是每個人都能活著出來，他們列出一張名單，指出有十八個人在內政部地牢裡遭到拷打死亡。

我研究卡麥隆一九五〇年代進行的電擊實驗時，看到他的同事精神病學家羅威（Fred Lowy）的談話：「佛洛依德學派學者發展出極多巧妙的方法，可以一層、一層地剝洋蔥，到達問題的核心；卡麥隆希望直接鑽進去，根本不理會有多少層，但是我們後來發現，層次全都存在。」卡麥隆認為，他可以破壞病人的所有層次，重新開始；他夢想創造全新的人格，但是他的病人沒有重生，卻變得困惑不已，受到傷害，甚至崩潰。

伊拉克的震撼治療專家破壞了這些層次，希望找到難以找到的空白石板，據以創造新的模範國家。結果他們只找到自己創造的廢墟，找到千百萬生理和心理受殘害的人民：受到海珊和戰爭的破壞，受到自相殘殺的破壞。布希陣營的災難資本家沒有把伊拉克清掃得一乾二淨，只是激怒了伊拉克；他們沒有找到歷史被清算之後留下的白紙一張，卻找到古老的派系戰爭，每一次攻擊，不管是攻擊卡巴拉（Karbala）或薩馬拉的清真寺、攻擊市場、部會或是醫院，都會引發古老的派系戰爭和最新的仇殺。國家像人一樣，不能用強力的震撼歸零後再啟動，國家只會崩解、不斷地崩解。

如此狀況當然需要更多的破壞，需要提高破壞的劑量，按住破壞鈕更久、造成更多的痛苦，投下更多的炸彈，動用更多的拷打。前副國務卿阿米塔吉曾經預測，可以輕易地把伊拉克人從一個地方帶往另一個地方，後來他斷定，真正的問題是美國太軟弱。他說：「聯軍用人道的方式作戰，實際上造成了人民比較難凝聚的情況，而不是比較容易團結。二次世界大戰後的德國和日本，人民筋疲力盡，深受過去的事情震撼；但是伊拉克的情形正好相反，非常快速地戰勝敵軍部隊，表示伊拉克人民並不像日本人和德國人一樣被馴服：美國現在要應付沒被嚇壞、也沒被震倒的伊拉克人民。」到二〇〇七年一月，布希和顧問仍然相信，可以用一次強力的「急速升高震懾」的方式，也就是徹底清除薩德爾軍這個「暗中破壞伊拉克政府的癌症」，控制住伊拉克。根據急速升高策略所做的報告，目標是以「成功掃除巴格達中心」為目標，薩德爾的部隊轉移到薩德爾市（Sadr City）後，也要「用武力徹底掃清這個什葉派的堡壘」。

一九七〇年代，政商財團主義聖戰興起時採用的手段，已被法院判決為刻意的種族滅絕，也就是刻意屠殺某一類的人口。伊拉克發生的事情更可怕，不只屠殺整個類別的人口，而是屠殺整個國家；伊拉克正在消失、正在土崩瓦解。就像平常一樣，首先消失的是躲在面紗和門戶後面的女性，接著是學校裡的學童消失，到二〇〇六年為止，三分之二的學童留在家裡。接著是專業人員消失，醫生、教授、企業家、科學家、藥劑師、法官、律師開始消失。從美國侵略伊拉克以來，估計已經有三百位伊拉克學者遭到行刑隊暗殺，包括好幾位系主任；成千上萬的學者逃走。醫師的情況更糟糕，到二〇〇七年二月，估計有兩千位醫師遭到殺害，有一萬二千位醫師逃走。二〇〇六年十一月，聯合國難民總署估計，每天有三千個伊拉克人逃出伊拉克；二〇〇七年四月，難民總署指出，有四百萬伊拉克人，也就是七分之一的伊拉克人被迫離開家園，流離失所，只有幾百個難民獲准移居美國。

伊拉克的產業全部崩潰後，唯一欣欣向榮的本土產業是綁架。二〇〇六年才過了三個半月，伊拉克就有將近二萬人遭到綁架。國際媒體只有在西方人遭到綁架時，才會注意這件事，但是遭到綁架的絕大多數是伊拉克專業人員，他們在上下班途中遭到綁架，他們的家人若不拿出數萬美元的贖金，就得到殯儀館認屍。拷打也是蓬勃發展的產業，人權團體記錄了很多案例，都是伊拉克警察向囚犯家屬索取幾千美元，交換不再拷打囚犯。這是伊拉克本土的災難資本主義版本。

布希政府選擇伊拉克，作為阿拉伯世界的模範國家，本意並非如此。美軍占領之初，大家興高采烈談論乾淨的白紙和重新開始。然而，過不了多久，追求乾淨的夢想就惡化成「把薩德爾市或納加夫的伊斯蘭主義連根拔起」，把從法魯加和拉馬迪（Ramadi）的「激進伊斯蘭主義癌症」割除，不能清除的東西就用武力掃平。

想在別人的國家建立模範社會，後果就是這樣。清除行動事先很少經過計劃，碰到住在這塊土地的人民拒絕放棄過去，乾淨白紙的美夢才會演變成它的另一個分身，也就是焦土政策；這時全面創造的美夢變成了全面毀滅的行動。

伊拉克現在淹沒在無法預期的暴力中，正是極為樂觀的伊拉克戰爭策劃人員創造的結果；在「為新中東建立模範」這種乍看無害、甚至有點樂觀的說法中，已經注定了這種命運。伊拉克解體的根源，是因為有個意識形態需要創造一張白紙，在上面寫下新故事。創造不出這麼乾淨的白紙時，支持這種意識形態的人開始用爆破和激升劑量，然後再度激升劑量和爆破的方式，希望創造出應許之地。

失敗是成功的新面貌

我搭飛機離開巴格達時，每一個座位上都坐滿了逃離這場暴亂的外國包商。當時是二〇〇四年四月，法魯加和納加夫都遭到圍攻，光是那一星期裡，就有一千五百位包商員工撤離伊拉克，還有更多人會撤退。同時，我相信，我們看到的是政商財團主義聖戰的第一次全面失敗。美國除了沒有動用核子彈之外，已經用每一種震撼武器把伊拉克炸成粉碎，卻沒有一樣東西能夠制伏這個國家，這場實驗顯然已經失敗。

現在我卻不敢這麼肯定。從某一方面來看，這個計畫的若干部分造成了災難，布雷默到伊拉克是要建立企業烏托邦，結果伊拉克變成了可怕的反面烏托邦，隨便去參加一場企業聚會，都可能遭到私刑處決、活活燒死或砍頭。根據《紐約時報》的分析，到二〇〇七年五月，據報有超過九百位包商人員遭到殺害，「超過一萬兩千人在戰鬥或工作現場受傷」。布雷默花了極多精神吸引的投資人沒有出現，匯豐銀行沒有來，寶鹼和通用汽車的合資事業沒有成立。新橋策略公司先前吹噓：「一家沃爾瑪可以攻占全國」，現在承認「短期內麥當勞不會來開店」。貝泰的重建合約沒有輕鬆換成長期經營供水與電力系統的合約。到二〇〇六年下半年，整個反馬歇爾計畫核心的民營化重建工程，幾乎全都就地放棄，證明已有某些相當劇烈的政策逆轉。

調查伊拉克重建案的美國特別檢查總長鮑文（Stuart Bowen）指出，在某些直接發給伊拉克公司的合約中，執行狀況比較有效率，成本也比較低，也能激勵伊拉克經濟，因為這種合約讓伊拉克人能夠就業。實際上，資助伊拉克人重建自己的國家，比雇用笨重的跨國公司有效率，因為跨國公司不瞭解伊拉克，也不懂伊拉克的語言，還要用日薪九百美元的傭兵保護自己，而且合約預算的管理費用高達五五％。在巴格達美國大使館擔任健保顧問的鮑爾索克斯（Jon C. Bowersox）提出了下列激烈的看法：他說，伊拉克重建的問題在於想要從零開始，重建一切。「我們可以深入其中，完成低成本的復原，而不是想在兩年內，徹底改變伊拉克的健保制度。」

五角大廈出現更激烈的變化。二〇〇六年十二月，國防部宣布新計畫，要提升伊拉克國有工廠的設備和經營，之前布雷默還認為這些工廠是史達林式的倒退而拒絕供應緊急發電機。現在五角大廈瞭解，不從約旦和科威特進口水泥和機械零件，可以向日漸衰弱的伊拉克工廠採購，讓數以萬計的人有工作做，而且可以把營業收入送進工廠四周的社區裡。負責伊拉克企業轉型的美國國防部副次長布林克里（Paul Brinkley）說：「我們更深入研究一些工廠，發現這些工廠跟我們想像的不同，根本不是荒廢的蘇聯時代企業。」但是他沒有承認有些同事開始叫他史達林主義分子。

美國在伊拉克戰場的最高指揮官齊亞瑞里（Peter W. Chiarelli）少將解釋說：「我們必須讓憤怒的年輕人就業……失業率稍微降低，將會大幅降低持續進行的派系殺戮。」他忍不住又補充說：「經過四年後我們還不瞭解這一點，真是令人難以相信……對我來說，這是重大問題，跟作戰計畫的任何其他部分一樣重要。」

這些轉變是否代表災難資本主義的末日？根本不是。等到美國官員終於瞭解，自己不需要從零開始重建嶄新的新國家，知道提供伊拉克人就業機會比較重要，知道讓伊拉克工業分享數十億美元的重建資金比較重要，用來推動重建的所有資金已經花得一乾二淨。

同時，在這種新凱因斯主義頓悟的過程當中，伊拉克卻遭到歷來最嚴重的趁火打劫行動傷害。二〇〇六年十二月，由貝克領導的民主共和兩黨伊拉克研究小組發布大家等待已久的報告，呼籲美國「協助伊拉克領袖，改組國家石油工業，變成商業企業」，而且「鼓勵國際社會和國際能源公司投資伊拉克石油部門」。

白宮漠視伊拉克研究小組的大部分建議，卻沒有忽略這項建議：布希政府立刻行動，協助伊拉克草擬激進的新石油法，容許殼牌和英國石油之類的公司簽署三十年合約，可以保留在伊拉克獲得的石油利潤，金額高達數百億甚至數千億美元。在伊拉克這種容易開採石油的國家，這是前所未聞的優惠條件，而且對於九五％政府稅收來自石油的伊拉克，這樣做好比判決伊拉克永遠淪入貧窮的噩運。這種建議極不受歡迎，連布雷默在占領的第一年裡，都不敢這樣做。但是現在因為混亂日益嚴重，這種做法也出現了。石油公司說明為什麼這樣做有道理，為什麼可以把這麼高比率的利潤匯出伊拉克時，宣稱原因是安全受威脅。換句話說，災難促成了這麼激進的法律。

華盛頓採取行動的時機具有特別深遠的意義，華盛頓推動石油法立法時，伊拉克面臨有史以來最嚴重的危機：教派戰爭造成國家四分五裂，平均每週有一千個伊拉克人遭到殺害。海珊剛剛被美國人以邪惡而令人生氣的方式處死，同時，布希派出「激增」的軍隊到伊拉克，根據「比較不受限制」的交戰規則作戰。對大石油公司來說，這時的伊拉克動盪得太厲害，根本不是從事重大投資的時候，因此伊拉克對新法律沒有迫切必要，除非是為了利用混亂時機，逃避公眾對伊拉克所面臨爭議性最大的問題進行討論。很多民選的伊拉克民意代表說，有關方面正在研擬新法律，他們連聽都沒有聽過，也沒有被納入草擬過程中。石油觀察團體平臺組織（Platform）研究人員穆迪特（Greg Muttitt）說：「我最近參加伊拉克國會議員的聚會，問他們有多少人看過這項法律。二十位國會議員當中，只有一位看過。」穆迪特說，如果法律通過，伊拉克「會蒙受重大損失，因為這時伊拉克沒有能力定出有利的交易」。

伊拉克一些主要工會宣稱，「石油業民營化是不能跨越的紅線」，工會也發表聯合聲明，譴責這項法律，說是趁著伊拉克仍然遭受占領、還在努力決定自己未來命運的時機，搶奪伊拉克的「能源庫存」。二〇〇七年二月伊拉克內閣通過的石油法比預期還糟糕：對外國公司可以匯出伊拉克的利潤金額，沒有定出限制，對於多少家外國投資人可以跟伊拉克企業合作，或是雇用伊拉克人在油田工作，也沒有特別規定。最可恥的是，新法排除了伊拉克民選的國會議員，讓他們在未來的石油合約上沒有任何發言權，並且創設了新的機構：聯邦油氣委員會。根據《紐約時報》的報導，這個委員會要以「國內外石油專家組成的小組」為顧問。換句話說，這個非民選機關在非特定外國人的建議下，對所有和石油有關的事物，擁有最後的決定權，而且擁有全部的權力，可以決定伊拉克是否簽署合約。事實上，這項法律規定：把伊拉克公眾擁有的石油蘊藏，也就是伊拉克主要收入來源，豁免民主控制，改由掌握大權、富有和殘破無效率的伊拉克政府共存的獨裁機構管理。

說這樣搶奪資源無恥之至，一點也不誇張。伊拉克恢復部分安定時，石油利潤是資助國家重建唯一的希望。趁著國家四分五裂之際，搶奪這種未來的財富，是災難資本主義最無恥的行為。

伊拉克的混亂還有另一個少有人討論的後果：混亂拖得愈久，外國勢力就變得愈民營化，最後形成作戰方式和人道災難處理辦法的新模範。

反馬歇爾計畫核心的激進民營化意識形態，就在這種地方得到豐厚的報酬。布希政府堅持拒絕在伊拉克戰爭中增加人力，不管是增加部隊人力，還是增加受到政府控制的官員人數，這點對布希政府的另一場戰爭，也就是把美國政府委外的戰爭，具有一些非常明顯的好處。這種聖戰雖然不再是布希政府公開宣揚的主題，卻仍然是背後的主要動力，而且這場聖戰的推動，比布希政府所有比較公開的戰鬥加總起來還成功多了。

因為倫斯斐把這場戰爭設計成即時的侵略行動，士兵派去伊拉克只是從事核心戰鬥任務，而且因為他派兵到伊拉克的第一年，就把國防部和榮民事務部的員工裁掉了五萬人，民間部門正好填補每一個階層留下的空缺。實際上，這種結構的意義是：伊拉克陷入混亂之際，更複雜的民營化戰爭工業開始形成，充實只剩下骨架的軍隊——不論是在伊拉克從事地面任務的軍隊，還是在美國本土的華特里德醫療中心（Walter Reed Medical Center）治療士兵的部門。

所有需要增加軍隊規模的解決方案，都遭到倫斯斐堅決拒絕，軍方只好設法找到更多士兵，投入戰鬥任務。民間安全公司因此湧入伊拉克，執行過去由士兵負責的任務，包括提供高層官員的保安、基地警衛以及保護其他包商。民間保全公司進駐伊拉克後，為了因應亂局，角色進一步擴大。黑水公司當初獲得的伊拉克合約只是為布雷默提供私人保全，但是美軍占領伊拉克一年後，黑水公司已經全面走上街頭戰鬥。二〇〇四年四月，納加夫的薩德爾起義行動中，黑水公司實際上取得了指揮權，指揮負責戰鬥任務的美國海軍陸戰隊，跟曼迪軍進行長達一天的戰鬥，殺害了幾十個伊拉克人。

美軍開始占領伊拉克時，估計伊拉克有一萬個二等兵，已經遠遠超過第一次波斯灣戰爭時的人數。三年後，美國政府統計局的報告發現，從世界各地派駐到伊拉克的二等兵高達四萬八千人。傭兵是僅次於美軍的最大士兵團體，比盟軍其他國家派出的士兵還多。財經新聞說，這種情形叫作「巴格達榮景」：接受過去人人討厭的民間影子部門，把這個部門完全納入美國和英國的作戰機器中。黑水公司雇用積極的華盛頓說客，把「傭兵」這個字眼從公共辯論的辭彙中刪除，也把公司變成徹頭徹尾的美國品牌。根據黑水公司執行長普林斯（Erik Prince）的說法：「這點可以回溯到我們公司的銘言：我們為國家安全機制服務，就像聯邦快遞（FedEx）提供的郵政服務一樣。」

戰場轉移到監獄裡後，軍方極為短缺受過訓練的偵訊人員和阿拉伯語譯員，因此不能從新抓到的囚犯口中得到情報。軍方迫切需要更多的偵訊人員和譯員，就向國防包商CACI國際公司求助。CACI原來取得的合約中規定，公司在伊拉克的任務是提供軍方資訊科技服務，但是合約中跟任務有關的文字很模糊，足以把「資訊科技」擴大解釋到涵蓋偵訊。這種彈性是故意的安排：CACI是新一代的包商，專門擔任聯邦政府的臨時代理機構，公司拿到文字寬鬆、隨時可以變化的合約，並維持大量待命的潛在員工，準備從事可能出現的任何任務。CACI的員工不需要通過嚴格的訓練規定，也不需要像政府員工一樣通過安全調查。打電話給CACI，就像訂購新的辦公室用品一樣容易；片刻之內，幾十個新偵訊人員就可以抵達伊拉克。[2]

從混亂中得到最大利益的公司是哈利波頓。哈利波頓在美國侵略伊拉克前，就取得一項合約，負責撲滅海珊軍隊撤退時造成的油井大火。大火其實沒有發生，哈利波頓的合約就擴大解釋涵蓋新任務：提供伊拉克全國所需要的燃料。這個任務非常巨大，因此「哈利波頓買光了科威特所有的油罐車，另外還進口了好幾百輛」。哈利波頓打著讓士兵去從事戰鬥任務的名號，另外接下幾十項軍方的傳統任務，包括軍用車輛與無線電的維修。

隨著戰爭拖延不決，連大家長久以來認為該由軍方負責的兵員召募，都迅速變成營利事業。到二〇〇六年，信佳集團（Serco）或武器巨擘L 3通信公司（L-3 Communications）旗下的民間徵才公司，開始為美軍召募新兵。很多負責募兵的民間業者從來沒有服役過，但是每召到一名士兵，就會得到獎金，因此有一家公司的發言人吹噓說：「如果你想吃牛排，你就必須把人送進軍隊裡。」倫斯斐當國防部長，也助長了軍事訓練委外的熱潮，庫比克防衛應用（Cubic Defense Applications）和黑水之類的民間企業，負責用實戰訓練和戰爭遊戲訓練士兵，把士兵帶到民間擁有的訓練設施，在模擬的村莊裡練習逐屋戰鬥。

倫斯斐極為沉迷於民營化理念，這已在二〇〇一年九月十日的演講中首度表明；士兵傷病回國或是罹患創傷後壓力症候群時，是由民間健保公司負責治療。創傷極為嚴重的伊拉克戰爭為這些公司創造暴利，其中一家叫作健康網（Health Net）的公司，在二〇〇五年變成《財星》五百大企業排名的第七位，主因是有很多受到創傷的士兵從伊拉克回國。另一家叫作IAP全球服務（IAP Worldwide Services Inc.）的公司贏得一項合約，接管華特里德軍方醫院的很多服務。據說這所醫學中心的醫療照護品質嚴重惡化，主因就是民營化造成超過二百位技術高明的聯邦員工離職。

民營公司角色巨幅擴大，就像伊拉克突然實施新石油法一樣，沒有被當成政策問題，沒有經過公開辯論，倫斯斐不必和聯邦政府員工工會正式決戰，也不必跟高階將領激辯。一切都在匆忙間實際發生，正是軍方所說的任務偏離。戰爭拖得越久，變得越像是民營化的戰爭，很快的，這種情形就變成了新的戰爭方式。危機是促成榮景的動力，這已是不爭的事實。

統計數字清楚說明了嚴重的企業任務偏離現象。一九九一年的第一次波斯灣戰爭中，每一百位士兵，只有一位包商人員。二〇〇三年初，美國開始侵占伊拉克時，這個比率已經跳升到每十個士兵，就有一個包商人員。美國占領伊拉克三年後，這個比率升高到三個人當中有一個包商；不到一年後，美國占領伊拉克進入第四年時，每一．四個美軍士兵，就有一位包商人員。但是這個數字只包括直接為美國政府服務的包商人員，不包括聯盟其他國家或伊拉克政府的員工，也不包括公司設在科威特和約旦、把工作轉包給小包商的包商工作人員。

派駐在伊拉克的英國士兵，數量遠不如英國民間安全公司派到伊拉克的工作人員，士兵的數量只有民間工作人員的三分之一。布萊爾首相二〇〇七年二月宣布，要從伊拉克撤出一千六百位士兵，新聞界立刻報導說：「公共部門希望『傭兵』能夠填補士兵留下來的缺口，」這些傭兵都是屬於直接領取英國政府報酬的公司。同時，美聯社估計，在伊拉克的包商人員大約有十二萬人，數量幾乎和美軍數目相同。用規模來說，這種民營化戰爭已經壓倒聯合國。聯合國二〇〇六至二〇〇七年的維持和平預算為五十二億五千萬美元，只比哈利波頓在伊拉克索取的合約金額二百億美元的四分之一略多，最新的估計顯示，光是傭兵產業，一年的產值就高達四十億美元。

因此，對伊拉克人和美國納稅人來說，伊拉克重建的確是徹底失敗，但對於災難資本主義複合體而言，卻絕對不是這樣。伊拉克戰爭的起因之一是九一一攻擊，但是這場戰爭代表的意義不只是新經濟在暴力中誕生。這一點是倫斯斐「轉型」計畫中的智慧結晶：因為毀滅和重建的每一個層面都委外辦理和民營化，開始投擲炸彈、停止投彈以及恢復投彈時，都會創造經濟繁榮，形成毀滅和重建、破壞與創造的封閉獲利循環。對於哈利波頓和凱雷集團之類精明而有遠見的公司來說，毀滅和重建是同一家公司不同的部門。[3]

布希政府採取幾種重要卻少有人批評的措施，把在伊拉克打造的民營化戰爭模式制度化，使民營化戰爭變成外交政策中恆久不變的一環。二〇〇六年七月，負責伊拉克重建的總檢察長鮑文發表報告，討論從多家包商的失敗慘劇中「學到的教訓」，斷定問題起源於規劃不足，要求創設「由包商人員組成、便於部署的預備隊，這種預備隊要受過訓練，善於在意外作業狀況中，快速執行救災與重建契約」，而且「事先審核由包商組成、擁有特殊領域重建專門技術的多元化團隊」。換句話說，就是成立常設的包商大軍。布希在二〇〇七年的國情咨文演說中支持這個構想，宣布創立全新的平民預備隊。他說：「這種預備隊的運作很像軍方的預備隊，可以雇用擁有關鍵技術的平民，在美國需要他們時，擔任海外任務，從而減輕軍方的負擔。這樣也會讓全美國不穿制服的人民，有機會在我們這個時代決定性的鬥爭中服務。」

美國占領伊拉克一年半後，國務院設立了新機構「重建穩定署」（Office of Reconstruction and Stabilization）。每一天，該署都付錢給民間包商，策劃從委內瑞拉到伊朗在內等等二十五個國家的詳細重建計畫，這些國家可能會因為某種原因，成為美國所主導的毀滅目標。企業和顧問公司根據事前簽訂的合約，組成團隊，做好準備，在災難爆發時能夠立刻採取行動。對布希政府而言，這是自然的演變；布希政府宣布有權發動無限制的先制攻擊毀滅後，又在先制重建方面取得先機：準備重建還沒有被摧毀的地方。

因此到了最後，伊拉克戰爭的確創造了一種經濟模範，這種經濟體不是新保守主義分子炫耀的底格里斯河之虎，而是民營化戰爭與重建的模範；這種模範很快就變成可以出口的項目。在伊拉克戰爭前，芝加哥學派聖戰的邊疆都受到地域的限制，俄羅斯、阿根廷、南韓的案例就是這樣。如今只要再爆發下一個災難，就可能為芝加哥學派聖戰打開新天地。

1　這是「消除復興黨影響力運動」激起極多怒火的原因之一。低階士兵全都失去工作，必須加入復興黨才能在職業生涯中晉升的教師和醫師也一樣失業。高級復興黨軍官以踩躪人權聞名，臨時政府卻任用他們維持各個城市的治安。

2　問題在於幾乎沒有人監督包商的作業。美軍執行調查阿布格萊布監獄醜聞的報告斷定，美國甚至沒有派出政府官員到伊拉克，負責監督偵訊人員的做法，更沒有派人到阿布格萊布監獄裡，因此「很難有效進行合約的管理」。撰寫這篇報告的陸軍上將費伊（George Fay）斷定，政府的「偵訊人員、分析師和領導者沒有做好準備，不能應付合約偵訊人員充斥的現象，也沒有受過訓練，不能管理、控制和懲罰這些人員。情形很清楚，阿布格萊布監獄裡，沒有適當監督合約表現的可靠做法」。

3　洛克希德馬丁公司往這個方向進一步發展，根據《金融時報》報導，該公司從二〇〇七年初起，開始「在年營業額一兆美元的健保市場併購企業」，也吃下工程巨擘太平洋建築工程公司（Pacific Architects and Engineers）。這波併購熱潮代表災難資本主義複合體中病態垂直整合的新時代，洛克希德占住優勢地位，不但可以從製造武器和戰鬥機中獲利，也可以從重建武器所摧毀的地方中獲利，甚至可以靠著治療自己武器傷害的人而得到好處。

第七篇

移動的綠區：
緩衝區與防爆牆

The Shock Doctrine

PART 7

因為你能夠重新開始，基本上，你可以占住領先優勢，重新開始，這樣是很大的優勢。你有這種機會是特權，因為其他地方沒有這種制度，或是受到有一、兩百年歷史的制度拖累。從某方面來說，阿富汗可以用最好的構想和最好的技術知識重新開始，的確是阿富汗的優勢。

——美國財政部長歐尼爾（Paul O’Neill）

在美軍攻占喀布爾後的演說，二〇〇二年十一月

第十九章
THE SHOCK DOCTRINE

淨灘
「第二次大海嘯」

像巨型推土機一樣的海嘯鏟平了海岸線，為開發商帶來夢想不到的機會，開發商也迅速掌握機會。

——麥當斯（Seth Mydans），《國際前鋒論壇報》，二〇〇五年三月十日

我在夕陽西沉時走到海灘上，希望在漁民駕船駛向墨綠色的大海、開始一天的作業前，能夠碰到一些漁民。這時是二〇〇五年七月，海灘上幾乎空無一物，但是還有幾艘手工油漆的木筏，其中一艘木筏旁邊有一個小家庭，正在做出海前的準備。四十歲的羅傑穿著無袖上衣，裹著紗籠，坐在沙子上面，跟二十歲的兒子伊凡一起縫補糾纏不清的紅色漁網。羅傑的太太珍妮塔繞著小船，手裡拿著一小罐冒煙的香，搖來搖去，她解釋這種儀式是「為了祈福和祈求平安」。

不久前，這個海灘和斯里蘭卡海岸沿線幾十個這樣的海灘一樣，還是緊急救援任務的現場，因為這裡經歷了近年最具毀滅性的天災：二〇〇四年十二月二十六日的大海嘯，奪走二十五萬人的性命，造成這個地區二百五十萬人無家可歸。我在大海嘯發生之後六個月，來到受害最嚴重的斯里蘭卡，希望看看這裡的重建和伊拉克的重建有什麼異同。

和我同行的旅伴庫馬里（Kumari）是可倫坡的行動主義者，曾經參與救難和重建工作，她同意在我採訪受到大海嘯侵襲的地區時，擔任我的導遊和翻譯。我們的旅程從阿魯甘灣（Arugam Bay）開始，這裡是斯里蘭卡島東海岸的一座漁村，也是沒落的度假村，政府重建小組把這裡當成「美好重建」計畫的櫥窗。

我們在此遇見羅傑，沒過多久他就提出十分不同的說法。他說這個計畫是「把漁民從海灘上趕走的計畫」，而且這個大規模驅趕人民的計畫，遠在大海嘯來襲之前就已定案，但是大海嘯像極多其他災難一樣，被人利用，推動十分不受歡迎的計畫。羅傑告訴我們，十五年來，他和家人都在阿魯甘灣上的茅屋裡度過捕魚季節，離這裡沒多遠。他們和幾十戶其他漁民家庭一樣，把船放在茅屋旁邊，把捕獲的魚放在香蕉葉上，在柔細的白沙上曬乾。他們和觀光客相處愉快，其中大部分是澳洲和歐洲來的衝浪客，住在海灘附近的國民旅舍，屋前掛著破舊的吊床，卡在棕櫚樹上的喇叭傳出倫敦的俱樂部音樂。餐廳購買剛下船的魚貨，漁民多采多姿的傳統生活形態，為最能吃苦耐勞的旅客提供他們所追尋的真實風土民情。

長久以來，阿魯甘灣的旅館和漁民之間，沒有什麼特別的衝突，原因之一是斯里蘭卡內戰不斷，沒有哪種產業能夠茁壯到超越小小的規模。斯里蘭卡東海岸曾經爆發過一些最慘烈的戰鬥，因為北部的塔米爾之虎解放運動（Liberation Tigers of Tamil Eelam）和可倫坡的斯里蘭卡中央政府，都宣稱擁有東海岸，卻從來沒有完全控制過這個地方。要到阿魯甘灣，必須穿越迷宮一樣的檢查哨，冒著陷在槍林彈雨、或碰到自殺炸彈攻擊的危險（據說塔米爾之虎發明了會爆炸的自殺腰帶）。所有導覽書籍都包含嚴正警告，勸大家避開斯里蘭卡動盪不安的東海岸，這裡的浪頭非常適於衝浪，但是只有最堅定的衝浪客，才會花精神來這裡。

二〇〇二年二月，可倫坡和塔米爾之虎簽署了停火協議，突破上述僵局。停火不完全等於和平，比較像軍事行動中依然緊繃的暫停期間，偶爾會穿插爆炸案或暗殺案。雖然情勢這麼不穩定，但是道路一開通，導覽書籍就開始把東海岸捧成下一個普吉島，是衝浪勝地，擁有美麗的海灘、稀奇古怪的旅館、芳香撲鼻的美食、滿月時刻舉行的舞會……寂寞星球（Lonely Planet）宣揚這裡是「舉行派對的熱門地點」。阿魯甘灣成了行動中心，同時，檢查哨的開放表示全國各地的漁民，可以大批回到包括阿魯甘灣在內這片最多產的東岸水域。

海灘上的人群開始增加，阿魯甘灣被劃為漁港，但是當地旅館老闆開始抱怨，說茅屋阻擋了旅館的視線，曬魚的臭味讓旅館的房客作嘔（一位荷蘭移民來的旅館老闆告訴我，「的確有氣味汙染這回事」）。有些旅館主人開始遊說當地政府，要求把漁船和茅屋遷移到另一個海灣，遷移到比較沒有外國人的地方。村民開始反彈，指出他們在這塊土地上住了好幾代，阿魯甘灣不只是漁港而已，也是漁民的淡水和電力來源，是漁民子女上學和買主購買漁獲的地方。

海嘯來襲前六個月，衝突幾乎就要爆發，某天半夜海灘上燒起了一場無名火，二十四棟漁民居住的茅屋燒成灰燼。羅傑告訴我，他和家人「失去了一切，所有的財物、漁網和繩索」。庫馬里和我跟阿魯甘灣很多位漁民談話，所有漁民都堅稱這是人為縱火，他們把茅頭指向擺明了要把海灘據為己有的旅館老闆。

如果火災真正的用意是要嚇走漁民，結果卻適得其反；漁民留在家園的決心變的比以前更堅定，失去茅屋的漁民很快重建家園。

海嘯來襲，做到了火災做不到的事情，把海灘清理得一乾二淨，每一樣脆弱的結構物都被沖走，每艘小船、每一棟漁民茅屋、每一棟遊客小屋和平房，全都一樣。這個社區的人口只有四千，大約有三百五十人罹難，大部分都是像羅傑、伊凡和珍妮塔一樣靠海討生活的人。然而，在垃圾和屍體底下，留著旅遊業夢寐以求的東西，也就是原始的海灘、清除掉所有人為障礙物的度假勝地。整個海岸都一樣：一旦垃圾清除，剩下的就是樂土。

緊急狀況消退，漁民重回舊地，迎面而來的警察禁止他們重建。「這是新規定」，他們得知海灘上不准蓋房子，一切至少必須離高潮線二百公尺。大部分人願意在離水比較遠的地方蓋房子，但是那裡沒有土地，因此漁民無處可去。不只阿魯甘灣設置了「緩衝區」，整個東海岸都一樣，海灘變成了禁地。

海嘯大約奪走了三萬五千名斯里蘭卡人的性命，造成將近一百萬人無家可歸，像羅傑一樣駕著小船捕魚的人，占受害者的八〇%；在某些地區，這種比率接近九八%。數十萬人為了得到食物配給和少少的救災津貼而搬離海灘，住進內陸的臨時收容所。很多收容所都是鐵皮蓋的狹長醜陋棚屋，熱氣無法宣洩，熱得令人難以忍受，因此很多人拋棄棚屋，在外露宿。久而久之，收容所變成又髒又亂、疾病叢生的地方，還有面貌兇惡、揮舞著機槍的士兵來回巡邏。

政府的表面文章說，緩衝區是安全措施，意在防止另一次海嘯來襲時再度爆發慘劇。表面上，這樣說有道理，但是其中有一個明顯的問題：上述規定不適用於旅遊業。政府反而鼓勵旅館，在以前漁民生活和捕魚的寶貴海灘上擴建。度假村不受緩衝區規則的限制，紛紛落成；不管建築多麼精美或是多麼接近海邊，只要把工程歸類為「修理」，就可以完全不受限制。因此在整個阿魯甘灣的海灘上，都有建築工人忙著蓋房子。羅傑忍不住要問：「旅客難道不怕海嘯嗎？」

對羅傑和其他漁民來說，緩衝區看起來只不過是藉口，讓政府可以做海嘯來襲前想做的事情，把漁民驅離海灘。漁民過去從海中捕獲的魚足以養家活口，但是對世界銀行之類機構計算的經濟成長沒有貢獻，而且漁民原來蓋茅屋的土地，顯然可以作為更有利的使用。我抵達後不久，一份名叫「阿魯甘灣資源開發計畫」的文件流入新聞界手中，證實了漁民社區最擔心的事情。聯邦政府已經委託一群國際顧問公司，研擬阿魯甘灣重建藍圖，結果就是上述重建方式。雖然海嘯摧毀了海灘上的房屋，整個小鎮大致上還安然無恙，開發計畫卻要把阿魯甘灣夷為平地，重新大興土木，把擁有嬉皮魅力的濱海小村，變成高級的「精品旅遊勝地」，變成擁有五星級度假村、一晚三百美元的豪華生態旅遊農舍、水上飛機碼頭還有直升機起降場。這份報告主張把阿魯甘灣當成模範，讓附近三十個新「旅遊區」學習，把過去戰亂頻仍的斯里蘭卡東海岸，變成南亞的里維拉（Riviera）。

藝術家畫的透視圖和建築藍圖中，看不到大海嘯受難者，看不到過去住在海灘上幾百戶漁民家庭。這份報告說明要把村民遷移到比較適合的地方，遷移到好幾公里之外，卻遠離海洋的地方。更糟糕的是，這個耗資八千萬美元的再開發計畫所用的資金，是以協助海嘯受難者名義募集到的善款。

在大海嘯後激發起前所未有的國際捐助，就是這些漁民家庭哀哀痛哭的臉孔，就是泰國和印尼其他漁民悲傷的臉孔：堆積在清真寺裡的屍體是他們的親屬，哭著辨認淹死嬰兒的是他們的母親，被大海捲走的是他們的子女。但是對阿魯甘灣這樣的社區來說，所謂「重建」，不過是刻意摧毀他們的文化和生活方式，竊取他們的土地。就像庫馬里說的一樣，整個重建過程會造成「受害者再度受害、遭到剝削的人繼續遭到剝削」。

重建計畫曝光後，引發了全國性的怒火，阿魯甘灣居民的憤恨更是無以復加。我們一到當地，庫馬里和我就碰到幾百個示威人士構成的團體，他們穿著五顏六色的沙麗、紗籠，帶著希賈布面紗或頭巾（hijab），穿著人字拖。他們在海灘上聚集，正要開始示威遊行，要走到旅館前面示威，然後到地方政府所在地的薄圖威市（Pottuvil）抗議。

群眾走到旅館去時，一位穿著白色T恤、拿著紅色麥克風的年輕人領導示威群眾，進行一問一答的抗議。年輕人高喊：「我們不要、我們不要……」群眾就大喊：「觀光旅館！」接著年輕人大叫：「白人……」群眾就高喊：「滾出去！」（庫馬里很不好意思的把塔米爾語翻譯給我聽。）另一位膚色經過日曬浪打的年輕人接下麥克風，高聲喊著：「我們要、我們要……」群眾的回答跟著傳出：「還我土地！」「還我家園！」「還我漁港！」「還我捐款！」年輕人又喊著：「饑荒、饑荒！」群眾回答：「漁民面臨饑荒！」

到了區政府大門前，遊行領袖譴責他們選出的代表背信忘義、貪腐，把捐給漁民的錢拿去「買女兒的嫁妝和太太的珠寶」。群眾談到區政府優待僧加羅人（Sinhalese），歧視穆斯林，談到「外國人從我們的痛苦中獲利」。

他們的怒吼似乎不會產生什麼效果。我在可倫坡跟斯里蘭卡觀光局長柯萊賽文（Seenivasagam

Kalaiselvam）談話，柯萊賽文是中年官僚，有一個壞習慣，喜歡提到政府當局花了幾百萬美元打造的「品牌性格」（brand personality profile）。我問他，阿魯甘灣之類地方的漁民會有什麼命運。他往籐椅的椅背一靠，解釋說：「過去海岸地帶有很多不合法、沒有依據觀光計畫興建的建築。海嘯過後，觀光業碰到的好處是大部分非法建築都受到海嘯影響，全都消失了。」他解釋說，如果漁民回來重建，「我們會被迫再度拆除……海灘會保持乾淨。」

開始時不是這樣。大海嘯來襲幾天後，庫馬里第一次來到東海岸時，還沒有半個官方援救人員到達現場，也就是說每個人都是救難人員、醫療人員和挖掘墳墓的人。分裂這個地區的種族障礙突然消失。她回憶說：穆斯林信徒跑到塔米爾人那邊，幫忙埋葬死者，塔米爾人跑到穆斯林信徒這邊吃飯、喝水。斯里蘭卡內陸的每個家庭，一天送來兩個午餐餐包，餐包十分珍貴，因為內陸居民都很窮。這樣做不是要求回報，只是覺得「我必須協助鄰居，我們必須協助兄弟姐妹、女兒和母親，就是這樣而已。」

全國各地掀起類似的跨文化救援，塔米爾青少年從田裡開來拖拉機，協助尋找屍體，基督徒兒童捐出學生制服，以便改成穆斯林葬禮中的白色壽衣，印度教婦女也捐出白色的沙麗。似乎海嘯的潮水和瓦礫都具有讓人謙卑的極大力量，除了摧毀房子、沖垮道路之外，也洗刷了難以化解的仇恨、血腥的世仇和上次誰殺了誰的紀錄。庫馬里跟和平團體合作多年，希望跨越各種鴻溝，卻無法達成目標，看到大家用這麼光輝的人性應付這麼慘烈的悲劇，的確讓他感動極了。斯里蘭卡人在國家遭逢最大壓力時，沒有無休無止的討論和平，而是實際上發揮和平精神。

看來斯里蘭卡也可以靠著國際協助，完成重建工程；起初協助不是來自反應遲鈍的各國政府，而是來自在電視上看到慘禍的個人：歐洲學童舉辦糕餅義賣和蒐集瓶罐義賣，音樂家舉辦眾星雲集的音樂會，宗教團體蒐集衣服、毛毯和捐款。然後各國公民要求本國政府比照他們的善心，提供官方協助，六個月內，全世界募集了一百三十億美元的善款，寫下世界紀錄。

最初幾個月裡，重建資金大都送到需要的人手中：非政府組織和援助機構帶來緊急食物、飲水、帳篷和具有一片傾斜屋頂的臨時住宅；富國派出醫療隊，發送物資。各地出現收容所，讓大家等待永久住宅興建時，有一個臨時遮風避雨的地方可以住。捐款的確足以蓋好這種住宅，但是六個月後我到斯里蘭卡時，進度完全停頓，幾乎沒有一棟永久住宅蓋好；臨時收容所開始看起來不像急難避難所，比較像不可挽回的貧民區。

援助人員指責斯里蘭卡政府在每一個重要環節都豎立起路障：首先宣布緩衝區，接著拒絕另外提供住宅用地，然後委託外國專家進行無數的研究、寫出宏偉的計畫。官僚爭辯不休之際，大海嘯的倖存者在悶熱的內陸收容所裡苦苦等待，靠著糧食配給過活，他們離海岸太遠，不能恢復捕魚。大家經常把重建延誤歸咎於繁文縟節和管理不善，事實上，其中牽涉了極為龐大的利益。

海嘯前廢棄的計畫

早在海嘯來襲前兩年，改造斯里蘭卡的宏大計畫就已經定案。內戰結束後計畫便已展開，又是那幾個玩家要來攪局，規劃把斯里蘭卡納入世界經濟，最主要的角色是美國國際開發總署、世界銀行和世銀的分支亞洲開發銀行。大家形成共識，認定斯里蘭卡最大的競爭優勢在於長期受到戰爭影響，變成少數還沒有受到時髦全球化運動殖民的最後國度。以斯里蘭卡這麼小的國家來說，保存下來的野生動物相當多，包括豹子、猴子和幾千隻野生大象；海灘上看不到高樓大廈，山區點綴著很多印度教、佛教和穆斯林廟宇及聖地。美國國際開發總署說，最棒的是「一切都包含在像西維吉尼亞州一樣大小的地方」。

根據這個計畫，提供遊擊隊絕佳掩護的斯里蘭卡叢林要開放，接納喜歡冒險的生態旅客，讓他們騎著大象，像在哥斯大黎加一樣，在樹蔭下像泰山一樣盪來盪去。共同造成極多血腥的各種宗教可以加以改造，滋養西方遊客的心靈需求：和尚可以經營禪修中心，印度教婦女可以在旅館表演多采多姿的舞蹈，印度醫學中心可以減輕酸痛。

總之，亞洲其他國家可以繼續保留血汗工廠、電話服務中心和狂熱的股市；各國產業巨子需要地方恢復元氣時，斯里蘭卡會歡迎他們過來。正因為在其他毫無管制的資本主義前哨國家創造了驚人的財富，如果想要享受豪華與荒野、冒險與貼心服務結合的完美體驗，錢不是問題。外國顧問相信，斯里蘭卡的未來要靠安縵居（Aman Resorts）之類的連鎖度假村；安縵居最近才在斯里蘭卡南部海岸開設兩處極為漂亮的度假村，房間一晚要八百美元，每一個套房都有可以跳水的游泳池。

美國政府極為看好斯里蘭卡成為高級旅遊勝地的潛力，也極為看好斯里蘭卡為連鎖度假村和觀光業者帶來的所有商機，因此美國國際開發總署推動計畫，把斯里蘭卡觀光業組織起來，成為強而有力、華府說客式的遊說團體。斯里蘭卡推廣觀光的預算從每年不到五十萬美元，增加到大約一千萬美元，也是國際開發總署的功勞。同時，美國大使館推動具有前瞻性的「競爭力計畫」，目標是要促進美國在斯里蘭卡的經濟利益。這個計畫的主任是滿頭白髮的經濟學家華利（John Varley），他告訴我，他認為斯里蘭卡觀光局談到要在二〇一〇年前，每年吸引一百萬個旅客，眼界太小，「我個人認為，他們可以吸引此數兩倍的旅客。」在斯里蘭卡主持世界銀行業務的英國人哈羅德（Peter Harrold）告訴我：「我總是認為，拿印尼的巴里島來比擬最適當。」

毫無疑問，高級觀光業是可靠的成長市場，以每晚房價平均四百零五美元的豪華旅館來說，二〇〇一到二〇〇五年間，總營收增加七〇%，表現相當優異，尤其是這段期間涵蓋了九一一後的衰退、伊拉克戰爭和燃料成本飛躍上漲，表現確實不錯。從很多方面來看，觀光業驚人成長，是芝加哥學派經濟學普遍勝利所造成極端不平衡的副產品。現在不管整體經濟狀況如何，都有大量新發跡的千萬富翁和億萬富翁組成菁英階層，華爾街把這個階層視為「超級消費者」，能夠獨力創造消費需求。花旗集團旗下所羅門美邦公司（Smith Barney）全球股票策略部門主管柯布爾（Ajay Kapur），一直鼓勵客戶投資他所說的一籃子「富豪股」，包括寶格麗（Bulgari）、保時捷（Porsche）、四季大飯店（Four Seasons）和蘇富比（Sotheby's）等公司。「我們相信，富豪經濟會繼續發展，所得失衡將繼續擴大，富豪股應該一直會有很好的表現。」

但是斯里蘭卡完成使命，成為富豪企業的遊戲場前，還有不少地方需要快速大幅改善。首先，要吸引頂尖的度假村經營者，政府必須降低私有土地所有權的障礙（斯里蘭卡大約八〇%的土地屬於國有）。斯里蘭卡需要比較「有彈性」的勞動法律，讓投資人可以為度假村找到足夠的員工。斯里蘭卡也需要推動基礎建設現代化，興建公路、精美的機場、改善供水與電力系統。然而，斯里蘭卡過去因為購買武器而債臺高築，政府無法獨力推動建設快速升級，只能尋求常見的交易，就是同意開放經濟，推動民營化與公私合營，換取世界銀行與國際貨幣基金的貸款。

所有這些計畫和條件都清楚記錄在重建斯里蘭卡計畫中。世界銀行批准的這個震撼治療計畫在二〇〇三年初定案，本地的主要支持者是名叫迪塔維拉（Mano Tittawella）的斯里蘭卡政客兼實業家，他的外表和意識形態都非常像前美國眾議院議長金瑞奇（Newt Gingrich）。

斯里蘭卡重建計畫像所有震撼治療計畫一樣，以推動快速經濟成長為名，要求大家做很多的犧牲。幾百萬人必須離開傳統鄉村，釋出海灘，接待遊客，釋出土地，以便興建度假村和公路。能夠存活下來的漁業，要由以深水港為基地的大型企業化拖網漁船主導，不是從海灘推下海的木製小船。斯里蘭卡當然也會像從布宜諾艾利斯到巴格達的類似例子一樣，國營公司會大量裁員，各種勞務的價格要提高。

擁護這個計畫的人碰到一個問題，很多斯里蘭卡人根本不相信值得犧牲。這時是二〇〇三年，對全球化過分樂觀的信心早已消失，經歷過慘痛的亞洲經濟危機後更是如此。戰爭的後遺症也是障礙，幾萬個斯里蘭卡人在「建國」、「家園」和「領土」的號召下，犧牲了性命。現在和平終於來臨，政府卻要求最貧窮的國民放棄小得可憐的土地和財產，放棄菜園、簡陋的房子和小船，好讓萬豪酒店（Marriott）或希爾頓大飯店（Hilton）興建高爾夫球場（村民可以到可倫坡去當街頭小販）。看來這是很差勁的交易，斯里蘭卡人也發出不平之鳴。

斯里蘭卡人起初用一波強硬的罷工和街頭抗議，拒絕重建斯里蘭卡計畫，然後在選舉中以決定性的態度，拒絕這個計畫。二〇〇四年四月，斯里蘭卡人抗拒所有外國專家和他們本地合作夥伴的屬意，投票選出中間偏左派系和自封為馬克思主義分子、誓言要廢棄整個斯里蘭卡重建計畫的派系，組成聯合政府。當時還沒有推動包括自來水和供電在內的中央民營化計畫，興建公路的計畫也在法院裡遭到挑戰。對於夢想建設富豪樂園的人來說，這是重大的挫敗；二〇〇四年原本是對投資人友善的民營化新斯里蘭卡元年，現在所有算計都落空了。

這場可怕的選舉過後八個月，大海嘯來襲。感嘆重建斯里蘭卡計畫壽終正寢的人立刻知道大海嘯的意義，新選任的政府必須向外國借貸幾十億美元，重建在海嘯中遭到摧毀的住宅、道路、學校和鐵路；外國債權人很清楚，面臨毀滅性的危機時，連最堅決的經濟民族主義分子都會突然變得很有彈性。至於態度比較強硬的農民和漁民，過去設置路障、發動大規模示威，破壞外國人先前整理和開發土地的鄉村居民，噢，此刻這些斯里蘭卡人有別的事要忙。

海嘯後的第二次機會

可倫坡的民族主義政府立刻行動，向控制援助資金的富國，證明斯里蘭卡政府準備放棄過去的立場。總統庫馬拉東加（Chandrika Kumaratunga）原本靠著公開反對民營化的政見當選，現在她宣稱，對她來說，大海嘯是一種宗教頓悟，協助她看出自由市場的希望。她到受大海嘯摧殘的海岸視察，站在瓦礫堆中宣布：「我們國家有幸擁有這麼多天然資源，我們卻沒有充分利用……大自然一定認為『夠了、夠了』，而且從所有層面痛擊我們，給我們一個教訓，要我們團結合作。」這是全新的解釋，大海嘯是上天的懲罰，懲罰斯里蘭卡沒有把海灘和森林全部出賣。

懺悔的儀式立刻開始，大海嘯侵襲後才四天，政府完成了一項立法，為公民強力反對多年的供水系統民營化奠定基礎。現在全國還泡在海水裡，死人還沒有埋葬，當然很少人知道發生了這回事，時機非常像伊拉克通過新石油法一樣，政府也選擇這種極為艱難的時刻，提高汽油價格，使生活變得更艱難：這個舉動意在向貸款國家發出明確的訊息，說明可倫坡政府在財政上負責的態度；可倫坡也開始擬定法案，計劃分拆國家電力公司，開放民間經營。

代表小漁船業主的斯里蘭卡國家漁業團結運動（National Fisheries Solidarity Movement）領袖庫馬拉（Herman Kumara）指出，重建是企業全球化的第二次大海嘯。他認為，這樣做是趁著小漁民受到最大傷害、最脆弱的時候，刻意剝削小漁民，就像戰爭之後的掠奪一樣，因此第二次的海嘯在第一次海嘯之後急速來襲。他告訴我：「大家過去激烈反對這種政策，但是現在他們在難民營裡餓得發昏，只想到明天要怎麼活下去；他們沒有地方睡覺、沒有地方可去，喪失了所得來源，不知道將來要靠什麼維生。政府在如此情況下推動這個計畫，等大家復原後，會發現過去政府決定的事情，但是到時候傷害已經造成。」

華盛頓的貸款機構能夠快速行動，利用這次海嘯，原因是他們以前做過極為類似的事情；後海嘯災難資本主義的彩排，在米契颶風（Hurricane Mitch）後一次很少有人評估的事件中，已經進行過。

一九九八年十月，米契在中美洲滯留了整整一個星期，橫掃宏都拉斯、瓜地馬拉和尼加拉瓜的海岸與山區，淹沒村莊，造成九千多人死亡。如果沒有外國慷慨的援助，這幾個十分窮困的國家不可能自救；援助的確來了，但是代價高昂。米契侵襲後兩個月，宏都拉斯全國還埋在瓦礫、屍體和爛泥裡，國會卻通過法律，批准機場、海港和公路民營化，而且快速推動國營電話公司、國家電力公司和供水系統等多個部門的民營化計畫。國會也推翻了進步的土地改革法律，讓外國人買賣房地產變得更加容易。國會也計劃強行通過由開礦業者草擬的極度重商礦業法，降低環保標準，如果有人妨礙新礦開採，比較容易破門抓人。

鄰國的情形大致相同，同樣是米契侵襲後的兩個月內，瓜地馬拉宣布出售電話系統的計畫；尼加拉瓜也一樣，還加上出售電力公司與石油部門。根據《華爾街日報》的報導：「世界銀行和國際貨幣基金在（電信業）出售案中，施加壓力，把出售案定為今後三年、每年大約釋出四千七百萬美元援助款的條件，而且把出售案跟減免尼加拉瓜四十四億美元外債的案子搭上關係。」電話民營化當然跟颶風後重建毫無關係，只有在華盛頓金融機構災難資本主義分子的內部邏輯中，才有關係。

隨後幾年，出售案完成，經常是以遠低於市價的價格成交。買主大致上都是其他國家原本由國家經營、已經民營化的公司，他們現在在全球各地搜尋新併購標的，以便提高自己公司的股價。已經民營化的墨西哥電信公司（Telmex）吃下了瓜地馬拉的電信公司，西班牙能源公司費諾沙聯合公司（Union Fenosa）買下了尼加拉瓜的能源公司，已經民營化的舊金山國際機場買下了宏都拉斯所有四個機場。尼加拉瓜只以三千三百萬美元的代價，把電話公司四〇％的股權賣掉，但是普華會計事務所（PricewaterhouseCoopers）估計，這些股權價值八千萬美元。瓜地馬拉外交部長一九九九年到瑞士達弗斯，參加世界經濟論壇時宣稱：「破壞也為外國投資帶來機會。」

二〇〇四年南亞大海嘯來襲前，華盛頓已經做好準備，要把米契颶風模式提升到下一個水準，目標不只是要通過個別的新法律，也希望由企業直接控制重建。任何國家遭到大海嘯這種巨災侵襲，都需要全盤的重建計畫，需要最明智地利用湧入的外援，確保資金送到該接受資金的人手中。但是斯里蘭卡總統承受華盛頓貸款機構的壓力，決定不委託手下民選的政客負責規劃，而是在海嘯夷平海岸才一週後，就創設了全新的機構，叫作國家重建專案小組。這個小組取代斯里蘭卡國會，全權負責擬訂並執行新斯里蘭卡的大計。專案小組由斯里蘭卡銀行業和產業界最有權勢的企業主組成，但不是任何產業的企業主都能進入專案小組；專案小組十位成員中，有五位直接經營海灘觀光業，代表斯里蘭卡最大的度假村。專案小組裡沒有漁業或農業代表，沒有一位環保專家或科學家，甚至沒有災後重建專家。小組召集人迪塔維拉是過去的民營化大老，他宣稱：「這是建立模範國家的大好良機。」

創立專案小組代表新形態的企業政變，代表利用天災力量完成的政變。就像在極多其他國家一樣，芝加哥學派的政策在斯里蘭卡，遭到正常民主規則阻止，二〇〇四年的選舉證明了這一點。但是在全國國民通力合作應付國家急難，政客迫切希望取得援助資金時，可以暫時把選民清楚表達的意願擱在一旁，取而代之的是非民選產業界的直接統治，這是災難資本主義的第一個例子。

不管怎麼說，專案小組的企業領袖只花了十天，而且沒有離開首都，就擬出國家重建的完整藍圖，涵蓋住宅興建與公路興築等事項。就是這個計畫規定設置緩衝區，又好心地豁免旅館不受緩衝區限制。專案小組也挪用援助資金，興建高速公路，興建災難爆發前遇到極大阻力的工業化漁港。斯里蘭卡土地運動人士費南度（Sarath Fernando）告訴我：「我們認為，這個經濟計畫是比大海嘯還嚴重的災禍，這是為什麼我們先前這麼努力抗拒，阻止這個計畫，還在上次選舉中擊退這種計畫。但是現在，大海嘯來襲才剛剛過了三星期，他們又拿出同樣的計畫，顯然已經事先做好準備。」[1]

華盛頓用伊拉克那一套如今已見怪不怪的重建援助手法，也就是把金額超大的合約交給自己的公司，支持斯里蘭卡的專案小組。科羅拉多工程與營建巨擘西圖集團拿到過二千八百五十萬美元的合約，負責監督在伊拉克重建的其他主要包商；雖然西圖集團在巴格達的重建慘劇中扮演重要角色，卻還是在斯里蘭卡拿到三千三百萬美元的合約（後來增加為四千八百萬美元），主要是負責興建企業化船隊所需要的三座深水港，另外在阿魯甘灣興建一座新橋，計畫的一環是把阿魯甘變成「觀光客樂園」。這兩個計畫都以海嘯救災的名義進行，但對大海嘯的主要受害者來說卻是大禍，因為拖網漁船把他們要捕的魚捕光，旅館業又不希望他們重回海灘。就像庫馬里說的一樣：「援助不但沒有幫助，反而造成傷害。」

我問美國國際開發總署「競爭力計畫」主持人華利，為什麼美國政府把援助資金，花在一定會讓海嘯倖存著流離失所的計畫上。他解釋說：「你不應該限制援助只能流到海嘯受難者手中……應該讓援助造福全斯里蘭卡，讓援助促進成長。」華利把這個計畫比喻成高樓大廈的電梯：電梯第一次載人時，載了一群乘客，把他們送到最頂端，他們在那裡創造財富，讓電梯可以回到地面，接更多人上來。在底層等候的人必須瞭解：電梯總有一天會回來載他們。

美國政府唯一直接花在小漁民身上的錢，是贈與一百萬美元，提升像倉庫一樣的臨時收容所，讓小漁民在海灘重新開發期間居住。這點清楚顯示，鐵皮和塑合板蓋成的收容所，雖然名義上只是臨時住所，實際上卻注定會變成永遠存在的貧民窟，就像南方國家大部分大都市周邊的貧民區一樣。各界當然不會推動大規模的救助行動，來協助住在這些貧民區裡的人，但是大海嘯的受害者理當不同，全世界都在電視實況轉播中，看到他們喪失家園和生計，他們悲慘無助的命運激發全球的同情，認為需要而且應該彌補他們失去的一切，不是透過經濟利益擴散的方法，而是把援助直接交到他們手中。但是世界銀行和美國國際開發總署知道大部分人所不知道的事情，那就是過不了多久，一個又一個大海嘯倖存者會喪失獨特性，化為全世界幾十億個沒有臉孔的窮人之一，大多住在沒有飲水的鐵皮屋裡，這種鐵皮屋的擴散就像一晚八百美元的旅館激增一樣，大致上已經成為全球經濟中大家都能接受的特性。

我在斯里蘭卡南部海岸最荒涼的內陸難民營中，碰到一位叫作雷努佳（Renuka）的年輕媽媽，她雖然衣衫襤褸，卻仍然風姿動人，她就是華利所說等待電梯的人。雷努佳最小的女兒才六個月大，是大海嘯來襲後兩天出生的。她懷著九個月的身孕，拿出超人的力量，抓著兩個小男孩，逃離淹到脖子的海水。但是如此英勇求得一線生機之後，她和家人現在在無名地點的一小塊土地上悄悄挨餓。非政府組織好心捐贈的幾艘獨木舟使景象更淒涼：這裡離海岸三公里遠，大家甚至沒有自行車可以代步，獨木舟只不過是殘酷地讓人想到過去的生活。她要求我們帶訊息給想要幫助大海嘯倖存者的每一個人：「如果你們有東西要給我，請把東西交到我手裡。」

更大的海嘯

斯里蘭卡不是唯一受到這種第二次大海嘯侵襲的國家，搶奪土地、強制立法的類似故事也從泰國、馬爾地夫和印尼傳出。在印度的塔米爾那都省（Tamil Nadu），大海嘯倖存者變得窮困之至，以至於多達一百五十位婦女被迫出賣腎臟，換錢買東西吃。一位援助工作人員對《衛報》記者解釋說，省政府「寧可把海岸拿來蓋旅館，結果卻造成人民陷入絕望」。所有受到大海嘯侵襲的國家都定出「緩衝區」，防止村民在海岸重建，卻釋出土地加速開發。在印尼的亞齊省（Aceh），緩衝區有兩公里寬，但是政府最後被迫廢除這個命令。

大海嘯來襲後一年，監督外援花用情形、備受尊敬的非政府組織「行動援助協會」（ActionAid）發表了深入訪調五個國家、五萬名海嘯倖存者的結果。同樣的形態在每一個地方出現：禁止居民重建，但是旅館卻得到極多的獎勵；臨時收容所是可怕的軍事化管理拘留所，幾乎沒有完成任何永久性的重建；整個生活方式遭到連根拔起。這個協會斷定，種種失敗都不能歸咎於溝通不良，資金不足或貪腐等等常見的小奸小惡；所有問題都是結構性問題，而且是刻意造成的：「政府在提供土地，興建永久性住宅方面極度失職，」這份報告斷定：「在土地遭到掠奪、海岸社區遭到排擠、優待商業利益等方面，政府不是袖手旁觀，就是成為共犯。」

然而，談到海嘯後的投機主義，沒有一個地方比得上馬爾地夫。馬爾地夫可能是大家最不瞭解的受災國，政府對於只是把窮人從海岸趕走，並不滿意，甚至利用大海嘯，想把國民從國內大部分可以居住的地區趕走。

馬爾地夫是由大約兩百個有人島構成的島鏈，位在印度外海，是個觀光產業共和國，意義跟若干中美洲國家過去號稱香蕉共和國一樣。馬爾地夫的出口產品不是熱帶水果，而是熱帶休閒。國家歲入中，高達九〇％直接來自海灘度假營收。馬爾地夫推銷的休閒特別頹廢、特別迷人，將近一百個島是「度假島」，島上青翠的綠地被四周的白色沙灘海灣包圍，島嶼完全由旅館、遊輪公司或富有的個人控制。有些島嶼出租五十年。最豪華的馬爾地夫島嶼滿足菁英客戶的需要，例如湯姆克魯斯（Tom Cruise）和凱蒂荷姆斯（Katie Holmes）就到馬爾地夫的小島度蜜月。馬爾地夫不只是用美景和潛水吸引人，私人島的賣點是能夠提供徹底與世隔絕的享受。

這些水療度假島受到傳統漁村建築的「啟發」，競相在自己的高腳茅屋裡，運用最新奇的富豪玩具和特殊享受，希望把對方踩在腳下，例如裝設博士牌（Bose）環繞音響家庭娛樂設備，在戶外浴室裝設飛利浦史塔克（Philippe Starck）設計的豪華用具，床單柔細到幾乎一摸就會散開。各個島嶼也競相消除土地和大海的界線，可可棕櫚島（Coco Palm）的度假村建在潟湖上，有繩梯從碼頭伸到水底。四季大飯店的臥房「漂浮」在海洋上，希爾頓誇耀它蓋在珊瑚礁的第一座海底餐廳。很多套房附有女傭房，某一座私人島上還有馬爾地夫管家一天二十四小時無微不至的服務，照顧的小細節包括了「馬丁尼酒要用搖的還是要攪拌」。這種〇〇七情報員才享受得到的度假村別墅，一晚房價高達五千美元。

這個歡樂王國的統治者是亞洲掌權最久的蓋約姆（Maumoon Abdul Gayoom）總統，他從一九七八年起開始執政。在他擔任總統期間，政府監禁反對黨領袖，涉嫌拷打為反政府網站寫文章的「異議分子」。因為批評者都關在犯人島上，蓋約姆和手下可以自由自在的，把全副精神放在旅遊業上。

大海嘯來襲前，馬爾地夫政府就一直希望增加度假島的數目，滿足日增的豪華度假需求。政府碰到常見的障礙，也就是人民反對。馬爾地夫人大都靠著捕魚為生，很多人住在散布在島嶼環礁上的傳統村子裡，這種生活方式造成了若干挑戰，因為讓遊客看到在海灘上剝魚皮的鄉村景觀實在不符合馬爾地夫的觀光景致。早在大海嘯來襲前，蓋約姆政府就一直努力遊說國民，搬到幾個比較大、人口比較多、遊客很少造訪的島嶼。理論上，這些島嶼是要為居民提供更好的保護，避開全球暖化造成的海水水位升高。但是連善於鎮壓的政權，都很難把數以萬計的人民從世居的島嶼上連根拔起，「人口集中」計畫大致上並不成功。

大海嘯之後，蓋約姆的政府立刻宣布，這次巨災證明很多島嶼「不安全、不適合居住」，然後發動遠比以前更積極的遷村計畫，宣布任何人如果想得到國家提供的海嘯重建協助，必須搬到五個號稱「安全島嶼」的地方。很多個島上的全部人口已經撤離，還有更多島上的人口要撤走，以便釋出更多土地，供觀光業使用。

馬爾地夫政府宣稱，它會推動世界銀行和其他機構支持並資助的安全島嶼計畫，是由於人民要求住在「比較大且比較安全的島上」。但是很多島嶼居民說，如果基礎建設能夠修好，他們寧願留在家鄉的島嶼。就像行動援助協會所說：「大家別無選擇，只能搬走，因為這是得到住宅與生活更新補助的先決條件。」

更可笑的是，一碰到旅館，政府擔心的安全理由就完全消失，而這些不可靠的建築都是設在低矮的島嶼上。度假村不但不必為了安全理由撤離，而且蓋約姆政府在二〇〇五年十二月，也就是大海嘯侵襲一年後，宣布有三十五個新島嶼可以出租作為度假島，租期最長五十年。同時，在所謂安全的島嶼上，失業率急速升高，新舊居民之間爆發暴力爭執。

軍事化的都市更新

從某方面來說，第二次大海嘯只是令人特別震驚的經濟震撼療法：因為海嘯有效地把海灘夷為平地，使得通常要花很多年的遷移和都市更新過程，實際上在幾天或幾星期內就完成；過程就像數以萬計膚色黝黑的窮人（世界銀行認為漁民「沒有生產力」）心不甘、情不願地搬走，把地方讓給極為富有、膚色大都很白的人，也就是能夠創造高收益的觀光客。全球化的兩個經濟極端，也就是看來好像活在不同世紀，而不是不同國家的兩個極端，突然間在相同的海岸線上爆發直接衝突，一方要求工作權，另一方要求遊玩權，在本地警察和私人保鑣的槍桿子支持下，海灘上爆發了軍事化的都市更新和階級戰爭。

有些最直接的衝突在泰國發生。泰國開發商在海嘯來襲後二十四小時內，就派出武裝私人警衛，圍住他們垂涎已久、希望建成度假村的土地。有時候，警衛甚至不讓倖存者在老家尋找子女的屍體。泰國海嘯倖存者與支持者團體連忙開會，應付土地遭到奪占的問題。這個團體最初發表的聲明宣稱：「對商人與政客的聯盟而言，海嘯是他們夢寐以求的好機會，因為海嘯實際上把海岸地區的社區夷為平地，掃除了先前妨礙他們興建度假村、旅館、賭場和養蝦場的計畫。對他們來說，所有海岸地區現在都是開放的土地！」

好一個開放的土地。在殖民時代，這種土地有一個準司法的名稱，叫作無主荒地。如果有關單位宣布土地是空地或「荒地」，就可以強占下來並且毫不留情地把土地上的居民消滅。在受到大海嘯襲擊的國家裡，開放土地的觀念受到這種醜陋的歷史意義影響，讓人想起謀財害命和用暴力「開化」原住民的史實。我在阿魯甘灣海灘上碰到的漁民尼甲姆（Nijam）認為，兩者之間沒有實際的差別。「政府認為我們的漁網和魚貨難看而髒亂，這就是他們希望我們退出海灘的原因。為了滿足外國人，他們把自己的同胞當成化外之民。」瓦礫堆看來似乎是新的無主之地。

我跟尼甲姆見面時，他正跟一群剛剛從海上返航的漁民在一起，他們的眼睛因為受到海水潑濺而充滿血絲。我提到政府計劃把小漁民搬到另一個海灘，好幾位漁民揮著寬闊的漁刀，誓言「召集村民、集中力量」，保衛自己的土地。一位名叫阿不都（Abdul）的漁民說，他們當初曾說歡迎餐廳和旅館，「但是現在因為我們交出一些土地，他們就希望擁有全部。」另一位叫曼殊爾（Mansoor）的漁民指著頭上讓我們遮蔭、強勁到能夠對抗海嘯力量的棕櫚樹林說：「這些樹是我的高曾祖父母種的，我們為什麼要搬到另一個海灘？」他的一個親戚發誓說：「除非大海乾掉，否則我們不會搬走。」

海嘯後的重建援助大量湧入，理當為承受極多苦難的斯里蘭卡人帶來建立永久和平的機會。但實際上在阿魯甘灣和整個東海岸，似乎又要開始另一種爭奪戰，看看錫蘭人、塔米爾人或穆斯林信徒是誰能夠壓倒別人，從援助資金中得到好處，最重要的是，會不會真正的好處都流入外國人手中，卻犧牲所有的本地人。

我開始有一種似曾相似的沉重感覺，就像風向變化一樣，這裡會不會變成淪落在永久破壞中的另一個「重建」國家。一年前，我在伊拉克聽到非常相似的怨言，說重建對庫德族（Kurd）和若干什葉派信徒有利。我在可倫坡碰到好多位援助工作人員，他們告訴我，他們多麼喜歡在斯里蘭卡工作，多麼不喜歡留在伊拉克和阿富汗：這裡的人還把非政府組織看成中立、甚至有用的團體；「重建」還不是骯髒的字眼，但是這種情形正在改變。我在首都可倫坡看過一些海報，上面草草畫著西方援助工作人員把錢塞進自己口袋，斯里蘭卡人卻餓肚子。

大家不滿重建進度，怒火都發在非政府組織上，因為處處可見這些人，海岸每一個空著的地方都貼著他們的標誌；然而世界銀行、美國國際開發總署和夢想趕上巴里島計畫的政府官員，卻很少離開都市裡的辦公室。情形變得很諷刺，因為援助工作人員是唯一提供過一點協助的人；但之所以落入這種處境，也因為他們提供的協助實在少得可憐。援助複合體已經變得太大而遠離它想服務的人民，以至於援助複合體員工在斯里蘭卡的生活形態，變成一種全國風行的批評目標。我碰到的每個人，幾乎都批評一位和尚所說的「非政府組織式的野外生活」：也就是住在高檔旅館和海濱別墅裡，開著已受千夫所指的全新白色休旅車。所有援助工作人員都開這種車，太寬、馬力太大，斯里蘭卡狹窄的泥土路容不下這個龐然大物。這種車子整天隆隆駛過難民營，強迫每個人呼吸這種車子掀起的灰塵，他們所屬組織的標誌，例如樂施會（Oxfam）、世界展望會、拯救兒童組織的標誌，在車上的旗幟裡飄揚，好像他們是從遙遠的非政府組織世界裡來訪的客人一樣。在斯里蘭卡這麼熱的國家裡，這些裝著暗色玻璃，配備強力冷氣機的休旅車不只是交通工具而已，也是行進中的微氣候。

我看著大家的不滿升高，忍不住想到，要不了多久，斯里蘭卡就會像伊拉克和阿富汗一樣，情勢會變成重建看來有如搶劫，援助工作人員則成為攻擊目標。我離開後不久，這種事情就發生了：十七位為國際非政府組織反饑餓聯盟服務、從事海嘯救災的斯里蘭卡人，在東岸港口城市特林可梅里（Trincomelee）的辦公室裡，遭到集體殺害。怒火也引發了新一波的激戰，海嘯重建完全停頓。很多援助組織在另外幾件攻擊事情發生後，擔心員工的安全，離開了斯里蘭卡，其他非政府組織把重心轉移到政府控制的南部地區，以至於受災比較嚴重的東部以及塔米爾人控制的北部得不到援助。這種決定更讓大家覺得重建基金沒有公平利用。二〇〇六年下半年進行的一項研究結果公布後，更是如此。這項研究發現，雖然海嘯摧毀的大部分住宅仍然是廢墟，總統在南部的選區卻是例外，那裡高達一七三％的住宅已經重建完畢。

仍然留在東海岸、又在阿魯甘灣附近的援助工作人員，現在要應付新一波流離失所的民眾，處理因為暴力事件被迫離開家園的數萬民眾。《紐約時報》報導：「原本受雇重建受海嘯摧毀學校的聯合國工作人員，改為替受到戰爭影響而流離失所的民眾興建廁所。」

二〇〇六年七月，塔米爾之虎宣布停火正式結束；重建停頓，戰爭恢復。不到一年後，超過四千人在海嘯過後的戰鬥中喪身。整個東海岸只有少數被海嘯摧毀的住宅重建完成。但是幾百、幾千棟新建築外表已經彈痕累累，新裝的玻璃窗被炸藥炸得粉碎，全新的屋頂被炮火擊毀。

把海嘯當成災難資本主義商機的決策，對內戰的死灰復燃有多少影響，實在是很難計算，因為和平總是搖搖欲墜，各方面都互不信任。然而有一件事情可以確定：如果和平要在斯里蘭卡生根，和平的好處要超過戰爭的利益，包括超過戰爭經濟帶來的有形經濟利益，也就是軍隊照顧士兵家屬、塔米爾之虎照顧屬下戰鬥人員與自殺炸彈客家屬的利益。

大海嘯後，世人慷慨解囊，帶來了難得一見、創造真正和平紅利的機會。數量驚人的援助物質可以期待一個比較公平的國家，重建殘破社區的方式可用來重建互信，也能重建道路和橋樑。結果斯里蘭卡像伊拉克一樣，得到的是渥太華大學政治學者巴里斯（Roland Paris）所說的「和平懲罰」：政府實施割喉式競爭的經濟模式，使大部分人民在最需要安撫並能減輕壓力時，過著更痛苦的生活。外國提供給斯里蘭卡的和平模式，本質上就是另一種戰爭；不休止的暴力承諾會帶來土地、主權和光榮。政商財團主義式的和平除了害他們在短期內一定會失去土地，除了提供華利所說終究會有電梯下來的幻想之外，還提供了什麼東西？

芝加哥學派聖戰獲勝的每一個地方，都創造出占人口總數二五％到六〇％的永久下層階級。聖戰總是以戰爭的形式出現，但是這種大規模驅逐人民、破壞文明的戰爭經濟模型，強加在已經受到災禍蹂躪、受到種族衝突驚嚇的國家時，更是特別危險。就像凱因斯很多年前所說，這種懲罰式的和平會有政治後果，包括爆發更血腥的戰爭。

1 費南度是土地與農業改革運動領袖，這個斯里蘭卡非政府組織聯盟在大海嘯之後不久，開始呼籲進行「人民重建程序」。

第二十章

THE SHOCK DOCTRINE

災難總是欺負可憐人

綠區與紅區構成的世界

忘了「災難一視同仁」這句行之已久的謊話，忘了災難會把行進路線上的一切夷為平地、無論尊卑貴賤的謊話。瘟疫會鎖定無依無靠的人，會鎖定被迫在危險路線上討生活的人，愛滋病也不例外。

——馬瑞斯（Hein Marais），南非作家，二〇〇六年

卡崔娜不是無法預測的災禍，是把責任外包給民間包商、放棄本身所有責任的政治結構帶來的慘禍。

——貝拉風德（Harry BeLafonte），美國音樂家兼民權運動者，二〇〇五年九月

二〇〇五年九月第二週，我來到紐奧良，為仍然半淹在洪水中的紐奧良拍攝紀錄片，同行的還有我先生艾威，以及之前跟我一起前往伊拉克的安德魯。晚上六點，宵禁開始，我們還開著車在路上打轉，摸不著方向。交通號誌完全壞了，一半的路牌被暴風吹倒，或是歪七扭八。瓦礫和積水擋住了很多條路，大部分人像我們一樣，在障礙物中努力找路前進，想要出城，卻不知道要怎麼走。

車禍很嚴重：我們全速前進時，在一個主要路口中間遭到側撞，我們的車子失控，撞上交通號誌，撞開路邊鐵鑄的護欄，停在走廊上。幸好兩部車上坐的人傷勢都很輕微，但是我還沒有搞清楚狀況，就被人綁在擔架上送走。我處在撞擊後的暈眩狀態中，知道不管救護車把我送到哪裡，都不會是好地方。我想到紐奧良機場臨時診所可怕的景象，那裡的醫師和護士太少，以至於撤到那裡的老人癱倒在輪椅上，幾小時都沒有人理會。我想到稍早才經過的紐奧良主要公立醫院慈善醫院（Charity Hospital）急診室，這所醫院在颶風來襲期間泡在水裡，醫院員工在停電的情況下，努力維持病人的生命。我請求醫事助理員讓我下車，我記得我告訴他們，我真的沒有問題，然後我一定是昏了過去。

救護車抵達我所看過最現代化、最安靜的醫院時，我醒了過來。奧克斯納醫學中心（Ochsner Medical Center）跟擠滿難民的機場臨時醫院不同，提供「讓心神安寧的醫療照護」，這裡的醫師、護士和護理員數目遠超過病人。事實上，乾淨的病房裡，似乎只有少數其他病人。我在幾分鐘內，就住進寬敞的私人病房，幾位醫療人員處理我身上的割傷和瘀傷，三位護士立刻送我去照頸部X光；一位彬彬有禮的南方人醫師從我身上取出一些玻璃碎片，縫了幾針。

對於熟悉加拿大公立健保制度的我來說，這是完全陌生的經驗；往往要等四十分鐘才能見到我的家庭醫師，如今這一切高規格待遇卻是發生在紐奧良市區，位於美國近代史上最大公共衛生災難的原點。一位斯文的行政人員走進病房，說明「我們美國人要自費購買健保，很可惜，這種健保真的很差，好希望能有你們那種制度。你只需要填這張表格。」

如果不是因為宵禁，我應該在幾小時內就會出院。我和一位私人保全警衛一起在大廳裡等待時間過去，他告訴我：「最大的問題是有毒癮的人，他們的毒癮發作，想要衝入藥房。」

因為藥房緊緊關著，一位實習醫師很好心，塞給我幾顆止痛藥。我問他，颶風全力吹襲時，這家醫院的情況如何。他說：「謝天謝地，我沒有值班，我住在紐奧良市外。」

我問他，是否到過避難所，協助治療病人，這個問題似乎使他嚇了一跳，也讓他有點尷尬。他說：「我沒有想到這件事。」我很快改變話題，談一些我想比較安全的問題，例如慈善醫院的命運。那家醫院資金極為不足，在颶風來襲前，幾乎就已經無法正常運作，大家開始猜測在水災後，慈善醫院可能再也不會開張。他說：「那家醫院最好能夠重新開張，我們這裡無法治療那些病人。」

我心裡想到，這位和藹的年輕醫生和我剛才得到的精緻醫療照護，具體表現了形成卡崔娜颶風可怕災難的文化，表現了使紐奧良放任最窮困居民淹死的文化。這位實習醫師從私立醫學院畢業，來私立醫院當實習醫師，受到的訓練使他根本沒有把紐奧良沒有健保、人數極多的非裔美國居民，當成可能的病人。颶風來襲前就是這樣，而即使在整個紐奧良變成超大的急診室後，也仍然是這樣：他同情難民，但事實上他仍然不把難民視為可能的服務對象。

卡崔娜颶風來襲後，奧克斯納醫院和慈善醫院之間的重大差別，突然被攤開呈現在世界舞臺上。經濟地位穩固的人叫車出城，住進旅館，打電話給保險公司；十二萬紐奧良無車階級要靠國家撤離，他們苦苦等待救援，救援根本沒有出現，他們絕望之餘，發出求救信號，或是拆下冰箱門，當成木筏划走。這種景象震撼了世界，因為即使大多數人可以忍受日常的不公平，比如誰可以得到健保治療、誰的學校設備精良，普遍的想法仍然以為災難理當不同。大家理所當然認為，爆發巨大災難時，國家（至少富有的國家）應該出面救助人民。紐奧良傳出的景象顯示，一般人的種種信念（災難是割喉式競爭資本主義的暫停時間，人民會團結一致，國家會全力動員）已被國家拋棄，根本沒有經過任何公共辯論。

卡崔娜颶風後，似乎有短短兩、三星期的時間，紐奧良大淹水會引發這種經濟理念的危機，這種經濟理念無情攻擊公共部門、使人禍大為惡化。本來就住在紐奧良的政治學家李德（Adolph Reed Jr.）寫道：「這場風災在一個地方，突然解開了新自由主義的謊話和神話造成的後果。」如此揭發的事實早已為人所知：堤防從來沒有修理過、失靈的公共運輸系統資金不足；紐奧良市的防災做法只是分發影音光碟，告訴大家，如果颶風來襲，大家應該離開這個城市。

再看看聯邦急難管理署，這個單位是布希政府設想由企業經營政府的實驗室。二〇〇四年夏季，早在卡崔娜颶風來襲前一年多，路易西安那州就向聯邦急難管理署提出要求，希望該署提撥資金，讓路易西安那州研訂強力颶風來襲時詳盡的防災應變計畫。聯邦急難管理署拒絕了這個要求。布希執政期間，「減輕災難計畫」（降低天災毀滅力量的政府預先措施）預算遭到刪減，但是在同一年夏天，聯邦急難管理署卻把五十萬美元的合約交給民間企業創新急難管理公司（Innovative Emergency Management），要求該公司為路易西安那州東南部和紐奧良市，提出重大風災緊急應變計畫。

這家民間公司花錢毫不手軟，召集了一百多位專家研討，錢用完時，又回頭找聯邦急難管理署要錢；最後，制定這個計畫的花費倍增為一百萬美元。該公司提出大規模撤離居民的計畫，其中涵蓋所有事情，包括提供飲水、指示附近社區找出空停車場，以便立刻改為拖車停車場，容納難民；但是假想中的颶風真正來襲時，想得到的全都做不到。原因之一是該公司交出報告八個月後，聯邦急難管理署沒有採取任何行動。當時擔任署長的布朗解釋說「沒有錢可以做後續追蹤工作」。這種情形是布希所建立不對稱國家的典型狀況：一邊是脆弱無力、資金不足、沒有效率的公共部門，另一邊是資金充裕的企業基礎設施部門。把合約交給包商時，金額完全沒有限制，要錢推動國家基本功能時，國庫卻是空的。

就像在伊拉克的美國占領政權是空殼一樣，卡崔娜颶風來襲時，國內的美國聯邦政府也是空殼。事實上，聯邦急難管理署完全在狀況外，甚至找不到困了兩萬三千個難民的紐奧良巨蛋體育場。然而全世界的媒體已經進入這個沒有食物、沒有飲水的體育場採訪好幾天。

對某些抱著自由市場意識形態的人來說，《紐約時報》專欄作家克魯曼（Paul Krugman）所說的這幅「完全無能政府的」景象，會引發他們的信心危機。後悔堅持新保守主義的真正信徒凱利（Martin Kelly），在一篇廣為流傳的文章中寫道：「紐奧良堤防崩潰對新保守主義的影響，就像柏林圍牆崩潰對蘇聯共產主義的影響一樣深遠。希望所有支持這種意識形態的人，包括我自己在內，會有很長的時間，考慮我們思維中的錯誤。」連新保守主義忠貞分子高德柏（Jonah Goldberg）都懇求「大有為政府」出面救災，他說：「城市沉入海裡，暴亂如此囂張，此時政府或許應該負起責任。」

在傅利曼主義真正信徒聚集的傳統基金會，卻看不到有人這樣反省。就像傅利曼在《華爾街日報》言論版上所寫的一樣，卡崔娜颶風是悲劇，卻「也是機會」。二〇〇五年九月十三日，紐奧良堤防崩潰十四天後，傳統基金會舉辦了一次研討會，找來秉持相同意識形態的專家和共和黨議員，研討會提出「因應卡崔娜颶風與汽油價格高漲的親自由市場構想」報告，總共列出三十二項政策，每項政策都直接出自芝加哥學派的劇本，所有政策都包裝成「減輕風災政策」。前三項政策建議首先是「在災區自動停止實施戴維斯培根（Davis-Bacon）現行工資法」，該法案要求聯邦政府包商發出足以讓工人生活的工資；第二項是「把整個受災地區，變成實施單一稅率的自由企業區」；第三項是「把整個地區變成具有競爭力的經濟特區（提供全面的租稅獎勵，免除政府管制）」。另一項建議是要求政府發給父母教育券，好在私立學校使用。一週之內，布希總統宣布實施這個研討會提出的所有措施。他最後被迫恢復勞動標準，但是包商大致上都不理會。

這個研討會另外提出了很多項獲得總統支持的構想。氣候學家認為，颶風頻率增加，跟海洋水溫上升有直接關係。但是這種關係無法阻止傳統基金會的研討會呼籲美國國會，撤銷墨西哥灣海岸的環保法規、同意在美國新設煉油廠、批准「在極地國家野生動物保護區（Arctic National Wildlife Refuge）進行鑽探」。所有這些措施都會增加溫室氣體的排放、加強氣候變化，但是布希考慮立刻以因應卡崔娜風災為名，支持這些措施。

幾週之內，墨西哥灣沿岸就像伊拉克一樣，變成了「包商經營政府」實驗的國內試驗場。奪得最大合約的公司是大家熟悉的巴格達幫；哈利波頓旗下的凱樂布朗魯特公司取得六千萬美元的合約，負責重建墨西哥灣沿岸的軍事基地。黑水公司受雇保護聯邦急難管理署員工不受搶劫威脅。因為在伊拉克施工差勁而臭名在外的柏誠公司，得到在密西西比河興建一座大橋的合約。所有取得伊拉克合約的頂尖包商：福陸（Fluor）、蕭氏工業（Shaw）、貝泰、西圖集團，在堤防破裂十天後，都得到政府的合約，提供難民行動住宅，最後這些合約價值總計高達三十四億美元，卻根本沒有經過招標。

當時很多人指出，風災過後才幾天，情形就變成好比巴格達的綠區從底格里斯河畔的基地拔起，空降在墨西哥灣區。兩者相似之處不容否認。蕭氏工業為了推動卡崔娜風災後的業務，雇用了美國陸軍伊拉克重建辦事處的前主任。福陸公司把伊拉克的資深專案經理調到紐奧良洪水災區，該公司一位代表解釋說：「我們在伊拉克的重建工程慢了下來，因此可以調派一些人，負責我們在路易西安納州的工程。」承諾要把沃爾瑪和7-Eleven引進伊拉克的新橋策略公司主管歐爾鮑，擔任上述多項合約的說客。兩個地方的重建工程太相似了，因此剛從巴格達回來的一些傭兵難以適應。記者安德斯（David Enders）問紐奧良一家旅館外的武裝警衛，附近是不是有很多風吹草動，傭兵回答說：「沒有，這裡很像綠區。」

還有不少地方也很像綠區。國會調查人員調查總值八十七億五千萬美元的合約時，發現「嚴重高估費用、支出浪費或管理不善」。（在伊拉克所犯的錯誤，立刻一模一樣、原封不動又出現在紐奧良，這應該可以反駁占領伊拉克只是一連串不幸事故與錯誤加上執行者無能又缺乏監督的說法。同樣的錯誤一犯再犯時，就該想到有可能所謂的錯誤根本不是錯誤。）

紐奧良的情形像伊拉克一樣，包商沒有放過任何獲利機會，超大殯葬集團企業國際服務公司（Service Corporation International，布希選舉基金的主要捐贈者）旗下的肯揚公司（Kenyon），得到搜尋街道與住宅中屍體的合約。肯揚公司的搜尋工作進行特別緩慢，屍體在烈日下曝曬很多天，卻又禁止急難工作人員和本地志願殯葬業者伸出援手，幫忙尋找，因為處理屍體侵犯了肯揚公司的商業領域。該公司每處理一位受難者，平均向國家收取一萬二千五百美元，後來還有人指控該公司處理錯誤，許多屍體沒有掛上正確的標誌。水災爆發將近一年後，還有人在閣樓上發現腐爛的屍體。

紐奧良救災還有另外一點很像綠區，那就是能否取得合約似乎跟有無相關經驗無涉。拿到五億美元合約，負責清除瓦礫的埃希布利特公司（AshBritt）據說連一部傾卸車都沒有，而是把所有工作發包給小包商。更驚人的是，聯邦急難管理署付出五百二十萬美元委託一家公司，在紐奧良郊區的聖伯納教區（St. Bernard Parish）為急難工作人員興建基地營。基地營建築進度嚴重落後，而且根本沒有完工。包商遭到調查時，才發現這家名叫燈塔救災（Lighthouse Disaster Relief）的公司其實是宗教團體。燈塔救災公司董事何德瑞斯（Gary Heldreth）牧師坦白承認：「我所做過最接近這種工程的事情，只是在我的教堂裡舉辦青少年育樂營。」

美國政府就像在伊拉克一樣，再度扮演兼具提款和存款功能的自動櫃員機。企業利用大型合約提款，然後不是用可靠的工程回報政府，而是用競選捐款、下次選舉時提供忠誠的工作人員作為回報。（根據《紐約時報》的報導：「二十大服務業包商從二〇〇〇年起，花了將近三億美元進行遊說，一共捐贈了二千三百萬美元的競選基金。」布希政府為了回報包商，在二〇〇〇到二〇〇六年間，花在包商身上的金額大約增加了二千億美元。）

還有一些事情看來很眼熟，就是包商避免利用本地人；本地人可能認為紐奧良重建不但是工作機會，也是治療和恢復社區活力的方法。華盛頓原本可以輕易地在每一個風災重建合約中，規定公司必須以適當的薪資，雇用本地人，協助本地人恢復正常生活。結果，灣區居民像伊拉克人一樣，看著包商用納稅人的錢和寬鬆的規定，創造經濟繁榮。

結果可以預料到，所有層層轉包的包商各自拿到應有的利潤後，實際施工的人拿到的錢少得可憐。例如，作家戴維斯（Mike Davis）追查後發現，聯邦急難管理署付給蕭氏工業每平方英尺一七五美元，請他們在受損的屋頂上貼防水布，不過防水布是由政府提供的。所有的小包商拿走應有的利潤後，實際貼防水布的工人每平方英尺只拿到兩美元。戴維斯寫道：「換句話說，包商食物鏈中每一個階層都吃得腦滿腸肥，只有最底層實際施工的人例外。」

有一項研究指出，紐奧良重建工程的工人當中，有四分之一是沒有合法身分的外勞，所有外勞幾乎都是拉丁美洲人，賺的錢遠比合法勞工少。有些外藉工人在密西西比州提出集體訴訟，迫使好幾家公司吐出幾十萬美元的短付工資，有些外勞根本沒有拿到工資。在哈利波頓旗下凱樂布朗魯特公司的一處工寮裡，據說雇主（經過層層轉包後的小包商）半夜把沒有身分證明的外勞叫醒，告訴他們移民局官員要來檢查。大部分外勞都逃走了，以免遭到逮捕，否則他們最後可能關進凱樂布朗魯特公司承包興建的新移民監獄。[1]

有關方面打著重建和救災的旗號，對劣勢階級的攻擊還不止於此。為了彌補以合約和租稅抵減方式流入民間公司的幾百億美元，共和黨控制的國會在二〇〇五年十一月宣布，必須刪減聯邦預算四百億美元，遭到刪減的項目包括學生貸款、老人健保和食物券等計畫。換句話說，美國最窮的公民補貼包商兩次：第一次是卡崔娜救災行動變成胡亂發包，包商卻沒有提供適當的就業機會，也沒有提供有用的公共服務；第二次是削減直接幫助全國失業與窮苦勞工階層的計畫，以便支付包商虛增的費用。

不久以前，災難是社會平等化的時期，是極度分裂的社區拋開歧見、團結一致的難得時刻。但是災難日漸變成相反的狀況，是形成未來殘酷無情分裂的機會，在這種情況中，金錢和門第可以買到生存。

巴格達的綠區最赤裸裸表現出這種世界秩序。綠區擁有自己的電力輸配網、電話與下水道系統、石油供應，以及備有乾淨手術室的現代化醫院，一切都由五公尺厚的圍牆保護。綠區讓人有種奇怪的感覺，覺得綠區就像超大的堡壘化嘉年華遊輪，停泊在暴力與絕望的大海中、停泊在整個伊拉克構成的沸騰紅區中。如果你能夠上船，上面會有游泳池邊的飲料、差勁的好萊塢電影和諾地樂牌（Nautilus）運動器材。如果你不是被選到的人，可能光是因為站得太靠近圍牆，就會遭到射殺。

在伊拉克的每一個地方，都赤裸裸表現出不同階級的人有極不相同的價值感。西方人和伊拉克同事進入屬於他們的街道時，會經過檢查哨，他們的住宅前面有防爆牆、防彈衣和隨傳隨到的私人警衛。他們在伊拉克旅行時，坐在帶有威脅性的裝甲護航車隊裡，車裡的傭兵槍口指著窗外，奉行「保護主人」的主要命令。他們的每一種行動都大剌剌地傳達同樣的資訊：我們是被選到的人；我們生命寶貴的程度不知道高出多少。伊拉克的中產階級攀附在低一級的階梯上，有錢買到本地民兵的保護，有錢付給綁匪，讓家人獲釋；但是絕大多數伊拉克人根本得不到保護，他們走在街上，隨時可能遭到暴力攻擊，他們和下一顆汽車炸彈之間，只隔了薄薄的一層布。在伊拉克，幸運的人穿克夫勒（Kevlar）防彈衣，其他的人只佩掛祈禱念珠。

起初我以為只有伊拉克戰區才有綠區現象，觀察其他災區多年後，終於瞭解只要災難資本主義複合體光臨的地方，都會出現綠區現象，同樣赤裸裸地劃分出圈內人和圈外人、受到保護的人和註定該死的人。

紐奧良也發生這種情形。洪水後，已經分裂的紐奧良變成有鐵門保護的綠區和動盪紅區之間的戰場，這不是洪水侵襲造成的後果，而是總統採用「自由市場解決方案」造成的後果。布希政府拒絕用急難救助基金支付公共部門的薪水，已經失去稅基的紐奧良在卡崔娜風災後幾個月裡，解雇了三千名員工，其中有十六位是紐奧良都市計畫部門員工；這樣有點「去復興黨化」的意味，就在紐奧良迫切需要規劃人員時把他們裁掉。因此數百萬美元的公款流入外界顧問公司手中，很多顧問公司是強而有力的不動產開發商。幾千位老師當然也遭到解雇，為幾十所公立學校變成私立學校奠定基礎，就像傅利曼所要求的一樣。

風災過後將近兩年，慈善醫院還是沒辦法重新開張，法院系統只能勉強運作，民營化的恩特基電力公司（Entergy）還沒有恢復全市的供電，卻威脅要大幅提高電價，因此從聯邦政府取得兩億美元的紓困資金，引發物議。公共運輸系統遭到掏空，幾乎失去一半員工。龐大的公共住宅計畫棄而不用，空無一人，聯邦住宅主管機關計劃拆掉其中的五千棟。就像亞洲觀光業遊說團體一直希望搬走海灘上的漁村一樣，紐奧良強而有力的觀光業遊說團體一直垂涎公共住宅計畫，其中很多塊建地靠近紐奧良觀光景點法國區（French Quarter）的精華土地。

賈卡利（Endesha Juakali）曾經協助有關人士，在封閉的公共住宅計畫之一的聖伯納公共住宅（St. Bernard Public Housing）外面設立抗議營。他解釋說：「他們長久以來就看中聖伯納的住宅，但是只要有人住在這裡，他們就無可奈何，因此他們趁著社區居民最脆弱無力的時候，利用風災作為騰空社區的方法……這個地方非常適合蓋比較大的住宅和公寓大樓，唯一的問題是土地上有這麼多窮困的黑人！」

紐奧良公共部門和很多學校、住宅、醫院、運輸系統和缺乏清潔飲水的各區一樣，沒有重建，而是被人以風災為藉口，大舉抹煞。資本主義「創造性破壞」初期，美國有一大片地區失去製造業基礎，淪為工廠紛紛關門、社區無人照顧的沒落地帶。卡崔娜颶風後的紐奧良，可能成為西方世界第一個新型態的荒廢都市，成為老舊公共建設與極端氣候合力摧毀的發霉城市。

美國土木工程協會（American Society of Civil Engineers）二〇〇七年指出，美國在維持公共基礎設施，包括道路、橋樑、學校、水庫等方面極為落後，要花費超過一點五兆美元、耗時五年，才能恢復正常水準，然而，這種支出卻遭到刪減。同時，全世界的公共建設都面臨空前未有的壓力，受到頻率和強度升高的颶風、熱帶氣旋、洪水和森林火災的威脅。我們很容易可以想像到，將來越來越多的城市裡，年久失修的脆弱公共建設遭到災難破壞，然後逐漸荒廢，城市提供的核心服務絕對不會修復或更新。同時，有錢人會撤退到有門禁管理的社區裡，他們的需要會有民營化的供應商滿足。

二〇〇六年颶風季節展開時，這種未來的跡象已經明顯呈現。只不過一年之間，災難因應產業呈現爆炸性成長，很多新公司踏入市場，承諾要在下一次超級颶風侵襲時，提供安全與保障。佛羅里達州西棕櫚灘的「幫幫忙噴射航空公司」（Help Jet）別出心裁，創設了一家比較有野心的企業，該公司自稱是「第一家提出颶風逃難計畫，把颶風撤離變成高級度假的航空公司」。颶風來襲時，這家公司會為會員訂好五星級高爾夫度假村、水療度假村或迪士尼樂園的假期，然後用豪華噴射客機，把需要撤離的人迅速從颶風區載走，「不必站在隊伍中等候，不必跟群眾爭執，只是把問題變成假期的第一流體驗……享受那種感覺，不必像平常一樣在颶風來襲前慌忙撤離。」

被排除在外的人有不同的民營化解決之道。二〇〇六年，紅十字會和沃爾瑪簽約，成立新的合夥組織。佛羅里達島鏈急難管理主管華格納（Billy Wagner）說：「他們有能力、有資源。」他是在佛羅里達奧蘭多（Orlando）舉行的全國颶風大會上說出這些話，這個大會是業界快速成長的年度專業展，參展公司銷售的東西或許可以在下次災難來襲時派上用場。展出「自動加熱餐食」的廠商布蘭福（Dave Blandford）也在會議上指出：「有些參展廠商告訴我，『老兄，這是非常大的事業，也是我的新事業，我不再從事造景業了，我要改行當颶風瓦礫處理包商。』」

災難經濟大都是用納稅人的錢建立起來的，這點主要拜民營化戰區重建熱潮之賜。在伊拉克和阿富汗擔任「主要包商」的業界巨擘因為把得自政府合約的大部分收入，當成公司的經常費用使用，而遭到政治抨擊：根據有關機關二〇〇六年針對伊拉克包商所做的稽核，這種費用所占比率介於二〇%到五五%之間。這些費用大都相當合法，而且其中有很大的金額投資在企業的基本設施上，例如貝泰購買的眾多推土設備，哈利波頓的機隊和貨運車隊，還有L3通訊、CACI和布斯艾倫漢密爾頓等公司建立的偵監設備。

最驚人的是黑水公司投資的準軍事設備。黑水公司一九九六年才成立，卻利用布希擔任總統期間取得的穩定合約，建立起一支由兩萬名傭兵組成的私人軍隊，隨時可以應召部署，另外還在北卡羅萊納州，建立一個價值四千萬到五千萬美元的龐大軍事基地。根據一份文件的說法，黑水現在擁有下述能力：「迅速成長的後勤作業，可以用比紅十字會還快的速度，運輸重量一百噸或二百噸的獨立人道救援方案。設在佛羅里達的航空部門，擁有二十六種不同的飛行平臺，包括戰鬥直升機到龐大的波音七六七噴射機。公司甚至擁有一艘飛船、全美最大的戰術駕駛訓練場……還有一座二十英畝大的人造湖，湖中配備貨櫃船、模擬的船舶軌道和舷窗，貨櫃船浮在浮塢上，用來訓練如何登上有敵意的船舶。一個警犬訓練營，目前在世界各國部署了八十組警犬……還有一個長一千二百碼的靶場，專門用來訓練狙擊手。」2

美國一份右派雜誌把黑水公司稱為「好人的凱達組織」，這種比喻非常清楚，只要是災難資本主義複合體出現的地方，就會在國家之外形成不斷激增的軍事組織。這種情形一點也不值得意外：由不相信政府的人重建國家，結果一定都脆弱無力，因而為替代的保安部隊創造市場，不論你是真主黨、黑水公司、曼迪軍，或是紐奧良街頭的幫派。

這種私人擁有的地下軍事結構出現後，影響力遠遠超出警戒範圍。從整體看布希年代形成的包商軍事基礎建設，大家看到的是十分清楚的國中之國，這種國中之國能力完善，實際的國家卻柔弱無力。這種企業影子國家的建立，包括員工的訓練，幾乎完全都是利用公共資源（黑水公司的營收九〇％來自國家的合約；影子國家絕大部分的員工過去是公務員、政客和士兵），但是這種龐大的結構完全由私人擁有和控制。公民出錢成立這種結構，卻絕對無法主張擁有這種地下經濟或影子國家的資源。

同時，真正的國家卻失去能力，沒有包商的協助，就無法執行核心功能。真正的國家設備老舊，最高明的專家已經流向民間影子國家。卡崔娜颶風來襲後，聯邦急難管理署必須聘請一家包商，負責把合約發包給其他包商。同樣地，陸軍要更新本身的發包規則手冊時，也得把工作委託給大包商ＭＰＲＩ公司辦理，因為陸軍已經喪失了這種能力。中情局有極多員工流向民營化的地下間諜部門，以至於被迫禁止包商在中情局的餐廳裡招募員工。《洛杉磯時報》報導，一位最近退休的專案官員說，他排隊買咖啡時，民間包商跟他接觸過兩次。國土安全部決定在美墨和美加邊界興建「影子圍籬」時，該部副部長傑克森（Michael P. Jackson）告訴包商：「這是不尋常的邀標……我們請你們回來，告訴我們怎麼辦本部的業務。」國土安全部總檢察長解釋說，國土安全部「沒有所需要的能力，不能有效的規劃、監督與執行〔安全邊界行動〕計畫」。

布希統治期間，國家仍然擁有政府的所有模樣，包括威嚴的建築、總統的記者會和政策辯論，但是政府不再真正統治，就像耐吉公司奧勒岡州比佛頓（Beaverton）總部的員工不再縫製跑鞋一樣。

目前這幫政客決定把人民選舉他們出來執政的責任，有系統地委外辦理，影響遠超過一任政府。市場一旦創造出來，就需要保護，災難資本主義複合體中的核心企業愈來愈覺得：國家和非營利事業是他們的競爭對手，從企業觀點來看，政府或慈善事業完成傳統的角色，就是妨礙業者取得可以獲利的合約。

二〇〇六年，美國外交關係協會得到涵蓋國防工業巨擘業者的顧問委員會協助，發表一篇報告，名叫〈遭到忽略的國防：動員民間部門支援國土安全〉，文中提出警告：「聯邦政府同情而衝動地對天災受害者提供緊急協助，影響管理曝險的市場策略。」這份報告認為，如果人民知道政府會出面援助，就不願付錢購買民間企業提供的保護。同樣地，卡崔娜風災一年後，成員包括福陸、貝泰與雪佛龍等公司的企業圓桌會議（Business Roundtable），邀請美國三十家超大企業執行長開會，自稱災難反應夥伴組織（Partnership for Diaster Response）的三十家公司在會議上，抱怨非營利部門在災難後「偏離任務」，顯然慈善機構和非政府組織捐贈建築材料，而不是由業者向家得寶公司（Home Depot）購買，妨礙了業者的市場。同時，傭兵部隊公司也極力宣稱，他們的設備比較精良，比聯合國更適於在蘇丹的達佛執行維持和平任務。

業者突然表現這麼積極的態度，主因是企業界都知道，由聯邦無底洞般的合約構成的黃金時代不可能延續多久。美國政府已經因為以赤字協助建立民間災難經濟而快速陷入經濟危機。這表示不久之後，合約金額就會大幅減少。二〇〇六年下半，國防工業分析師開始預測：未來十年裡，國防部的採購預算可能萎縮多達二五％。

災難泡沫破滅時，貝泰、福陸和黑水之流的公司會失去大部分主要營收來源，卻仍然擁有用納稅人的錢買來的所有高科技設備，但是他們需要尋找新事業模式，找到新事業分攤高成本。災難資本主義複合體的下一個階段十分清楚：在緊急災難不斷增加，政府無力承擔救難費用，人民又苦於政府無能時，這些地下企業王國會把自己的災難救助設備，租還給能夠以市場價格承租的人。他們擁有的一切，從搭乘直升機從屋頂逃走到飲水到難民營裡的床鋪，全都待價而沽。

財富已經為若干人提供了逃離大部分災難的救生艙：財富為容易發生海嘯的地區採購了早期預警系統，為下一次的禽流感爆發囤積了克流感，買好了瓶裝水、發電機、衛星電話和可以租用的警察。二〇〇六年以色列攻擊黎巴嫩期間，美國政府起先想要向公民收取撤離費用，不過最後被迫放棄。如果我們繼續往這個方向前進，人民困在紐奧良屋頂的影像，不只代表美國尚未解決的種族不平等歷史，也預示災難種族隔離的全部未來，將來災區裡的人能否倖存，要看他們能否負擔逃生費用而定。

展望未來的生態與政治災難，我們總是以為大家都會合力面對災難，認為需要一位領袖，能夠看出我們正走上毀滅之路。但是我可不敢這麼肯定。有這麼多政治與企業菁英對氣候變化如此樂觀，原因之一可能是他們確信自己負擔得起從最可怕災難中逃生的費用。或許這點也可以說明為什麼布希的支持者當中，有這麼多人是相信末日論的基督徒。這種情形不只顯示他們必須相信自己擁有逃生艙口，可以從自己所創造的世界中逃走；這還是個笑點，顯示他們在世間建立的是自尋毀滅與災難的系統，在這之後會有私人直升機和飛機降下來，把他們和朋友載到神聖的安全國度。

包商急於開發替代的穩定營收來源之際，有一條路是對其他企業提供不受災難侵襲的保護，這是布雷默到伊拉克上任前所經營的事業：也就是把跨國企業拉進安全泡沫，即使企業所在的國家分崩離析，企業仍然可以順利運作。紐約或倫敦很多大型辦公大樓的大廳中，已經可以看出業界這種努力所得到的成果，例如進入大樓時必須經過機場式的安檢，加上佩掛有相片的身分證明和X光機等等。但是業界的野心大多了，包括推動全球電信網路、緊急醫療與電力民營化，並且有能力在重大災害期間部署與運輸全球反應人力。災難資本主義複合體看出的另一個潛在成長領域是地方政府，也就是推動警察與消防部門委託民間安全公司辦理。二〇〇四年十一月，洛克希德馬丁公司一位發言人說：「我們在伊拉克法魯加市區為軍隊執行的任務，一樣可以在雷諾市為警察執行。」

業界預測，未來十年裡，這些新市場會急速擴張。曾經擔任三角洲部隊祕密行動任務指揮官、後來成功轉型成為管理顧問的羅勃（John Robb），坦白預測這些趨勢將來會有什麼發展。他在《快速公司》雜誌（*Fast Company*）上發表一篇廣為流傳的文章，指出「反恐戰爭的結果是新穎、卻比較有彈性的國家安全事務新做法：不是以國家為中心，而是以公民與私人公司為中心……安全會變成你在什麼地方居住、你為誰工作等答案所組成的函數，很像已經分配給健保的角色一樣。」

羅勃寫道：「富人和跨國企業會變成我們這種集體系統拯救出來的客戶，他們會選擇聘請私人軍事公司，如黑水和三棚公司（Triple Canopy），保護他們的住宅與設施，並且依據日常生活，建立保護性的架構。從巴菲特旗下的網路噴射公司（Netjets）之類的分時航空公司演變出來的平行運輸網絡，會滿足這批客戶的要求，以蛙跳的方式，把他們從一個設備精良又安全的起降點，載運到下一個起降點。」這種菁英世界大致上已經成型。但是羅勃預測，中產階級很快會跟進，「形成分攤安全成本的郊區安全體制，這種郊區好比堡壘，會裝設並且維持備用發電機與通訊設備，由受過公司訓練的私人民兵巡邏，而且擁有現代化的應變系統。」

換句話說，這是郊外綠區形成的天地，至於在這種安全陣地以外的人，「他們必須滿足於國家殘存體系的遺跡，他們會被吸引到美國城市，接受無所不在的監視，接受邊緣化或完全不存在的服務，對窮人來說，沒有其他地方可以避難。」

羅勃描述的未來聽起來很像紐奧良的現狀。紐奧良的瓦礫堆中出現了兩種大不相同、大門深鎖的社區；一種是所謂的急難村，就是荒涼、偏僻、滿地碎石子的拖車營地，這是低收入難民住的地方，由貝泰或福陸公司的包商興建，由私人保全公司管理和巡邏，住客受到限制，新聞記者不得進入，難民被當成罪犯一樣對待。另一種是大門深鎖的社區，位在紐奧良富人居住的地區，例如奧都本區（Audubon）和花園區（Garden District），提供似乎和國家完全分離的各種功能。風災過後幾週內，那裡的居民就有飲水供應和強力緊急發電機，病人在私人醫院治療，小孩上新的私立學校。他們像平常一樣，不需要公共運輸。在紐奧良郊區的伯納德教區，戴恩公司負責大部分的管理，其他社區就直接雇用保全公司。在這兩種私人國度之間，就是紐奧良版的紅區，紅區裡謀殺率飛躍上升，像是著名的下九區（Lower Ninth Ward），淪落為充滿末日恐怖的無人地帶。卡崔娜侵襲過後的那年夏天，饒舌歌手少年樂團（Juvenile）主唱的流行歌道盡了全部氣氛：「我們住在像海地一樣沒有政府的地方。」——失敗的國家美國。

本地律師兼行動主義者桂格里（Bill Quigley）說：「紐奧良發生的現象，只是全美同樣現象比較集中、比較生動的版本。我國每個城市都有一些地方極為類似紐奧良，每個城市都有一些荒廢的社區、荒廢的公共教育設施、公共住宅、公共健保診所和罪犯正義。除非我們全力阻止，不支持公共教育、健保和公共住宅的人，會繼續把全美國變成下九區。」

這種過程已經進行很久。在亞特蘭大郊外一個富裕的共和黨社區，可以看到另一種災難種族隔離主義的景象。這個社區的居民對於自己繳交的房屋稅，被人拿去補貼郡裡的低收入非裔美國人社區學校和警察深感不滿，就投票決定自行成立森地泉市（Sandy Springs），好把稅收拿來為十萬公民提供各種服務，不必透過比較大的富爾頓郡（Fulton County）重新分配。唯一的問題是森地泉市沒有政府結構，需要無中生有，從頭建立有關收稅、都市計畫到公園與娛樂的事務。二〇〇五年九月，也就是紐奧良遭到洪水侵襲的同一個月裡，營建與顧問巨擘西圖集團找上森地泉的居民，提出獨一無二的建議：一切由我們代勞。西圖集團要價一年二千七百萬美元，保證替森地泉從頭建立完整的城市。

幾個月後，森地泉成為第一個「合約城市」。只有四個人直接為新市政府工作，其他人全都是約雇人員。為西圖集團主持這個計畫的賀塞康（Rick Hirsekorn）說：「森地泉是沒有政府治理程序的一張白紙。」他告訴另一位記者說：「我們同業裡，從來沒有人完成過這種規模的城市。」

《亞特蘭大憲法報》（*Atlanta Journal-Constitution*）報導，「森地泉雇用企業員工，管理自己的新城市，真是頗為大膽的實驗。」不到一年內，合約城市風潮席捲亞特蘭大的富裕社區，變成「北富爾頓郡的標準程序」。附近社區學習森地泉，也投票要自立為城市，而且把政府委外辦理。一個叫密爾頓

（Milton）的新城市立刻聘請西圖集團辦理這件事，畢竟西圖集團已經有經驗了。很快地，新成立的城市掀起整合運動，希望組成自己的郡，這點表示，他們繳交的稅款沒有一塊錢會流入附近的貧困社區。這個計畫碰到激烈的反對，反對的人是這塊建議中的獨立領土之外的政客，他們說，沒有這些稅款的話，他們再也不能負擔郡裡的大型公立醫院和公共運輸系統；他們也說，郡的分裂會在一邊創造出失敗國家，另一邊則是服務過多的國家。他們所說的情形聽起來很像紐奧良，也有點像巴格達。

在亞特蘭大這些富裕的郊區裡，三十年來政商財團主義在光天化日之下掏空國家的聖戰已經完成，不只是每一種政府服務都委外辦理，連政府的核心功能、也就是治理的功能也委外辦理。這種新領域由西圖集團開拓可以說是特別適宜，該公司在伊拉克取得數億美元的合約，負責執行監督其他包商的政府核心功能。大海嘯侵襲斯里蘭卡後，西圖集團不但為斯里蘭卡興建港口和橋樑，也「負責基礎建設計畫的整體監督」。卡崔娜颶風後，西圖集團在紐奧良取得五億美元的合約，負責興建急難村，而且已經做好準備能夠在下次災難中取得同樣合約。西圖集團是在特殊狀況下推動國家民營化的大師，如今它也推動正常情況下的國家民營化。如果說伊拉克是極端民營化的實驗室，現在實驗期顯然已經結束。

1 沒有人針對紐奧良勞工狀況進行深入研究，但是紐奧良草根性利益團體先進計畫組織（Advancement Project）估計，紐奧良的外勞中，有六〇％被拖欠工資。

2 這種產業有一個地方最令人擔心，就是明明白白的表現出黨派之私。例如黑水公司跟反墮胎運動和其他右派政策立場關係密切，幾乎完全只捐款給共和黨，而不是像大部分大企業一樣，對兩黨都下注。哈利波頓的政治捐款中，八七％流向共和黨，西圖集團的比率是七〇％。因此我們不難想像，將來有一天，政黨在選戰中會雇用這些公司偵測對手，或是利用這些公司從事連中央情報局都覺得太齷齪的祕密任務。

第二十一章

THE SHOCK DOCTRINE

和平的誘因消失

以色列的警訊

大型分隔圍籬不是勞改營世界的東西，而是屬於高速公路隔音牆、體育館豪華包廂、非吸煙區、機場安全區和「大門深鎖社區」……大型圍籬把富人的特權和窮人的嫉妒顯露在外，讓貧富雙方都覺得尷尬，這點不表示圍籬沒有效。

——柯威爾（Christopher Caldwell），《標準週刊》（*Weekly Standard*）資深編輯，二〇〇六年十一月

幾十年來，凡俗之見都認為，整體的混亂會耗損世界經濟的力量。個別震撼與危機當然可以利用，作為強制打開新市場的工具，但是在初期的震撼達成目標後，需要相對的和平與穩定，才能追求永續經濟成長。大家普遍認為，這是九〇年代這麼繁榮的原因：冷戰結束後，全球經濟體自由化，努力推動貿易與投資，國與國之間的關係變得更錯綜複雜、更互相依賴，彼此轟炸對方的可能性大為降低。

然而，在二〇〇七年瑞士達弗斯的世界經濟論壇上，政治與企業領袖對一種似乎嘲諷這種凡俗之見的狀態百思不解，這種狀態叫作「達弗斯兩難」。《金融時報》專欄作家伍爾夫（Martin Wolf）把這種狀態說成是「世界經濟順利發展、政治情勢問題重重之間的對比」。他說，經濟面臨「一系列的震撼，包括二〇〇〇年後的股市崩盤；二〇〇一年九月十一日的恐怖暴行；阿富汗與伊拉克的戰爭；美國政策引發的摩擦；實質油價漲到一九七〇年代以來的最高峰；世界貿易組織杜哈回合談判中斷；伊朗發展核子能力雄心引發的衝突」，但是世界經濟卻處在普遍共同成長的黃金時期，簡單地說，世界亂成一團，眼前看不到穩定，全球經濟卻大聲叫好。不久之後，美國前財政部長桑默斯（Lawrence Summers）把這種政治與經濟幾乎完全分離的現象，形容成「狄更斯小說中的世界，你跟國際關係專家討論，他們會說這是有史以來最差的時代，然後你跟潛在的投資人討論，他們會說這是有史以來最好的時代。」

這種令人困擾的趨勢也表現在所謂的「大炮與魚子醬指數」（guns-to-caviar index）經濟指標。這個指數追蹤噴射戰鬥機（大炮）與主管座機（魚子醬）的銷售狀況。大家發現，十七年來，噴射戰鬥機銷售熱絡時，豪華主管座機的銷售會下降，反之亦然，也就是主管座機銷售成長時，噴射戰鬥機的銷售會減少。當然，總是有一些發戰爭財的人會靠著出售大炮致富，但是他們對經濟的影響微不足道。你不可能在暴亂與不穩定的情勢中創造蓬勃經濟成長，已經是老生常談。

但是這種老生常談已經不正確。從二〇〇三年美國侵略伊拉克以來，這個指標顯示，噴射戰鬥機和主管座機的支出同時快速增加，這點表示在世界變得更不和平之際，獲利也大幅累積。中國與印度經濟飛躍成長，是奢侈品需求增加的原因之一，小小的軍產複合體擴張，變成龐大的災難資本主義複合體，也是原因之一。今天全球不穩定不只嘉惠少數軍火販子，也為高科技安全部門、重型營造業者、治療傷兵的私人健康照顧公司、石油與天然氣部門創造驚人的利潤，當然也為國防包商創造龐大的利潤。

這種營收規模的確足以助長經濟繁榮。洛克希德馬丁公司光是在二〇〇五年，就賺了美國納稅人二百五十億美元，該公司一位副總裁主持的委員會曾經大力鼓吹侵略伊拉克。民主黨眾議員韋克曼（Henry Waxman）指出，這個金額「超過一百零三個國家的國內生產毛額，包括超過冰島、約旦和哥斯大黎加的國內生產毛額，也比美國商務部、內政部、中小企業局與政府整個立法部門的預算總和還多」。洛克希德本身就是「新興市場」，洛克希德之類的公司股價上漲（二〇〇〇到二〇〇五年間上漲三倍），是美國股市能夠從九一一事件後長期崩盤中脫困的原因之一。二〇〇一到二〇〇六年間，一般股票的股價表現不如大盤，代表國防、國土安全與航太股票的史貝德國防指數（Spade Defense Index）每年卻平均上漲十五%，是同期內標準普爾五〇〇指數平均漲幅的七．五倍。

在伊拉克加速發展的民營化重建事業模式獲利極高，進一步助長了達弗斯兩難。包括大型工程公司在內的重型建設股，在戰爭與天災後，都會撈到利潤極高、不必競標的合約，二〇〇一到二〇〇七年四月間，重型營建股的股價上漲二五〇%。如今重建已是非常大的生意，因此每一次新災難造成毀滅後，都會伴隨著熱門的初次公開發行股票熱潮：跟伊拉克重建有關的上市金額高達三百億美元，跟南亞大海嘯重建有關的上市金額為一百三十億美元，跟紐奧良與墨西哥灣區重建有關的上市金額高達一千億美元，跟黎巴嫩重建有關的上市金額為七十六億美元。

恐怖攻擊通常會造成股市暴跌，現在卻受到市場熱烈歡迎。二〇〇一年九月十一日後，紐約股市重新開盤時，道瓊工業股價指數立刻暴跌六八五點，和二〇〇五年七月七日的情形形成強烈的對比，當天四顆炸彈炸翻倫敦公共運輸系統，炸死數十人，炸傷幾百人，美國股市當天收盤還上漲，那斯達克指數（Nasdaq）上漲七點。隨後在八月的某一天，英國執法機關宣布，逮捕計畫爆炸飛往美國班機的二十四位嫌疑犯，那斯達克指數收盤上漲十一．四點，主因是國土安全股飛躍上漲。

石油業也賺到暴利：二〇〇六年，光是埃克森美孚公司就賺到四百億美元的利潤，創下世界企業史上最高的獲利紀錄。該公司的競爭對手如雪佛龍，也不遑多讓。石油業像國防、重型營建與國土安全企業一樣，財運隨著每一次戰爭、恐怖攻擊與五級颶風而改善。石油業除了賺取主要產區不安定帶來的短期價格上漲利益外，也一直努力把災難變成自己的長期利益，方法包括：確保阿富汗重建資金中，有一大部分用在興建新油管所需要的昂貴道路建設工程上（其他重大重建計畫大都拖延下來）；或是在伊拉克仍然陷在熊熊大火時通過石油法；或是靠著卡崔娜颶風，計劃設立一九七〇年代以來美國的第一批新煉油廠。油氣業和災難經濟的關係極為錯綜複雜，是很多災難的根本原因和受益者，因此可以視為災難資本主義複合體的榮譽附屬成員。

不需要陰謀

近年頻頻爆發的災難轉化成極為驚人的利潤，促使世界各地很多人得到相同的結論，就是富國和強國一定刻意製造災難，以便加以利用。二〇〇六年七月，針對美國居民所做的全國性訪調發現，超過三分之一的受訪者相信，政府在九一一攻擊中脫不了關係，或是沒有採取行動阻止恐怖分子，「因為政府希望美國在中東開戰」。近年大部分的災難爆發後，類似的懷疑都會跟著出現；卡崔娜颶風過後，路易西安納州難民營裡謠言四起，說堤防並沒有崩潰，而是遭到祕密炸毀，目的就像伊斯蘭國家組織（Nation of Islam）領袖范瑞漢（Louis Farrakhan）說的一樣，是要「摧毀紐奧良的黑人區，同時確保白人區不淹水」。我在斯里蘭卡時，經常聽說大海嘯是美國引爆的海底爆炸所造成，這樣美國可以派軍到東南亞，完全掌控東南亞地區的經濟。

事實真相沒有這麼惡毒，卻更加危險。經濟體系如果要不斷成長，除了要堅決反對幾乎所有認真的環境管制，本身就會穩定地製造一系列災難，不管是軍事、生態還是金融災難。市場喜歡純粹投機帶來的短期暴利，使股市、匯市和不動產市場變成製造危機的機器，亞洲金融危機、墨西哥披索危機和網路泡沫崩潰，全都指出這一點。我們普遍對骯髒的非再生能源上癮，使其他急難事故不斷爆發。從一九七五年起，天災增加了四・三倍，為了控制稀有資源而發動的戰爭（不只是伊拉克戰爭與阿富汗戰爭而已，也包括奈及利亞、哥倫比亞和蘇丹強度比較低的動亂），會進一步造成恐怖分子的反彈（二〇〇七年的一項研究估計，從伊拉克戰爭爆發以來，恐怖攻擊的次數增加了七倍）。

由於天氣和政治溫度都升到沸騰的地步，未來的災難不需要靠陰謀策劃。所有的跡象都顯示，只要我們繼續維持目前的走向，災難會不斷發生，強度會愈來愈驚人。因此，產生災難可以留給市場那隻看不見的手去做，這個領域是這隻手確實可以發揮作用的地方。

雖然災難資本主義複合體沒有刻意陰謀策劃製造巨災，以便從中獲利（不過伊拉克可能是明顯的例外），卻有很多證據顯示，災難資本主義複合體的構成產業非常努力，以便確保目前的災難趨勢不受挑戰，延續下去。大型石油公司長年資助否定氣候變化的運動；過去十年來，估計埃克森美孚花在這種運動上的資金，已經達到一千六百萬美元。這種現象早已為人所知，但是知道災難包商和菁英意見領袖之間互動的人卻少多了。華府幾個有影響力的智庫，包括國家公共政策研究所（National Institute for Public Policy）和安全政策中心（Center for Security Policy），都接受武器與國土安全包商的大力資助，這些研究機構不斷描繪世界是黑暗、充滿威脅的地方，有問題只能用武力對付，也可以讓包商從中獲利。國土安全部門也日漸和媒體公司結合，形成具有歐威爾式影響的發展。二〇〇四年，數位通訊巨擘雷西內西公司（LexisNexis）出資七億七千五百萬美元買下資料採礦業者賽新公司（Seisint），後者在監控方面和聯邦與州政府密切合作。同一年裡，擁有國家廣播公司的奇異公司買下內視公司（InVision），內視公司主要生產具有高爭議性的高科技炸彈偵測設備，用在機場與其他公開場所；二〇〇一到二〇〇六年間，內視公司獲得國土安全部的合約金額高達一百五十億美元，超過所有其他公司得到的類似合約。

災難資本主義複合體擴張勢力，打進媒體，可能是新形態的企業綜效；這種做法是九〇年代極為流行的垂直整合。這在企業經營上的確很有道理：我們的社會愈驚慌，愈相信每一座清真寺裡都潛伏著恐怖主義分子；新聞的收視率飆得愈高，廠商賣的生物特徵辨認與液體炸彈偵測設備越多，興建的高科技圍籬越多。如果說，沒有邊界的開放「小世界」是九〇年代獲利的保證，到了新千禧年，西方世界困在具有威脅性的堡壘中，遭到聖戰分子圍攻的噩夢也扮演同樣的角色。災難經濟蓬勃發展，關係到極多的財富——從武器、石油、工程、監視到專利藥品的龐大財富。唯一可能威脅這種榮景的是，世界可能獲得某種程度的氣候穩定與地緣政治和平。

以色列與長期災難種族隔離國家

分析師努力瞭解達弗斯兩難後，逐漸得到新的共識。並非市場已經變得不受不穩定影響，至少不完全如此。實際的狀況是大家極為期望災難持續不斷出現，以致於不斷適應的市場發生改變，以符合這種新現狀：不穩定就是新的穩定。大家討論九一一後這種經濟現象時，經常把以色列當成範例。過去十年的大部分時間裡，以色列碰到自己特有的小型達弗斯兩難：戰爭與恐怖攻擊持續增加，但是特拉維夫股票交易所卻跟著動亂升高，漲到創紀錄的水準。七月七日倫敦爆炸案發生後，一位股票分析師在福斯新聞臺（Fox News）上指出：「以色列人天天應付恐怖威脅，股市卻年年上漲。」就像全球經濟狀況一樣，大部分人同意以色列的政治狀況亂得可以，經濟卻從來沒有這麼強過，二〇〇七年的成長率媲美中印兩國。

以色列這種大炮與魚子醬模式這麼有意思，原因不只是以色列經濟很有彈性，善於面對重大的經濟震撼，例如二〇〇六年與黎巴嫩的戰爭，或是二〇〇七年哈瑪斯組織接管加薩；而且也是因為以色列創造了直接因應暴亂升高而大幅擴張的經濟。以色列工業對災難這麼安心，原因並不神祕。美國和歐洲企業瞭解全球安全榮景的潛力之前很多年，以色列科技公司就忙於開創國土安全產業，今天仍然繼續主導這個領域。以色列出口協會估計，以色列有三百五十家公司專門從事國土安全產品的銷售，二〇〇七年還增加了三十家新公司。從企業觀點來看，這種發展使以色列成為九一一後市場競爭和模仿的模範。然而，從社會與政治觀點來看，應該把以色列當成別的東西、當成可怕的警訊。以色列即使對鄰邦發動戰爭、在占領的土地上升高暴行，卻仍然能繼續享受繁榮，這恰恰顯示了把經濟建立在戰爭持續不斷、災難繼續加深的基礎上，是多麼危險的事。

以色列有能力結合大炮與魚子醬，是過去十五年經濟本質劇烈變化的結果，這種變化對於和平希望的幻滅具有很深遠的影響，卻很少有人深入瞭解。上次中東和平出現濃厚的希望，是一九九〇年代初期的事情了；當時以色列有一大批選民相信，繼續衝突不是辦法，共產主義已經崩潰，資訊革命正要開始。當時以色列企業界普遍認為，血腥占領加薩與西岸，加上阿拉伯國家杯葛以色列，使以色列經濟前途陷入險境。以色列企業看到全世界新興市場經濟體爆炸性成長，對自己受到戰爭限制深感厭煩，希望成為高獲利、無國界世界的一環，不再困於區域性鬥爭。如果以色列政府能夠跟巴勒斯坦人談判出某種和平協議，以色列的鄰邦會取消杯葛，以色列很有機會成為中東的自由貿易樞紐。

一九九三年，當時以色列商會聯合會總裁吉勒曼（Dan Gillerman）大力支持這種立場。「以色列可能不只變成另一個國家而已，而是可能變成整個地區的策略性運籌與行銷中心，就像中東的新加坡或香港，多國公司會以這裡為總部……我們說的是完全不同的經濟……我們必須迅速調整，否則會錯過這種一輩子才有一次的經濟機會，空留餘恨。」

同一年，當時的外交部長裴瑞斯（Shimon Peres）對一群以色列記者解釋說，和平現在勢所難免，不過卻是很特別的和平。裴瑞斯說：「我們不是追求政治和平，而是對市場和平有興趣。」幾個月後，以色列總理拉賓（Yitzhak Rabin）和巴勒斯坦解放組織主席阿拉法特（Yasser Arafat）在白宮草坪握手言和，揭開了奧斯陸協議的序幕。世界各國歡欣鼓舞，三個人合得一九九四年的諾貝爾和平獎，接著一切就出了大問題。

奧斯陸協議階段可能是以巴關係中最樂觀的時期，但是兩人著名的握手不代表簽署協議，只是同意開始和談程序，所有最急迫的問題都沒有解決。阿拉法特處在十分不利的談判地位上，必須談判自己重回以色列占領區的問題，而且他在耶路撒冷的未來地位、巴勒斯坦難民、猶太屯墾者甚至巴勒斯坦人自決的問題上，都沒有爭取到協議。談判人員宣稱，奧斯陸策略的基礎理念是開放國界，加入全球化列車，推動「市場和平」，其他一切就會順利發展。以色列人和巴勒斯坦人應該都會體會到日常生活明顯的改善，為將來談判中的「政治和平」創造比較友善的環境。這點至少是奧斯陸協議承諾的事情。

很多因素促成後來的談判破裂，以色列人通常把原因歸咎於自殺炸彈和拉賓遭到暗殺。巴勒斯坦人指出，以色列人在奧斯陸協議期間，瘋狂擴張非法屯墾區，情形就像巴拉克（Ehud Barak）領導的以色列勞動黨政府外交部長班納米（Shlomo Ben-Ami）說的一樣，證明和平程序的基礎「是以新殖民主義精神為基礎」，目標是在「我們和巴勒斯坦人終於達成和平協議時，會有互相依賴的狀況，會有兩個實體之間結構上不平等的狀況」。有關誰破壞和平過程，或和平到底是不是這種程序真正目標的辯論，早已為人熟知，而且大家十分深入探討過。然而，促使以色列退回到片面主義態度的兩個因素卻少為人知，而且很少有人討論，兩個因素都跟芝加哥學派自由市場聖戰在以色列造成的影響有關。一個因素是蘇聯猶太人湧入，這是俄羅斯震撼療法實驗的直接後果；另一個因素是以色列的出口經濟轉變，從以傳統商品與高科技產品為主，變為極度依賴反恐相關知識技術與設備的銷售。兩個因素都大大破壞了奧斯陸程序：俄羅斯猶太人抵達，降低了以色列對巴勒斯坦勞工的依賴，使以色列可以封鎖占領的土地；高科技安全經濟快速擴張，使以色列最強而有力的富裕部門胃口大開，主張放棄和平，擁抱長期持續擴張的反恐戰爭。

因為不幸的歷史巧合，奧斯陸時期開始時，正好是俄羅斯進行芝加哥學派實驗到最痛苦階段的時候。一九九三年九月十三日，以巴雙方在白宮草坪握手言和三週後，葉爾欽派出戰車，放火焚燒國會大廈，開始了他所推動經濟震撼最殘忍無情的階段。

一九九〇年代期間，大約有一百萬猶太人離開前蘇聯，搬到以色列。這段期間來自前蘇聯的移民，現在占以色列猶太人總人口的十八％以上。這麼大量的人口快速移入像以色列這麼小的國家，衝擊之大絕對不容忽視。以比例來說，這樣等於安哥拉、柬埔寨和祕魯所有人口都打好包袱，同時移民美國一樣，以歐洲來說，這樣等於所有的希臘人都移民法國。

第一波蘇聯猶太人前往以色列時，很多人是經歷終身的宗教迫害後，決定住在猶太人的國家。然而，最初這一波移民之後，移民以色列的猶太人急劇增加，而且和俄國經濟震撼療法加在俄國人身上的驚人痛苦直接相關。後來這幾波蘇聯移民不是懷抱猶太復國主義理想的人（很多人宣稱自己是猶太人時，顯得相當無力），而是絕望的經濟移民。一九九二年，在莫斯科以色列大使館外面等待的一位移民告訴《華盛頓時報》（*Washington Times*）：「最重要的不是我們要去哪裡，而是我們出身哪裡。」蘇聯猶太復國論壇發言人坦白承認，這些移民「不是受到以色列吸引，而是覺得自己被蘇聯的政治不穩定和經濟惡化趕走」。到現在為止，最大一波移民潮出現在一九九三年葉爾欽政變時，正好以色列開始和平程序。這一波之後，另外有六十萬人從前蘇聯旗下的國家移民以色列。

這種人口變化，顛覆了和平協議已經不穩定的走向。蘇聯難民抵達前，以色列不能長期跟加薩與西岸的巴勒斯坦人切割，因為如果失去巴勒斯坦勞工，以色列經濟不可能繼續生存。就像加州失去墨西哥勞工，經濟就得停擺一樣。每天大約有十五萬巴勒斯坦人離開在加薩和西岸的家，前往以色列清掃街道、鋪設道路，同時，巴勒斯坦農民和商人在貨車上裝滿貨物，開進以色列和屬於以色列的其他領土出售。雙方在經濟上互相依賴，以色列也採取積極措施，防止巴勒斯坦人的領土和阿拉伯國家發展自主貿易關係。

然後，就在奧斯陸協議生效時，這種十分互相依賴的關係突然切斷。在這個關鍵時刻，移民以色列的數十萬俄羅斯人和巴勒斯坦勞工不同，巴勒斯坦人出現在以色列，會要求以色列歸還搶走的土地，要求平等的公民權，挑戰猶太復國計畫。俄羅斯移民明顯提高猶太人對阿拉伯人的比率，大為振奮猶太復國主義的目標，同時也提供了廉價勞工的新來源。突然間，特拉維夫有力量在以色列和巴勒斯坦關係上開展新時代。一九九三年三月三十日，以色列開始實施「閉關」政策，關閉以色列和占領區之間的邊界，一次經常關閉幾天或幾星期，使巴勒斯坦人不能再到以色列工作和賣東西。封鎖開始時是臨時措施，表面上是因應恐怖主義威脅的緊急反應，卻很快就變成新現狀，以色列占領區不但跟以色列隔絕，而且彼此之間也互相隔絕，靠著更複雜、更惡劣的關卡制度監督管理。

世人稱頌一九九三年是新希望時代的序幕，但實際上，這一年裡，占領區土地卻從以色列境內下層階級居住的破爛宿舍，變成令人窒息的監獄。同期內，也就是從一九九三到二〇〇〇年間，住在占領區的以色列屯墾者數目倍增。很多地方過去是草草開闢的屯墾前哨，現在變成堡壘化的翠綠郊區，擁有限制進入的道路，也有著要增加以色列領土的明確目標。簽署奧斯陸協議後的幾年裡，以色列也繼續取得西岸重要的水源，除了供應屯墾區，也把稀少的水源轉調回以色列。

新移民在以色列扮演的角色也很少人檢討。很多前蘇聯居民在震撼治療貶值中，看著終身儲蓄化為烏有，抵達以色列時身無分文，很容易就受到吸引而前往占領區，那裡的房子和公寓便宜多了，還提供特別貸款和獎金。有些最有野心的屯墾區，例如位於西岸，擁有一所大學、旅館和德州式迷你高爾夫球場的艾利爾（Ariel），積極在前蘇聯招募移民，派出移民探子，設立俄語網站。艾利爾靠著這個方法，人口增加了一倍，今天看起來好像小莫斯科，商店招牌同時寫著希伯來文和俄文，一半居民是從前蘇聯來的新移民。以色列團體「立刻和平組織」（Peace Now）估計，住在非法屯墾區的以色列公民中，大約有二萬五千人是這種人，該組織也指出，很多俄羅斯人「不十分瞭解要去那裡」，就移民到以色列。

以色列簽署奧斯陸協議後的幾年裡，用活潑有力的方式，達成了以繁榮取代衝突的諾言。一九九〇年代中期和晚期，以色列企業對全球經濟發動猛攻，專精通信與網路科技的高科技公司尤其如此，特拉維夫和海法變成了中東矽谷。在網路泡沫高峰期間，以色列國內生產毛額中，十五%由高科技產業創造，出口產品中，大約一半是高科技產品。根據《商業週刊》的說法，以色列是「全世界對科技最依賴的國家」，依賴的程度是美國的兩倍。

在這次科技榮景中，新移民再度發揮了決定性的角色。九〇年代移民以色列的幾十萬蘇聯人當中，受過高等教育科學家的人數，比以色列立國八十年裡科技學院教出來的科學家還多。很多移民是冷戰期間撐起蘇聯的科學家，就像以色列一位經濟學家說的一樣，這些科學家變成了「以色列科技產業的火箭燃料」。班納米描述以巴雙方在白宮握手後的歲月時說：「這是以色列歷史上最具突破性的經濟成長和開放市場時代。」

開放市場理當嘉惠衝突的雙方，但是除了阿拉法特身邊的貪腐高官外，巴勒斯坦人在奧斯陸協議後的榮景中明顯缺席。最大的障礙是閉關政策，這個政策從一九九三年開始實施十四年來，一直沒有取消。根據哈佛大學中東專家羅伊（Sara Roy）的說法，一九九三年邊界突然關閉，對巴勒斯坦人的經濟生活造成了毀滅性的影響。她接受訪問時說：「閉關政策是簽署奧斯陸協議以後的歲月中，對經濟造成最大傷害的單一因素，是對已經遭到拖累的經濟傷害最大的措施。」

工人不能上工、商人不能賣東西、農民不能下田。一九九三年裡，占領區每人國民生產毛額遽減將近三〇％；隔年，巴勒斯坦窮人增加了三三％。深入研究閉關政策對經濟影響的羅伊說，到一九九六年，「巴勒斯坦的勞動力中，高達六六％不是失業，就是嚴重低度就業」。對巴勒斯坦人來說，奧斯陸協議根本不是「市場和平」，而是市場消失、工作機會減少、自由度下降。還有，非常重要的是，隨著屯墾區擴張，巴勒斯坦人的土地也跟著減少，就是這種完全站不住腳的狀況把占領區變成火藥庫。二〇〇〇年九月，夏隆（Ariel Sharon）到耶路撒冷參訪穆斯林所說的崇高聖所（al-Haram al-Sharif）、猶太人所說的神殿山（Temple Mount），引發了巴勒斯坦人的第二次起義。

以色列人和國際媒體大致認為，和平過程會崩潰的原因是，二〇〇〇年七月巴拉克在大衛營提出的建議，是巴勒斯坦人所能得到最好的交易，但阿拉法特拒絕了以色列人的善意，證明他根本沒有真心追求和平。經過這次經驗和第二次起義後，以色列人對談判失去信心，選擇夏隆出任總理，開始興建以色列人所說的安全柵欄、巴勒斯坦人所說的種族隔離牆：由水泥牆和鋼製籬笆構成的圍牆網超過一九六七年的綠線邊界，貪心地深入巴勒斯坦人的領土，把占地極為廣大的屯墾區納入以色列國境，也把若干地區三〇%的水源納入以色列。

毫無疑問，阿拉法特希望得到更好的協議，而不只是在大衛營以及二〇〇一年一月在塔巴（Taba）所提出的草案，但是這些草案也不像大家宣傳的那麼寶貴。雖然以色列人不斷宣傳自己在大衛營草案中，表現出空前未有的慷慨，草案對於一九四八年以色列建國時被迫離開家園與土地的巴勒斯坦人，卻幾乎完全沒有補償，而且根本沒有滿足巴勒斯坦人要求自決的最低權利。二〇〇六年，在大衛營和塔巴都擔任以色列政府談判代表的班納米打破黨派界線，承認「大衛營對巴勒斯坦人來說，不是錯過的機會，如果我是巴勒斯坦人，我也會拒絕大衛營草案」。

還有其他因素，造成特拉維夫在二〇〇一年後放棄認真的和平談判，這些因素跟阿拉法特傳說中不肯讓步、或夏隆創造「大以色列」的個人雄心一樣有力。其中一個因素跟以色列的科技經濟崛起有關。一九九〇年代初期，以色列菁英希望以和平換取繁榮，但是最後他們在奧斯陸協定後的歲月裡建立的繁榮，對和平的依賴遠低於他們原來的想像。以色列在全球經濟中的利基變成資訊科技，表示經濟要成長，關鍵是輸出軟體和電腦晶片到洛杉磯和倫敦，而不是向貝魯特和大馬士革出口笨重的商品。科技業是否成功，跟以色列和阿拉伯鄰邦是否維持友善關係，或是否不再占領占領區無關。然而，科技經濟崛起只是以色列致命經濟轉型的第一階段，第二階段在二〇〇〇年網路經濟崩潰後出現，以色列主要企業必須在全球市場找到新的利基。

以色列是世界上對科技依賴最重的國家，受到網路泡沫崩潰的打擊也比其他國家大，當時以色列的經濟立刻就直線下墜。二〇〇一年六月，分析師預測，大約有三百家以色列高科技公司會倒閉，數萬人會遭到裁員；特拉維夫經濟報紙《環球報》（*Globes*）在頭條上宣稱，二〇〇〇年是「一九五三年以來以色列經濟最差勁的一年」。

《環球報》指出，以色列沒有出現更嚴重的衰退，唯一的原因是以色列政府迅速強力干預，把軍事支出提高一〇．七%，其中部分資金是靠刪減社會服務支出而來。政府也鼓勵科技業多角化發展，從資訊與通訊科技，轉而發展安全與監視科技。在這段期間裡，以色列國防軍扮演類似企業育成中心的角色。年輕以色列士兵在服兵役時試驗網路系統和監視設備，退伍回歸平民生活後，把自己的發現變成事業計畫，設立很多新創企業，經營從「搜尋與鎖定」資料採礦、監視攝影機到恐怖分子描畫的業務。九一一之後的幾年，這些服務與設備的市場出現爆炸性成長，以色列以國家的力量，公開主張新的國家經濟願景：網路泡沫提供的成長要由國土安全榮景取而代之。這是聯合黨（Likud Party）鷹派立場和激烈芝加哥學派經濟制度的完美結合，具體表現在夏隆的財政部長納坦亞胡（Benjamin Netanyahu）和以色列新中央銀行總裁費雪（Stanley Fischer）兩個人身上，費雪正是國際貨幣基金在俄羅斯和亞洲推動震撼治療計畫的主持人。

到二〇〇三年，以色列已經開始強勁復甦；到二〇〇四年，以色列似乎創造了經濟奇蹟：在經濟慘烈崩盤後，表現幾乎勝過所有西方國家。成長主要來自以色列很精明，把自己定位為國土安全科技的大賣場。以色列的時機拿捏十分完美，世界各國政府突然迫切需要獵捕恐怖分子的工具，也迫切需要阿拉伯世界的人物情報知識。在聯合黨的領導下，以色列以國家的力量，自我宣傳以色列靠著幾十年對抗阿拉伯與穆斯林威脅的經驗與技能，是擁有領先優勢的國土安全展示國。以色列對北美和歐洲的宣傳直截了當：你們剛剛開始的反恐戰爭，是我們從建國以來就開始打的戰爭，讓我們的高科技公司和民營間諜公司告訴你們怎麼做。

照《富比士》雜誌的說法，以色列在一夜之間變成了尋找反恐科技必須朝拜的國家。從二〇〇二年起，以色列每年至少為世界各國的國會議員、警察頭子、警長和企業執行長，舉辦六次龐大的國土安全研討會，會議的規模和範圍年年擴大。傳統旅遊因為安全恐懼的關係持續萎縮，而這種官方的反恐旅遊則填補了一部分的缺口。

二〇〇六年二月的某一次研討會期間，以色列人以「以色列對抗恐怖主義幕後之旅」的名義，招待聯邦調查局、微軟公司和新加坡大眾捷運系統等機構的代表，到以色列最熱門的旅遊景點如國會、神殿山和哭牆等地旅遊。每到一個地方，遊客都檢查和稱讚堡壘式的保全系統，考慮怎麼把這些東西用在國內。二〇〇七年五月，以色列邀請美國幾座大型機場主管，到特拉維夫附近的班古里昂國際機場舉辦研討會，探討這座機場採用的先進旅客描畫與篩檢系統。加州奧克蘭國際機場飛航主管葛羅斯曼（Steven Grossman）解釋說，他來參加會議是因為「以色列以維持本國安全聞名」。有些活動相當可怕、相當戲劇化，例如二〇〇六年的國際國土安全大會時，以色列軍方負責操演複雜的慘案模擬，照主辦單位的說法，「模擬的是起源於內斯錫安市（Ness Zion）、結束於阿薩福哈羅非（Asaf Harofeh）醫院的大規模傷亡慘案。」

這些會議不是政策研討會，卻是利潤豐厚的專業展覽，目的在於展示以色列安全公司的能力。因此，二〇〇六時，以色列反恐相關產品與服務的出口成長十五%，預測二〇〇七年會成長二〇%，每年出口總值達到十二億美元。二〇〇六年，以色列國防相關項目的出口達到三十四億美元，創下新高紀錄，遠高於一九九二年的十六億美元，使以色列變成世界第四大軍火交易國，甚至比英國還大。以色列科技股（大多是安全相關股）在那斯達克交易所掛牌的檔數，超過美國以外的任何國家；以色列在美國註冊的科技專利件數，超過中印兩國的總和。以色列的科技部門大都與安全有關，目前占以色列出口總值的六〇%。

以色列著名的投資銀行家羅森（Len Rosen）告訴《財星》雜誌：「安全比和平重要，在奧斯陸協定期間，大家希望和平帶來成長，現在大家追求安全，希望暴力不會妨礙成長。」他可以說得更露骨一點：以色列和世界各國提供「安全」的企業，是以色列近年經濟快速成長的主要原因。說反恐戰爭產業解救了搖搖欲墜的以色列經濟，就像災難資本主義複合體協助拯救了全球股市一樣，一點也不誇張。

下面是反恐產業影響力的一些事例：

- 打到紐約市警局的電話會用以色列奈斯系統公司（Nice Systems）創造的科技記錄和分析。奈斯公司也替洛杉磯警方和時代華納公司（Time Warner）監控通信，也為雷根國家機場（Ronald Reagan National Airport）和另外幾十家頂尖客戶提供監視攝影機。
- 倫敦地鐵系統內拍攝到的影像，是用威靈特影像監視攝影機記錄，威靈特公司屬於以色列科技巨擘康華思公司（Comverse）。威靈特的監視設備也用在美國國防部、華盛頓的杜勒斯國際機場（Dulles International Airport）、國會山莊和蒙特婁的大眾捷運系統。該公司的監視設備與服務賣到五十多國，也協助家得寶（Home Depot）和目標（Target）之類的大公司監視員工。
- 洛杉磯和俄亥俄州哥倫布等城市的員工，都帶著電子「智慧卡」身分證，這種身分證是以色列超康公司（SuperCom）製造，美國前中央情報局長伍斯里（James Woolsey）赫然是這家公司顧問委員會的主席。歐洲某一個國家曾經找上超康，打算推動全國性的身分證計畫。另一國委託超康公司，進行「生物特徵護照」的先導計畫，這兩個行動都具有高度爭議性。

・美國若干最大的電力公司電腦網路採用的防火牆，是由以色列科技巨擘檢查哨公司（Check Point）生產的，但是這些公司都決定不透露公司名字。根據檢查哨公司的說法，財星五百大企業中，有八九％公司採用檢查哨的安全解決方案。

・二〇〇七年超級盃開打前，邁阿密國際機場所有員工都接受了辨認「壞人、而不只是辨認可疑事物」的訓練，採用的教材叫作行為形態辨認心理系統，這種系統是以色列新時代安全解決方案公司（New Age Security Solutions）發展出來的。該公司執行長是以色列班古里昂機場的前安全主管。近年和新時代簽約、訓練員工瞭解旅客描畫技術的機場包括波士頓、舊金山、格拉斯哥、雅典、倫敦希斯羅等機場。衝突頻繁的尼日河三角洲港口員工也受過新時代公司的訓練，荷蘭司法部員工、自由女神像警衛和紐約市警局反恐局幹員也一樣。

・紐奧良富有的奧都本社區在卡崔娜颶風後，決定建立自有的警力，聘請了以色列直覺射擊國際公司的私人保全人員。

・加拿大聯邦警察部門皇家騎警的探員，受過國際安全指導公司（International Security Instructors）的訓練，這家公司設在維吉尼亞州，專門從事執法人員和士兵的訓練。這家公司宣傳自己擁有「難得的以色列經驗」，講師都是「以色列國防軍、以色列國家警察反恐單位與國家安全局出身的以色列特戰部隊高手」。該公司的菁英客戶包括聯邦調查局、美國陸軍、美國海軍陸戰隊、美國海軍海豹部隊和倫敦大都會警察局。

・二〇〇七年四月，在美墨邊境任職的美國國土安全部移民特別幹員通過八天的密集訓練課程，課程是由戈蘭集團（Golan Group）安排的，戈蘭集團的創辦人是前以色列特戰部隊軍官，在七個國家裡配置了超過三千五百位員工。該公司營運主管皮爾森（Thomas Pearson）解釋說：「基本上，我們的訓練課程涵蓋以色列的安全巡邏。」訓練課程涵蓋從徒手肉搏、目標聯繫，到「駕著休旅車實際從事預習」。戈蘭集團目前設在佛羅里達州，但仍然繼續行銷公司是來自以色列的優勢，也生產X光機、金屬探測器和來福槍。該公司的客戶除了很多政府和名人外，也包括埃克森美孚、殼牌、德士古（Texaco）、李維斯（Levi's）、索尼（Sony）、花旗集團和必勝客。

・白金漢宮（Buckingham Palace）需要新保全系統時，選擇了馬佳爾公司（Magal）設計的系統，馬佳爾是最深入參與興建以色列「安全圍籬」的兩家公司之一。

・將來波音公司在美墨和美加邊界，興建預計要投資二十五億美元、配備電子感應器、無人飛機、監視攝影機和一千八百座高塔的「虛擬圍籬」邊界時，艾彼特公司（Elbit）是主要合作夥伴之一。艾彼特是最深入參與興建以色列爭議極大的圍籬的另一家公司，這座圍牆是「以色列有史以來最大的建築計畫」，已經耗資二十五億美元。

愈來愈多國家把自己變成堡壘（印度和喀什米爾邊界、沙烏地阿拉伯和伊拉克邊界、阿富汗和巴基斯坦邊界都要興建圍牆和高科技圍籬），「安全柵欄」可能成為最大規模的災難業務市場。因此，艾彼特和馬佳爾公司並不在乎以色列的圍牆在世界各地引發極多負面印象，事實上，兩家公司認為這種負面宣傳是免費廣告。馬佳爾公司執行長艾文艾斯拉（Jacob Even-Ezra）解釋說：「大家認為，我們是少數有經驗實地測試這種設備的業者。」九一一以後，艾彼特和馬佳爾的股價都上漲一倍以上，對以色列國土安全股票而言，這是標準的表現。號稱「監視攝影空間元祖」的威靈特公司在九一一之前完全沒有獲利，但是二〇〇〇到二〇〇六年間，該公司靠著監視榮景，股價上漲三倍以上。

以色列國土安全公司表現優異，早已為股市觀察家熟知，卻很少當成地區政治因素來討論，其實應該如此。以色列政府決定把「反恐」當成出口經濟重心，和以色列放棄和平談判的時間完全一致，這並非巧合。而且，以色列採行明確策略，不把以巴衝突視為具有明確土地與權利目標的民族主義運動之戰，而將之視為全球反恐戰爭的一環，是對抗一心一意追求毀滅的不理性狂熱勢力之戰。以色列採取這種策略和放棄談判的時機也完全相符，這種情形同樣不是巧合。

這個地區的衝突從二〇〇一年開始升高，經濟絕非主因；顯然雙方都不缺助長暴力的素材。但是在這種對和平極為不利的情況下，經濟在某些時點，一直是平衡力量，促使不願談判的政治領袖開始談判，就像一九九〇年代初期的情形一樣。國土安全榮景改變了這種壓力的方向，創造了對持續暴亂繼續大力投資的另一個有力部門。

以色列就像過去芝加哥學派推動實驗的邊疆國家一樣，九一一後的急速成長，也表現在國內貧富之間社會快速階級化的特徵上。安全產業快速成長，伴隨著一波民營化和削減社會福利計畫資金的政策，幾乎使勞動黨猶太復國主義分子創造的經濟成就化為烏有，也造成了以色列前所未有的不平等弊病。二〇〇七年時，二四．四％的以色列人活在貧窮線下，三五．二％的兒童是貧童；相形之下，二十年前只有八%的兒童是貧童。這種榮景的好處沒有利益均霑，只為以色列少數人帶來暴利，尤其是造福了跟軍方與政府水乳交融的有力部門（也有大家熟悉的所有企業貪腐弊案），因此追求和平的重要誘因完全遭到抹煞。

以色列企業界的政治取向大幅改變。今天吸引特拉維夫證券交易所的願景，不再是以色列會成為區域貿易樞紐，而是個超先進的堡壘，在眾多決心堅定的敵人包圍下仍然能夠生存。這種態度的轉變在二〇〇六年夏季表現得最明顯，當時以色列政府把原本跟真主黨之間的換囚談判變成全面戰爭。以色列最大企業不只是支持這場戰爭，還資助這次戰爭。以色列新近民營化的超大銀行路米銀行（Bank Leumi）分發保險槓貼紙，上面印的口號是「我們會戰勝」和「我們十分強大」。當時以色列記者兼小說家雷歐（Yitzhak Laor）寫道：「這場戰爭首度成為主要行動電話公司建立品牌的機會，這家公司利用這次戰爭，推動龐大的促銷攻勢。」

以色列工業顯然不再有害怕戰爭的理由。二〇〇六年八月，以色列和黎巴嫩爆發毀滅性的戰爭，特拉維夫股市卻繼續上漲，和一九九三年大家認為衝突會妨礙成長的情形截然不同。二〇〇六年最後一季，哈瑪斯組織贏得選舉後，和以色列在西岸與加薩的血腥衝突升高，但以色列整體經濟卻創造高達八%的成長，是同期間美國經濟成長率的三倍以上。同時，巴勒斯坦經濟在二〇〇六年萎縮十到十五%，貧窮率升到接近七〇%。

聯合國宣布以色列和真主黨停火一個月後，紐約證券交易所主辦了一場投資以色列的特別研討會，參加研討會的以色列公司超過兩百家，很多公司都從事國土安全業務。同時，黎巴嫩經濟活動幾乎完全停擺，大約一百四十家工廠（從組合屋、醫療產品到乳品的各種生產廠商），都忙著清理以色列炸彈和飛彈擊碎的瓦礫。紐約這場研討會不受戰爭影響，發出樂觀的訊息，以色列駐聯合國大使歡迎與會代表時宣布：「以色列對企業開放、總是對企業開放。」

只不過十年前，根本不能想像這種戰爭榮景，當時身為以色列商會聯合會主席的吉勒曼，還呼籲以色列抓住歷史機會，成為「中東的新加坡」。現在他變成以色列最積極煽風點火的強硬主戰派，大力推動擴大並升高戰事。他接受有線電視新聞網專訪時表示：「說所有穆斯林都是恐怖分子，在政治上可能不正確，甚至不符事實；不過幾乎所有恐怖分子都是穆斯林，卻是非常正確的說法。因此這場戰爭不只是以色列的戰爭，也是全世界的戰爭。」

在全世界發動無休無止的戰爭，這帖藥罩和布希政府在九一一之後，對新生的災難資本主義複合體發布的事業公開說明書相同。任何國家都無法打贏這種戰爭，但戰勝不是重點，重點是在堡壘國家內部創造「安全」，再用圍牆外無休無止的低水準衝突支持。從某方面來說，這種目標和前進伊拉克的民間安全公司目標相同，就是鞏固周邊陣地的安全。看看森地泉市，就可以窺知由災難資本主義複合體建立、經營，大門深鎖的未來堡壘是什麼樣子。然而，把這種程序發揮到極致的國家卻是以色列。以色列把整個國家變成堡壘化的社區，大門深鎖，被永遠封鎖在外面紅區的人民包圍。一個社會如果失去追求和平的經濟誘因，反而大力投資戰鬥，從無休無止和無法戰勝的反恐戰爭中發財，就會變成上述的模樣；其中一部分看來像以色列，另一部分看來像加薩。

以色列是極端的例子，但是以色列創造的這種社會並不獨特。災難資本主義複合體在折磨人的低強度衝突狀況中會欣欣向榮，這點似乎是從紐奧良到伊拉克所有災區的目標。二〇〇七年四月，美軍開始實施一個計畫，要把巴格達好幾個動盪的社區變成「大門深鎖的社區」，四周由檢查哨和水泥牆圍起來，而且用生物特徵辨識科技追蹤裡面的伊拉克居民。居民阿哈米亞（Adhamiya）看著自己住的社區被圍牆封鎖起來，預測說：「我們會變得像巴勒斯坦一樣。」美軍發現巴格達絕不可能變成杜拜、紐奧良不會變成迪士尼樂園後，開始實施備用計畫，準備把伊拉克變成另一個哥倫比亞或奈及利亞，變成戰爭連綿不絕的地方。作戰主力是民間士兵和準軍事部隊，戰爭水準壓低到只足以把天然資源從土地裡開發出來，配合傭兵保護油管、產油平臺和水資源。

大家常常拿加薩和西岸的軍事化貧民區，拿他們的水泥牆、通電圍籬和檢查哨，跟南非要求黑人住在貧民區、離開貧民區時必須持有通行證的種族隔離制度相比。南非律師杜家德（John Dugard）是巴勒斯坦地區人權問題的聯合國特派專員，他在二〇〇七年二月如此表示：「以色列在占領的巴勒斯坦土地上實施的法律和實行方式，的確很像種族隔離制度。」兩者相似的地方很明顯，但是也有很多不同，南非的黑人家園基本上是工作營，是嚴密監控黑人勞工，以便以廉價的成本要黑人到礦場工作的方法。以色列打造的制度目的正好相反，是要讓勞工無法工作，是由開放式居留營構成的網路，拘禁幾百萬被歸類為多餘人口的民眾。

巴勒斯坦人不是世界上唯一被如此歸類的群眾：幾百萬俄羅斯人在自己國內也變成多餘人口，所以才會有這麼多人逃離俄羅斯，希望在以色列找到工作和尊嚴生活。南非的種族隔離雖然已經廢除，卻有四分之一的人口住在快速擴張的貧民區草寮裡，他們在新近推動新自由主義的南非，也是多餘的人口。這樣把二五％到六〇％人口拋棄的做法，是芝加哥學派聖戰的特徵；這種做法從一九七〇年代就已經開始，當時南錐國家處處散布的「難民村」就是例子。南非、俄羅斯和紐奧良的富人興建高牆，把自己圍起來；以色列把這種做法進一步提升，在危險的窮人四周興建高牆。

結論

THE SHOCK DOCTRINE

震撼力量消退

人民重建崛起

我希望告訴你們，希望告訴集中住在玻利維亞這裡的我的印第安兄弟，五百年來的反抗運動並非徒勞無功。這種民主、文化的鬥爭是祖先們奮鬥的一部分，是原住民反殖民領袖柯塔利（Tupac Katari）戰鬥的延續，是格瓦拉戰鬥的延續。

——莫拉雷斯（Evo Morales）宣誓就任玻利維亞總統後發表的談話，二〇〇六年一月二十二日

人民最清楚，知道自己社區裡的每一個角落和每一個細節，他們也知道自己的弱點。

——拉塔庫（Pichit Ratakut），亞洲災難準備中心執行理事，二〇〇六年十月三十日

西班牙裔社區的人民建立這個城市兩次：白天我們替富人蓋房子，到了晚上和週末，我們團結一致，蓋我們自己的家、蓋我們的社區。

——安提塔諾（Andres Antittano），加拉卡斯居民，二〇〇四年四月十五日

二〇〇六年十一月傅利曼去世後，很多篇追悼文字都充滿了恐懼的感覺，擔心他的去世代表一個時代的結束。傅利曼最忠誠的信徒柯克蘭（Terence Corcoran）在加拿大《國家郵報》（*National Post*）上，問起這位經濟學家發動的全球運動是否可能延續下去。「身為自由市場經濟學的最後雄獅，傅利曼留下了一片真空……在世者沒人擁有同樣的地位。若沒有新一代堅定、有魅力、有能力的智者領導，傅利曼終身奮鬥和宣揚的原則能夠長存嗎？很難說。」

那年的十一月，不受限資本主義的追求陷入困境，柯克蘭悲觀的評估不足以道盡其境況。傅利曼在美國的傳人，也就是發動災難資本主義複合體的新保守派，正處在歷史最低潮。一九九四年共和黨贏得美國國會多數黨的地位，是這個運動的最高峰；傅利曼去世前九天，共和黨再度敗北，民主黨取得多數黨的地位。共和黨在二〇〇六年期中選舉中敗北有三個重要因素，分別是政治貪腐、伊拉克戰爭處理失敗，以及獲勝的民主黨參議員候選人韋伯（Jim Webb）說得最清楚的一種感覺，就是美國已經偏向「以階級為基礎的制度，偏向美國從十九世紀以來所沒有見過的制度」。在上述每一種因素中，芝加哥學派經濟學的核心理念，如民營化、解除管制和減少政府服務，都奠定了共和黨敗選的基礎。

一九七六年，這場反革命最早受害者之一的萊特利爾堅持說，芝加哥學派在智利造成的大規模財富分配不公，「不是經濟上的負債，而是暫時性的政治成就」。萊特利爾顯然認為，獨裁者的「自由市場」規則達成了目標：不是創造出十分和諧的經濟，而是把富人變成超級巨富，把有組織的勞工階級變成可以棄之不顧的窮人。在芝加哥學派意識形態獲得勝利的每一個地方，這種階級化的形態一再出現。過去二十年來，中國雖然創造驚人的經濟成長，城市居民和八億鄉村貧民的所得差距卻增加一倍。一九七〇年時，阿根廷最富有的一〇%人口所得，是最貧困一〇%人口所得的十二倍，到了二〇〇二年，富裕和貧窮階級的所得差距增加到四十三倍之多。智利的「政治成就」的確推廣到全球，二〇〇六年十二月，傅利曼去世後一個月，聯合國一項研究發現：「世界最富有的二%成年人擁有全球家計財富的一半以上。」美國的這種變化最明顯，一九八〇年雷根開始發動傅利曼式聖戰時，企業執行長的所得是一般勞工的四十三倍，到二〇〇五年，執行長賺到的錢是勞工的四百十一倍之多。對執行長來說，一九五〇年代在社會科學大樓地下室開始的這場反革命的確成功，但勝利的代價卻是大家普遍對自由市場的核心承諾失去信心、對增加的財富應該由大家分享的理念失去信心。誠如韋伯在期中選舉時說的一樣：「滴漏效應經濟並沒有出現。」

我們已經知道，世界人口中的一小撮人取得這麼多的財富，並不是靠著和平的過程，而且經常不是靠著合法的過程。柯克蘭質疑這個運動領導階層的才幹，問得很對，但問題並非只是沒有名義上的領袖能夠填補傅利曼的地位，而是許多領導世界眾多地區市場自由化、擺脫所有限制的人，當時困在一系列令人震驚的醜聞和刑事犯罪調查中；醜聞和調查涵蓋最早期在拉丁美洲的實驗、到最近在伊拉克的實驗。芝加哥學派存在的三十五年歷史中，都是靠著有力企業人士、信念堅定的改革派和強人政治領袖之間的密切合作來推展目標。到二〇〇六年，這三個陣營中的重要成員不是關在牢裡，就是遭到起訴。

第一個把傅利曼震撼療法付諸實施的皮諾契，當時遭到軟禁（不過他在遭到貪腐或謀殺罪嫌審判前死亡）。傅利曼死後隔天，烏拉圭警方逮捕博達維里，罪名是涉嫌在一九七六年殺害四位著名的左派分子，當時博達維里領導烏拉圭，在烏拉圭殘暴推動芝加哥學派經濟學，並聘請傅利曼的同事和學生擔任高級顧問。阿根廷法院剝奪了前軍事執政團領袖的豁免權，判決前總統維德拉（Jorge Videla）

和海軍上將馬賽拉無期徒刑。阿根廷獨裁統治期間，擔任中央銀行總裁、後來在民主政治期間實施全面震撼治療計畫的卡瓦洛也遭到起訴，罪名是「公共行政管理詐欺」。卡瓦洛二〇〇一年和外國銀行簽訂債務協定，耗費了阿根廷數百億美元。凍結卡瓦洛一千萬美元個人財產的法官認定，卡瓦洛施政時，「絕對知道」施政的有害後果。

玻利維亞前總統桑契斯曾經在自己的客廳裡，完成所謂的經濟「原子彈」，現在也因為多項罪名遭到通緝，罪名包括射殺抗議人士、涉嫌違反玻利維亞法律和外國瓦斯公司簽約。在俄羅斯，不但哈佛幫遭到詐欺罪定罪，而且在哈佛幫協助推動的民營化計畫中，很多靠著良好關係一夜賺到數十億美元的企業大亨，不是入獄就是流亡外國。石油業巨擘尤科斯公司前首腦霍多爾科夫斯基，在西伯利亞監獄裡服八年徒刑，他的同事和大股東聶夫斯林（Leonid Nevzlin）流亡以色列，另一位企業大亨顧新斯基（Vladimir Gusinsky）也一樣。聲名狼籍的貝瑞索夫斯基（Boris Berezovsky）在倫敦定居，擔心遭到詐欺罪逮捕，不能回莫斯科。但是這些人全都否認犯罪。布雷克（Conrad Black）因為擁有報業集團，成為在加拿大推廣傅利曼主義最有力的宣傳家，但是他在美國遭到何林傑國際公司（Hollinger International）股東控告詐欺；檢察官說，他把公司當成「自己的銀行」。另外，美國安隆公司的雷伊（Ken Lay）於二〇〇六年七月死亡，死前已經因為陰謀與詐欺定罪，可以說是能源業解除管制不利影響的範例。傅利曼學派思想家諾吉斯特（Grover Norquist）說過「我不想廢除政府，只希望把政府的規模縮小到可以拖進浴室、在浴缸裡淹死」，因而讓進步人士十分憤慨，他這時也因為深深陷入配合華府說客艾布蘭莫夫發揮影響力以圖利的醜聞中，無法自拔。不過他還沒有遭到起訴。

從皮諾契、卡瓦洛、貝瑞索夫斯基到布雷克，雖然每一個人都試圖說自己是莫須有政治迫害的受難者，但這份絕對說不上完整的問題名單，卻代表嚴重背離新自由派創造的神話。新自由派推動經濟聖戰時，努力用正直與合法自我粉飾。現在這層虛飾被公開剝除，曝露出經常靠著醜陋犯罪助長而成的嚴重貧富不均制度。

除了司法上的問題外，還有一片烏雲隱隱出現。原本極為完整、足以產生意識形態共識的幻象開始消失。早期的受害者華殊認為，芝加哥學派在阿根廷取得的優勢只是倒退，不是永久的失敗；軍事執政團採用的恐怖手段雖然使阿根廷成為遭到震撼的國家，但是華殊知道，從本質來看，這種震撼是暫時狀態。他在布宜諾艾利斯街頭遭到射殺前，曾經估計要花二十到三十年的時間，恐怖的效果才會消失；阿根廷人將會重新站定腳跟，恢復勇氣和信心，準備再度為經濟與社會平等奮鬥。到了二〇〇一年，也就是二十四年後，阿根廷爆發示威抗議，反對國際貨幣基金規定的緊縮經濟措施，然後在短短的三星期裡，迫使五位總統下臺。

這段期間我住在布宜諾艾利斯，聽到大家不斷宣稱：「獨裁統治剛剛結束了！」當時我不瞭解大家這種歡欣鼓舞說法的意義，因為獨裁政治已經結束十七年，現在我想我瞭解了，震撼狀態終於消失了，就像華殊預測的一樣。

隨後幾年裡，明白反抗震撼的風潮蔓延到過去推動震撼治療的很多國家，包括智利、玻利維亞、中國和黎巴嫩。大家從坦克和電擊棒（配合突然的資本外逃與嚴苛的經濟緊縮）造成的集體恐懼當中解脫，要求實施更民主的制度，要求對市場實施更多的控制。這些要求成為傅利曼主義的最大威脅，因為這種要求挑戰傅利曼主義最核心的理念：資本主義和自由是同一個不可分割計畫的構成要素。

布希政府仍然極為堅定，希望繼續維持這種錯誤的聯盟，因此二〇〇二年美國的國家安全策略中，列出下列文字：「在二十世紀自由和極權主義的重大鬥爭中，最後自由的力量取得決定性的勝利，自由、民主與自由企業成為國家追求成功唯一可以依靠的永續模型。」這種說法有美國的全部軍力作為後盾，卻不足以對抗公民利用各種自由，拋棄自由市場正統學說的浪潮，連美國也一樣。二〇〇六年期中選舉後，《邁阿密前鋒報》（*Miami Herald*）一則頭條新聞的標題說得好：「民主黨靠著反對自由貿易協定，大獲全勝。」幾個月後，《紐約時報》和哥倫比亞廣播公司的聯合民調發現，六四％的美國公民認為，政府應該保證健保制度能夠涵蓋全民，而且受訪者「表示極為願意妥協」，以便達成這個目標，包括願意每年多繳五百美元的稅。

在國際舞臺上，最堅決反對新自由派經濟學的人一次又一次贏得選舉。二〇〇六年，委內瑞拉總統查維茲打著「二十一世紀社會主義」的政見，得到六三％的選民支持，第三度當選總統。布希政府雖然企圖把委內瑞拉抹黑為假民主，這一年的一項民調卻發現，五七％的委內瑞拉人對自己國家的民主政治感到滿意。在拉丁美洲國家中，這麼高的支持度僅次於烏拉圭；烏拉圭左派聯合政黨廣大陣線黨（Frente Amplio）勝選後，推動一系列公民投票，阻止大規模的民營化計畫。換句話說，這兩國的投票形成了對華盛頓共識的真正挑戰，公民對民主制度改善人民生活的力量恢復了信心。和這種熱情形成強烈對比的是經濟政策大致不變、忘記競選時所做種種承諾的國家。在這些國家裡，民調一再顯示人民對民主制度的信心降低，反映出來的是選舉投票率下降、對政客的懷疑十分嚴重，還有宗教基本教義派興起。

二〇〇五年內，自由市場和自由人民之間在歐洲爆發了更多的衝突；歐洲兩個國家的人民在全國公民投票中，拒絕了歐洲憲法。法國是其中一國。法國人認為歐洲憲法是企業至上秩序的法典，這次公民投票是法國公民第一次有機會，針對自由市場規則是否應該統治歐洲的問題直接說出答案。結果法國公民抓住機會說不。就像巴黎作家兼行動主義者蘇珊・喬治（Susan George）說的一樣：「大家真的不知道整個歐洲會這樣壓縮，全部都寫在一份文件裡……一旦大家開始引用其中的內容，就會發現裡頭究竟是什麼名堂，發現憲法化是怎麼回事。而且憲法不能修改、不能修正，大家都嚇得要死。」

大家用很多不同的方式，包括用反動和種族主義的方式，強力拒絕法國人所說的這種「野蠻資本主義」。美國人對中產階級萎縮的怒火輕易地轉移方向，變成要求建立邊界圍籬。有線電視新聞網節目主持人陶布斯更把晚間新聞時段變成反對「非法外國人入侵，對美國中產階級發動戰爭」的運動，指責外國人搶奪就業機會、散布犯罪、帶來「具有高度傳染性的疾病」。（這樣把外國人當成代罪羔羊，引發了美國史上最大規模的移民示威抗議，超過一百萬人參加二〇〇六年的一系列抗議大遊行，這是經濟震撼受害者表現無畏無懼新精神的另一個跡象。）

二〇〇五年荷蘭的歐洲憲法公投同樣遭到反移民團體劫持，變成比較不像反政商財團主義秩序的投票，比較像是投票反對波蘭工匠湧入西歐壓低工資的可怕現象。促使法國和荷蘭很多選民投票的原因是「擔心波蘭水電匠」入侵，或是照歐盟前執行委員雷米（Pascal Lamy）的說法，是「水電工人恐懼症」。

同時在波蘭，大家對九〇年代造成極多人十分窮困的政策反彈，也促使波蘭表現出一系列令人困擾的恐懼症。團結工聯背叛推動工運的勞工時，很多波蘭人轉而投入新組織，最後把超級保守的法律與正義黨（Law and Justice Party）推上執政地位。波蘭現在由卡欽斯基（Lech Kaczynski）總統統治，卡欽斯基是脫離團結工聯的行動主義者，擔任華沙市長時，因為禁止同性戀尊嚴日遊行，參加「正常人尊嚴活動」而聞名[1]；卡欽斯基和他的雙胞胎兄弟加洛斯羅（Jaroslaw，現任總理）大致上靠著攻擊芝加哥學派政策的言論，贏得二〇〇五年的大選。他們的主要反對者承諾要廢除公共退休金制度，推行十五%的均一稅，兩者都直接取材自傅利曼學派的劇本。這對雙胞胎兄弟指出，這種政策會劫貧濟富，讓大企業與收受賄賂政客組成的核心發財。不過法律與正義黨執政後，把目標轉向比較容易攻擊的人，如同性戀、猶太人、女性主義分子、外國人和共產黨徒等。就像波蘭一位報紙編輯說的一樣：「他們的計畫，絕對是控訴過去的十七年。」

很多俄羅斯人認為，普亭時代同樣是對震撼治療時代的反彈。俄羅斯還有幾千萬變窮的公民沒有享受到經濟快速成長的好處，政客要激起民眾怒火、反對九〇年代初期的問題並不難。大家經常說，這些問題是外國人的陰謀，目的是要讓蘇聯帝國屈服，把俄羅斯交給「外國人管理」。雖然普亭對幾位企業大亨採取的司法行動大都是象徵性行動，同時，新一代的「國家企業大亨」依附克里姆林宮崛起，但很多俄羅斯人一想到九〇年代的混亂，就會感謝普亭恢復的秩序，不顧愈來愈多新聞記者和其他批評者神祕死亡、祕密警察似乎享受全部免責權的事實。

因為社會主義仍然和數十年來打著社會主義名號的暴政息息相關，大眾的怒火除了透過民族主義和原型法西斯主義發洩，沒有多少管道可用。以種族為基礎的暴力事件每年大約增加三〇%，到了二〇〇六年，幾乎每天都發生這種事件。「俄羅斯人的俄羅斯」口號得到將近六〇%人口的支持。反法西斯主義行動人士傅多文（Yuri Vdovin）說：「當局完全瞭解自己的社會與經濟政策缺點很多，不足以提供大多數人民可以接受的生活狀況，但是，所有的失敗都可以歸咎於信仰錯誤宗教的人、膚色不對的人或其他種族背景的人。」

十分諷刺的是，俄羅斯和東歐國家推動震撼治療所造成的痛苦影響，經常被人解讀為防止德國威瑪時代重演的唯一方法，也就能防止納粹思想興起。自由市場意識形態隨意把數千萬人排除在外，重演了同樣可怕的爆炸性狀況。有尊嚴的人民認為自己遭到外國勢力侮辱，希望把目標對準人口中最脆弱的人，以便恢復國家光榮。

在芝加哥學派最早的實驗室，拉丁美洲反彈的方式顯然讓人覺得比較有希望。反彈不是針對脆弱的人，而是從根本針對排他性的經濟意識形態；而且拉丁美洲和俄羅斯與東歐的情況不同，拉丁美洲有一種無法壓制的熱情，想要試驗過去遭到推翻的理念。

雖然布希政府宣稱，自由市場在二十世紀取得「決定性的勝利」，打敗所有形式的社會主義，但很多拉丁美洲人卻十分清楚，在東歐和亞洲若干地區失敗的是威權共產主義。民主社會主義已在許多地方實施，不僅是社會主義政黨靠著選舉取得執政地位，還包括以民主方式經營管理的工作場所和土地擁有權：從斯堪地那維亞半島，到義大利艾米麗亞—羅馬涅區（Emilia-Romagna）歷史性的合作經濟，都是這樣。一九七〇到七三年間，阿葉德就是希望在智利推行這種揉和民主制度與社會主義的版本。戈巴契夫有一個比較不激進的類似願景，希望依據斯堪地那維亞模式，把蘇聯變成「社會主義燈塔」。在南非爭取自由的長期鬥爭中激發夢想的《自由憲章》，是一脈相承的第三條路：不是國家共產主義，而是市場和國有化的銀行與礦場共存，所得用來興建舒適的社區與體面的學校，藉以追求經濟與政治民主。一九八〇年創立團結工聯的工人保證不和社會主義鬥爭，而是支持社會主義，最後工人贏得以民主方式管理工作場所和國家的權力

新自由派時代有一個卑鄙的祕密，那就是上述理念從來沒有在比較大的理念戰場中遭到挫敗，也不是在選舉中遭到反對，而是在政治上重要的關鍵時刻遭到鎮壓。秉持這些理念的人如果激烈抗拒，就會遭到公然的暴力，遭到皮諾契、葉爾欽和鄧小平的坦克鎮壓。否則就是遭到威廉森（John Williamson）所說的「巫毒政治」背叛，例如玻利維亞總統埃斯登索羅當選後推動祕密經濟計畫，大規模綁架工會領袖；非洲民族議會透過祕密協商，放棄《自由憲章》，改採姆貝基祕密之至的經濟計畫；或是團結工聯的忠實支持者在勝選後為了換取紓困，因而屈服於經濟震撼療法。真正的原因是經濟平等的理念極為深入人心，極難在公平的戰鬥中挫敗，因此才會從一開始就採用震撼主義。

華府總是認為，民主社會主義的威脅比集權共產主義還大，要破壞共產主義的名聲、把共產主義當成敵人很容易。一九六〇和一九七〇年代期間，華府對付深入人心、構成妨礙的發展主義和民主社會主義時，喜歡把這些理念和史達林主義相提並論，刻意忽略兩者間的明顯差別（今天美國也是採用同樣的方法，結合所有反對力量對付恐怖主義）。這種策略有一個明顯的例子，出自芝加哥學派發動聖戰初期，深深埋藏在解密後的智利政府檔案中。美國雖然透過中央情報局出錢，發動宣傳攻勢，把阿葉德描繪成蘇聯式的獨裁者，但阿葉德勝選真正讓華府擔心的地方，表現在一九七〇年季辛吉交給尼克森的一份備忘錄中：「智利馬克思主義政府勝選的例子，一定會對世界其他地方產生衝擊，對義大利尤其如此；甚至會成為典範，傳播到其他地方，被人模仿，進一步嚴重影響世界局勢和美國的地位。」換句話說，在阿葉德的民主第三條路擴散前，必須把阿葉德拔除。

他代表的夢想卻從來沒有遭到挫敗，而是像華殊所說的一樣，是遭到暫時性的鎮壓，被恐懼打入地下。這就是為什麼拉丁美洲從數十年的震撼中恢復時，舊理念再度百花齊放、出現季辛吉極為擔心的「模仿擴散」現象。從二〇〇一年阿根廷崩潰以來，反對民營化成為南美大陸明確的主張，力量足以造成政府上臺或下臺；到二〇〇六年下半年，這種反對實際上形成了骨牌效應。魯拉（Luiz Inacio Lula da Silva）競選巴西總統連任勝利，主因是他把大選變成針對民營化的公民投票。他的對手出身一九九〇年代大賣巴西國有財產的政黨，為了應付魯拉，他出現在公開競選場合時，樣子好像是全國房車競賽協會（NASCAR）的社會主義代表，穿著夾克、戴著棒球帽，上面貼滿還沒有賣掉的公營公司標誌，選民卻不為所動。魯拉的政府雖然貪腐醜聞纏身，令人失望，仍然得到六一％的選票。不久之後，尼加拉瓜前桑定遊擊隊（Sandinistas）領袖歐提佳（Daniel Ortega）在競選中，主打全國經常停電，贏得選舉；他宣稱，問題的根源是國營電力公司在米契颶風後賣給西班牙聯合能源公司。他聲嘶力竭地告訴群眾：「父老兄弟們，你們每天忍受出賣這些國產的影響！誰把聯合能源公司引進尼加拉瓜？當然是富人的政府、是為野蠻資本主義服務的政府。」

二〇〇六年十一月，厄瓜多總統選舉變成同樣的意識形態戰場。四十三歲的左派經濟學家柯利亞（Rafael Correa）擊敗香蕉大亨兼號稱全國首富的諾博亞（Alvaro Noboa）。柯利亞用扭曲姐妹（Twisted Sister）唱的〈我們不接受〉作為正式競選歌曲，呼籲全國人民「打倒所有新自由主義的錯誤」。他當選總統後宣稱自己「不是傅利曼的粉絲」。這時，玻利維亞總統莫拉雷斯已經就職將近一年，已經派出軍隊，把天然氣田從跨國企業「強盜」手中奪回，還進一步推動礦業部門部分國有化。同期間，墨西哥二〇〇六年的選舉因為弊案頻傳，結果人民成立史無前例的「地下政府」，和政府對抗，還在街頭和墨西哥市政府大廈外面的廣場上投票。墨西哥歐薩迦省（Oaxaca）的右派政府派出鎮暴警察，鎮壓要求提高年薪的教師罷工，引發了全省性的起義，和貪腐的政商財團主義省政府對抗了好幾個月。領導智利和阿根廷的政客，都自稱反對本國所實施的芝加哥學派實驗，不過他們採用的替代路線到底有幾分真實性，仍然值得深入探討，然而，這種象徵本身就代表勝利。阿根廷總統柯欽納（Nestor Kirchner）內閣中的好多位部長，包括柯欽納本身，都曾經在獨裁統治期間遭到監禁。二〇〇六年三月二十四日，也就是一九七六年軍事政變三十週年紀念日時，柯欽納在母親們為失蹤子女每週守夜一次的五月廣場上，對示威群眾演說：「我們回來了。」他指的是七〇年代遭到恐怖鎮壓的一代。他說，聚集在廣場上的極多群眾當中，「有三萬個失蹤先烈的臉孔，今天重回這個廣場。」智利總統巴奇雷（Michelle Bachelet）是皮諾契恐怖統治期間成千上萬受害者中的一位。一九七五年，她和媽媽監禁在格雷莫笛村（Villa Grimaldi）的隔離牢房遭到拷問，木製的隔間小到犯人只能縮成一團。她的軍官父親因為拒絕參與政變，遭到皮諾契的手下殺害。

二〇〇六年十二月，傅利曼死後一個月，拉丁美洲領袖在玻利維亞科察班巴市（Cochabamba），舉行歷史性的高峰會，這個城市的人民很多年前曾經起義反對供水民營化，迫使貝泰公司離開玻利維亞。莫拉雷斯揭開高峰會序幕時，引用厄瓜多作家加萊亞諾的名著《拉丁美洲淌血的礦脈：五世紀的掠奪》（*Open Veins of Latin America: Five Centuries of the Pillage of a Continent*），誓言要癒合「拉丁美洲淌血的礦脈」。莫拉雷斯引用的這本書以感性的筆調，記錄拉丁美洲因為遭到暴力掠奪，從富裕的大陸變成貧窮大陸的情形。阿葉德居然大膽推動智利銅礦國有化，試圖關閉對外開放的礦脈，因而遭到推翻前兩年，正巧是這本書初版的一九七一年。阿葉德遭到推翻開啟了瘋狂掠奪的新時代，南美大陸發展主義人士興建的眾多設施都面臨廢棄、拆除和出售的命運。

今天拉丁美洲人民忙著恢復多年來遭到暴力打斷的計畫，很多新政策聽來很熟悉，包括重要經濟部門國營化、土地改革、教育、識字率與健保的重大新投資。這些政策不是革命性的理念，卻代表政府無怨無悔、協助追求平等的願景，也代表明確反駁傅利曼一九七五年對皮諾契說的：「在我看來，相信可以用別人的錢行善是極大的錯誤。」

拉丁美洲當代的群眾運動，顯然吸取了長期強硬路線的經驗，卻不是直接複製過去的例子。所有差別中，最明顯的差別是深切瞭解必須尋求保護，避免遭到過去的震撼衝擊，包括避免遭到政變、外國震撼治療專家、美國訓練的刑求專家，以及八〇和九〇年代債務震撼與貨幣崩潰的衝擊。拉丁美洲的群眾運動發揮力量，推動眾多左派候選人贏得選舉，現在正在學習怎麼在自己的組織模式中建立避震器。例如，群眾運動組織沒有六〇年代那麼中央集權化，現在想靠著消滅若干領袖來瓦解整個運動比較難。查維茲雖然搞起聲勢驚人的個人崇拜，又採取行動集中國家層級的權力，委內瑞拉的進步網絡同時卻高度分權，權力透過成千上萬個街坊委員會和合作社，分散在草根和社區階層。把莫拉雷斯推上臺的玻利維亞原住民運動用同樣的方式運作，而且明白表示，他們不是無條件支持莫拉雷斯，除非莫拉雷斯謹守民主路線，否則立刻會失去他們的支持。這種組織方式使查維茲能夠熬過二〇〇二年的政變企圖，存活下來。群眾革命遭到威脅時，他的支持者從加拉卡斯周圍的貧民區擁進首都，要求查維茲復職。這種群眾動員的方式在七〇年代政變中，從來沒有見過。

拉丁美洲新領袖也採取大膽措施，預防將來由美國支持、企圖危害他們既有民主勝利的政變。委內瑞拉、哥斯大黎加、阿根廷和烏拉圭政府全都宣布，不再派遣學生到美洲學校（School of the Americas）去，這所學校現在叫作西半球安全合作研究所（Western Hemisphere Institute for Security

Cooperation），設在喬治亞州的班寧堡（Fort Benning），是聲名狼籍的警察與軍事訓練中心。拉丁美洲有極多惡名昭彰的殺手，在這裡學習最新的「反恐」技術，然後立刻受命對付薩爾瓦多的農民和阿根廷的汽車工人。玻利維亞似乎決心切斷跟這所學校的關係，厄瓜多也一樣。查維茲已經明白表示，如果玻利維亞聖克魯斯省（Santa Cruz）的極端右派分子實現對莫拉雷斯政府的威脅，委內瑞拉軍隊會協助捍衛玻利維亞的民主制度。柯利亞決心採取最激烈的措施，目前南美洲最大的美軍基地設在厄瓜多的曼塔港（Manta），這裡是美國針對哥倫比亞發動「反毒戰爭」的集結待命地區。柯利亞政府已經宣布，有關這個基地的協定二〇〇九年到期後，厄瓜多決定不再續約。厄瓜多外交部長艾斯皮諾沙（Maria Fernanda Espinosa）說：「厄瓜多是主權國家，國內不需要任何外國部隊。」如果美軍失去了基地或訓練計畫，發揮震撼治療的力量會大為減弱。

拉丁美洲新領袖也做了更好的準備，知道怎麼因應市場震盪造成的震撼。最近幾十年裡，資本可以迅速外移是最具破壞性的力量之一，商品價格突然暴跌，可能摧毀整個農業部門。但是拉丁美洲大部分國家都經歷過這些震撼，留下像鬼城一樣的工業郊區、也留下數量驚人的休耕農地。因此新左派在這個地區的任務變成收拾全球化留下的殘局，重新利用；這種現象表現最明顯的地方，是巴西的無土地農民運動組織（Landless Peoples Movement），這個組織一百五十萬農民會員組成數以百計的合作社，重新開墾沒人利用的土地。在阿根廷，這種現象表現最清楚的地方是「企業復活」運動：兩百家破產企業在員工的努力下死而復生，變成以民主方式經營的合作社。合作社不必擔心碰到投資人撤資造成的經濟震撼，因為投資人已經離開。從某方面來說，這種重新利用的實驗是新形態的災後重建，是從新自由主義造成的緩慢災變中重建，和災難資本主義複合體在伊拉克、阿富汗與墨西哥灣區的重建模式截然不同。拉丁美洲重建計畫的領袖是受到災難影響最嚴重的人，因此，他們的自發性做法看來很像真正的第三條路，一點也不足為奇。這種路線正是第三條路，是芝加哥學派在全球各地以震撼方式極為有效排除的路線，也是在日常生活中實施的民主制度。

委內瑞拉總統查維茲把推動合作社列為最優先的施政項目，允許合作社優先取得政府的合約，而且提供合作社經濟誘因，鼓勵合作社彼此交易。到二〇〇六年，委內瑞拉大約有十萬家合作社，雇用的員工超過七十萬人。很多合作社是把國家基礎建設的一小部分，例如收費站、高速公路維修、醫療診所……交給社區經營，這種做法和政府委外的理念正好相反；不是把國家的一部分賣給大企業，因而喪失民主控制。利用這些微少資源的人獲得管理資源的權力，至少在理論上，能夠創造就業，也能夠創造比較積極因應顧客的公共服務。查維茲的很多批評者當然嘲笑這種做法是施捨和不公平的補貼。但是同期內，哈利波頓連續六年，把美國政府當成自己的提款機，光是用伊拉克合約的名義，就提走二百多億美元，在墨西哥灣或伊拉克，還拒絕雇用當地員工，然後為了對美國納稅人表示感謝，還把企業總部（連同所有附屬的稅務與法律利益）搬到杜拜。相形之下，查維茲直接補貼平民，看起來遠不如哈利波頓那麼激進。

拉丁美洲要對抗未來震撼與震撼主義的侵害，最有力的防衛之道是擺脫華盛頓金融機構的控制，這是拉丁美洲各國政府加強合作的結果。拉丁美洲國家成立玻利維亞美洲之路組織（ALBA, Bolivian Alternative for the Americas），反擊美洲自由貿易區，使政商財團主義分子希望把阿拉斯加到火地島（Tierra del Fuego）變成自由貿易區的夢想壽終正寢。雖然ＡＬＢＡ才剛成立，卻像巴西社會學家薩德（Emir Sader）說的一樣，承諾要變成「真正公平貿易的典範：每個國家提供自己最擅長生產的東西，換取自己最需要的東西，不受全球行情左右。」因此玻利維亞以穩定的低價提供天然氣；委內瑞拉把得到大量補貼的石油供應給比較貧窮的國家，而且和別國分享開發油氣蘊藏的技術；古巴派出幾千位醫師到拉丁美洲所有國家，提供免費健保，同時在古巴的醫學院裡訓練其他國家的學生。這種做法和一九五〇年代在芝加哥大學開始的學術交換不同，當時拉丁美洲學生學習的是唯一的僵硬意識形態，回國後，在南美大陸一起實施。這種做法主要的好處是ＡＬＢＡ基本上是易貨制度，各國自行決定某種商品或服務的價值，而不是由紐約、芝加哥或倫敦的交易員替他們決定價格。這樣交易就安全多了，不會像過去一樣，深受摧毀拉丁美洲經濟的價格突然波動傷害。拉丁美洲在混亂的金融領域中，創造了一個經濟相當平靜與可以預測的區域，在全球化時代，是大家認為不可能的事情。

這種加強整合表示，如果一個國家真的面臨財務困難，不需要向國際貨幣基金或美國財政部求助。對拉丁美洲國家來說，這種情形很幸運，因為二〇〇六年的美國國家安全策略說得很清楚，華府仍然積極採用震撼主義：「如果危機爆發，國際貨幣基金的反應必須強化每個國家的經濟決策責任。」這份文件聲稱：「重新聚焦的國際貨幣基金，會強化市場制度和金融決策方面的市場紀律。」這種市場紀律只有在他國政府向華盛頓求助時，才能執行；就像費雪在亞洲金融危機時說的一樣，國際國幣基金只有在會員國提出要求時，才能提供協助，「但是國家短缺資金時，沒有很多地方可以求助。」不過現在情形不同了，因為油價高漲的關係，委內瑞拉已經變成其他開發中國家的主要放款國，讓這些國家不必再看華盛頓的臉色。

這種情形造成了驚人的影響。巴西長久以來因為債臺高築，受到華盛頓的重重約束，現在卻拒絕再跟國際貨幣基金簽訂新約。尼加拉瓜正在談判退出國際貨幣基金的事宜，委內瑞拉已經退出國際貨幣基金與世界銀行，連華盛頓過去的「模範學生」阿根廷都加入這個趨勢。阿根廷總統柯欽納在二〇〇七年的國情咨文中說，阿根廷的外國債主曾經告訴他，「你必須和國際貨幣基金簽約，才能清償債務。」我們告訴他們：「先生，我們是主權國家，我們希望還債，但是絕對不再跟國際貨幣基金簽約。」因此，在南美大陸上，八〇和九〇年代力量極為強大的國際貨幣基金，不再是什麼強權。二〇〇五年，拉丁美洲國家積欠的債務占國際貨幣基金全部放款金額的八〇％；到二〇〇七年，南美大陸向國際貨幣基金借的錢只剩下一％。只不過是兩年間，就出現這麼驚人的變化。柯欽納宣稱：「擺脫國際貨幣基金後，還能活著，而且是過很好的生活。」

這種變化已經擴散到拉丁美洲以外的地方，短短三年裡，國際貨幣基金全世界的貸款金額已經從八百一十億美元，萎縮成一百一十八億美元，剩下的資金幾乎全都是貸給土耳其。過去國際貨幣基金把危機當成獲利機會，現在在非常多國家裡，都被人視為賤民，開始萎縮。世界銀行也面臨同樣悲慘的命運，二〇〇七年四月，厄瓜多總統柯利亞透露，他已經停止向世界銀行貸款，而且採取特別的措施，宣布世銀代表是不受歡迎人物。柯利亞解釋說，兩年前，世銀利用一億美元的貸款，打敗原本要把石油收益重新分配給厄瓜多窮人的經濟立法。柯利亞說：「厄瓜多是主權國家，我們不再接受這個國際官僚機構的勒索。」同時，莫拉雷斯宣布，玻利維亞要退出世界銀行的仲裁法院，因為這個機構容許跨國企業控告傷害它們利潤的國家政府。莫拉雷斯說：「拉丁美洲國家政府從來沒有打贏過官司，我想世界各國也一樣，跨國企業總是贏得官司。」二〇〇七年五月，伍佛維茲被迫宣布辭去世界銀行總裁職位時，情形很清楚：世銀需要採取緊急措施，解救自己嚴重的信用危機。伍佛維茲事件發展期間，倫敦《金融時報》報導，現在世界銀行經理人在開發中國家提供建議時，「都遭到嘲笑。」再考慮二〇〇六年世界貿易組織的談判破裂（很多人因此宣稱「全球化已經死亡」），這三個以經濟必要性為名義，推展芝加哥學派意識形態的主要機構，如今變得前途茫茫，可能無法繼續生存。

我們有理由可以認定，反新自由主義的起義應該在拉丁美洲發展到最先進的階段。拉丁美洲是第一個震撼實驗室落腳的地方，有最多的時間可以重新找回自己的方向，多年的街頭抗議產生了新的政治組織，最後得到的力量不但可以接管國家的權力，也開始改變國家的權力結構。跡象顯示，其他舊有的震撼實驗室也走在相同的道路上。二〇〇五到二〇〇六年間，南非貧民區因為備受忽視，決定拋棄長久以來忠於非洲民族議會的傳統，開始抗議執政黨背棄《自由憲章》的承諾。外國記者指出，從黑人城鎮起義反抗種族隔離制度以來，已經好久沒有見過這種起義了。不過中國出現的情緒變化最明顯，很多年來，天安門廣場屠殺的恐怖陰影揮之不去，一直足以壓制人民對工人權利萎縮和農村日益貧窮的不滿。現在再也壓不住了，根據政府官員的說法，二〇〇五年內，中國爆發八萬七千件大型抗議事件，參與的工人和農民超過四百萬人。[2]這股民運浪潮遭到國家用一九八九年以來最極端的手段鎮壓，卻也在很多方面獲得實質的勝利，包括國家承諾在農村地區推動大規模的新計畫、改善健保、承諾取消學費。中國也走出了震撼。

任何策略如果是以利用強力震撼創造的機會為基礎，都極為依賴驚異因素。震撼狀態的定義是：快速進行的事件與解釋事件的資訊之間，有一段時間差。已故的法國理論家布希亞（Jean Baudrillard）說，恐怖事件是「超量的現實」；這麼說來，九一一攻擊起初只是純粹的事件、只是原始的現實，沒有經過故事、敘述或任何可以拉近現實與理解落差的東西處理過。如果沒有故事，我們就像九一一之後的很多人一樣，非常容易受到準備利用混亂狀態達成目的的人傷害，我們一接觸針對震撼事件表達看法的新故事後，我們就接受了再教育，一切就開始變得又有道理了。

刻意造成震撼與退縮的監獄偵訊人員很瞭解這種程序。中情局的手冊中，強調隔離犯人和有助犯人建立新故事的任何事物很重要，原因就在這裡。這些事物包括犯人自己的感官輸入、與其他犯人甚至包括和警衛的溝通。一九八三年的中情局手冊指出：「犯人應該立刻隔離，從逮捕那一刻起，就必須維持生理與心理的隔離。」偵訊人員知道犯人會交談，會互相警告可能的命運，會互相傳遞紙條。一旦發生這種情形，抓人的那一方就失去優勢；他們仍然擁有造成犯人身體痛苦的力量，卻失去了操縱和「破壞」犯人，使犯人困惑、迷惘與驚異的最有效心理工具。沒有這些因素的話，就不會有震撼。

比較大的社會也一樣，一旦大家深入瞭解其中的機制，整個社會會變得更難以用驚異震撼、更難以困惑，變成能夠對抗震撼。九一一以後，災難資本主義極為暴力的特性取得控制力量，原因之一是由於比較小的震撼，如債務危機、貨幣崩潰、被歷史背棄的威脅大致上因為過度使用，已經失去大部分的力量。但是，今天連戰爭與天災之類驚人的震撼，也並非總是能夠引發足以實施不必要經濟震撼療法的迷失水準。世界上有太多人有過直接的經驗：他們知道這種方法怎麼運作，跟別的囚犯交談過，傳遞過紙條；驚異的重要因素已經消失了。

二〇〇六年以色列攻擊黎巴嫩後，國際貸款機構規定：提供黎巴嫩重建援助的條件是黎巴嫩必須實施自由市場改革。幾百萬黎巴嫩人對這種要求的反應是明顯的例子。不管怎麼說，這個陽謀應該都行得通，黎巴嫩從來沒有這麼迫切需要資金，即使在戰爭之前，黎巴嫩已經是世界上負債最多的國家之一；以色列攻擊道路、橋梁和機場跑道，大約又造成了九十億美元的新損失。因此，二〇〇七年一月，三十個富國代表在巴黎開會時，承諾要提供七十六億美元的重建貸款和捐贈，各國代表自然認為，不管援助附帶了什麼限制，黎巴嫩政府都會接受。這些條件很常見，包括電話與電力民營化，提高燃料價格，減少公共服務，提高已經引發爭議的消費稅。黎巴嫩經濟學家韓丹（Kamal Hamdan）估計，加稅和漲價會使家庭支出增加十五%：這是典型的和平懲罰。至於重建本身，當然是要交給災難資本主義的國際大公司，不能規定必須雇用本地人或轉包給本地公司承做。

有人問美國國務卿賴斯，這麼全面的要求是否構成外國干預黎巴嫩事務。她回答說：「黎巴嫩是民主國家，不過黎巴嫩也必須進行一些重要的經濟改革，攸關重建是否能夠進行。」黎巴嫩總理辛尼歐拉（Fouad Siniora）在西方的支持下，輕易同意了這些條件，還輕鬆地說：「民營化不是黎巴嫩發明的。」為了進一步表示他願意配合，他聘請跟布希關係良好的監視巨擘布斯艾倫漢密爾頓公司，負責仲介黎巴嫩電信事業民營化。

然而，很多黎巴嫩公民卻顯然比較不合作。雖然很多人的家還倒在一片廢墟中，卻有成千上萬的人，參加由總工會和包括伊斯蘭真主黨等政黨發動的大罷工。示威群眾堅持說，如果接受重建資金表示要提高受到戰爭蹂躪人民的生活費用，根本就不能叫作援助。因此，辛尼歐拉雖然在巴黎一再向捐款國保證，但罷工和路障卻使全國陷入停頓狀態，這是第一個針對戰後災難資本主義發動的全國性起義。示威群眾也採取靜坐抗議的方法，靜坐抗議進行了兩個月，把貝魯特市中心變成了帳篷城市和街頭嘉年華的複合體。大部分記者認為，這些活動是真主黨在展現實力，但是紐約《每日新聞》（*Newsday*）中東採訪辦事處主任貝西（Mohamad Bazzi）認為，這種解釋忽視了活動的真正意義：「這麼多人在市區露營，背後最大的動機不是伊朗或敘利亞，也不是遜尼派對抗什葉派，而是困擾黎巴嫩什葉派幾十年的經濟不平等，是窮人和勞工階級的起義。」

靜坐示威地點提供了最有說服力的解釋，說明為什麼黎巴嫩人這麼能夠對抗震撼。抗議在居民稱為索立迪爾區（Solidere）的貝魯特市中心進行，這個地區裡的一切，幾乎都是由名叫索立迪爾的民間開發公司興建和擁有。索立迪爾區是黎巴嫩上次重建的成果，一九九〇年代初期，黎巴嫩經過十五年的內戰後，國力耗損、債臺高築、沒有錢可以重建。億萬富豪企業家（後來出任總理）哈利利（Rafiq Hariri）提出建議：把整個市中心核心地區的土地所有權交給他，讓他和他新設的不動產公司索立迪爾，把市中心變成「中東的新加坡」。二〇〇五年二月在汽車炸彈爆炸案中死亡的哈利利，把還沒有倒下的所有建築物幾乎全部鏟平，把市中心變成一塊白紙，小艇碼頭、豪華公寓大樓（有些大樓還附設大轎車用的升降機）和豪華購物中心取代了古老的露天市場。這個商業區裡的一切，包括建築物、廣場、保全人力，幾乎都屬於索立迪爾公司。

對外界來說，索立迪爾是黎巴嫩戰後重生的閃亮象徵，但是對很多黎巴嫩人來說，索立迪爾總是像一種全像攝影。在這個超現代化的市中心外面，貝魯特市的大部分地區都沒有從電力到公共運輸之類的基本建設，內戰在很多建築物外表打出來的彈孔根本沒有修補。真主黨就是在閃亮市中心四周備受忽視的貧民區裡，建立了忠誠的群眾基礎；真主黨設置了發電機和發射臺，推動垃圾清運，提供安全。破敗郊區居民闖進索立迪爾的國度時，經常被哈利利的私人警衛丟出去，因為他們會嚇壞觀光客。

貝魯特社會運動人士哈土姆（Raida Hatoum）告訴我，索立迪爾開始重建時，「大家都非常高興戰爭結束了，街頭開始重建了，等到我們發現所有街道都被政府賣掉，變成私人土地時，已經太晚了，我們不知道那些錢是貸款，我們將來還得還債。」這樣猛然驚醒，發現最可憐的人民必須負擔只對少數菁英有利的重建費用，使黎巴嫩人變成瞭解災難資本主義運作的專家。就是這種經驗協助黎巴嫩在二〇〇六年的戰爭後適應和組織，示威群眾選擇在索立迪爾泡沫內部進行大規模靜坐抗議，同時巴勒斯坦難民在維京超大商店（Virgin megastore）和高檔咖啡廳外露營。（一位抗議人士說：「如果我在這裡吃一份三明治，我會破產一星期。」）抗議群眾這樣做，發出了明確的資訊，表示他們不希望另一次索立迪爾式泡沫和殘敗郊區混合重建，不希望看到堡壘化的綠區和怒火沖天的紅區，而是需要全國性的重建。一位抗議人士問：「我們怎麼可能再接受這個搶劫我們的政府？接受興建這個市區、欠下這麼驚人債務的政府？這筆債誰要還？是我要還，我死後，是我兒子要還。」

黎巴嫩抗拒震撼的力量不只表現在抗議上，也表現在影響深遠的平行重建工作上。停火後幾天，真主黨的街坊委員會就考察過很多遭到空襲的房子，評估損害，而且已經發給每一個流離失所的家庭一萬二千美元現金，讓他們租一年的房子加上購買家具。就像獨立記者諾圭拉（Ana Nogueira）和高莎莉（Saseen Kawzally）從貝魯特報導的一樣，「這是卡崔娜颶風生還者從聯邦急難管理署得到補助的六倍。」真主黨領袖納斯瑞拉（Sheik Hassan Nasrallah）在電視演說中告訴全國人民：「你們不需要懇求任何人幫忙，不必到任何地方排隊。」這些話在卡崔娜颶風倖存者聽來，就好像美妙的音樂一樣。真主黨的援助沒有透過政府或外國非政府組織發放；真主黨也沒有像在喀布爾那樣，興建五星級旅館，或是像在伊拉克一樣，為警察訓練專家興建奧運級的游泳池。斯里蘭卡海嘯倖存者雷努佳告訴我，她希望別人幫忙她家人的方式是把援助直接交給他們，真主黨的做法就是這樣。真主黨也把社區成員納入重建工作中，聘用本地建築工人（他們用工作換取蒐集到的廢金屬），動員一千五百位工程師，並且組織義工隊伍。所有這些援助表示炮擊停止一週後，重建工作已經大規模展開。

美國媒體幾乎一面倒，嘲笑這種行動是賄賂或依附主義，是真主黨試圖在引發破壞國家的攻擊後，購買民眾的支持（富魯姆甚至說，真主黨發的鈔票是假鈔）。毫無疑問，真主黨是在從事政治操作，也是在行善。伊朗的資金使真主黨可以這麼慷慨，但在這種效率當中，同樣重要的是真主黨是在地組織、是從重建社區崛起的政黨。真主黨和外國重建企業機構不同，不是利用進口的管理人員、民間保全人員和譯員，不是把遙遠國度外國官僚機構的設計，強加在本地社區中。真主黨能夠快速行動，原因是真主黨瞭解每一個小巷、瞭解每一臺臨時發報機，也知道可以靠誰把工作做好。如果黎巴嫩居民感謝這種結果，也是因為他們知道另一種結果是什麼，就是索立迪爾區。

我們並非總是用退化來因應震撼，有時候，我們面對危機時會快速成長。二〇〇四年三月十一日，西班牙就明顯表現出這種衝動，當時四顆炸彈炸毀通勤列車和馬德里幾座鐵路車站，炸死將近兩百人。艾斯納（Jose Maria Aznar）總統立刻上電視，要全國公民譴責巴斯克（Basque）分離主義分子，也支持他參與伊拉克戰爭。他說：「我們不可能、也不希望跟在西班牙全境散布死亡這麼多次的殺手談判，只有堅定的決心才能終止攻擊。」

馬德里著名的報紙編輯索樂（Jose Antonio Martines Soler）說：「西班牙人對這種談話的反應很差，我們仍然聽到佛朗哥（Franco）的回音。」索樂曾經在佛朗哥獨裁統治期間遭到迫害，「艾斯納的每一個動作、每一個手勢、每一句話都告訴人民，他站在正確的一方、正義站在他那邊，不同意他的人就是他的敵人。」換句話說，九一一恐怖攻擊後，美國人在布希總統身上看到的「堅強領導」特質，在西班牙人看來卻是法西斯主義崛起的惡兆。這時離西班牙全國大選只有三天，選民想起恐懼主宰政治的時代，用選票逼退艾斯納，選擇決心從伊拉克撤軍的政黨。這種情形和黎巴嫩一樣，對過去震撼的集體回憶，使西班牙人能夠對抗新的震撼。

所有震撼治療專家都刻意消除記憶，卡麥隆一直認為，他必須消除病人心靈中的一切，才能重建病人的心靈。占領伊拉克的美國人覺得不必阻止強盜搶劫伊拉克的博物院和圖書館，因為他們認為，或許這樣可以讓他們更容易達成任務。但是就像卡麥隆醫師過去的病人卡絲特納一樣，自己用紙張、書籍和清單構成的錯綜複雜結構，可以重建記憶，可以創造新的故事，個人和集體紀憶都會變成最有力的避震器。

雖然主管機關在非常多的地方，成功地利用二〇〇四年的海嘯，但是同樣受到海嘯侵襲的一些地方，尤其是泰國，記憶卻成為有效的反抗武器。泰國有幾十個沿海村莊被海嘯夷為平地，但是泰國的情形跟斯里蘭卡不同，很多泰國鄉村在幾個月內就重建成功。其中的差別不是政府不同，泰國政客和其他國家的政客一樣，都急於利用海嘯作為藉口，趕走漁民，把土地所有權交給大型度假村。但是泰國與眾不同的地方是，村民十分懷疑政府的所有承諾，拒絕在難民營裡耐心等待官方的重建計畫。數以千計的居民在幾個星期內，就開始他們自稱的「重新占地」。他們手裡拿著工具，大步前進，走過開發商雇用的武裝警衛，開始在舊房子的所在地劃界，有些村子的村民立刻開始重建。在大海嘯中失去大部分家人的孔瓦邁（Ratree Kongwatmai）說：「我願意為這塊土地犧牲性命，因為這塊土地是我們的。」

泰國原住民莫肯族（Moken）漁民演出了最大膽的重新占地行動。莫肯族也叫作「海上吉普賽人」，幾個世紀以來，泰國政府都剝奪他們的公民權，因此他們不再心存幻想，不會以為好心的政府會用一塊適當的土地，交換政府從他們手中奪走的海岸土地。攀牙省班東華村（Ban Tung Wah Village）居民的演出特別具有戲劇性，泰國一個非政府組織的報告說：「村民自行集結，走回老家，用繩索把遭到摧毀的村子圈起來，象徵他們的土地所有權，因為整個村子的人都在那裡露營，主管機關很難把他們趕走，尤其是媒體還密切注意災後重建。」最後村民和政府談好條件，放棄一部分海濱土地，交換其餘祖傳土地的法律保障。今天重建後的村子是莫肯族文化的櫥窗，設有博物館、社區中心、學校和市場。現在下級地區官員來班東華村，學習怎麼推動「人民管理災後重建」，同時，滿載研究人員和大學生的巴士來到這裡，研究「原住民的智慧」。

遭到海嘯侵襲的整個泰國海岸上，這種直接重建變成了標準。社區領袖說，他們成功的關鍵是「人民從占領土地的優勢，談判土地所有權」；有些人把這種做法叫作「用手談判」。泰國的倖存者也堅持不同形態的援助，不接受施捨，卻要求提供工具，自行重建。例如，數十位泰國建築系學生和教授自願協助社區成員，設計新房子，畫出重建計畫；造船大師訓練村民，自行建造比較精密的漁船。結果社區變得比海嘯侵襲前還強而有力，班東華與班乃來（Baan Nairai）泰國村民建造的高腳屋漂亮而結實，和外國包商提供的悶熱組合屋相比，高腳屋比較便宜、比較大、也比較涼爽。泰國海嘯倖存者社區聯盟草擬的宣言說明其中的哲學：「重建工作應該盡量由本地社區自行推動，禁止包商參與，由社區負責建造自己的房子。」

卡崔娜颶風侵襲一年後，泰國草根重建運動領袖和紐奧良颶風倖存者代表團之間，進行了令人驚異的交流。美國訪客參觀了好多個重建好的泰國村莊，對村民快速重建完成深感訝異。紐奧良「倖存者村莊」（survivors' village）創辦人賈卡里（Endesha Juakali）說：「我們在紐奧良等待政府替我們辦理，但是你們在這裡全都自行負責。」他保證，「我們回去後，你們的模式是我們的新目標。」

紐奧良社區領袖回國後，紐奧良確實掀起直接行動的風潮。賈卡里自己所住社區還是一片廢墟，卻糾集本地包商和義工，組成小組，清理社區裡每一棟遭到洪水損害的房子內部，然後進展到下一階段。他說，到海嘯災區考察，讓他得到「很好的看法，知道紐奧良人民必須拋開聯邦急難管理署，拋棄市政府和州政府，開始主張『我們現在能夠做的就是不管政府，而不是依賴政府，開始重建我們的社區』。」同樣到亞洲考察的華新頓（Viola Washington）回到自己住的紐奧良簡提立（Gentilly）社區後，態度也完全不同了。她「把簡提立分成很多個區段，為每一個區段組織代表委員會，任命領袖，開會討論重建的需要。」她解釋說：「我們和政府對抗，設法拿回我們的錢時，不希望自己無所事事、不努力找回自我。」

紐奧良還有更多的直接行動。二〇〇七年二月，布希政府打算拆除的公屋計畫居民團體開始「重新占領」自己的舊房子，定居下來。義工協助清理公寓，幫忙出錢購買發電機和太陽能板。彼特公屋計畫（C. J. Peete）居民威廉斯（Gloria Williams）宣稱：「我家就是我的堡壘，我要收回來。」重新占領變成了社區慶祝會，還有一個紐奧良的銅管樂隊來助興，他們有很多值得慶祝的地方：至少到現在為止，這個社區逃過了自稱重建的龐大文化推土機。

有一個共同的主題貫穿人民自行重建的所有案例：參與行動的人說，他們不只是修理房子，也是在自我治療。這樣說很有道理，熬過重大震撼的人有一個共同的經驗，就是有一種徹底的無力感：面對可怕的力量，父母失去拯救子女的能力，配偶人天永隔，提供保護的家園變成了死亡陷阱。要從無助中恢復，最好的方法是出力自助助人、是得到參與社區重建的權利。紐奧良下九區馬丁路德國民小學助理校長說：「我們的學校重新開學，代表這個社區很特別，我們不只是因為住得近而緊密結合，也是靠著精神、血緣和回家的願望團結在一起。」

人民重建運動代表和災難資本主義複合體特性對立的精神，不是永遠追求白紙和白板，好在上面建立模範國家，而是像拉丁美洲的農業與工廠合作社一樣，天生就具有即興的特質，將就利用有幸存活下來的人，利用沒有遭到掃除、破壞或偷走的所有生 工具。本地人民重建運動和歡喜國度的幻想不同，不是巨災橫掃一切後，讓真正信徒逃避的世外桃源；本地人民重建運動的起點是認定大家無法逃避自己創造的重大亂象，而且已經有夠多的東西遭到消滅，包括歷史、文化和記憶。這種運動不是追求從零開始，而是寧可從零開始，從一片殘垣敗瓦中開始。在政商財團主義聖戰急劇沒落，因而改用加強震撼，希望破除日漸增強抗拒的情況下，這些計畫指出不同的基本教義之間有一條路，這條路唯一激進的地方是十分切實可行。推動計畫的人植根在自己居住的社區裡，認為自己只是修理匠，樂於接受殘存的東西，好好修理和補強，使一切變得更好、更公平。最重要的是，他們正在建立彈性，應付下一次來襲的震撼。

1 這種偏見並非波蘭獨有。二〇〇七年三月，倫敦市長李文斯頓（Ken Livingstone）警告：「同性戀權利的反動風暴，吹襲整個東歐。」

2 「四百萬工人！」美國一群勞動新聞記者感慨地說：「一九九九年，我們在『西雅圖之戰』慶祝新全球社會運動誕生時，到場的人只有六萬人。」

震撼主義：災難經濟的興起 / 娜歐蜜 . 克萊恩 (Naomi Klein) 著；吳國卿，王柏鴻譯 .
-- 二版 . -- 臺北市：時報文化，2015.10　面；　公分 . -- (娜歐蜜 . 克萊恩作品集；2)
譯自：The shock doctrine : the rise of disaster capitalism
ISBN 978-957-13-6386-8(平裝)
1. 資本主義 2. 經濟危機
550.187　　104016811

THE SHOCK DOCTRINE: The Rise of Disaster Capitalism
by Naomi Klein
Copyright © 2007 by Klein Lewis Productions Ltd.
Chinese (Complex Charaters) copyright © 2015
by China Times Publishing Company
Published by arrangement with ICM Partners
Through Bardon-Chinese Media Agency
All rights reserved

ISBN 978-957-13-6386-8
Printed in Taiwan

娜歐蜜・克萊恩作品集 0002

震撼主義

———災難經濟的興起

THE SHOCK DOCTRINE: The Rise of Disaster Capitalism

作者　娜歐蜜・克萊恩 Naomi Klein｜**譯者**　吳國卿，王柏鴻｜**主編**　湯宗勳｜**編輯**　林 淳｜**美術設計**　許晉維｜**執行企劃**　劉凱瑛｜**董事長**　趙政岷｜**總編輯**　余宜芳｜**出版者**　時報文化出版企業股份有限公司　108019 台北市和平西路三段 240 號 3 樓　**發行專線**—(02)2306-6842　**讀者服務專線**—0800-231-705・(02)2304-7103　**讀者服務傳真**—(02)2304-6858　**郵撥**—19344724 時報文化出版公司　**信箱**—10899 臺北華江橋郵局第 99 信箱　**時報悅讀網**—http://www.readingtimes.com.tw｜**法律顧問**　理律法律事務所　陳長文律師、李念祖律師｜**印刷**　勁達印刷有限公司｜**二版一刷**　2015 年 10 月 08 日｜**二版二刷**　2020 年 07 月 06 日｜**定價**　新台幣 550 元｜**版權所有　翻印必究**（缺頁或破損的書，請寄回更換）